Ulrich Dibelius
Moderne Musik II
1965–1985

SERIE PIPER
Band 629

Zu diesem Buch

Ulrich Dibelius hat 1966 sein vielgerühmtes Buch »Moderne Musik 1945–1965« vorgelegt. Dieses Standardwerk findet nun mit »Moderne Musik II 1965–1985« die dringend notwendige Fortsetzung. Erstmals wird damit die Musik der jüngsten Zeit in ihrer ganzen Breite und in der Vielschichtigkeit des kompositorischen Schaffens erfaßt.
Der Hauptteil stellt in zwölf Kapiteln die wichtigsten Tendenzen der letzten zwei Jahrzehnte dar: Von der Klangkomposition über die Politisierung nach 1968, das neue Interesse für außereuropäische Musik und die Konfrontation mit dem Kulturbetrieb bis zu Traditonsrückgriffen, Computerkomposition und Minimal Music. Ausführlich behandelt werden u.a. die folgenden Komponisten: Ligeti, Xenakis, Lachenmann, Nono, Henze, N. A. Huber, Stockhausen, Riley, Cage, Schnebel, Wolff, Globokar, Penderecki, Berio, Reimann, Rihm, Schnittke, Reich, Glass, Boulez, K.Huber, Killmayer, Lutosławski, Kagel, Feldman und W. Zimmermann.
Anschließend wird ein weltweit angelegter Überblick über die Entwicklung in den einzelnen Ländern gegeben. Neben Diskographie und Bibliographie sorgt schließlich ein Komponistenverzeichnis mit den Werken von über 400 behandelten Komponisten für umfassende Information.

Ulrich Dibelius, geboren 1924 in Heidelberg. Nach Musikhochschul-Ausbildung und acht Jahren Berufspraxis als Cellist Studium der Literaturwissenschaft, Kunstgeschichte und Soziologie. Seit 1954 beim Rundfunk, Aufbau der »Dritten Programme« in Hamburg und München, seit 1964 in der Musikabteilung des Bayerischen Rundfunks. Daneben Tätigkeit als Publizist und Hochschuldozent (Honorarprofessur an der Musikhochschule in München). Veröffentlichungen über die Musik unserer Zeit, über Mozart, Schönberg, Schubert, Berlioz und Offenbach, Bartók.

Ulrich Dibelius

Moderne Musik II
1965–1985

Mit 44 Abbildungen und
42 Notenspielen

Piper
München Zürich

Von Ulrich Dibelius liegt in der Serie Piper außerdem vor:
Moderne Musik I 1945–1965 (363)

ISBN 3-492-10629-3
Originalausgabe
Februar 1988

Umschlag: Federico Luci
unter Verwendung einer Graphik von Paul Thesing
Gesamtherstellung: Clausen & Bosse, Leck
Printed in Germany

Inhalt

Informationen zur Gliederung

Da sich der Aufbau eines Buches nach dem Gegenstand zu richten hat, den es behandelt, scheiden zwei naheliegende Methoden der Stoffdisposition von vornherein aus: der chronologische Stufengang entlang der Abfolge der Geschehnisse, wie er bei der Darstellung eines Zeitabschnitts von nur zwanzig Jahren vielleicht als plausibelste und objektivste Lösung erscheinen könnte; aber auch die Orientierung an Personen, also in diesem Fall an den Komponisten und ihren Werken, die der Gesamtentwicklung von 1965 bis 1985 ihre prägenden und bestimmenden Impulse gegeben haben. Das eine ist zu schematisch und vernachlässigt zwangsläufig die übergreifenden Zusammenhänge sowie die jeweils weiterführenden Tendenzen; das andere wäre angesichts der weitverzweigten Lineaturen all jener ›modernen Musik‹ seit den sechziger Jahren, um die es hier gehen soll, eine kaum statthafte Verengung des Blickfelds und würde die Komplexität der Vorgänge auf ein paar auffällige Entwicklungszüge einschränken. Hinzu käme die Notwendigkeit, das, was beim einzelnen Komponisten individuelle Folgerichtigkeit besitzt, dann abzüglich seiner personaltypischen Prämissen möglichst nachhaltig zu verallgemeinern, um mehr und mehr das ganze Feld des Geschehens erfassen zu können, statt gleich von Anfang an das genau Umgekehrte zu tun: sich ohne solchen vermittelnden Vorbehalt der Vielsträngigkeit und Vieldeutigkeit eines geschichtlichen Prozesses aus jüngster Vergangenheit in seiner ganzen Breite zu stellen und darin nach genügend unterschiedenen Aspekten zu suchen, die sich als Erkennungsspuren zur Beschreibung der Sachverhalte und zur Verständigung mit dem Leser benutzen lassen.

Wahrscheinlich ist dieser Abschied vom personenbezogenen Modell historischer Darstellung, wie ich es ja im ersten Band, ›Moderne

Musik 1945–1965‹, noch fast problemlos anwenden konnte, bereits ein Indiz für die einschneidendste Veränderung der musikalischen Verhältnisse zwischen den ersten beiden Nachkriegsjahrzehnten und der darauf folgenden Zeit von den sechziger Jahren bis heute. Damals ließ sich noch, was die jungen Komponisten während der fünfziger Jahre in Gang gesetzt hatten, am besten an Porträts einiger weniger von ihnen kenntlich machen – durchaus divergierend zwar im einzelnen, aber doch sämtlich einer Gruppe zugehörig oder auf sie als die einzig formierte und deshalb tonangebende bezogen. Selbst Abspaltungen, Widersprüche, Gegensätze hatten ihren Ort im Umfeld jener zentrierenden Mittelachse, entlang derer das Geschehen mit einer höchst ausgeprägten Eigendynamik vorantrieb. Seine relative Überschaubarkeit verdankt sich allerdings auch dem Umstand, daß die Neuigkeit dessen, was Stockhausen, Boulez, Nono und einige andere seit 1950 gemeinsam initiiert hatten, so vehement von allem Gewesenen wie dem Gleichzeitigen abstach, daß die ringsum entstandene Kluft zugleich eine Art zusammenhaltender Schutzwall war. Freilich, dieser Zustand, quasi durch Schicksalsidentität aufeinander angewiesen zu sein, also die grundlegenden Motive selbst bei unterschiedlichen Konsequenzen miteinander zu teilen, bekam im Übergang zu den sechziger Jahren – parallel zur wachsenden Anerkennung jedes einzelnen – erste Brüche und Risse. Der Gegensatz zu den völlig veränderten Verhältnissen danach, die ich nun mit dem Einschnittsjahr 1965 beginnen lasse, mag vielleicht nicht so schroff gewesen sein, wie es der Methodikwechsel bei der Gliederung des zweiten Bandes jetzt hervorhebt. Gleichwohl hat jene Mischung aus Ahnung und Zufall, die mich das Jahr 1965 zunächst als Abschluß und nun als Grenzmarke für den Beginn eines neuen, anders gearteten Zwanzigjahres-Abschnitts wählen ließ, hinterher ihre erstaunliche Rechtfertigung durch die faktischen Vorgänge erfahren. Und dies begründet letztlich auch die Änderung des Konzepts.

Maßgebend für den Versuch, die Mannigfaltigkeit der kompositorischen Ansätze, Verfahrensweisen und Zielvorstellungen der letzten zwanzig Jahre schon durch die Art ihrer Darstellung etwas überschaubarer zu machen, wurde in ›Moderne Musik II‹ die Kapiteleinteilung nach systematischen Gesichtspunkten. Im Vordergrund steht dabei weder die Chronologie noch das werkbiographische Porträt, vielmehr die Musik selber – das, was sie charakterisiert und spezifisch kennzeichnet, was sie sowohl von anderer unterscheidet, als auch mit tendenziell ähnlicher verbindet. Dadurch rücken typische Phänomene der musikalischen Zeitgeschichte (soweit diese vom Bereich des Kreativen abhängt) einander ungehindert näher und werden nach ihren Ursachen wie ihren wesentlichen Merkmalen beschreibbar. Die sonst üblichen außermusikalischen Abgrenzungen und definitorischen Hilfsmittel können somit entfallen. Gleichzeitig steht solchem Gewinn an Sachorientierung mit allen Chancen zu wechselseitiger Beleuchtung innerhalb eines derart offenen Feldes von Verwandtschaft jedoch ein Verlust an innerer Progression, an weitertreibender Mobilität entgegen. Es könnte der Eindruck entstehen, als habe Geschichte – gar speziell jene der Zeitkunst Musik – ausgerechnet dort, wo sie noch unmittelbaren Kontakt zur lebendigen Gegenwart hält, ihre Bewegungsenergien eingebüßt und vollziehe sich gleichsam im Stationären. Daran ist allerdings nur soviel wahr – und insoweit der Eindruck auch beabsichtigt –, daß von den zwölf hier unterschiedenen Hauptströmungen der jüngsten kompositorischen Entwicklung jeweils mehrere nebeneinander existiert haben und dies zum Teil auch heute noch tun: daß also den Gefahren der systematischen Gliederung ziemlich genau jene reale Unschärfe in der Zeitfolge der musikalischen Ereignisse entspricht, zu deren Beschreibung sie taugen soll.

Im übrigen werden den zwölf Kapiteln, in deren Reihenfolge sich ja auch schon andeutungsweise ein historischer Verlauf spiegelt, zur Vermeidung anti-evolutionistischer Abstraktheit und einer nivellierenden Würdigungsdistanz des Aufzählens und Abhandelns einige wenige Komponistenporträts zugeordnet und eingefügt. Sie mögen als ausgeführtes Exempel die gerade dargestellte Sache anschaulich machen, sie individuell akzentuieren, ohne daß Werk und Arbeitsweise dafür nun schon in jedem Fall prototypisch sein müßten. Die Verbindungen zwischen Komponist und Kapitelthema können vielmehr durchaus locker sein. Nur zu einem herausgehobenen Zeitpunkt oder in einer bestimmten Hinsicht bestand da einmal ein direkter Zusammenhang, eine Ideenkongruenz, vielleicht sogar eine Auslösefunktion – einerlei, ob vom allgemeinen Trend auf die eigene Arbeit oder umgekehrt. Entscheidend ist außerdem das Spannungsverhältnis, die gemessene Gegensätzlichkeit zwischen den Komponisten, die das gleiche Thema modellhaft in eine – nämlich ihre – Richtung ausformen und verpersönlichen sollen. Auf solche Weise wird das systematisch Geordnete wieder Farbe, Umriß und mehr Lebensnähe erhalten.

Damit aber noch nicht genug der Verschränkung. Wie schon im ersten Band möchte ich auch in ›Moderne Musik II‹ den Fortgang des vorab informativen Textes an einigen Stellen unterbrechen, wann immer sich das aus objektiven oder subjektiven Gründen anbietet, und knappe Exkurse einschieben: weiterführende Überlegungen zu einem gerade gefallenen Stichwort, glossierende Anmerkungen, die zum dargestellten Einzelfall den allgemeineren Hintergrund anvisieren, oder auch ganz einfach persönliche Meinungen, Stellungnahmen, Einwände, die ich, um ein inhärentes Problem bewußt zu machen, nicht verschweigen möchte. Solche Reflexionen in Parenthese hatte ich vor zwanzig Jahren ›polemische Exkurse‹ genannt, weil sie aus der damals noch recht abgekapselten, insularen Situation der neuen Musik herausführen und bestehende Vorurteile provokativ, meist mit apologetischem Unterton, aufbrechen sollten. Mittlerweile haben sich die Verhältnisse entscheidend geändert. Nicht nur die heftigen Auseinandersetzungen bei Konzertaufführungen, deren Widerhall noch durch die ›Exkurse‹ eingefangen werden sollte, sind inzwischen mildem Passepartout-Beifall gewichen, auch die verzweigteren Entwicklungsbahnen des Komponierens seitdem, mit ihren vielerlei, sich oft widersprechenden Erscheinungsformen, schließen partnerschaftliches Verhalten in einem ähnlich globalen Sinn wie damals eigentlich von selbst aus. Damit wechselte auch die Funktion der intermittierenden Einreden des Autors oder, genau genommen: spaltete sie sich, sehr ähnlich der herrschenden Lage der Musik, in eine Vielzahl von Einzelanlässen und Einzelabsichten auf. Und um diesen Wandel mitzuvollziehen, heißen die Exkurse jetzt weniger streitlustig, obgleich sie es nach wie vor sind, ›kritisch‹.

Diese ›kritischen Exkurse‹ greifen dann noch auf den zweiten Teil des Buches über, wenn sich den zwölf systematischen Hauptkapiteln eine detailliertere Beobachtung, wo sich denn in den einzelnen Weltgegenden musikalisch was ereignet hat, anschließt. Hierbei dient wieder der geographische Raster nach Ländern als Orientierungsprinzip. Allerdings werden durch den notwendig engeren Radius die Ansatzstellen für generellere Reflexionen seltener, und deshalb die Exkurse schon bald von der Fülle des spezialisierten Materials verdrängt oder quasi aufgesogen. Gleichwohl bleibt genügend Grund, auf etwas nahezu Selbstverständliches hinzuweisen: Die in das Gesamtunternehmen investierte Urteilssubjektivität soll – trotz aller bewußten Gegenmaßnahmen zugunsten der Sachinformation – ebensowenig geleugnet werden wie die unumgängliche Notwendigkeit, die Welt aus derjenigen Perspektive zu betrachten, die durch Geburt, Sprache und Wohnsitz vorausbestimmt wurde. Um diesen endogenen Mangel an Unbefangenheit zu dokumentieren, sind die sechzehn Länderkapitel auch etwa in Art eines sich vergrößernden Gesichtskreises angeordnet. Und die gemeinsame Anfangsposition der beiden deutschen Staats- und Lebensbereiche ist gleichsam sprachlich zu verstehen, frei von jeder anderen Implikation.

Der Registerteil, dem diesmal eine lexikalische Begriffserläuterung fehlen kann, wird im Unterschied zum ersten Band von einem umfänglichen Komponisten-Verzeichnis eröffnet. Es enthält unter dem jeweiligen Namen Verweise auf Referenzstellen und in den meisten Fällen einen Werkkatalog – in unterschiedlicher Vollständigkeit – für die in Frage stehende Zeit von 1965 bis 1985. Diese alphabetische Zusammenfassung an einer Stelle liefert quasi nachträglich eine personenbezogene Klammer zu den eher sachorientierten Einzeldarstellungen in den Haupt- und Länderkapiteln und erhöht vor allem durch Übersichtlichkeit den Nachschlagewert. Diesem genügen dann auch die übrigen Abschnitte des Registerteils: Diskographie, Bibliographie (beides in Auswahl), eine Liste der ›kritischen Exkurse‹ (nach ihren etikettierenden Anfangszeilen) sowie ein Stichwortverzeichnis für Personen, Orte und Sachbegriffe, in dem nur die Komponisten, soweit vorher erfaßt, nicht mehr erscheinen.

Hinweis: Die Datierung der Kompositionen bezieht in der Regel das Uraufführungsjahr mit ein, weil erst ab da ein Werk seine klingende Existenz erlangt. Nur bei auffälligem Abweichen werden Entstehung und erste Aufführung getrennt angegeben. – Beim Komponisten-Verzeichnis mußte allerdings dieses Prinzip der Übersichtlichkeit zuliebe aufgegeben werden.

Rundblick 1965

Selbstverständlich gilt, ungeachtet aller Widersprüchlichkeit, beides: Jede Epoche – wie auch jeder kleinere Zeitabschnitt – ist sich selbst die nächste, nimmt sich selbst zum Mittelpunkt; zugleich ist jede Epoche (oder herausgelöste Jahresfolge) aber lediglich ein Übergang von der vorherigen zur daran anschließenden, besitzt also strenggenommen kein eigenes Gesicht, sondern stellt sich als ein Fluktuationsvorgang dar, ein bloß vage konturiertes Etwas, das in ständigem Wandel begriffen ist. Allein, der einsehbare Unterschied zwischen diesen beiden Wertungen, dort dem unmittelbaren Gegenwartsbewußtsein des Miterlebenden, da der abgehobenen Betrachtungsweise des Historikers, der dann gleich noch eine ganze Nomenklatur von ›klassischen‹ Hochformen einer Epoche bis zu irgendwelchen minder- oder unwertigen Zwischenperioden zur Verfügung hat, dürfte für den Zeitraum um die Mitte der sechziger Jahre nahezu entfallen. Denn dieser hatte so viel von einer intermediären Übergangsphase an sich, daß kaum jemand ihm eigenes Gewicht, besondere Charakteristik oder Bedeutung attestieren würde. Es sei denn, man hielte die stilleren Zeitstrecken der Selbstbesinnung, des kritischen Bilanzierens, wegen ihrer potentiellen Konsequenzen doch für wesentlicher als jene der nachweisbaren Taten.

Jedenfalls könnte man den Jahren um 1965, gleichgültig ob da nun die Reproduktionsenergie nur ermattet oder ein innerer Gärungsprozeß in Richtung auf etwas Neues bereits im Gange war, gemessen am größeren geschichtlichen Zusammenhang eine bestimmte Scharnierfunktion zusprechen. Sie bilden eine historische Umschaltstelle. Denn nach dem Ende des Zweiten Weltkriegs hatte man überall zunächst einmal die Normalisierung der Lebensbedingungen, das Ankurbeln von Wirtschaft und Handel, den Wiederaufbau der Städte, das Instandsetzen von Verkehrsbedingungen und all die mühselige Neuorganisation von gesellschaftlichem Miteinander, Kultur und Erziehung betrieben. Nach den Modellen dieser Revitalisierung eines endlich wieder zivilen Daseins war wenig gefragt worden. Handlungsmaximen dafür ergaben sich in ziemlich bunter Mischung aus praktischen Notwendigkeiten, tradierten Planungsschemata von ehemals sowie reformerischen Ansätzen zur Neukonzeption. Manche wollten einfach die Verhältnisse einer vertrauten Vergangenheit restaurieren, andere die ungeahnten Freiheits-Chancen der ›Stunde Null‹ nicht ungenutzt verstreichen lassen. Im Endeffekt wurde, zumeist unter wechselnden Bedingungen, das aktuell Machbare realisiert, ohne sich um seine stichhaltige Begründung viel zu sorgen. Und ließ sie sich dennoch dazuliefern, so geschah dies eher unvermutet und war als programmatische Legitimation allemal recht und willkommen.

Diese ungeordnete, wildwüchsige Aufbruchsphase hatte allerdings ihre bemessene Wirkungszeit – nämlich genau so lange, als ihre äußeren Erfolge andauerten, das einmal Initiierte sich dadurch selbst bestätigte und den Mangel an folgerichtiger Deduktion aus irgendwelchen politischen, sozialen oder ideellen Überzeugungen mühelos verschleiern konnte. Umgekehrt genügten schon relativ geringfügige Störungen, um nachfragend, Ursachen erforschend, insistierend Überlegungen prinzipiellerer Art auszulösen; und das Fehlen reflektorischer Gegengewichte ließ ihnen weiten Entfaltungsspielraum. Als sich im Verlauf der sechziger Jahre solche Störanlässe mehrten, verhinderte fürs erste nur die lang genug eingeübte und darüber erstarrte Präpotenz des Bestehenden eine schnelle Irritation. Doch allmählich häuften und verstärkten sich die skeptischen oder polemischen Attacken. Sie beharrten nun auf einer klaren Antwort, ob denn das mittlerweile Etablierte tatsächlich auch das vormals Gewünschte sei, ob man nicht durch übereilten pragmatischen Zugriff oder opportunistische Einseitigkeiten die Ziele aus der Nachkriegszeit verfälscht, den einstigen Elan abgebogen und den Willen einer zum Frieden zurückkehrenden Generation, sich ein lebenswertes Gemeinwesen aufzubauen, fahrlässig mißachtet und getäuscht habe.

Zeitgenossenschaft als Symbiose

Da selbst Musik als die artifiziellste der Künste ihre Zeit nicht spiegelt – das würde sie ja zu einem grausam exterritorialen Zellendasein verdammen –, sondern in ihrer Zeit und mit ihrer Zeit lebt, wirkt, agiert, sind ihr die allgemeinen politisch-sozialen Determinanten der jeweiligen Gegenwart nichts Äußerliches, vielmehr Basis und zugewiesene Bedingung ihrer eigenen Existenz. Mochten sich bei ihr die vergleichbaren ›Zugriffe‹ oder ›Einseitigkeiten‹ während der fünfziger Jahre auch aus spezifischeren Motiven und Problemstellungen hergeleitet haben und darin sogar beweisbar einer innerkompositorischen Stringenz gefolgt sein, das allmähliche Abrücken danach und der sich anbahnende Tendenzumschwung jetzt, um die Mitte der sechziger Jahre, zeigen gleichwohl derart enge Verklammerungen und wechselseitige Infiltrationen zwischen situationsgebunden Allgemeinem und fachlich Besonderem, daß eine strikte Trennung zwischen beidem kaum noch möglich ist und immer weniger sinnvoll erscheint.

Allerdings wirken die Fakten und Daten, durch die sich eine Zeitstimmung – und auf sie kommt es ja an – begrifflich fassen, einkreisen und beschreiben läßt, hinterher oftmals nur wie Hülsen einer Realität, deren konkreteste Daseinswirklichkeit aus Verhaltensweisen, Denkpräferenzen, typischen Befindlichkeiten oder Sensibilitätsgraden sich gerade dadurch kaum noch mitteilt. Andererseits ist es aber das unausrottbare Manko der Musik, daß sie, abgesehen von ihrer technisch-terminologischen Fixierung durch Analyse, in einem ausgedehnten semantischen Niemandsland lebt. Ins Positive gewendet hieße das, sie bewegt sich genau in jenem atmosphärischen Raum, der durchs Aufzählen von Tatsachen nicht mehr zu erreichen ist. Es müßte sich also ein recht günstiges Kompensationsverhältnis ergeben, bei dem die Musik – noch mehr als die anderen Künste – Zeugnis für die Unwägbarkeiten, die eigentümlichen Schwingungskurven einer Zeitstimmung ablegen könnte. Und sofern sie dann als geschichtsträchtiges Auskunftsmittel nur hinlänglich anerkannt wäre, ließe sich dies sogar beidseits nützen und auswerten. Zumindest für den begrenzteren Zirkel ihrer eigenen Belange sollte allerdings jene gleichsam osmotische Verflochtenheit mit den synchronen Ereignissen und Konstellationen in ihrer näheren und ferneren Umgebung nicht übersehen, sondern bis in den Bereich des Faktischen verfolgt werden. Im übrigen erlaubt ja der inzwischen erreichte Abstand zu den strukturellen Umschichtungsprozessen der sechziger Jahre, das Ephemere, nur bedingt Entscheidungskräftige auszuklammern, dagegen sowohl relevante Vorformen als auch historische Folgerungen einzubeziehen, um mit deren Hilfe weiterreichende Entwicklungslinien erkennbar zu machen.

Denn was sich um 1965 real zutrug, hatte – in der allgemeinen Historie wie in der Musik – bereits Ende der fünfziger Jahre begonnen und erlangte erst später, mit den weltweiten Protestbewegungen, mit der Studentenrevolte von 1968, seine dramatische Zuspitzung bis hin zum entscheidungsmächtigen Eklat. Dieser war dann wiederum Auslöser und Motor für eine ganze Reihe anderer Renovationsbewegungen, die aber häufig in keinerlei unmittelbarem Zusammenhang damit standen und sich nach den Symptomen ihrer kritischen, auf Veränderung drängenden Ausgangslage bereits schon vorher angekündigt hatten. Nur hatte damals noch die rechte Schubkraft zum Umsetzen gefehlt. Oder, anders ausgedrückt, die Halteseile der Restauration mit all den lähmenden Auswirkungen ihrer einseitigen Konzentration auf wirtschaftlichen Fortschritt, auf Wachstum um jeden Preis, waren noch zu straff gespannt gewesen. Es mußten erst andere Faktoren hinzutreten, um jene allenthalben und formenreich grassierende ›Wiederaufbau-Euphorie‹, die sich als positive Antwort auf die Depressionen und die Chaotik der Nachkriegszeit erfolgreich durchgesetzt hatte, in ihrem Alleingültigkeitsanspruch zu erschüttern. Und dies war nur möglich durch einen Bewußtseinsakt, durch Einsicht in die gleichzeitig wachsende Folgenlast – selbst wenn diese günstigstenfalls bloß in einer zunehmenden Verhärtung der Lebensverhältnisse bestanden hätte. Was zu diesem Zeitpunkt not tat, war jedenfalls ein Anlaß, ein Startzeichen mit hinreichender Breitenwirkung, um die Kräfte zum kritischen Überprüfen der angeblichen Unverbrüchlichkeit öffentlich sanktionierter Positionen zu mobilisieren.

Einsatzstellen des Mißmuts

Ein signifikantes Beispiel für die erst latenten, dann vollzogenen Bewußtseinsveränderungen während der sechziger Jahre liefern die deutlichen Unterschiede in der Einschätzung und den Reaktionen auf die beiden ostasiatischen Kriege: Hatten noch die zähen Kämpfe in Korea (1950–1953) einzig das Schreckbild eines dritten Weltkriegs heraufbeschworen und deshalb in so kurzem Abstand zum eben überstandenen zweiten vor allem persönliche Sicherungsmaßnahmen ins präventive Kalkül gebracht, so löste die Eskalation der praktizierten US-Strategien in Vietnam (1964–1973 bzw. 1975) – neben einer organisierten Selbsthilfe der Amerikaner gegen Einberufung – immer stärker und weiterreichend Fragen und Proteste gegen die zugrundeliegende Mechanik aus: gegen Imperialismus und Staatsmoral, gegen Kolonisatorendenken im Zeichen der Freiheit und gegen jenes Weltverbesserertum, einzig legitimiert durch wirtschaftliche Überlegenheit und hegemoniale Macht. Was am Vietnam-Krieg im Gegeneinander von blindem Vernichtungswillen des Stärkeren und psychischer Durchhaltekraft des Schwächeren vordemonstriert wurde, besaß eine Signalwirkung, die, weit über alles Militärische oder Politische hinaus, auch jenseits der bloßen Parteinahme, schwelende Krisen in einen Zustand akuter Brisanz versetzte. Eine Welle des Umdenkens, genauer: des überhaupt erstmaligen Nachdenkens über Sinn und Berechtigung herrschender Verhältnisse, ergriff die verschiedensten Bereiche des öffentlichen wie privaten Lebens.

Schuld an dieser überstarken Resonanz waren parallele Entwicklungen: Hatte nicht kurz zuvor auf einem weit alltäglicheren Gebiet die zunehmende Mechanisierung industrieller Produktionsvorgänge, der Kollektivzwang zu fortschreitender Automatisation eine Umstellung oder völlige Aufgabe altgewohnter Arbeitsprozesse gefordert? Waren die Menschen dadurch nicht noch weiter vom Produkt der Fertigung und ihrer selbstverantwortlichen Sorge um seine Herstellung entfernt worden? Und stellte demgegenüber das Mehr an Freizeit, an verordnetem Ausspannungsglück mit gesteigertem Konsum, längeren Urlaubsreisen, höhergeschraubten Ansprüchen nicht einen höchst zweifelhaften Tausch dar? Woher rührten denn die Unzufriedenheit trotz Prosperität, das Gefühl von Leere und geschäftiger Nutzlosigkeit trotz einer Fülle von Angeboten – samt einigermaßen gesicherter Arbeit und dementsprechend auch genügend Geld, zugreifen und sich was leisten zu können?

Wohlstandsgesellschaften leiden an ihrer Monokausalität, der sich alle Einrichtungen sowie alle Menschen gleich einem geheimen, jedoch unausweichlichen Gesetz beugen und unterordnen. Ihre eigentliche Krankheit liegt aber im Mangel an Alternativen – hervorgerufen durch Trägheit und temporäre Phantasiearmut oder durch das fehlende Vermögen zum bewußten Erkennen der eigenen Lage oder auch durch kleinmütiges Verzagen vor Konsequenzen, die das Netz gesellschaftlich formierter Einhelligkeit, also den Hort des Geborgenheitsgefühls, sprengen könnten. Um die Situation zu verändern, bedarf es jedenfalls einer Schocktherapie: Irgendwo muß das Gleichmaß erwarteten Funktionierens aussetzen oder längst vorhandene Bedrohungen müssen plötzlich durch einen aufschrekkenden Eingriff in nächster Nähe konkrete Gestalt annehmen oder aber ein Übermaß an Pressionen, an Unzumutbarkeiten muß die einzelnen Betroffenen einfach als opponierende Solidargemeinschaft zusammentreiben und ihre Aufsässigkeit zum revolutionären Potential vereinen. Solcherart ›schockierende‹ Anlässe ergaben sich während der sechziger Jahre in steigender Zahl und mit steigender Intensität. Ob nun Rezessions-Einbrüche oder erhöhte Inflationsraten ernste Zweifel an der fortdauernden wirtschaftlichen Stabilität schürten; ob auf der anderen Seite die Produktion von Atomwaffen oder das Errichten von Atomkraftwerken die Problematik einer neuen Etappe wissenschaftlich-technischer Entwicklung auf einmal aus der eher fiktiven Sphäre der Nachricht darüber in die greifbare Präsenz des eigenen Lebensbereichs rückten; oder ob ganz allgemein überalterte hierarchische Strukturen – in Fabrik, Büro, Pädagogik, Sozialgefüge oder Politik – mit ihrer Festschreibung von Privilegien und autoritärer Entscheidungsgewalt immer mehr in eklatanten Widerspruch zur gewandelten Daseinswirklichkeit gerieten. All dies förderte in sich aufladender Wechselwirkung Spannungen und existentielle Notlagen, setzte dadurch dechiffrierende Bewußtseinsenergien frei und drängte, je klarer die Verhältnisse begriffen wurden, um so entschiedener und auch konzentrischer auf einen Wechsel der herrschenden Zustände hin.

Es rumorte und knisterte also an den verschiedensten Ecken und aus kaum noch zu koordinierenden, verschiedensten Gründen. Veränderungen gelingen aber nicht flächendeckend, sondern nur mit Vorgabe einer oft plakativ vereinfachten, einzigen Zielrichtung, auf die sich möglichst viele mit wenigstens einem Impulsstrang ihrer je partikularen Interessen einigen können. Daß vorläufig trotz des vorhandenen Unmuts, ja der mancherorts wachsenden Potentiale an Widersetzlichkeit nichts geschah, hing in dieser Übergangsphase um die Mitte der sechziger Jahre also nicht mit der Unerheblichkeit der erwähnten Anlässe zusammen, sondern mit ihrer taktisch wie intellektuell kaum erfaßbaren Verstreutheit. Den abrufbereiten oppositionellen Reaktionen, die sie im einzelnen angeregt hatten, nun eine prägnantere Form und zugleich eine gemeinsame Basis geben zu wollen, erforderte erst mal einige Aufklärungsarbeit und vor allem geweckte kritische Einsicht in die komplexe Struktur gesellschaftlicher und politischer Abhängigkeiten. Das hierbei zu bewältigende Theoriedefizit bestand freilich beidseitig: bei der großen, zur Selbstorganisation nicht recht fähigen Herde der Unzufriedenen genauso wie bei deren legal eingesetzten Hirten mit ihren plumpen Machtmitteln von – um im Bild zu bleiben – Schippe, Schäferhund oder einzwängendem Pferch. Nur zunehmende Kenntnis und Klugheit konnten dieses in seiner Ungleichheit austarierte Kräfteverhältnis ins Wanken bringen.

Umkehr durch Wertaushöhlung

Der Regenerationsmotor jeder Entwicklung ist ihr Erfolg. Ihr weiteres Vorantreiben wird aber nicht nur gebremst und gefährdet durch das Ausbleiben, auch schon die Fraglichkeit ihrer nützlichen und profitablen Ergebnisse, sie kann ebenso ins Stocken geraten, wenn das, was dabei erreicht werden soll, auf einmal nicht mehr erstrebenswert erscheint: durch einen Verfall der ehemals anerkannten Zielvorstellungen und Prioritätsnormen. So war die Befriedigung von Alltagsbedürfnissen (Essen, Trinken, Wohnen, Kleidung etc.), sogar mit kleinen Dreingaben von Luxus und Mondänität, nach all den Entbehrungen der Kriegs- und Nachkriegsjahre sicher ein vorrangiges Ziel für die meisten gewesen. Jedoch nach Erreichen eines gewissen Sättigungsgrades, nach den diversen ›Wellen‹ einer in vollen Zügen genossenen Wunscherfüllung mit Wohlstandsprestige, bis hin zur Überkompensation, wurde plötzlich der ja schon länger existente Nebeneffekt von lukrativen Umsatzsteigerungen entdeckt; die dafür mit Fleiß eingesetzten Marktstrategien wurden angeprangert und das Ganze mit dem Makel der bösen Geschäftemacherei versehen. Gegen die Drahtzieher solchen Übels aufbegehrend, sprach man nun kurzerhand von ›Konsumterror‹, ›Absatzzwängen‹ und ›Überflußproduktion‹.

Die damit eingeleiteten Umkehrbewegungen erwiesen sich sogleich in unerwartetem Ausmaß als ansteckend: Auf vielen anderen Gebieten traten die bisher gutgeheißene Tendenz oder die bisher akzeptierte Ordnung und deren aktuelle Bewertung immer unversöhnlicher auseinander. Wirtschaftliches Wachstum, das während der fünfziger Jahre anfechtungslos die stabile Vertrauensbasis für jedwede Planung und Aktivität geliefert hatte, wurde nun wegen seiner rein quantitativen Erfolgsmaßstäbe im Dienst der Profitmaximierung zum Prügelknaben für fast alles erklärt. Damit sehr direkt zusammenhängend erwachte eine neue, kritische Aufmerksamkeit für den Raubbau an Energiequellen, die Ausplünderung der natürlichen Rohstoffreserven, die bedenkenlose Umstellung der Betriebe auf rationelle Fertigungstechniken und vollautomatisierte Produktionsprozesse. Weiterhin kritisierte man: den daraus resultierenden Verlust an Arbeitsplätzen, an innerer Beziehung zum gesamten Herstellungsvorgang wie dem fabrizierten Einzelobjekt, den Verlust an Kontakt zum Kollegen, an Chancen zur Selbstverwirklichung, an Motivation und überhaupt an den notwendigen atmosphärischen Stimulanzien. – Und an diesen keinesweg vollständigen Klagekatalog lassen sich ohne Schwierigkeit gleich die späteren gesellschaftlichen Folgeerscheinungen anschließen: von den Forderungen nach mehr Lebensqualität über das Aufkündigen dirigistischer Dienstgewalt und sorgsam gestufter Subordinationsprinzipien bis hin zur Neubewertung des Rollenverhaltens zwischen den Geschlechtern, zu Frauen-Emanzipation, anti-autoritärer Kindererziehung oder der um sich greifenden Verweigerungshaltung von Jugendlichen. Eins wuchs aus dem anderen, war sein schier zwangsläufiges Resultat.

In solchen Symptomen eines vielfältigen Abrückens von bisher gültigen Normen drückt sich, aufs Ganze gesehen, ein gewandeltes Selbstverständnis aus, wenn man will, ein neu erwachtes Anspruchsdenken. Aber jenseits der erstrebten privaten Vorteile, die in der nächsten Daseinsumgebung den ersten Ansatz geliefert haben mögen, stehen hinter diesen sich ergänzenden Einzelvorgängen der Um- und Neuwertung doch allgemeine, überindividuelle Lebensvorstellungen, in die sich die wechselnden Details als Teilmomente einfügen. Und deren Verwirklichung im gesamten wird jetzt mit Energie angestrebt und bei den Inhabern öffentlicher Verfügungsgewalt oder wirtschaftlicher Macht immer dringlicher eingeklagt. Man besteht auf einer durchgreifenden Demokratisierung, auf Gleichheit der Startbedingungen in Ausbildung und Beruf, auf solidarischer Sorge um die Erhaltung natürlicher Umweltverhältnisse, Abbau repressiver Herrschaftsmittel und Aufhebung staatlichen Zwangs; außerdem verlangt man nach einem tätigen Engagement für die ungelösten Probleme in der Dritten Welt sowie dem unnachsichtigen Widerstand gegen jeden selbstherrlichen Zugriff imperialistischer Systeme, offenkundigen wie verdeckten, in West wie Ost, vor allem aber nach einer besseren und verläßlicheren Sicherung des Friedens. Gewiß eine lange Liste von Postulaten und mächtig aufgestauten Wünschen. Doch mit ihr ist jetzt zu rechnen, weil sich ihre umfassenden Ansprüche zugunsten einer angestrebten Ausbalancierung des eigenen Existenzstatus wie eines allgemeinen Lebensgefühls nun immer ungescheuter und dreister ins Geschäft von Regierenden, Industriebossen und Geldherrn einmischen.

Instabilitäten von innen und von außen

Daran ablesbar – zumal in den ausgeprägten Dringlichkeitsstufen der siebziger Jahre, also nach dem Bewußtseinsschub der 68er-Revolte – wird die gründlich veränderte Lage im ›inneren‹ Bereich der ab da verbindlichen Denk- und Verhaltensformen. Und dies gilt, soweit die sich überlagernden Phänomene überhaupt zu trennen sind, in dreierlei Hinsicht: Zunächst einmal haben die Menschen der siebziger Jahre aufgehört, die vorgefundenen Zustände, ohne ihre Möglichkeiten zu kritischem Einspruch dagegen tatsächlich in Erwägung zu ziehen, als ein quasi zugefallenes oder verordnetes Schicksal hinzunehmen; und sie haben erfahren und erprobt, in welchem Maß es statt dessen – nicht zuletzt für sie selbst – besser und vorteilhafter sein kann, eigene latente Unzufriedenheiten durch interkommunikativen Austausch zu stoßkräftigem gemeinsamen Handlungs- und Eingriffsvermögen auszubauen, das fähig wird, bisher scheinbar Unverrückbares plötzlich zu bewegen; zumindest aber haben sie gelernt, bisher Unbeachtetes durch beharrliches Hinweisen in die allgemeine Diskussion einzuschleusen und ihm somit fraglose Priorität in der Rangordnung öffentlicher Aufgaben zu verschaffen. Zu Ende gegangen war zweitens, gerade im bewußten Einüben und Vollziehen solcher demokratischen Mündigkeit, nicht nur die Nachkriegsära einer völlig einmütigen, auf ein gemeinsames Ziel gerichteten Wohlstandseuphorie und Fortschrittsgläubigkeit, sondern überhaupt die Zeit der generell sanktionierten Regeln und Dogmen mit ihrem exklusiven Gültigkeitsanspruch. Und dies brachte drittens zwar eine Verzweigung und Auffächerung der politisch-gesellschaftlichen Gesamtentwicklung in vielerlei unterschiedliche Richtungen, aber frei von jenen privatistischen Zügen des Eigennutzes und der Konkurrenzgesinnung, wie sie vorher an der Tagesordnung waren; vielmehr fühlten sich alle nun wesentlich bestimmt und geleitet durch ein Bewußtsein gemeinsamer Verantwortlichkeit für eine sich vergrößernde Zahl und eine zunehmende Komplexität der zu bewältigenden Aufgaben und Probleme, denen sie sich alle unterschiedslos konfrontiert sahen und die sie als ihre eigenen zu akzeptieren hatten.

Hinter diesem Verhaltenswandel steht als mit- vielleicht hauptschuldiges Agens im ›äußeren‹ Bereich eine gestufte Folge geschichtlicher Krisen und Ereignisse – dazu geeignet, die Notwendigkeit zum Umdenken und zur Neukonstituierung der eigenen Lebensmaximen gewissermaßen auf der großen Bühne des Weltgeschehens für jedermann einleuchtend und überzeugend zu demonstrieren. Der Vietnam-Krieg hatte da mit seinem letztlich offenen, unentschiedenen Ausgang – denn selbst als Sieg des Vietcong interpretiert wäre dieser ja nur zum Preis der erbarmungslosen Zerstörung des eigenen Landes errungen worden – auf seine Weise ein erstes, höchst lehrreiches Modell geliefert. Denn er hatte ja nicht nur staunenerregend die Ohnmacht des Mächtigen vorgeführt: das hilflose Scheitern der US-amerikanischen Militärstrategen, einen Kampf allein durch die Überlegenheit an Menschen, Kriegstechnik und Material für sich zu gewinnen. Vielmehr war dabei auch deutlich eine Grenze gezogen und erreicht worden, deren Existenz in solch drastischer Unbezwingbarkeit bisher wohl keiner vorausgesehen hatte und die den Glauben an die Ideologie der nationalen Stärke zutiefst erschütterte. Abgesehen von diesem David-Goliath-Aspekt, bezogen auf die beiden Gegner in einem unerklärten Krieg, erhielt der Fall jedoch seine weltweit beachtete Wichtigkeit vor allem als ein Exempel für die Begrenztheit des suprematistischen Durchsetzungsvermögens, der angemaßten wirtschaftlichen Verfügungsgewalt und der technisch-wissenschaftlichen Omnipotenz. Noch das imposanteste, vielseitigste Kräftereservoir – so ließ sich erkennen – blieb in seiner faktischen Leistungsfähigkeit durchaus unvollständig und beschränkt. Noch das wohlfundierteste, funktionstüchtigste System zeigte plötzlich Störanfälligkeit, Fehler und Blößen. Was also war von jenem unbefragten Vertrauen in einen sich selbst reproduzierenden Fortschritt zu halten, dem kein Problem zu kompliziert erschien, um es nicht sofort anzugehen und bald auch lösen zu können? Hatte man nicht etwa, weil von solchem Fortschrittsdenken mit einem geradezu nachtwandlerischen Sicherheitsgefühl ausgestattet, darüber weit Entscheidenderes übersehen?

Die Erprobung am realen Ernstfall, ob das Machbare auch schon das allein Nützliche sei, hatte Lücken und Löcher bloßgelegt. Das bis dahin scheinbar intakte Gefüge war aufgebrochen. Und dies zog gerade bei all denen, die laut protestierend »Ho Tschi Minh« gerufen hatten – also den Studenten –, schnell auch Folgerungen für den eigenen Bereich nach sich: innerhalb der Universitätshierarchie mitsamt ihren antiquierten Riten und autoritären Lehrbefugnissen; von da ausgehend überhaupt in der gesellschaftlichen Privilegierung Weniger und den allgemeinen politischen Verkrustungen mit ihren Standesungleichheiten und angemaßten Vorrechten. Gleich nach der Studentenrevolte, die solcherart im engeren wie weiteren Umkreis viel ideell Festgefahrenes mobilisiert hatte, kamen die höchst realen Beweise, daß es so blind zuversichtlich und stabilitätshörig wie bislang eigentlich auch andernorts nicht weitergehen könne: die Ölkrisen, die wirtschaftliche Stagnation und der einsetzende Abwärtstrend, das kaum aufzuhaltende Ansteigen der Arbeitslosenzahlen – auch bei Jugendlichen – und damit als generelles Umkehrsignal, sogar mit allen psychischen Anzeichen von existentieller Angst, der Verlust an selbstverständlicher Zukunftsgewißheit.

Neuformierung in der Demontage

Was hat das alles mit Musik zu tun? Sind diese für die sechziger und siebziger Jahre diagnostizierten Umschichtungsprozesse und Veränderungen denn auch maßgeblich fürs Komponieren in dieser Zeit? Und wie soll – angenommen, es gäbe irgendwie vergleichbare Phänomene oder parallele Entwicklungen – eine Vermittlung zwischen derart heterogenen Materien und Sachzusammenhängen überhaupt stattfinden können und sinnvoll sein? Wer immer so fragt, ist trotz eines Begriffsrahmens aus recht obsoleten Grundanschauungen über Leben und Kunst noch nicht einmal so gänzlich abseits der richtigen Spur. Immerhin wird ja unterm Fragen die Zeitgleichheit schon als Komparationsebene akzeptiert, also nicht mehr die Vorstellung von Distanz und zeitlicher Abgehobenheit, von großväterlich rückblickender Wolkenkuckucksheim-Atmosphäre für Kunst und Künstler, zumal für die Musiker, als der ästhetische Normfall angesehen. Schwierigkeiten bereitet nur der Gedanke an wechselseitige Rückschlußmöglichkeiten, an eine nicht nur mechanische, sondern einigermaßen sach- und sinngerechte Übertragbarkeit der ganz verschiedenartigen Fakten und Vorkommnisse innerhalb des Kontemporären. Allerdings dürfte dieses Verschiebespiel zwischen den getrennten Sphären nicht mehr völlig nutzlos und abwegig erscheinen, wenn man die Übergangsphase der sechziger Jahre musikalisch als eine allmähliche *Ablösung der Dogmenhörigkeit*, wie sie prinzipiell fürs serielle Komponieren galt, durch ein freies, weitgehend bindungsloses *Ausschwärmen in vielerlei Richtungen* und zu mancherlei Fixpunkten beschreibt; ein Ausschwärmen, das nicht nur formal, sondern in jedweder kompositorischen wie auch schaffenspsychologischen Hinsicht durch den Begriff der ›Offenheit‹ gekennzeichnet ist. Und sogar die Gründe für das Abrücken vom strengen Reihen-Denken der fünfziger Jahre waren sowohl *Irritationsmomente von außen*, die den vermeintlich gewonnenen Absicherungseffekt merklich unterhöhlten, als auch eine Übersättigung mit den Segnungen eines spröden Erfindungsreichtums *von innen*.

Freilich, das Summieren einiger Stichworte, die da wie dort Signifikanz und Gültigkeit besitzen, mag eine Identität eher suggerieren oder vortäuschen – und zwar unter schlauer Komplicenschaft sprachlicher Gleichheiten und Begriffsbrücken –, als daß sie dadurch in einem substantielleren Sinn schon bewiesen wäre. Doch dürfte wohl eine Ausdehnung und gleichzeitige Verfeinerung dieses Verfahrens den zunächst entstandenen Eindruck einer allzu schnell hergestellten Übereinstimmung zwischen Disparatem bereits korrigieren. Denn es läßt sich ja bei der zusammenfassenden Rückschau auf das, was sich in der Musik der fünfziger Jahre zugetragen hat, nicht verkennen, daß eben auch da – analog zu allgemeinen Entwicklungstendenzen – eine gewisse Einseitigkeit vorgeherrscht hat. Das Auffinden eines Strukturierungsansatzes, der in konsequenter Weiterführung jenes durch Schönberg inaugurierten Reihungsprinzips der zwölf Tonqualitäten zur Prädetermination aller klanglichen Dimensionen (inclusive Dauer, Lautstärke, Farbe und später auch noch anderer Parameter) vorangeschritten war, zeigte in seinem zugebilligten Ausschließlichkeitsanspruch ohne jede Frage, zumal wenn man ihn jetzt mit gebotener Skepsis und aus zeitlicher Distanz betrachtet, bestimmte Eigenschaften eines ›übereilten pragmatischen Zugriffs‹: Ein kompositorisches Konzept sollte inmitten all der aktuellen Ungewißheiten und der meist noch recht konturlosen geistigen Aufbruchsstimmung präsentiert werden können, das einerseits dezidiert Abstand zu allen überständigen, im Klischee verkümmernden Stiltendenzen von ehedem hielt und andererseits beweisfähige Schlüssigkeit in seiner objektiven Ableitbarkeit besaß. Beide Voraussetzungen erfüllte der Pan-Serialismus in nahezu idealer Weise, und er hatte außerdem das Flair einer kühnen Pionierleistung, das den Vorlieben der Zeit für Technisches und Konstruktives genau entsprach. Die Musik der fünfziger Jahre folgte also unwissentlich einem Gesetz von Opportunität. Und dies verschaffte ihr

Einfluß und Durchsetzungsenergie. Zugleich krankte sie aber auch, obwohl dies ihren Erfolg ausmachte, an dem Fehlen brauchbarer und diskutabler Alternativen. Daß sie deshalb mit exklusivem Gültigkeitsanspruch das Geschehen an den vorgeschobensten Positionen des Komponierens alleine diktieren konnte, verschaffte ihr relativ lange Gültigkeitsdauer in einer an sich schnellebigen Zeit. Dieselben Umstände verhinderten aber auch, weil die ständige Verpflichtung zu zweckorientierter Selbstreflexion, zu einer Art apologetischer Nabelschau unter immer demselben Aspekt der völlig durchrationalisierten Materialgerechtigkeit, von vornherein fast alle Aufmerksamkeit absorbiert hatte, das frühe Erkennen der eigenen Krise und des drohenden Abtriftens in historische Überholtheit.

Das Theoriedefizit, das im öffentlichen Leben den Bestand sicherte und gleichzeitig die Opposition schwächte, stellte sich in der Musik zwar als ein Theorieüberschuß dar; aber die lähmende Wirkung war die gleiche. Erschwerend kam hinzu, daß sich während des weitgehend unangefochtenen Andauerns der einmal etablierten Zustände des kompositorischen Forschens und Vollbringens – ohnehin angesiedelt in einer windstilleren Ecke des öffentlichen Interesses – eine merkwürdige Abspaltung im Bereich der musikalischen Schriftformen vollzogen hatte. Da waren neben die herkömmliche Aufzeichnung in Noten wegen der unifizierenden Vermittlung zwischen den verschiedenen Parametern auf einmal die Zahlen getreten und hatten sich zu einer eigenen Kodifizierungsebene verselbständigt. Gerade dieser Metatext aus Zahlenreihen und Ziffernfeldern entwickelte sein abgetrenntes Eigenleben jenseits der wirklich erklingenden Musik und sogar jenseits von deren schriftlichem Anweisungs-Substrat in der Partitur. Kompositorische Entscheidungen waren, wenn man wollte, in diesem Sandkastenbereich der Zahlenoperationen zu fällen. Und eine solche zweite Abstraktionsebene hatte nicht nur sehr viel Verführerisches an sich, sondern sie separierte das musikalische Handeln nochmals um ein beträchtliches Stück weiter vom kommunen Alltagsdasein und der gesellschaftlichen Realität. Wenn einem hierbei im Zuge der versuchten gegenseitigen Beleuchtung paralleler geschichtlicher Entwicklungen und Tendenzen auch am ehesten Vergleiche mit der Entfremdung der Arbeit durch Mechanisierung und Automatisation einfallen, daneben unleugbare

Ähnlichkeiten mit dem Festhaken im Trend einmütiger Wohlstandseuphorie und einem Einschwenken auf die Monokausalität von ökonomischen Wachstumsgesetzen, schließlich sogar heikel unstatthafte Übereinstimmungen, was die wirklichkeitsfernen Zahlenmanipulationen angeht, mit dem üblichen Taktieren und Agieren von Wirtschaftlern in Bilanzposten, Bankkrediten, Dividenden-Anteilen, Börsenkursen oder Provisionsprozenten – dann sollte dies alles gewiß nicht überschätzt, jedoch ebensowenig als rein zufällig gewertet werden. Zunächst kann es sich ja nur um ein Sammeln und Gegeneinanderhalten von Symptomen und ein Registrieren von Annäherungen und Deckungspunkten handeln. Wichtiger und aufschlußreicher erscheint freilich, was sich in ihnen ankündigt und nur umrißhaft zu erkennen gibt; anders ausgedrückt: was sich als gemeinsame geistige Situation und ein auf Veränderung angelegter dynamischer Vorgang dahinter verbirgt.

Das Ende der Progression

Gerade daß sich bisher schon ohne sonderliche Anstrengung Querverbindungen, Übergangs- und Austauschmöglichkeiten zwischen der allgemeinen und der musikalischen Entwicklung ausfindig machen ließen – wofür meine zahlreichen Begriffs-Reprisen eine Art lockeres Muster abgeben –, legt nahe, daß es auch darüber hinaus einen zeittypischen Grundkonsens geben muß; eine Motivationssphäre, die das Auftauchen gleichartiger Phänomene begünstigt oder sogar veranlaßt und steuert. Beim Überprüfen der historischen Konstellation um die Mitte der sechziger Jahre offenbaren doch sehr verschiedenartige und auch nicht immer exakt gleichzeitige Ereignisse – wie wachsender Unmut bei den Verbrauchern und die militärische Ausweglosigkeit des Kriegs in Vietnam, dazu der Ruf nach mehr Demokratie sowie die einsetzenden Öl- und Energiekrisen – gerade darin ihre Kohärenz, daß sie die kritische Einsicht in die unheilige Allianz zwischen Technik und Wirtschaft übereinstimmend verstärken, das allzu blinde und obrigkeitsfromme Fortschrittsvertrauen übereinstimmend erschüttern und die Wachstumsideologie oder den Realisierungswahn gegenüber allem Machbaren übereinstimmend aushöhlen. Die Notwendigkeit zu äußerer wie innerer Umkehr war da gewissermaßen mehrfach und wechselseitig vorprogrammiert.

Bei der Musik ergibt sich im Abklingen oder Verblassen der kompositionstechnischen Entdeckungen aus den fünfziger Jahren ein ähnliches Bild. Dies jedoch aufgrund eines differenzierteren, länger vorbereiteten Begründungszusammenhangs. Denn in eigentlich jeder Epoche der Musikgeschichte waren bisher irgendwelche Ablösungsbewegungen im Gang gewesen, wenngleich man sie im historischen Abstand (und zumal in der didaktischen Zurüstung fürs Lehrbuch) meist weniger bemerkt. Dennoch keimte stets im Schoß des Alten bereits etwas Neues oder, umgekehrt: die noch ganz junge, eben erst formulierte Kompositionsweise zehrte stets auch weiterhin – zwar oft unbewußt und im Verborgenen – von den Erfahrungen der vorhergegangenen. Dies läßt sich von der frühen organalen Mehrstimmigkeit über die hochgesteigerte Vokalpolyphonie und das Generalbaß-Zeitalter, weiterhin die quaderhaften barocken Satztypen und das klassisch-dualistische Sonatenprinzip bis hin zur romantischen Alterationsharmonik und der Totalchromatik der Zwölftonmethode verfolgen. Selbst der nächste Schritt zu jener multidimensionalen Verlaufsstrukturierung im Serialismus war folgerichtig und schien im Ansatz bereits vorausbestimmt. Danach allerdings verlor das Modell einer derart sich fortsetzenden und quasi selbst regenerierenden Filiation seine Gültigkeit. Die Möglichkeiten der Progression in einer Richtung hatten offenbar ihren maximalen Sättigungsgrad erreicht.

Dies soll nicht heißen, daß von da an, weil alles musikalisch Sagbare schon gesagt worden sei, Komponieren keinen Sinn mehr haben könne; auch nicht, daß jeder neue, überhaupt nur denkbare Einfall eo ipso die illusionäre Rekapitulation eines längst schon vorhandenen sein müsse; ebensowenig ist an das allfällige Heraufbeschwören einer apokalyptischen Untergangsstimmung gedacht oder an einen schlüssigen Beweis, daß einzig in der Mikrotonalität als einem Neulandgewinn über das ›verbrauchte‹ Töne-Repertoire hinaus das letzte verbleibende Heil zu suchen sei – und was dergleichen Folgerungen noch mehr sein mögen. Es geht lediglich darum, das Ende einer historisch vorgegebenen Entwicklung, die trotz aller Positionswechsel oder Schwerpunktverlagerungen ihre eigene Gradlinigkeit besaß, nun als Faktum zu konstatieren. Ein Fortschritt auf derselben Linie, in derselben Richtung mit zusätzlichem Innovationseffekt war nicht mehr möglich. Die sich logisch anschließende Frage konnte auch kaum mehr darauf eingeengt werden, welches andere Ziel jetzt statt dessen, also nach einer radikalen Kursänderung, anzusteuern sei. Vielmehr mußte aus der Tatsache der historischen Endpunkt-Situation abgeleitet werden, daß sich dadurch ein Zustand der umfassenden Verfügbarkeit jedweder Kompositionsmethode und jedweden musikalischen Leitbilds etabliert habe – mit Ausdehnung sowohl in der historischen Dimension auf alle überschaubaren Jahrhunderte von den Anfängen bis gestern, als auch in der geographischen auf alle, selbst die noch so fremden, ganz anders bestimmten außereuropäischen Musikkulturen; und daß dieser Zustand mit vollem Bewußtsein zu erkennen, anzunehmen und als Chance zu begreifen sei.

Es mag sich fürs erste, wenn man die Reaktionen der Komponisten auf diese völlig neue Ausgangslage abzuschätzen versucht, ein summarischer Eindruck herausbilden, als habe die totale Entgrenzung, der Verlust jeder brauchbaren und wirksamen Verfahrens-Sekurität – sofern diese überhaupt schon recht wahrgenommen wurde – zu einem Ausweichmanöver geführt; etwa in die Schutzgefilde des Traditionellen oder deutlich Restaurativen. Denn immerhin ist es doch auffällig, daß ausgerechnet jetzt – um die Situation von 1965 in einigen konkreten Beispielen zu fassen – Penderecki nach seinen ganz andersartigen Anfängen die Lukas-Passion (1966) komponierte, daß Boulez als Parsifal-Dirigent nach Bayreuth zog, auch Ligeti mit seinem Requiem (1965) sich auf die formalen Prämissen einer geschichtlich gut fundierten Gattung einließ. Kurz darauf lauschte Ligeti allerdings in den Raumperspektiven von Lontano (1967) wieder merkwürdigen Irrealitäten des Realen nach; während Stockhausen etwa gleichzeitig in Telemusik (1966) und vollends in Hymnen (1967) bestrebt war, die Wirklichkeit des fixierten Standpunkts durch eine Globalsicht über Länder, Räume, Nationalsprachen und Erdteile hinweg aufzulösen und ins Imaginäre zu entrücken. Also vollzog sich dicht neben dem Einschwenken auf gesicherte offizielle Standards und vorgeprägte Verhaltensmuster, sozusagen einer Flucht ins ›Normale‹, auch das genau Umgekehrte: eine Diffusion

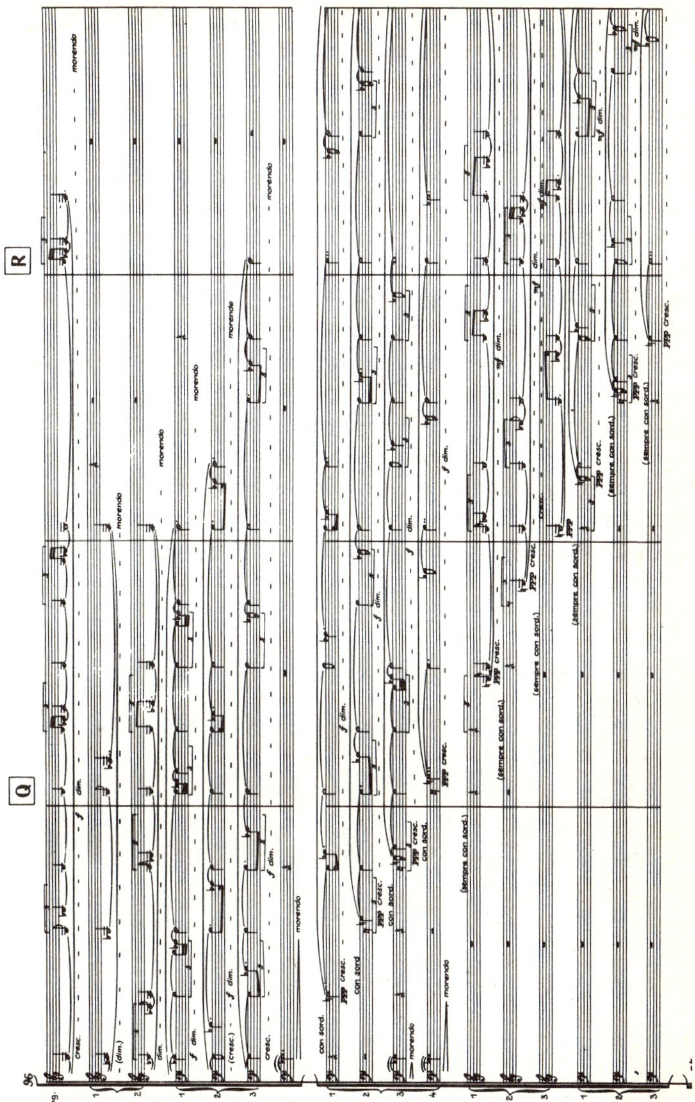

György Ligeti: Lontano (Partitur-Ausschnitt)

von Konkretem in schwebende Phantasiewelten und eine eher verschleiernde Ungreifbarkeit, demnach eine Flucht aus der ›Normalität‹ in abgelegene Randzonen oder Reservate. Doch handelt es sich erstaunlicherweise da wie dort um eine sehr ähnliche Rückzugsbewegung – nur in zwei Varianten. Beide spiegeln aber in gleicher Weise etwas vom erlittenen Schock und seinen Irritationen: Wo der Halt aufgekündigt wurde, Dogmen und Regeln von einst keine Gültigkeit mehr haben, wird der eigentlich zentrale Bereich, das bisherige Erprobungs- und Aktionsterrain einer selbstbewußt operierenden Avantgarde, umgangen und jedenfalls vorläufig gemieden; es bleibt leer und unbesetzt. Andererseits deuten die wenigen angeführten Ausscherhandlungen in zweierlei Richtungen bereits an, in wie viele Einzeltendenzen, Einzelentwicklungen das Geschehen jetzt aufgespalten wird und wie sich der Radius der freigesetzten kompositorischen Entscheidungsmöglichkeiten damit in ungeahnter Weise vergrößert hat. Daß aber das Ende einer einheitlichen Progression keineswegs auch schon das Ende von Progressivität bedeuten muß, wäre als ein erstes Kriterium beim Sondieren der entstandenen Folgen zu betrachten und dabei klärend einzubeziehen.

Klangkomposition

Wahrscheinlich war die Musik der fünfziger Jahre auch das Ergebnis einer doppelten Verdrängung. Zunächst historisch: Junge Menschen wollten Abstand gewinnen von dem Alptraum eines verheerenden Geschehens, dessen Endphasen-Zeugen sie gerade noch geworden waren und gegen das ihr eigenes Wert- und Weltempfinden heftig opponierte. Aber auch fachbezogen musikalisch: Die vorhandenen und weiterhin anempfohlenen Stil-Modelle hatten sich verbraucht, ihre Benutzer oder Väter waren zum Teil durch Hilflosigkeit selbst zu Sympathisanten, durch mangelnde Bewußtheit gar zu Mitträgern einer sich überstürzenden Entwicklung in die Katastrophe geworden. Jedenfalls paßten jetzt weder verhüllende letztromantische Nebelschwaden noch das forsche Gestikulieren neobarocker Motorik, weder reaktivierte Expressionismus-Emphase noch die dünnblütige Ironie klassizistischer Spielereien. Und diese doppelte Allergie gegen die dramatischen Folgen falscher Prophetien in der Geschichte und gegen den falschen ästhetischen Schein in der Musik führte zu Ernüchterung, Skepsis, Askese, zu einer Art versachlichendem Reißbrett-Denken: sich klar werden über Voraussetzungen, Offenlegen von kompositorischen Prozessen, Nachprüfbarkeit der Resultate – dies waren jetzt die Ziele. Und wie immer beim energischen Ausklammern von Ungewünschtem oder bei der vorsätzlichen Konzentration auf ein neu erkanntes, vielverheißendes Projekt entstand auf der Gegenseite fast unbemerkt eine Zone, die unter dem willentlichen Aufmerksamkeitsentzug zu leiden hatte und verkümmerte; hier wuchs der Einflußbereich einer weiteren Verdrängung. Denn solange die Komponisten den Klang vorab als einen Kreuzungspunkt von verschiedenen Parametern, von Tonhöhe, Intensität und Farbe, auffaßten, hatte das Phänomen an sich in seiner ursprünglichen, ungeteilten Faszinationskraft kaum eine Chance, wirklich beachtet und als solches begriffen zu werden. Der Klang führte deshalb ein subversives Dasein, kompositionstechnisch verleugnet oder durch den analytischen Blick aufs Detail weg-›serialisiert‹, aber als geheime musikalische Wirkungsmacht dennoch vorhanden und eben wegen dieser Verdrängung doppelt virulent.

Die Komponisten näherten sich allerdings der verführerischen Komplexität des Klanges vorerst lieber auf Umwegen. Nicht weil sie sich unterm strengen Gebot des seriellen Parameter-Denkens die Empfänglichkeit für derart unmittelbare Attraktivität selbst nicht gestattet hätten, wie später eine jüngere Generation gern vermutete, die sich den Serialismus insgesamt überhaupt nur noch als eine Art Zwangsneurose vorstellen konnte, sondern weil beim Operieren mit Einzelreihen sich die klanglichen Summationsergebnisse oft als querständig, unhandlich, widersprüchlich herausgestellt hatten und eben dies dem aufklärerischen Impuls des Verfahrens widersprach. Also inthronisierte man den Klang zunächst ganz unmerklich und nur wie den notwendigen Nebeneffekt beim Experimentieren mit einem neu eingeführten Parameter: dem Raum. Im übrigen bedeutete der Wechsel räumlicher Positionen – nah/fern, rechts/links, vorn/hinten etc. – ja tatsächlich zusätzliche Differenzierung und versprach, wenigstens dem Ansatz nach, Möglichkeiten zum schärferen und eindringlicheren Beobachten des sperrigen Phänomens. Gleichwohl steht außer Frage, daß Maderna in Musica su due dimensioni (1952 und 1958), Stockhausen in Gesang der Jünglinge (1956), Gruppen für drei Orchester (1955/57), Carré (1959/60), Berio in Allelujah II (1956/58), Boulez in Poésie pour pouvoir (1958) oder Bernd Alois Zimmermann bei der Konzeption seiner Oper Die Soldaten (1958/60) ebenso wie Nono bei Intolleranza (1960/61) die Raumverteilung von Schallquellen nicht nur einbezogen haben, um das Innenleben der Klänge gleichsam auf vergrößerter Projektionsfläche besser untersuchen zu können, sondern weil sie sich durch das sinnliche Erleben einer Musik, die sich antiphonisch ausbreitet, den Hörer umschließt, Ruf und Antwort bildet, einfach inspiriert und angezogen fühlten. Zugleich war dies – vielleicht nur halb eingestanden – auch ein Ausbruch aus der Enge struktureller Selbstgenügsamkeit, aus der Sphäre strikter Binnenkonzentration des frühen Serialismus. Und der damit verknüpfte Verzicht auf konsequente Weiterarbeit an einstigen Problemen enthielt – damals gewiß völlig unbewußt – ein Element der Angleichung an herkömmliche Hörerwartungen: Als sollte durch den verstärkten Einsatz von klanglicher Überredungskunst nun wenigstens im Erscheinungsbild das Verschreckende, die karge Unverbindlichkeit der Musik selbst wettgemacht werden.

Konterbande ästhetischer Verständigung entsteht zumeist und entgegen ihrem äußeren Anschein nicht aus einem Kleinbeigeben gegenüber dem Publikum oder der Konvention. Sie tritt im Gegenteil – und zwar quer durch die Musikgeschichte – als Symptom gewachsener Selbstsicherheit auf. Ihr Wesen ist ein Behaupten ohne Rigorosität. Sie wäre also, falls die Qualität des vorausgegangenen kompositorischen Einspruchs gewahrt bleibt, als Ergebnis irgendwelcher musikpolitisch-taktischer Maßnahmen völlig mißverstanden. Hingegen markiert sie dann den Beginn einer dritten Phase: nach der ersten lernender Anlehnung und nach der zweiten widerständiger Opposition – die ja im Willen, sich gegen Vorgefundenes und Gewohntes abzusetzen, die Unterschiede oft über Gebühr ausspielt und forciert.

Zeigt ein junger Komponist etwas später Anzeichen unerwarteter Versöhnlichkeit – zumindest auf einem Teilgebiet seiner Musik –, so bedeutet dies den Eintritt in jene dritte Phase und beruht doch eigentlich nur ganz am Rande auf gemildertem Eigensinn. Wichtiger ist der parallel zum Alter gewachsene Überblick, der nun auch Bereiche, die bisher seitab lagen, einzubeziehen erlaubt. Wirksam unterstützt wird diese Erweiterung des Blickwinkels sowie die Neigung zu partieller Freizügigkeit durch das Vertrauen, daß die Unterscheidungsmerkmale während der Durchsetzungsphase wohl nachdrücklich und einprägsam genug exponiert worden seien; sie also selbst jetzt, bei der Kombination mit anderem, noch erkennbar sein müßten. Und darin liegt schon ein deutlicher Appell an verschärfte Höraufmerksamkeit. Er gilt noch mehr angesichts jener neuen Spuren eines gewandelten musikalischen Zeitempfindens, die über Früheres hinausgehend jetzt unmittelbar Gegenwart reflektieren und das künstlerische Bild bereichern, ohne schon gleich vorangegangene Positionen zu schmälern oder aufzugeben. – Wo etwas als Konterbande ästhetischer Verständigung erscheint, ist demnach Vorsicht geboten. Bestenfalls könnte sie noch als Kriterium zur Erkenntnis kompositorischer Kompetenz und Zeitnähe taugen, weil nur, wo es daran mangelt, solche Schmuggelgeschäfte in Kunstdingen ihre angestammte und rechtmäßige Domäne haben.

Überraschend war – gemessen an den mancherlei Bestrebungen zu klanglicher Emanzipation in den Raum (seit Ende der fünfziger Jahre) –, wie genau Ligeti mit seinem Orchesterstück Atmosphères (1961) diese Tendenz aufnahm und radikalisierte, dabei jedoch die Herkunft dieser ersten Klangkomposition im engeren Wortsinn aus dem zentralen Bereich serieller Programmatik und Handwerkserfahrung keineswegs verleugnete. Leicht hätte er ja auch Clusterklänge wie Penderecki in Anaklasis (1959/60) oder Threnos (1960) durch mehr oder weniger breite Balken notieren können. Damit wäre aber die innere Lebendigkeit, die strukturelle Differenzierung der einzelnen Klangbänder, verlorengegangen und ihre feinabgestimmte Modulation in Dichte, Zusammensetzung, Farbe, Ambitus oder Dynamik weitgehend dem Zugriff des Komponisten entzogen worden. Hier wirkte also noch der alte (serialistische) Vorsatz zu Detailgenauigkeit ohne die geringste aleatorische Freiheit für die Interpreten nach. Andererseits wollte Ligeti jedoch die minuziöse Vorherbestimmung des klingenden Resultats auch nicht so weit treiben, durch Einsatz von elektronischen Produktionsmitteln, wie das wohl dem technizistischen Trend des seriellen Komponierens am ehesten entsprochen hätte, die aktive Beteiligung von Musikern und den erlebbaren Aufführungsprozeß im Konzert gleich völlig auszuschließen. In der Rückkehr zum großen Orchester – nach längerer Prädominanz kleiner Besetzungen zwischen Solo und Kammerensemble – und in der Wiedereinführung des absichtlich inszenierten Mischklangs mit Spektralwirkungen statt durchgezeichneter Stimmendeutlichkeit lag vielmehr etwas von einer demonstrativen Gegenbewegung: weg von der Experimentierfeld-Bescheidenheit, hin zu konventionelleren Darstellungsformen. Dem widersprach allerdings die totale Absenz von melodischen, thematischen, rhythmischen oder intervallischen Oberflächenmerkmalen. Klang an sich, stationär, ohne Kontur, frei von Puls und Metrum, nur dauernd – dieser Reduktionstypus von Musik, wie er in Atmosphères exemplifiziert wird, unterscheidet sich kategorisch ebenso von der unruhigen Zick-Zack-Gestik der seriellen Stücke aus den fünfziger Jahren wie von den formalen und syntaktischen Normen aller früheren, herkömmlichen Kompositionsarten.

Dennoch verschaffte gerade diese Mittelstellung zwischen einer seriellen oder eher schon postseriellen Faktur, die den alten Anspruch auf rationale Konstruktivität befriedigen konnte, und einem ungewohnt ruhigen, klanggesättigten Erscheinungsbild, das zugleich auch noch dem Überdruß am Seriellen sowie einem latenten Neo-Sensualismus entgegenkam, den knapp zehnminütigen Atmosphères Einfluß, Anhängerschaft und breitgestreutes Epigonentum. Das Entscheidende hieran war der damit vollzogene Perspektivewechsel – und zwar in dreierlei Hinsicht: Zunächst hatte man ja bisher die Komposition von innen nach außen, von der in sich geordneten Mikrostruktur zur immer umfassenderen Makrostruktur entwickelt, während jetzt der Klang als Globalbegriff die Blickrichtung umkehrte und das gewünschte Gesamtergebnis in den Vordergrund rückte, von dem aus die Einzelheiten bis in die kleinste Formzelle abzuleiten und zu bestimmen sind. Instrumentatorisch war sodann nach den Prinzipien des Serialismus die Wahl des jeweiligen Instruments eine Funktion der reihenmäßigen Klangfarbenorganisation gewesen, während sie sich jetzt aus solcher vorausdisponierten Abhängigkeit löste und dabei den ganzen spezifischen Reichtum jedes individuellen Instruments neu entdeckte und bis in unkonventionelle Grenzbereiche auszunützen versuchte. Schließlich hatten Systematisierungs-, aber auch Ausführungsschwierigkeiten in den Bereichen des Vokalen wie des Geräuschs zu einer anfangs recht einseitigen Konzentration auf Instrumentalmusik geführt, während jetzt die bereits gelockerte Askese gegenüber schwer domestizierbaren Klängen gänzlich aufgegeben und durch die Vorstellung von einem klanglichen Kontinuum unter Einschluß aller nur denkbaren Schallquellen abgelöst wurde.

Selbstverständlich haben Ligetis Atmosphères diese verschiedenartigen, zum Teil widersprüchlichen Folgeerscheinungen nicht direkt verursacht – und schon gar nicht ganz allein; sie waren nur der aussagefähigste Indikator, gleichsam auf der Höhe der Zeit, an einem Umschlagpunkt der Entwicklung. Sicherlich ist bei ihnen auch der Globalaspekt mit all seinen klangdramaturgischen Konsequenzen wie Anbindung, Übergang, Ablösung oder abruptem Wechsel zwischen den einzelnen Sonoritätszuständen samt deren spezifischer Divergenz am stärksten und entschiedensten ausgeprägt. Dennoch zeichnen sich allenthalben, lediglich mit einigen Akzentverschiebungen in Ansatz und Resultat, parallele Tendenzen ab, den Klang als neuen Oberbegriff zu installieren. Er erhält Steuerungskompetenz in Momente (1962/64, 1969) Mixtur (1964) und zumal dem Vokalstück Stimmung (1968) von Stockhausen ebenso wie in Terretektorh (1965/66) oder Polytope (1967) von Xenakis, in Lutosławskis 2. Sinfonie (1965/67) oder Livre pour orchestre (1968), zum Teil in Berios Sinfonia (1967/69), in Madernas Quadrivium (1969) oder Aura (1971) und dann auf eine ganz neue Weise wieder bei den amerikanischen Minimalisten, von Terry Rileys In C (1964) bis zu Steve Reich und Philip Glass. Dabei gilt, mit individuellen Modifikationen, was Stockhausen schon 1962 (zu Momente) ausführte: »Die einmalige und unverwechselbare Komposition des Klangmaterials ist meines Erachtens heute genau so wichtig wie etwa in früheren Kompositionen die Auswahl von Themen, Motiven, Formschemata, denn die Komposition der Klangfarben ist ja nicht länger Kolorierung einer musikalischen Struktur, sondern ist von Anfang an allen anderen Prozeduren gleichberechtigt.« Über solche Gleichberechtigung hinaus, im Sinne einer zugebilligten Priorität des Klanglichen, forderte Stockhausen jedoch bereits damals, daß die »spezifische Auswahl und Zusammenstellung eines Instrumentariums für ein bestimmtes Werk« als dessen eigenstes Charakteristikum »unwiederholbar, unkopierbar« bleiben solle.

Dies bedeutet, die Erfindung eines jeweils individuellen Klangprofils gewinnt ungeahnte Aussagekraft, garantiert in hohem Maß musikalische Erkennbarkeit und wird dadurch sogar – im Gegensatz zu früheren Zeiten mit ihren generell festgelegten Besetzungs- und Gattungsnormen – konstitutiver Bestandteil der kompositorischen Arbeit selbst. Tatsächlich verstärkte sich in der Folge die Suche nach der Besonderheit in der Klang- oder auch Geräuscherzeugung; und zwar entweder extensiv, durch Konstruktion neuer oder musikalische Ausnützung ungewohnter, oft ganz alltäglicher Instrumente und Geräte, oder auch intensiv, durch Erweiterung der Spielmöglichkeiten auf den herkömmlichen Musikinstrumenten, zum Teil unter Verwendung unkonventioneller Hilfs- und Zusatzmittel. In beiden Bereichen entwickelte Kagel spezielle Phantasie, sei es beim Ausdenken, Entwerfen, Kombinieren aller möglichen neuen, ›experimentellen‹ Klangerzeuger in Der Schall (1968), Unter Strom (1969), Acustica (1968/70) bis hin zum ersten Teil, Repertoire, der Bühnenkomposition Staatstheater (1967/71); sei es beim gänzlich untraditionellen Gebrauch eines traditionellen Instrumentariums wie in Musik für Renaissance-Instrumente (1965/66) oder in Exotica für außereuropäische Instrumente (1970/72).

Eigentlich vollzog sich aber das Erproben neuartiger, oft extremer Spielarten auf bekannten Instrumenten nicht im Ensemble, sondern solistisch. Eine lange Reihe von Solostücken entstand gewissermaßen allein zu dem Zweck, solche umfunktionierte Klang-Virtuosität in all ihren überraschenden Schattierungen ausschöpfen und vorführen zu können. Berios Solo-Kompositionen unterm Titel Sequenza – 1958 für Flöte, 1963 für Harfe, 1966 für Stimme, für Klavier, für Posaune, 1967 für Viola, 1969 für Oboe, 1975 für Violine, 1980 für Klarinette, 1985 für Trompete (mit Klavier) – besitzen in dieser Hinsicht Modellfunktion. Aber auch Cage mit Aria (1958) und Solos for Voice (1958; 1960; 1970) oder Stockhausen mit Zyklus für einen Schlagzeuger (1959), Mikrophonie I für Tamtam (1964), Solo für Melodie-Instrument mit Rückkopplung (1965/66) und Spiral für einen Solisten mit Kurzwellenempfänger (1968) oder Ligeti mit Volumina und den Etüden für Orgel (1961/62; 1967; 1969) sowie Continuum für Cembalo (1968) haben das Wissen um die Spiel- und Klangmöglichkeiten einzelner Instrumente, ebenso um die Aktionsbreite der menschlichen Stimme vorangetrieben. In fast allen diesen, wie in unzählig vielen anderen Fällen, waren Interpreten unmittelbar an derartigen Erkundungsexperimenten beteiligt. Und was die solistische Bewährungsprobe bestanden hatte, wurde dann, soweit übertragbar, in das Klangrepertoire für kleinere oder größere Ensembleformationen übernommen. Es ging dabei um eine völlig neue Etappe im Streben nach Entgrenzung: Nachdem die Komponisten sie in den theorieabhängigen Zuständigkeitsbereichen der drei primären, gleichsam klassischen Parameter – Tonhöhe, Zeitorganisation, Lautstärkeverhältnisse – erreicht und dafür viel intellektuelle Anstrengung eingesetzt hatten, brachen sie nun in die freiere, komplexere, sinnlichere Welt des vierten Parameters, der Klangfarbe, auf. Nach dem Konzept der seriellen Musik war dies zwar keineswegs eine grundlegende Neuerung; doch lag in der Umwertung des Klang-Parameters von der subalternen Ergänzungsfunktion zur eigentlichen Hauptsache ein geradezu umstürzlerisches Moment, durchaus in der Lage, die ganze bisherige Denk- und Verfahrenshierarchie auf den Kopf zu stellen. Und als Ligeti in Lontano (1967) auch noch zeigte, daß Raumwirkungen sogar ohne räumliche Verteilung der einzelnen Instrumentalgruppen nur durch klanglich-dynamische Fern-Nah-Illusionen im Orchester selber zu erreichen seien, war der anfängliche emanzipatorische Umweg über die topographische Verteilung der Schallquellen nicht mehr länger nötig. Gleichzeitig hatte sich der Klang als dominante musikalische Größe dadurch nochmals bestätigt.

György Ligeti

Eine hochgradige Sensibilität für Nuancen und Zwischenwerte, die in den Fugen des Vorhandenen sich als Keime des Kommenden entpuppen, eine rasche Intelligenz, die den Vorgeschmack darauf zu konkretisieren versteht, und eine umfassende Metiererfahrung, die ein breites Repertoire an Realisierungswegen bereithält – diese Kombination von Ahnung, Bewußtheit und Kenntnis hat die kompositorischen Entscheidungen von György Ligeti (*1923 Dicsöszentmárton/Siebenbürgen), seit er 1956/57 aus Ungarn in den Westen kam, auf höchst individuelle Weise geprägt und immer wieder weiter vorangetrieben. Dabei war der Fortgang von Werk zu Werk weder problemlos, noch frei von Ausbiegungen, Abweichungen, Widersprüchlichkeiten oder gar irritierenden Richtungswechseln. Es ist, als habe Ligeti versucht, sich selbst zu entkommen, noch mehr freilich den bedrängenden Erwartungen anderer. Schon wie er sich aus der Extremsituation der Atmosphères, möglicherweise einer »Sackgasse«, wie er selbst zugab, durch das Ausscheren in die pointierte Gegensätzlichkeit zwischen den erregt gestikulierenden Psychodramen Aventures/Nouvelles Aventures (1962/66) und den in sich verstrebten Glaubens-Tableaus des Requiems (1963/65) befreite, war hakenschlagender Ausbruch und sukzessives Weiterbauen auf einem dennoch gemeinsamen Fundament zugleich. Daß selbst das offenkundig Disparate insgeheim aufeinander bezogen bleibt, schien sich dann – abermals überraschend – im Orchesterstück Lontano (1967) zu bestätigen: sehr ähnlich den Atmosphères, übrigens auch wie diese in Donaueschingen uraufgeführt, eine Komposition aus kontinuierlichen Klangverläufen, die sich aus unzähligen polyphonen Einzelstimmen summieren; nur, was da undeutlich verschwimmt, auf- und abwogt, als würde eine Musik aus der Ferne herüberschallen, besteht aus genau definierten, wenn auch horizontal verschobenen Harmonie- und Intervallkonstellationen. Und dies ist das eigentlich Neue, eine sozusagen kaschierte Restauration von Akkordfolgen, die sich von den amorphen Clusterklängen der Atmosphères gänzlich unterscheiden.

Aber die scheinbare Vermittlung, das Wiederaufgreifen einer fleißig attestierten Zentrallinie im Schaffen Ligetis, währte nur kurze Zeit. Bald stellte sich wieder – gleichsam unterm kreativen Zwang der Identitätsvermeidung – ein Fall von ausgesprochener Heteronomie in der Zeitgleichheit ein. Nahezu parallel arbeitete Ligeti an zwei Prototypen der Kammermusik: dem 2. Streichquartett (1968/69) und den 10 Stücken für Bläserquintett (1968/69). Gewiß, die Divergenz ist nicht mehr so auffällig wie zwischen den Aventures und dem Requiem. Jedoch entspricht dem kleineren Besetzungsrahmen und der Ähnlichkeit der Gattungen eine gesteigerte, höchst komprimierte Intensität des musikalischen Gehalts sowie die geradezu diametrale Ausbildung der je eigenen Streicher- und Bläser-Charakteristik. Da ein Hinausrücken der Ausdrucksgrenzen bis in Extremzonen des sprunghaft Fiebrigen oder unheimlicher Ruhe, hackender, sich überdrehender Mechanik oder hysterisch aufbrausender Überspanntheit, bis von dem ganzen sich verzehrenden Feuerwerk an Phantastik nur ein Abglanz, ein Nachbeben übrigbleibt. Dort, bei den Bläsern, eine vergleichsweise bürgerliche und gesellige Fünferrunde, bei der man sich angeregt, mit feiner Beachtung von

Standes- oder Herkunftsunterschieden unterhält und jeder einmal sein persönliches Erlebnis, eine besondere Geschichte aus jüngster Zeit zum besten geben darf.

Wie Ligeti schon hier, bei den fünf konzertanten Solostücken des zehnsätzigen Bläserquintetts, die Musik aus der genau erfaßten Individualität des jeweiligen Instruments erfindet, so zieht sich rings um den doppelten Markierungspunkt von Streichquartett und Bläserquintett eine Linie durch sein Werk, die sich aus derartigen Begegnungen mit der speziellen Eigenart und dem Spieltypus eines Instruments zusammenfügt. Sie reicht von den Clusterfeldern der Volumina für Orgel (1961/62, revidiert 1966) über das Cellokonzert (1966/67) mit seinen geistvollen Virtuositätsumpolungen, das spinnenfingrig rasche Continuum für Cembalo (1968) oder die beiden Orgel-Etüden, Harmonies (1967) und Coulée (1969), bis zu den Drei Stücken für zwei Klaviere (Monument, Selbstportrait, Bewegung, 1976) und in Verlängerung von deren aus Tastentechnik entwickelten Klangformen auch zu den sechs Etüden für Klavier (1983/85). Parallel dazu ließe sich noch eine besondere Reihe von Stücken verfolgen, die das Ideal eines Chorklangs mit schwebender Semantik – als der spezifischen Bedingung von Vokalmusik – in immer neuen Varianten umkreisen: angefangen beim Lux aeterna für 16 Stimmen a cappella (1966) als einem entmaterialisierten Epilog zum Requiem, weitergeführt in der Kombination von Clocks and Clouds für 12stimmigen Frauenchor und Orchester (1972/73), bei der die Stimmen mit ihren vorsprachlichen Reihen von Vokalen wie Instrumente, wie eine Art singendes Farbenklavier, behandelt werden, und

György Ligeti: Continuum für Cembalo (Ausschnitt)

einmündend in die beiden wieder rein chorischen Drei Phantasien nach Friedrich Hölderlin (1982/83) und die – ebenfalls drei – Magyar Etüdök (Ungarischen Etüden) nach Gedichten von Sándor Weöres (1983). Sehr bezeichnend für Ligeti vollzieht sich innerhalb dieser eher besetzungsabhängigen parallelen Längsentwicklungen quasi unter der Hand genau dieselbe korrelative Gegenbewegung von Klärung und Verwischung, von zunehmender Profilierung der harmonischen oder melodischen Elemente und gleichzeitig abnehmender Erkennbarkeit durch polyphone, polymetrische oder mikrotonale Überlagerungen, wie sie auch bei den weniger spezialisierten Orchester- und Ensemble-Kompositionen zu beobachten ist. Ligeti reaktiviert Zug um Zug Teile des alten musiksprachlichen Bestands, setzt also den restaurativen Ansatz von Lontano fort, übertüncht und verbirgt aber solche Wiederherstellung von Distinktion zugleich durch ein behendes Aufgebot gegenläufiger Maßnahmen.

So wird bei den Ramifications für Streichorchester oder 12 Solostreicher (1968/69) das Hin und Her zwischen kompakten Bündelungen und den titelgebenden ›Verästelungen‹ der Linien durch den harmonischen Nebeldunst der Vierteltönigkeit (die Hälfte der Instrumente ist um einen Viertelton höher gestimmt) verhüllt und in eine einheitliche Atmosphäre klanglicher Verschwommenheiten getaucht. Bei den Melodien für Orchester (1971) ist es die kaleidoskopische Verschachtelung der Polyphonie, die das Verfolgen der artikulierten Einzelstimmen erschwert; beim viersätzigen Kammerkonzert für 13 Instrumentalisten (1969/70) und beim kürzeren zweisätzigen Doppelkonzert für Flöte, Oboe und Orchester (1971/72) – beide verbinden sehr ähnlich verwobene Ensemble-Texturen mit daraus sich lösender solistischer Aktion – sind es neben metrischen und harmonischen Verschleierungen vor allem die zunehmend quirlige Spielgestik und eine wie im Überschwang auseinanderstiebende Virtuosität, die das klare Gerüst formaler Entsprechungen mit flirrender Buntheit überziehen. Schließlich wird in San Francisco Polyphony (1973/75) dieser antagonistische Prozeß durch Einführung einer neuen Dimension aus seinem zweiseitigen Interessenkonflikt herausgeholt: Die wiedergewonnenen Konturen müssen nicht mehr nachträglich wie ein Zuviel an Deutlichkeit verdeckt werden, weil Ligeti sie selbst derart irregulär anlegt oder in Extremsituationen bringt, daß sie von sich aus schon genügend Schiefheit, Querständigkeit und innere Diskrepanz besitzen; doch über solche Unordnung oder Heterogenität wölbt sich dann bei diesem einsätzigen Orchesterstück eine formale Linie, ein geschwungener Bogen, der die disparaten Einzelheiten wieder zu einer Ordnung zusammenschließt.

Freilich behalten derartige Ordnungen in zweiter Instanz ihren Hintergrund von Instabilität und Verstörung. Die mikropolyphon gefügte Einschichtigkeit der Atmosphères hat sich inzwischen zur Mehrschichtigkeit fortentwickelt. Und gerade die Divergenzen der dabei übereinanderkopierten Verlaufsformen öffnen den Raum für Anklänge, für Als-ob-Zitate im Kleinen wie für formale Anspielungen auf historische Modelle im größeren Zusammenhang. Denn die Gefahr einer zu leichten Entschlüsselung ist ja doppelt gebannt: durch das Entgegenwirken einer unabhängigen zweiten Schicht und durch die synchrone Vielheit möglicher Andeutungen oder gar gezielter Anknüpfungen, die sich in wechselnder Zuständigkeit über den ganzen musikalischen Satz verteilen. Zu welcher kompositorischen Mobilität Ligeti im Umgang mit solchen ›Allusionen‹, wie er sie seit jeher liebte, gelangt ist, zeigt sich in voller Gegensätzlichkeit etwa an der Oper Le Grand Macabre (1974/78) und dem Trio für Violine, Horn und Klavier (1982). Beide operieren mit einem polyglotten Geflecht von Stil-Anknüpfungen, historischen Perspektiven, Traditionsbezügen und imaginierten oder tatsächlichen Klang-Vorbildern, beide gewinnen daraus ihre beredte, nie ganz genau zu ortende Mehrdeutigkeit. Nur geschieht dies beim Horntrio kammermusikalisch komprimiert: stets ausgerichtet auf das strukturell-motivische Zentrum der chromatisch leicht verbogenen Hornquinten –

György Ligeti: Trio für Violine, Horn und Klavier (Anfang)

wie Ligeti hier überhaupt wieder seine Musik aus den Spezifika des Instruments ableitet – und hinzielend auf die geistige und ausdrucksmäßige Mitte des Finalsatzes, einer aus Lamento-Not sich allmählich aufladenden Passacaglia. Dagegen verlagert die Oper nach dem spielerisch-bizarren Drama des Flamen Michel de Ghelderode (1898–1962) alles nach außen, in eine groteske, bühnenwirksam überzeichnete Gegensätzlichkeit. Das bunt Gewürfelte in Musik und Szene wird zum Prinzip erhoben, um den drohenden Weltuntergang, wenn er eingetreten ist, in einen Schwebezustand zwischen Farce und Ernst umdeuten – oder, für unsere geschichtliche Lage passender: zurückdeuten zu können.

Die Extrapolation des Eindeutigen ins komplex Vieldeutige entspricht freilich nicht mehr dem primären Ansatz der Klangkomposition. Schon gar nicht, wenn sich solche Vieldeutigkeit kompositionstechnisch auf die Ausbildung mehrerer, ganz unterschiedlicher synchroner Schichten stützt. Denn dann muß zum einen jede einzelne Schicht mit einer speziellen Charakteristik ausgestattet werden, und folglich ist der amorphe Zustand des Nur-Klanglichen dahin, der reine Eindruck von Farbe wird durch Zeichnung gestört. Zum anderen muß aus Gründen einer wie auch immer gearteten Koordination Polyphonie, ja Kontrapunktik restituiert werden, und folglich ist jener geschichtliche Augenblick, da Klangfarbe – aus ihrer Aschenputtelrolle und dem Dornröschenschlaf erlöst – über ein Grundprinzip aller Mehrstimmigkeit dominieren, es sogar ausschalten durfte, vorüber; und was sich selbst bei Ligeti ins unbeachtet-unterschwellige Reservat der Mikropolyphonie zurückgezogen hatte, tritt nun wieder bedeutsam regelnd und steuernd im Makrobereich hervor. Jedoch die Erfahrung wirkt ohnehin weiter. Die einmal unternommene Probe aufs Exempel, was von Musik an Ausdrucksmöglichkeiten, was dem Komponisten an Gestaltungsmöglichkeiten eigentlich übrigbleibt, wenn alle Oberflächenlineatur und jede markante rhythmische Bewegung wie überflüssiges Beiwerk gestrichen wird und klangliche Aggregatzustände das einzige verwendbare Material sind – dieser Test auf einer äußersten Reduktionsstufe behält seine fortdauernde Erlebnisqualität, einerlei wohin die Entwicklung danach auch führen mag. Und Ligetis Weg, auf dem sich die leergefegte

Klangfläche nach erstem Zögern bald wieder mit Figuration, Satztechnik und allerhand Traditionssymbolen füllte, ist ja nur eine der denkbaren, dazu eine höchst individuelle Art, aus der Konfrontation mit dem dechiffrierten Klang Konsequenzen zu ziehen.

Daneben existierten in den sechziger Jahren die mannigfaltigsten Ausprägungen, Mixturformen oder Spezialtypen der Klangkomposition – teils nur mit partieller Zuständigkeit als Kontrastmittel, teils auch nur als latente Neigung zur Strukturauflösung und zu stationärer Klanglichkeit. Und all diese Symptome einer um sich greifenden Neuorientierung hatten während der siebziger Jahre ihr situationsveränderndes Nachleben: Der Abschied von der starren Prinzipientreue, von der abschirmenden Rationalität des Serialismus war endgültig vollzogen, wenn auch unter Mitwirkung vieler anderer Umstände und Impulse; andererseits hatte sich ein neues Gefühl für die sinnliche Attraktivität von Raum und Farbe sowie für Spontaneität und Freizügigkeit der angewandten Verfahren ausgebreitet. Gemessen an der ziemlich nachhaltigen Schwenkbewegung, die sich darin ausdrückt, läge es nahe, in dem ganzen Tendenzwandel eine Modeerscheinung zu vermuten. Auch kompositorische Theorie und Praxis sind davor ja nicht gefeit. Aber erstens verlief dieser Prozeß langsam, stufenweise und mit zahllosen zeitlichen Überschneidungen; zweitens erfaßte er keineswegs alle; und drittens steckt gerade in der Hinwendung zur Klangkomposition der Reflex einer alten Grunderfahrung. Der Traum vom reinen, elementaren Klingen zieht sich wie eine puristisch-spekulative Spur durch alle Epochen der Musik seit ihren magischen Anfängen. Und je komplizierter sie selbst wurde, desto sehnlicher wird die Nähe zu solchem Ursprung umworben. Von Wagners Es-dur-Klang im Rheingold-Vorspiel über das anschwellende H in Bergs Wozzeck-Verwandlung nach dem Mord an Marie bis zu dem B-dur-Nonenakkord in Stockhausens Stimmung (1968) oder der lang ausgehaltenen h-fis-Quinte (Composition 1960, No. 7) und dem ›Eternal Sound‹ des Dream House (ab 1962/64) von La Monte Young läßt sich verfolgen, welche Dringlichkeit solche Durchblicke auf die unverfälschte Materie erlangt haben. Der Umgang mit komplexeren Sonoritätsformen, die nicht allein ein Obertonspektrum entfalten, sondern Klänge wie modellierbaren Stoff verwenden, hat eben darin seinen Ausgangspunkt. Ein neues

Hörinteresse, eine zeittypische Neugier auf klingende Farbintensitäten im dreidimensionalen Raum, basiert auf der fortdauernden Faszinationskraft eines alten ehrwürdigen Sinnenphänomens.

Wiederaufkunft von Vergangenheit, die nicht am zitierten Detail, sondern an reflexiven Ähnlichkeiten der Ausdruckshaltung wie des gesamten kompositorischen Vokabulars festgestellt wird, gilt bei den Bildungsphilistern gerne als Indiz für Rückfall, Erfindungsschwäche, Epigonentum. Nur weil sie auf dem sonst eher gemiedenen Feld der Gegenwartskunst scheinbar etwas Vertrautes wiederkannt haben, sprechen sie hämisch von Stilkopie. Denn was schon dagewesen ist, hat nach der legitimierenden Ideologie vom Ureinfall und vom Originalgenie ausgedient, bleibt für die Wiederverwendung mit Kunstanspruch gesperrt. Über eine (vermutlich) halbrichtige Beobachtung entscheidet somit ein halbwahrer Urteilsgrundsatz.

Tatsächlich sind die Dinge auf verwirrende Weise kompliziert. Das ganze Problem erweist sich als eine Hydra. Aber gewiß sollte zumindest dreierlei sein: Das Repertoire an klanglich-akustischen Gestaltformen ist trotz seiner Unermeßlichkeit endlich und begrenzt, das Vorkommen von Varianten oder Teil-Identitäten also nicht auszuschließen; auch der Mensch bewahrt trotz seiner vom Zeitwandel stimulierten Erneuerungsfähigkeiten eine gewisse Kontinuität innerhalb seiner psychisch-physischen Anlagen und Talente, ist also auf Wiederholung bestimmter Grunderfahrungen prädisponiert; schließlich leben wir alle mit der Geschichte, können und sollten uns – trotz des übermächtigen Eindrucks von Gegenwart und Neuheit – davon nicht ausklammern oder distanzieren, sind also geradezu gehalten, jenseits stillschweigender Mitgift ganz bewußt anzuknüpfen und Vergangenheit wiederaufzunehmen. Gleichwohl ergibt sich aus solcher Begründung noch kein Generalpardon. Es kommt auf die Intention und auf den Kontext an. Sich, weil es gerade schick ist, nach postmoderner Manier mit ein paar Versatzstücken von ehemals zu schmücken, wäre ebenso läppisch, wie sich einem durchaus berechtigten Nostalgiegefühl unbefragt zu überlassen, es nicht aufzufangen und das aktuell Verwehrte daran verständlich zu machen. Die Vergangenheit ist kein Kramladen zu beliebigem Gebrauch, sondern eine der Quellen, die für die Gegenwart jeweils neu gefaßt werden müssen.

Iannis Xenakis

»Die Vergangenheit bedeutet sehr viel für mich, die Begegnungen mit der Vergangenheit. Ich mag Leute, die sie verleugnen, nicht. Das ist für mich eine Frage der Sensibilität.« Aber dieses Bekenntnis zur Tradition betrifft nur die eine, die verborgnere geistige Seite der Arbeit von Iannis Xenakis, des zum Franzosen gewordenen Griechen (* 1922 Brăila / Rumänien), der schon als Jugendlicher Plato und Marx fast gleichzeitig gelesen hat. Offenkundiger bietet sich die andere an, bei der es sich – von allen Kommentatoren ebenso betont wie gefürchtet – um die mathematisch-theoretischen Grundlagen seines Komponierens dreht. Doch vergißt man darüber leicht die Motive: »Meine Überzeugung ist, daß wir zum Universalismus nicht durch Religion, Emotion, Tradition gelangen, sondern durch die Naturwissenschaften. Mit Hilfe des wissenschaftlichen Denkens. Damit kommen wir aber ohne Anhaltspunkte, ohne allgemeingültige Gedanken zu nichts. Das wissenschaftliche Denken gibt mir ein Instrument in die Hand, mit dem ich meine Vorstellungen nicht-wissenschaftlichen Ursprungs verwirkliche. Und diese Vorstellungen sind Produkte gewisser Intuitionen oder Visionen.« Mit diesen Sätzen hat Xenakis schon unvermutet genau sein Verfahren beschrieben: Zuerst ist da die Imagination von einem bestimmten Gebilde, bei ihm sogar häufig – wie es bei einem ehemaligen Architekten und Le Corbusier-Mitarbeiter naheliegt – von ganz visueller Art; daraus leitet er, indem er es betrachtet, untersucht, konkretisiert, eine Reihe von Formeln und schlüssigen Kombinationswegen ab – seine »Anhaltspunkte«; und mit diesen Ausgangsdaten füttert er zum Beispiel die Rechenmaschine (er hat auch andere Methoden und Geräte benutzt), die ihm dann aufgrund des festgelegten Programms eine Fülle von Einzelergebnissen liefert. Unter ihnen läßt sich auswählen, um die verwendbaren weiterzubearbeiten und schließlich in Notenzeichen und Musik zu verwandeln. Daß bei dieser Übertragung einer anfänglichen »Vision« ins klingende Resultat ein beachtliches Quantum »wissenschaftlichen Denkens« eingeschaltet wird, daß Xenakis für seine Zwecke Wahrscheinlichkeitsrechnung, Spiel- und Zufallstheorien bemüht, bleibt allerdings für die hörende Begegnung mit seiner Musik nahezu ohne Belang.

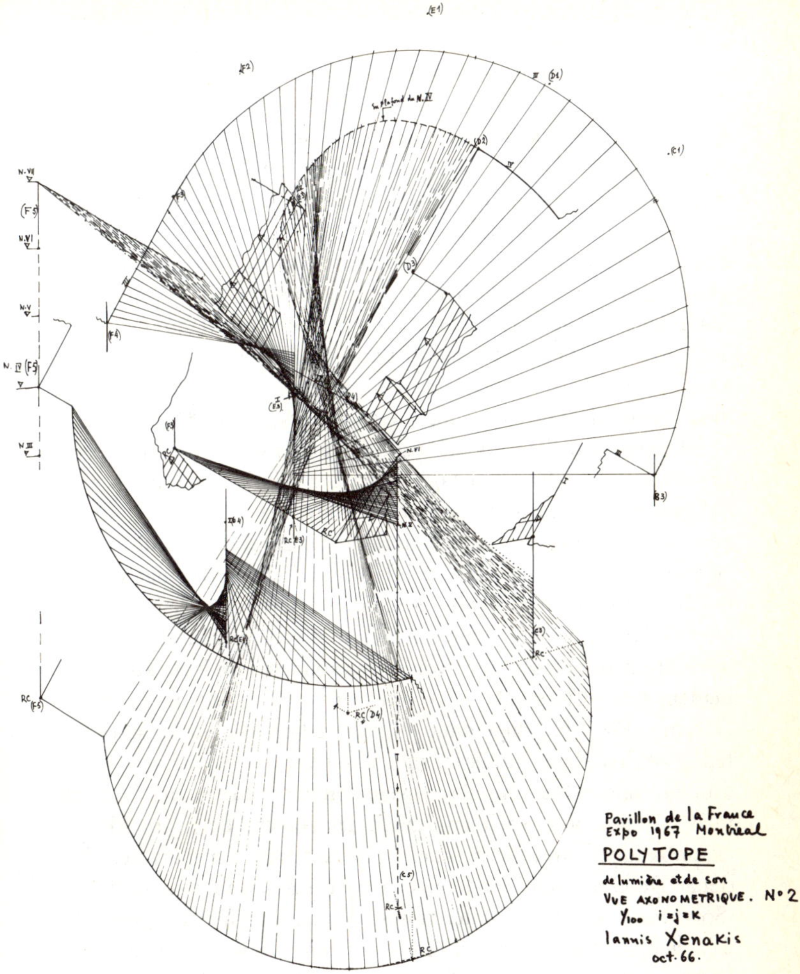

Iannis Xenakis: Polytope für Licht- und Klanginszenierungen, Entwurfsskizze

Denn da geraten Einzeltöne oder plastisch geformte Klangmassen in Bewegung, schwärmen aus, umkreisen sich, werden von scharfen, geräuschhaften Attacken durchstoßen, beginnen heftig zu vibrieren, wirbeln durcheinander oder vereinigen sich wie unter der Kraft eines mächtigen Sogs, bilden Inseln, werden porös oder auch schemenhaft und verebben. Nicht zu Unrecht hat Xenakis derart sich formende und verformende Klangbilder mit Wolken oder Galaxien verglichen. Dies entspricht tatsächlich sehr viel mehr ihrer instabilen, phantastisch flimmernden Ungreifbarkeit als die aus dem mathematisch-kompositorischen Produktionsprozeß hergeleitete Bezeichnung ›stochastische Musik‹, die Xenakis in Anlehnung an den Schweizer Mathematiker Jakob Bernoulli (1654–1705) eingeführt hat und die den zielgerichteten Umgang mit statistischen Mengen meint (von griechisch ›stochos‹ gleich ›Zweck, Ziel‹). Klanglich profiliert werden solche Massenstrukturen außer durch die Mixtur der Instrumental- (oder auch Vokal-) Farben häufig auch durch kompakt verdichtete Glissando-, Staccato- oder Pizzicato-Felder, die ihnen neben Volumen und nebulöser Undurchdringlichkeit eine eigentümliche Rauheit verleihen. Und damit diese irregulär geformten Ton-, Klang- und Geräusch-Scharen sich wirklich gleich Wolken oder Galaxien in den Raum erheben und vor der Einbildungskraft des Hörers ihre Flugbahnen vollführen können, läßt Xenakis bei den beiden Orchesterstücken Terretektorh (1965/66) und Nomos Gamma (1967/69) die einmal 88, das andere Mal 98 Musiker verteilt zwischen dem Publikum sitzen; das Ganze möglichst in einem großen, runden Saal mit dem Dirigenten in der Mitte. Bei Terretektorh erhalten alle noch zusätzlich Holzblock, Peitsche, Maraca (Rumbakugel) und Sirenenpfeife, um dadurch vier ganz verschiedenartige Geräusch-Winde erzeugen zu können und sie in diesem ›Sonotron‹ – wie Xenakis den runden Klangraum in Analogie zu den Teilchenbeschleunigern der Physiker nennt – in wirbelnde Rotation zu versetzen. Umgekehrt sollen für die Aufführung des Schlagzeugstücks Persephassa (1969) die sechs Schlagzeuger rings ums Publikum plaziert werden, es mit ihren Geräuschkaskaden und Wechselspielen einkreisen und wie mit einer Gewölbestruktur umfassen.

Derartige Klanginszenierungen kulminieren in der gegenseitigen Überhöhung mit polygonal schwingenden Raumkonzepten und tausendfältig aufblinkenden Lichtinstallationen, wie sie Xenakis beim Polytope von Montreal (1967, für den französischen Pavillon auf der Weltausstellung) und dem von Cluny (1972, für die Halle der römischen Thermen) realisiert hat. Schließlich konnte er für die Einweihung des Pariser Centre Pompidou mit dem Zeltbau seines Diatope (1974/78) auf dem Vorplatz auch noch die Raumhülle selbst entwerfen und damit für die interne Kongruenz dieser mehrdimensionalen Gesamtkomposition sorgen. Aber merkwürdig, je vehementer sich da die primäre Klangvision in ein sinnlich buntes Panorama aus Architektur und Beleuchtungsschaupsiel unter Einbezug von Laserstrahlern und ausgeklügelter Computersteuerung entfaltete und ausbreitete, um so auffälliger konzentrierte sich Xenakis während der gleichen Zeit, ab Anfang der siebziger Jahre, andererseits auf kleinere Besetzungen, ja ganz speziell auf Solostücke. Nachdem bis dahin Herma für Klavier (1960/61) und Nomos Alpha für Violoncello (1966) ausgesprochne Einzelgänger gewesen waren, häufen sich jetzt die Solokompositionen für Klavier (Evryali, 1973), für Orgel (Gmeeoorh, 1975), für Schlagzeug (Psappha, 1975), für Kontrabaß (Theraps, 1976), für Cembalo (Khoaï, ebenfalls 1976), für Cello (Kottos, 1977) und so fort. Es ist, als würde die Emanzipation ins Großflächige, den klangdurchfluteten Raum – wobei auch immer ein Moment expressiver Demonstration, von Werben um Aufmerksamkeit und von Selbstbefreiung mitspielt – sich nun umkehren und wieder auf ihre Ausgangsbasis besinnen.

Nicht weniger experimentierfreudig, dabei gelöster und auch souveräner in der Handhabung des theoretischen Apparats, dessen logische Operationen sich ja ebenso in begrenzteren Verhältnissen ausführen lassen, versammelt Xenakis sein musikalisches Sprachvermögen und seine bilderreiche Klangphantasie auf der Linie durchartikulierter Intensität. Und wie sich schon früh bei ihm kämpferisches politisches Engagement und das Kalkül des ausgebildeten Ingenieurs seltsam überlagerten und durchkreuzten, so sucht inzwischen sein vitales, offenes Gegenwartsbewußtsein immer stärker nach jener bestätigenden philosophisch-existentiellen Verankerung in der Welt der griechischen Antike, von der die Titel seiner Stücke reden.

Jedes Anheben und Wachsen oder Ausschwingen und Verlöschen von Klang setzt Stille voraus, von der er sich lösen, in die er wieder einmünden kann. Um wieviel mehr braucht Klang, wenn er im Raum wandern, sich zu abstrakten Gestalten zusammenballen oder in mehrere Richtungen auseinanderstieben soll, den Nicht-Klang als Projektions- und Kontrastfläche, vor der sich seine Fluktuationen und ständigen Metamorphosen abzeichnen. Man könnte nun in einem Umkehrverfahren – und dies war bei der Klangkomposition keineswegs nur Gedankenspielerei – sich gleich den ganzen Tonbereich ausgefüllt mit Klang vorstellen, so daß, um bestimmte Gebilde zu erhalten, Klangmaterie abgetragen werden müßte, ähnlich wie der Bildhauer die Skulptur allmählich aus dem rohen Block herausschält oder irgendein plastisches Material durch Wegnehmen modelliert. Bei einem breiten, pastosen Cluster läßt sich sogar nicht nur in Analogie der äußere Umriß formen und verändern, sondern auch in seinem Inneren, wie in Negativschrift, eine ›weiße‹ Linie aus Nicht-Klang zeichnen oder durch zunehmende Aussparung ein Keil, ebenso jeder andere Stille-Fleck, jede anders begrenzte Leerfläche bilden.

Entscheidend daran ist die gewandelte Einstellung: Hat der Komponist sich erst einmal von den alten, additiven Prinzipien der Musiktheorie gelöst, daß mehrere Töne sich zur Melodie oder zum Akkord, mehrere Melodien zum polyphonen Satz wie mehrere Akkorde zur harmonischen Folge zusammenfügen und bei weiterer Steigerung die Akkumulation des einzelnen schließlich irgendwann im Globalphänomen des Klangs aufgeht; versteht er statt dessen Klang gleich als materiale Einheit mit allen Möglichkeiten, Volumen, Dichte, Textur, Ausdehung graduell zu bestimmen, dann muß im Gegenzug auch die materiale Qualität von Stille als einem akustischen Null-Zustand anerkannt werden. Völliges Schweigen, das totale Ausbleiben von irgend etwas Hörbarem gibt es ohnehin nicht. Aber dem Maximum von klangerfüllter Präsenz entspricht das Minimum strengster Vermeidung jeder bewußten Lautäußerung. Anders ausgedrückt: Musik entsteht jetzt nicht mehr durch die Summierung, Überlagerung oder Verbindung einzelner Schallereignisse, sondern sie bewegt sich innerhalb der ganzen Spannweite zwischen den Extremen raumfüllender Massenhaftigkeit und äußerster

Verhinderung von Klang. Demnach sind kompositorisches Modellieren an plastischen Körperformen ebenso wie an negativen Aushöhlungen des Tonstoffes jetzt – wenigstens der Vorstellung nach – auch gleichberechtigt. Und eben zu dieser gleichsam musik-ontologischen Dialektik hatte die Klangkomposition, an sich doch auf Vereinheitlichung und Grenzverwischung angelegt, das auslösende Erkenntnis- und Erfahrungsmodell geliefert.

Helmut Lachenmann

Da Klang nicht für sich existiert, Musik, um über den Notenrand hinauszugelangen, der Aufführung und Wirkung, des Hörers und seiner Reaktionen bedarf, führt deren erweiterte Definition durchs Negativ des Nicht-Klangs notwendigerweise zur Auseinandersetzung mit den geltenden Normen, Usancen und Begriffen des allgemeinen Musiklebens. Innerhalb der herrschenden Musikauffassung sind nämlich derartige Negativpositionen – selbst schon als bloße Denk- und Einsichtsmöglichkeit – nicht besetzt. Das Bewutßsein des Normalkonsumenten greift da, weil es sich mit der gewohnten Ausrichtung aufs Positive im Recht glaubt, zu kurz. Es sperrt sich gegen jede Änderung der Wahrnehmungsstruktur. Und dies zwingt den Komponisten, will er seine abweichenden, daher schlecht einzupassenden und obendrein differenzierten Erfahrungen wirklich vermitteln, unausweichlich zu einer überhöhenden Konfrontation mit nahezu der Gesamtheit vorhandener musikalischer Einrichtungen und kursierender Überzeugungen. Helmut Lachenmann (* 1935 Stuttgart), der davor keineswegs zurückgeschreckt ist, vielmehr die unbequeme Verpflichtung als dazugehörigen Teil seiner Arbeit akzeptiert hat, nennt diesen ganzen Komplex aus historisch Gewachsenem und Gewordenem, gegen den es sich zu behaupten und durchzusetzen gilt, den ›ästhetischen Apparat‹. Als Summe aus kompositorischen Regeln, den herkömmlichen Darstellungsmitteln und Aufführungsinstitutionen sowie den daran geschulten Apperzeptionsweisen »repräsentiert der ästhetische Apparat beides: das Bedürfnis der Gesellschaft nach Schönheit und zugleich nach Abschirmung von der Wirklichkeit, die Sehnsucht nach der Freiheit des Geistes und zugleich die Angst vor den damit verbundenen Unbequemlichkeiten. Kunst, einst Medium der Erhellung, wird im Zeitalter der Angst des Menschen vor seinem eigenen Fortschritt zum Medium der Verdrängung. An die Stelle des Aufbruchs zu neuer Erkenntnis und zu neuen Aufgaben des Geistes ist die Flucht in die Idylle getreten. Der ästhetische Apparat steht dafür ein. Musikkultur ist der Walkman, womit man hört und sich zugleich die Ohren zuhält.«

Weil aber derart die Musikkultur und der aus denselben Traditionen hervorgegangene ›ästhetische Apparat‹ eine gesellschaftliche Funktion haben, die es im Einverständnis aller Beteiligten zu erhalten gilt, gibt es eigentlich keinen Störversuch, keine Ausscherbewegung, die nicht von beider umfassendem Machtanspruch rasch eingeholt und fintenreich zurechtgebogen würde. Um dem zu entgehen, muß der Komponist sich auf eine harte Auseinandersetzung einlassen. Selbst Zeichen eines »charakteristischen Scheiterns« wären, wie Lachemann einräumt, ein lohnender Erfolg. Denn »einzig und allein... im bewußt verändernden Umgang mit den Mitteln des ästhetischen Apparates und im bewußten Konflikt mit den von ihm diktierten Gesetzen kann sich der Prozeß künstlerischer Mitteilung und Selbsterkenntnis vollziehen. Die Erfahrung von Kunst und nicht zuletzt von Schönheit hängt so unvermeidlich mit der Verweigerung von blinden ästhetischen Gewohnheiten zusammen, einer Verweigerung aber, die sich legitimiert als Angebot, nämlich als Angebot einer veränderten, wenn man so will: befreiten Wahrnehmung.« Und auf dem Weg zu einer neuen Wahrnehmungsqualität entwickelte Lachenmann einen neuen, ganz eigenartigen Klang-Realismus. Entscheidend für den Höreindruck von einem bestimmten Ton ist ja nicht so sehr die definitorische Festlegung seiner Parameter-Werte nach Tonhöhe, Dauer, Lautstärke und Farbe, sondern die Intention, mit der er gespielt oder gesungen wird. Doch dieses mitgelieferte Ausdruckspotential, die mitschwingende gestische Nuance, die nur mit vielen Adjektiven der Gemütsbewegung zu umschreiben wäre, läßt sich nicht notieren. Sie entspringt physischen wie psychischen Haltungen oder Spannungen kurz vor und während der Tonproduktion. Auch der zu überwindende Widerstand spielt eine Rolle. Also ging Lachenmann dazu über, statt des gewünschten Resultats die auslösende Aktion anzugeben; bestimmte Tätigkeiten zu provozieren, deren hörbares Ergebnis aus Klang und Geräusch noch ziemlich genau den Grad der dafür aufgewandten Energie sowie das emotionelle Klima, aus dem die Handlung hervorging, erkennen läßt.

Musik wird demnach – ganz ähnlich, wie man aus Alltagssignalen auf deren Ursache zurückschließt – zum direkt verständlichen und ohne artistische Übersetzung zugänglichen akustischen Zeugnis von menschlichen Verhaltensweisen. Und dieser Mitteilungscharakter löst etwas von der Hoffnung ein, man könnte gesellschaftliche Arbeit, Grundbedingungen menschlicher Existenz, recht unmittelbar zum Gegenstand der Kunst machen. Lachenmanns Opposition gegen den ›ästhetischen Apparat‹ setzt also gewissermaßen unterhalb der Traditionsverfestigung an, holt das Faktische am Klang, fern aller Kultur-Verbrämung, hervor und begreift Komponieren in einem derart realistischen Umgang mit dem Material als ein Abenteuer der Empirik. Nachdem er die Wechselbeziehungen zwischen der vom seriellen Denken inspirierten ›Klangstruktur‹ der fünfziger Jahre und deren Umkehrung in den nun globaler empfundenen ›Strukturklang‹ der sechziger Jahre aufgedeckt hatte und ihnen mit allerhand kompositorischen Erkundungen nachgegangen war – darunter auch der persönlich leitmotivischen Consolation I für 12 Stimmen und 4 Schlagzeuger (1967/68) mit dem Ernst Toller-Text »Mensch, erkenn Dich doch, das bist Du« –, entzog sich Lachenmann im folgenden ziemlich strikt dem Auffassungs- und Bedeutungsspielraum beider Begriffe und wandte sich konkreter Selbsterkenntnis zu; und zwar am konkreten Objekt des tönenden, lautgebenden, sprechenden und keineswegs nur schön klingenden Materials. »Klang als Nachricht seiner Entstehungsbedingungen« wird in temA für Flöte, Stimme und Cello (1968/69) erforscht über das Auskunftsmedium affektbehafteter, weniger fließender als gestauter Atemprozesse; in Air für großes Orchester mit Schlagzeug-Solo (1968/69) dient der symphonische Apparat entlang der dreifachen Sinnverschiebung des Titels, von Luft (als Element der Schallübermittlung) zu Erscheinung, zu Liedweise, als Ort eines »Protests gegen eingeschliffene Orchesterkulinarik« und übliche Hörerwartungen »sozusagen in der Höhle des Löwen«; und in Notturno für kleines Orchester mit Cello-Solo (1966/69) gehen die Nachtgeister

Helmut Lachenmann: Accanto, Musik für einen Klarinettisten mit Orchester (Ausschnitt mit Reaktionen auf die Bandzuspielung von Mozarts Klarinettenkonzert)

um wie in Kontrakadenz für großes Orchester (1970/71) die Taggestalten, die gegen eingespielte Ablauf-Rituale, gegen das Kadenz-Gefälle der traditionellen Musik opponieren; es aufbrechen oder umstülpen und auf den Realbereich der Zwischenwerte hinweisen.

In solcher Freisetzung eines Aktionsraumes für direkte, unverfälschte Klang- und Hörerfahrung treffen sich bei Lachenmann – ähnlich wie bei Nono, dessen Schüler er war – heftige, widerständige Impulsivität und sensible Wachheit des Nachlauschens, angriffsfreudige politische Bewußtheit und sich einspinnende, spekulative Reflexion. Von dieser Doppelung des Ansatzes zeugen Orchesterstücke wie Klangschatten – »mein Saitenspiel« (1972), Fassade (1973) oder Schwankungen am Rand (1974/75) mit ihren jeweils speziell zugerichteten Besetzungs- und Formdispositionen. Dabei nimmt aber, wie schon in Fassade mit ihrer Marsch-Obstruktion, die Bereitschaft zu, Beziehungen zu historischem Material zu suchen, um gleichsam am zitierten Modellfall hinter die Frontseite des einvernehmlichen Mißbrauchs, der damit getrieben wurde, zu leuchten. Bei Accanto für einen Klarinettisten mit Orchester (1975/76) spielt Lachenmann solcherart durch Verhinderung auf Mozarts Klarinettenkonzert an, das als Tonbandaufnahme ›nebenher‹-läuft, jedoch nur ganz punktuell, als Nachweis seines Vorhandenseins, auch wirklich eingeblendet wird. Bei Tanzsuite mit Deutschlandlied für Orchester mit Streichquartett (1979/80) sind es unterlegte Tanzsatz-Typen, die der als Hymne usurpierten Haydn-Melodie quasi wieder etwas von ihrer Unschuld zurückgeben wollen. Und bei Harmonica für Orchester mit Tuba-Solo (1981/83) wird die verfälschte Volkstümlichkeit von Mundharmonika- und Ziehharmonika-Klängen bloßgestellt und bis auf jenen Punkt entblättert, da Lachenmann mahnend, aber auch »ermutigend« auf das Toller-Wort aus Consolation I zurückgreifen kann: »Mensch, erkenn Dich doch, das bist Du.« Und nun erhält es, projiziert auf die auseinanderklaffende Gegensätzlichkeit in diesen drei Quasi-Konzertwerken, geradezu erschreckende Dimensionen seines Doppelsinns.

Politisierung 1968

Eine allgemeine Bewegung, die seit Mitte der sechziger Jahre zunehmend an Resonanz gewonnen hatte, sich nun unter jungen Menschen, zumal Studenten, mit revolutionärem Elan auflud, und eine künstlerische Grundbefindlichkeit, ein latentes schlechtes Gewissen, das vor allem die Komponisten wegen der Ungegenständlichkeit ihres Materials zu plagen pflegt, trafen unversehens im Jahr 1968 aufeinander. Das eine mobilisierte das andere, obwohl beide – ein äußerst brisantes politisches Erneuerungsstreben und ein schleichendes psychisches Leiden gerade an dem Mangel von Politik und öffentlichem Nutzen – ihrer Natur nach fast nichts miteinander zu tun haben. So kam es, daß unter der Gunst zeitbedingter Vermittlungen und Kontaktsprünge plötzlich Staatsmoral, in ihrer Zuspitzung auf die imperialistische Doktrin der Weltbeglückung, und Kunstmoral, in ihrer Zuspitzung auf das musikalische Defizitgefühl an Welthaltigkeit, als Exponenten eines offenen Konflikts frontal wie nie einander gegenüberstanden. Diese an sich aberwitzige Gegnerschaft mit ihren extrem verkürzten Perspektiven wirkte jedoch, wenn auch eher als ideelles Exempel, wie ein jäher Schock auf die bis dahin meist realitätsfremde oder in sich selbst versponnene musikalische Landschaft. Unabweislich stießen mit einem Mal Sorge, Wut und Verzweiflung über den Vietnam-Krieg – einer Demonstration brutalen Machtwillens unterm Deckmantel der Friedensverteidigung – bis in die Bezirke geistiger und künstlerischer Tätigkeiten vor und entblößten die ganze Diskrepanz zwischen Bereitschaft zum aktiven Engagement und der Hilflosigkeit im Einsatz der eigenen Mittel. Wie ließ sich gegen jenen Mißbrauch staatlicher Verfügungsgewalt protestieren, dessen militärische Konsequenzen erstmals im Fernsehen direkt mitzuverfolgen waren, wie dem inständigen Appell an Einsicht und Vernunft ein Höchstmaß an effektiver Durchsetzungskraft verschaffen, ohne durch das Gefühl der Verantwortung für eine aktuelle Notlage zugleich die bisherigen Prinzipien eines verantwortlichen Denkens in Kunst und anderen Dingen kompromittieren oder aufgeben zu müssen?

Eine alte Fragestellung erhielt neue, bohrende Dringlichkeit. Und die Aufgabe, dafür eine Lösung zu finden, betraf eigentlich alle – ausgenommen die paar Abseits-Träumer mit ihrer hermetisch in Elfenbein eingelegten Distanz-Ästhetik. Aber waren – umgekehrt betrachtet – die Vorgänge, die damals die Weltpolitik verdüsterten und deren menschenverachtende Unrechts-Moral jene vielstimmig losbrechende Studentenrevolte des Frühjahrs 1968 provozierte, denn tatsächlich so einmalig und so ganz und gar außergewöhnlich? Gab es nicht schon vorher, etwa in dem Kolonialkrieg um Algerien (1957–62), oder später, bei der Unterdrückung der Demokratie in Chile (1973), oder überhaupt bei der Regierungspraxis südamerikanischer Militärdiktaturen, genügend Beispiele für imperialistische Hybris, Terror und staatlich sanktionierte Repression? Weltweit zieht sich da ein Band blutiger Ereignisse sowie ausweglos fortdauernder Knechtung durch die jüngste Geschichte. So gesehen wurde der Vietnam-Krieg zwar zu einem Präzedenzfall durch das hohe Aufgebot an Grausamkeit, gepaart mit schreiendem Widersinn, noch mehr jedoch durch die Heftigkeit der allenthalben ausgelösten Reaktionen. Und als deren stillere Begleiterscheinung entwickelte sich nun jener schreckhafte Bewußtseinsschub, der unvermittelt in die Bereiche einer bis dahin wohlgeordneten Kunstimmanenz eindrang und ihr kurzerhand das absichernde Fundament entzog. Ziemlich betroffen sahen sich jetzt viele Komponisten in ein Dilemma verwickelt: Als hätten sie, völlig fixiert auf die eine Seite des Problems, dessen wichtige andere Seite vernachlässigt und gar nicht zur Kenntnis genommen, während sie sich doch mit ihrer Arbeit durchaus wie aufmerksame Teilnehmer am Welt- und Zeitgeschehen vorgekommen waren und sogar an ihre künstlerische Wegbereiterfunktion für das Selbstverständnis der Gegenwart geglaubt hatten. Der übermächtige Einbruch von Realität schien sie jetzt zu denunzieren.

Handlungswille schlug um in Übereifer, Solidargefühle in

Aktionismus. Eine Welle neu geweckter Aufgeschlossenheit gegenüber politischer Praxis förderte lange, meist grundsätzliche Diskussionen über Theoriekonzepte, Klassenverhältnisse, Bewußtseinslage, gesellschaftliche Prozesse, Erkenntniswege und Strategieplanungen. Jede Veranstaltung geriet deshalb in Gefahr, zum Forum für Proklamationen oder kritisches Infragestellen zu werden. Jede Einrichtung, ob Schule, Theater, Verwaltung, Presse oder Betrieb, wurde verdächtigt, wider alle demokratischen Prinzipien Herrschaft auszuüben. Überhaupt galt jede Struktur, im Geistigen wie im Praktischen, in der Öffentlichkeit wie in der Familie, als überholt und autoritär. Angesichts all dessen stand die Musik, mit ihren Veranstaltungsformen, Einrichtungen und komponierten Strukturen ja fraglos involviert, zunächst etwas ratlos außerhalb. Und wo sie sich einsetzen, mittun, die notwendige Erneuerung nach Kräften vorantreiben wollte – immer im Gedanken an die Unausweichlichkeit der initialen weltpolitischen Motivation wie an ihre eigenen Versäumnisse –, wo also Komponisten sich mit ihren Mitteln und Sprachmöglichkeiten aktiv zu engagieren begannen, mußten sie nur um so schneller deren Ohnmacht erkennen. Denn Musik ist nicht nur, gerade wenn man sich ein Fanal von bezwingender, explosiver Durchschlagskraft wünscht, in ihren Wirkungen, ihrem Eingriffsvermögen begrenzt. Sie bleibt auch an ihre angestammten Vermittlungsformen gebunden – anderswo findet sie kein Publikum oder degeneriert zum schmückenden Beiwerk. Die Vermittlungsformen bestimmen wiederum die Art, die Zurichtung, die Gattungen dessen, was da umgesetzt und transportiert werden soll – sonst erreicht man niemanden und predigt tauben Ohren. Schließlich muß die Mitteilung selbst, sogar wenn sie all diese Bedingungen respektiert, in ihrer inhaltlichen Prägnanz als äußerst fragwürdig erscheinen – oder sie setzt so viel Gleichgesinntheit und Verständigungsbereitschaft voraus, daß es ihrer de facto eigentlich gar nicht mehr bedarf.

Trotzdem hat die Besinnung der Komponisten auf diese Abhängigkeitskette von Einschränkungen, so enttäuschend sie auch für ihren Willen zum direkten politischen Engagement gewesen sein mag, in der Konsequenz doch eine perspektivische Veränderung in den Intentionen ihrer Arbeit ausgelöst und dabei etwas Neues eingebracht: die Abkehr von einem rein abstrakten Umgang mit dem Material, wie er aus seriellen Zeiten immer noch nachwirkte, statt dessen die Hinwendung zu seinen Bedeutungsgehalten, zu jenen semantischen Spuren, die sich im Material über Jahrhunderte sedimentiert haben, oder auch zu Aussagefähigkeiten, die es durch kontextuelle Beziehungen im jeweiligen Moment erwirbt. Gerade dieses Näherrücken der Musik zum Sprechen, zum Verstehbarmachen, eigentlich aus dem Scheitern der bedrängenden politischen Demonstrationsabsichten entstanden, förderte aber auch ein gleichsam werbendes Näherrücken zum Hörer. Und an die Stelle lautstarker Manifestationen, des extrovertierten Appells an möglichst viele, trat jetzt dank solcher Einsichten der leisere Dialog mit dem Einzelnen. Die Welle grenzenüberwindender Solidarisierung im Kampf gegen Imperialismus und all die anderen antihumanen Machtübergriffe hatte die Komponisten – mochten sie sich auch persönlich an politischen Straßenaktionen beteiligen – merkwürdigerweise in einem Gegenreflex, und zwar angehalten vom Wahrheitsanpsruch ihres sensiblen Kunstmetiers, auf sich selbst zurückgeworfen. Nicht Parolen galt es dröhnend und gellend zu instrumentieren, sondern Haltungen zu bekunden, die eigene Stellungsnahme ungescheut, aber ganz für sich, durch Musik zu bezeugen.

Der Fluch, musikalisch allein zu sein, ist unaufhebbar. Er trifft die Komponisten, vis-à-vis der Partitur mit ihrer exkludierenden Symbolschrift, angewiesen auf bloße Fiktionen von sinnlicher Realität, härter, unnachsichtiger und vereinsamender als andere Künstler das subjektive Gefühl, abgeschnitten zu sein, in vergleichbaren Produktionsphasen. Denn nicht nur haben alle visuellen Künste ihre bildbaren Materiale unmittelbar zur Verfügung, auch jeder geschriebene Text steht über Lesen und Verstehen der Kommunikation ungehindert offen und behält obendrein noch seine Nähe zu der elementaren Erscheinungsform als Sprachlaut. Wenn also Musiker, getrieben von politischer Not, die engen Mauern ihres Komponiergehäuses aufzubrechen suchen, wenn sie – von der Marseillaise oder Méhuls Chant du départ am Ende des 18. bis zu Arbeiterchören, Kampf- und Massenliedern im 20. Jahrhundert – möglichst breite, möglichst direkte Wirksamkeit anstreben, dann mischt sich in die Begeisterung für die Sache und den Wunsch nach agitatorischem Effekt auch immer die Sehnsucht nach Gemeinsamkeit ohne Isolation und Trennung, nach umwegslosem, spontanen Kontakt.

Gerade die besonderen Umstände, die da Teilnahme und Zustimmung von vielen als den glücklichen Moment sozialer Einbindung empfinden lassen, sind allerdings illusionär und vertauschen die kompositorische Absicht gegen deren vorbereitete Funktion. Jede Musik, deren Stellenwert durch äußere Erfordernisse im voraus bestimmt wurde, verliert ja an Interesse, auf welche Art sie ihn erfüllt. Hauptsache, sie tut es und wird akzeptiert; eingestreute Widerhaken, um sie vor plakativem Leerlauf zu bewahren, oder trickreich verankerte Signalzeichen ihres Gehalts an Aggressivität bleiben demgegenüber Privatangelegenheit. Umgekehrt verhält sich jede ernsthafte, durch sich selbst motivierte kompositorische Anstrengung spröde und sperrig gegenüber irgendwelchen zuvor verabredeten Zwecken. Sie wäre sogar eher darauf aus, Erwartungen zu hintergehen, um dadurch mehr Aufmerksamkeit für sich zu erreichen.

Nicht weil sie den Skandal im Sinn hat – der bringt nur Vergröberungen und falsche, sich verhärtende Frontstellungen mit sich –, sondern um geduldig Einsicht zu wecken, mit ihren Mitteln der Darlegung, des Einspruchs, des Aufsprengens von Konventionen Erkenntnisprozesse anzuregen. Diese mögen an verpflichtende Ausgangspositionen zurückerinnern oder Mut machen, die Verhältnisse klarer zu erfassen und daraus Folgerungen für die Zukunft abzuleiten, sie mögen streitbaren Elan entfachen, im Durchhalten bestätigen oder ein Umdenken fördern. Stets werden sie aber nur so viel bewegen können, wie der Komponist – ganz für sich – musikalisch bewegt hat. Und je unbeirrbarer er dabei seine Botschaft umgesetzt hat, je beharrlicher er sie zu einer individuellen, auch einer politischen Selbstbekundung durchbildet, desto mehr wird man ihr zuhören und ihr glauben.

Luigi Nono

Das Richtige mit Überzeugung tun und doch nicht rechthaberisch erscheinen, andere anspornen, sie als Freunde und Mitstreiter gewinnen, ohne jemals in einen Propagandaton zu verfallen – dies sind die zwei Seiten des Problems, dem sich Luigi Nono (* 1924 Venedig) von früh an wie kaum ein anderer konfrontiert hat. Aber wie er im Mittelteil seines Epitaphs auf Federico García Lorca (1952/53) bereits die redende Stimme des ermordeten spanischen Dichters, die in den vokalen Außenteilen präsent ist, auf die kantable Linie einer Flöte übertrug, oder wie er im Canto sospeso (1955/56) die Worte zum Tode verurteilter Widerstandskämpfer in den vielgliedrigen Chorklang aufnahm und darin verbarg, so ist sich Nono der Bedingungen und der besonderen Eigenschaften des Materials, mit dem er als Komponist umgeht, stets bewußt geblieben. Und sogar noch bei seiner extremsten Annäherung an die Realität, bei der Geräusch-Reportage von einer Demonstration anläßlich der Biennale, in Non consumiamo Marx (1968/69), mit der er die bitterböse Idee, 6000 anwesende italienische Polizisten zum ausgestellten Kunstwerk zu erklären, gleichsam akustisch nachvollzog, behauptete sich ein antiideologischer Affekt: durch die Art, wie untermischte Pariser Mauer-Parolen vom Mai 1968, bevor sie sich verfestigen, im Krawalltrubel untergehen; entschiedener noch durch die Kombination mit einem dazugehörigen lyrischen Gegenstück für zwei Frauenstimmen und Tonband, Un volto, e del mare (ebenfalls 1968/69) nach einem Gedicht von Cesare Pavese, das in diesem gemeinsamen ›Musik-Manifest Nr. 1‹ an die Welt von »Frau, Meer, Natur, Liebe« erinnert. Nono sieht eben in jeder, selbst einer exponierten Situation zugleich deren anderen, verhüllteren Aspekt und beharrt deshalb, wie hier durch Identitäten von Material und Technik nachgewiesen, auf dem engen, unlöslichen Zusammenhang zwischen dem notwendigen Kampf und dem Wissen um die humanen Werte, für die er geführt wird.

Dabei geht es nicht nur darum, von den beiden Lebensbereichen, dem aktiven politischen Wirken in der Gesellschaft und der privaten Welt aus Denken, Träumen, Spüren und Erfahren, keinen zu vernachlässigen, keinen auszuklammern, sondern sie beide, weil einer den anderen bedingt, miteinander zu vermitteln. Dies jedoch stellt sich für die Musik als ein Sprachproblem dar. Denn will man etwas bewegen gegen Armut, Unterdrückung, Heuchelei oder Unfrieden, so muß Kommunikation durch Worte hergestellt, das Ziel klar formuliert werden. Jede Rede in Klängen bedeutet aber einen Verlust an definitorischer Schärfe und Verständlichkeit, auch wenn sie der nackten verbalen Mitteilung noch so viel an innerer Dynamik und aufschließender Assoziationsweite hinzufügt. Und man muß schon, wie Nono, daran glauben, daß Töne, Rhythmen, Intervallkonstellationen, Klangfarben, einmal in einem bestimmten gesellschaftlichen und historischen Kontext semantisch geprägt, diesen Sinngehalt auch weiterhin mit sich tragen, um vor dem Unterschied zwischen Klingen und Sagen nicht zu kapitulieren, nicht wenigstens einige der initialen Absichten aufzugeben, sondern den Widerspruch anzunehmen und bewußt mit ihm zu arbeiten.

Seit 1964 war Nonos Auseinandersetzung mit Bedeutungen und Material in ein neues Stadium von Konkretheit eingetreten. Kennzeichnend dafür ist – bis 1971 – die fast ausschließliche Verwendung von Tonband und in hohem Maße von Realgeräuschen. Insofern wäre das zweiteilige Musik-Manifest tatsächlich als ein Höhepunkt an Verdeutlichung innerhalb einer tendenzgleichen Entwicklung anzusehen, freilich zugleich als einer, wo die demonstrative Zuspitzung das Auseinandertreten des als gemeinsam Gedachten nicht verhindern konnte. Solche Überschärfung, sicherlich ein Reflex auf die aktuellen Ereignisse Ende der sechziger Jahre, markiert den Abstand zu Nonos früherem Verfahren, gleichsam Spurenelemente seiner politischen Haltung – bezogen etwa aus der Internationale oder dem italienischen Kampflied ›Bandiera rossa‹ – in die musikalische Struktur einzukomponieren. Diese Methode, durch Verarbeiten vorgegebener Melodiesubstanz semantisch Bedeutung anklingen zu lassen, das zitathafte Ausstellen an der Oberfläche jedoch zu vermeiden – eine Methode, die an altniederländische Kontrapunkttechniken erinnert –, behielt zwar auch während der genannten sieben Jahre ihre Gültigkeit: in den beiden einzigen Orchesterwerken dieser Zeit, in Per Bastiana – Tai-Yang Cheng (1967) mit dem Aufscheinen und chromatischen Umhüllen des Intervallbestands aus dem chinesischen Lied ›Der Osten ist rot‹ (dem auch die Titelzeile »Der

Tag bricht an« entstammt); sowie in Ein Gespenst geht um in der Welt (1971, mit Solo-Sopran und Chor), das analog seiner geographischen Erweiterung der Anfangsworte des Kommunistischen Manifests sein klangliches Material allein aus der Internationale, der italienischen ›Bandiera rossa‹, dem chinesischen ›Der Osten ist rot‹ und dem kubanischen ›26. Juli‹ (1953, Tag des Angriffs auf die Elitekaserne Moncada) gewinnt. Aber zentral sind doch die Tonband-Kompositionen, jene musikalisch-politischen Anrufungen in einem technischen Medium, das Nono konkreten Bezug zu Gegenwartssituationen zu nehmen erlaubte: zur Welt der Arbeiter in La fabbrica illuminata (1964); zur Fatalität des Frankfurter Auschwitz-Prozesses in Ricorda cosa ti hanno fatto in Auschwitz (Erinnere dich, was sie dir in Auschwitz angetan haben, 1966/67; hervorgegangen aus der Bühnenmusik zur ›Ermittlung‹ von Peter Weiss, 1965); zum Befreiungskrieg in Vietnam in A floresta é jovem e cheja de vida (Der Wald ist jung und voller Leben, 1966); zur Nationalen Befreiungsfront von Venezuela in Contrappunto dialettico alla mente (1968; der mit dem dialektischen Kontrapunktieren einer Madrigalkomödie Banchieris von 1608 – als Umkehrmodell – auch auf die Verkehrung anderer US-amerikanischer Begriffe bei der Neger-Frage, der Ermordung von Malcolm X. oder in Vietnam anspielt); und zur kubanischen Revolution in Y entonces comprendió (Und dann begriff er, 1969/70).

All diese Tonband-Kompositionen verwenden Realgeräusche, Stimmen von einzelnen, von Gruppen, von Volksmengen als akustische Dokumente. Sie fangen also Wirklichkeit ein und vermitteln durch Nonos Auswahl und elektronische Zurüstung sowie die rein musikalischen Überschichtungen einen vernehmbaren, dem Verständnis nahen Sinn. Zugleich allerdings durchbrechen sie herkömmliche Konzertgepflogenheiten, ermöglichen unbegrenzte Mobilität und damit jenen Kontakt, daß die Musik zu ihren Hörern kommt, wo immer sie sich versammelt haben, Austausch suchen, diskutieren wollen. Derart direkt einzugreifen war für Nono in diesen Jahren besonderer politischer Virulenz wichtig, ein Teil seiner selbst gestellten Aufgabe als engagierter, wirkender Komponist. Die Ablösung vollzog sich doppelt motiviert: zum einen als Rückbesinnung auf die angestammten kulturellen Austragungsorte Oper und

Konzert, was gleichzeitig den Willen zu Konzentration und Intensivierung bekundete; zum anderen als Hinwendung zu gleichgesinnten Freunden, Mitstreitern, Musikern – in dieser Übergangsphase Anfang der siebziger Jahre vor allem zum Dirigenten Claudio Abbado und zum Pianisten Maurizio Pollini. Für diese beiden schrieb er Como una ola de fuerza y luz (Wie eine Woge von Kraft und Licht, 1971/72) mit Sopran als zweitem Solopart, um über den Klavierkonzert-Typus hinaus sein Gedenken an den chilenischen Widerstandskämpfer Luciano Cruz bis ins sinntragende Phonem (als Vermittlungsstelle zum Klang) ausdrücken zu können. Für Pollini allein und das Vertiefen in die »staunenerregende Bekanntschaft mit seinem Klavierspiel« entwarf er eine Art beziehungsreiche Tondichtung... sofferte onde serene... (durchlittene, heitere Wellen, 1976/77). Und zwischen beiden Stücken entstand Nonos zweites Bühnenwerk, auf das schon vieles vorher hingewiesen hatte, mit dem von Rimbaud entlehnten Titel Al gran sole carico d'amore (Unter der großen Sonne von Liebe beladen, 1972/75), eine Azione scenica in zwei Teilen (von Abbado uraufgeführt), die mehrschichtig und Zeiten verzahnend ein Panorama der Revolutionen darstellt, auf daß sich das Publikum aufnehmend an einem Denkprozeß beteiligt, »selbst seine Beziehung zum Stück findet, selbst Beziehungen hineinprojiziert« und erkennt, wie viele »Lehren, negative und positive, (gerade) aus einer mißlungenen Revolution zu ziehen sind.«

Die Mitwirkung von Tonband wird übrigens bei allen drei Kompositionen nicht aufgegeben. Und bald darauf entwickelt sich daraus bei Nono eine noch intensivere, auch unmittelbarer auf Raum und Aufführungsbedingungen reagierende Form, den Klang zu beeinflussen, umzuwandeln, zu modellieren und ausstrahlen zu lassen: Er entdeckt für sich (durch Zusammenarbeit mit dem Freiburger Experimentalstudio des Südwestfunks) die Möglichkeiten der Live-Elektronik. Die Zahl der Ausführenden kann nun weitgehend reduziert werden; Mikrophone und Verstärkung sorgen sogar für potenzierte Eindringlichkeit eines sprechenden Individualklangs. Parallel läuft eine Reduktion auch im Fokus der Musik; sie wendet sich ihrer Intention nach nicht mehr an eine breite Vielheit, eher an den zuhörenden Einzelnen, ist Botschaft im engen Feld zwischen Ich und Du. Dadurch wäre zugleich manches an der sich verdichtenden Folge

Luigi Nono: Fragmente – Stille, An Diotima für Streichquartett (Partitur-Ausschnitt mit ›stummen‹ Gedicht-Fragmenten von Hölderlin)

von Zueignungsstücken zu erklären: vordem nur Omaggio a Emilio Vedova (Tonband, 1960/61) und Musica per Manzù (Tonband, 1969), danach Für Paul Dessau (Tonband, 1974/75), Con Luigi Dallapiccola (für 6 Schlagzeuger und Ringmodulatoren, 1979), Omaggio a György Kurtág (für Posaune und Live-Elektronik, 1982) oder A Carlo Scarpa architetto (für Orchester, auf Mikrointervalle, 1985). Nur eine bisher oft auslösende Komponente von Nonos Musik hat nicht an dieser Konzentrationsbewegung teilgenommen; die Texte, die ihm seit 1980 Massimo Cacciari aus zahlreichen Sprachen und Quellen zusammenstellt, besitzen eine schweifende Vieldeutigkeit und den Glanz bildungsstrotzenden Assoziationenreichtums. Dies gilt für die live-elektronisch überformten Stücke Das atmende Klarsein (für Baßflöte und 8stimmigen Solo-Chor, 1980/81), Io, frammento dal Prometeo (für 2 Soprane, Kammerchor, Baßflöte und Kontrabaßklarinette, 1980/81), Quando stanno morendo (Wenn sie zum Sterben kommen – für 4 Frauenstimmen, Baßflöte und Violoncello, 1982) und Guai ai gelidi mostri (Wehe den eiskalten Ungeheuern – für 2 Soprane und 6 Instrumente, 1982/83) bis hin zum dritten Bühnenwerk, Prometeo (1980/84, Neufassung 1985), das seine mythologischen Polyvalenzen durch die Faszinationskraft wandernder Klänge und Resonanzen wieder auf den non-verbalen Punkt zurückbringt, eine Tragedia dell'ascolto, eine Tragödie nur zum Hören zu sein. Und eben diese Art mitdenkenden Nachlauschens hatte Nono bereits in seinem Streichquartett Fragmente – Stille, An Diotima (1979/80) vorgezeichnet, ja durch Hölderlin-Zeilen nur in der Partitur und lange, öffnende, jeden sich selbst überlassende Pausen geradezu provoziert.

Selbst wenn man mittlerweile davon ausgehen muß, daß die kräftigen Erdstöße und die Wellen allgemeiner Verunsicherung durch die Studentenrevolte von 1968 schon ein rundes Jahrzehnt später verebbt waren, daß auf dem tapfer verkündeten ›langen Marsch durch die Institutionen‹ sich noch der letzte Versprengte im wuchernden neokonservativen Phrasenmüll längst verhakt oder auf der berühmten pluralistischen Toleranzstrecke verirrt und erschöpft hat, so sind doch zwei Veränderungen im sozialen Gesamtgefüge, weil sie als gelebte Erfahrung weiterwirken, nicht mehr rückgängig zu machen:

Die einschließenden Wände, zwischen denen man sich gerade wieder selbstgewiß einzurichten begann, haben Löcher, Fenster ins Freie bekommen; und die Menschen sind zwischen aufgekündigtem Vorbehalt und Not der Vereinzelung einander nähergerückt. Das eine, der Extroversionsauftrieb, brachte nicht nur zeitweilig Hierarchien, Privilegien, Institutionen ins Wanken, verscheuchte Biedersinn und Amtsstubenmuff, sondern sorgte auf der politischen Bühne Europas für zunehmende Durchlaßöffnungen im Eisernen Vorhang und nicht zuletzt für ein allmählich wachsendes Weltbewußtsein der in sich verklammerten Verantwortlichkeiten bis hin zum Schutz von Rohstoffressourcen, existentiellen Freiräumen und gefährdeter Natur. Das andere, als quasi dagegengerichteter interner Kontaktgewinn durchaus nicht immer ein Vorteil, weil von latenten Neigungen zu Gleichmacherei und Distanzlosigkeit begleitet, verhalf doch zum Überspringen verordneter oder starr gewordener gesellschaftlicher Schranken, öffnete den Blick für andere Daseinsbedingungen und Verhaltensformen, stimulierte umweglose Teilnahme, Verständigung, Gemeinsamkeit.

Auf die Musik übertragen heißt das: Der konstatierte Perspektivewechsel, weg vom abstrakten Materialbegriff, hin zu mehr sinnlichem Bedeuten oder sprechendem Realitätsbezug, hat in Verlängerung des neuen Ansatzes auf das fertige kompositorische Produkt Folgen sowohl für dessen Aufführungsort und Wirkungsradius als auch für Selbstverständnis und gegenseitigen Umgang der aktiv an der Aufführung Beteiligten, also Komponist, Interpreten und Hörer. Die zu neuer Anschaulichkeit gelangte Musik strebt demgemäß erst einmal nach freieren Räumen zu ihrer klanglichen Entfaltung, jenseits aller konventionellen Eingrenzung auf handtuchförmige Konzertsäle oder rangbestückte Opernhäuser samt ihren vorgeprägten Sozialriten. Stockhausens Aufbruch ins Kugelauditorium von Osaka (1970), schon seine Darmstädter Musik für ein Haus (1968) und die Freiluftinszenierung seines Sternklangs (1971) im Berliner Englischen Garten gehören hierher; oder die Polytopes und das selbstgebaute Diatope-Zelt (1967–78) von Xenakis; oder die Drittaufführung von Nonos Al gran sole in einer Halle des Lyoner Industrieviertels, La Fabrique, (1982) sowie die beiden Inszenierungen von Prometeo im Inneren einer riesigen hölzernen Arche, die erst in der venezianischen Kirche San Lorenzo (1984), dann in einer Mailänder Montagehalle (1985) aufgebaut wurde; oder auch Cages Unempfindlichkeit gegen jeden Raum und jeden Außenlärm. Zweitens wird dieses Herausdrängen aus präfixierender Architektur und all den damit verbundenen Konsumhaltungen getragen von dem Willen zu möglichst spontaner, unbelasteter Begegnung – mit der Musik wie untereinander. Keinerlei Traditionskult, keinerlei abgekartete Vermittlungssysteme sollen hindern. Und man weiß, wie oft ein paar nebensächliche Ingredienzien aus dem Arsenal eingeübter Hör- wie Darbietungssitten die Aufmerksamkeit ablenken oder hemmen können. Lieber soll die Musik auf die Straße, in Hallen und Scheunen, an ungewohnte Orte und Plätze gehen, um unter Menschen zu sein, die frei von Vorurteil, Dünkel und falschen Erwartungen sich um sie scharen: eine freie, sich selbst bestimmende, demokratische Gemeinschaft von einzelnen, die durch sie, mit ihr zu Partnern werden.

Hans Werner Henze

»Ich halte es heute für wichtig, daß die Musik die Widersprüche, denen der Musiker in der Gesellschaft begegnet, aufnimmt und wie ein Spiegel zurückwirft. Das Problem aber, wie ein solches dialektisches Musikdenken sich gesellschaftlich vermittle, ist ein Klassenproblem, das nicht gelöst werden kann außerhalb des revolutionären Prozesses. Die Meinung, man könne sozusagen als Einzelkämpfer den gordischen Knoten durchhauen, ist eine zutiefst bürgerliche Meinung.« Diese Sätze von Hans Werner Henze (* 1926 Gütersloh) umreißen in Kürze, weshalb er sich 1967/68 zum aktiven Engagement in der Studentenbewegung entschloß und wie er seine gesellschaftliche Funktion als Komponist seitdem versteht. Früher war es ihm um »Selbstverwirklichung« gegangen, er selbst war sich also »Gegenstand« seiner Musik gewesen, »heute benutze ich das, was ich gelernt habe, was ich kann, das, was ich an Emotionen habe, für etwas, woran ich mitarbeite.« Solche Abwendung von solipsistischer Künstlerideologie rechnet auf Partnerschaft – und zwar auf eine, die sich jenseits der Beteiligung an dem gemeinsamen politischen Vorhaben, herrschende gesellschaftliche Verhältnisse zu verändern, auch durch die Musik selber, im Kontakt mit ihren Interpreten und Hörern realisiert. Henze vertraut da auf die »Brauchbarkeit« seiner Musik; etwa Orchestermusiker durch solistischere Behandlung ihrer Stimmen einzeln anzusprechen, sie zu interessieren und für die Sache einzunehmen; Ensemblemusiker oder Solisten wiederum durch eingeräumte improvisatorische oder darstellerische Freiheiten zu aktivieren und sie zu eigentständigem Mittun, zu Selbstverantwortlichkeit und Identifikation zu führen; schließlich die Hörer nicht länger durch Artistik »zu verblüffen, einzunebeln, zu hypnotisieren. Im Gegenteil: Die Musik selbst erklärt, wie sie gemacht ist. Sie sagt dauernd: Schaut her, das ist ganz einfach. Sie bemüht sich, den Hörer einzubeziehen, ihn dahin zu bringen, sich vorzustellen, das könne er auch. Und da versteht er, sieht Zusammenhänge, ist nicht mehr getrennt und fremd.«

Merkwürdig nur, daß ausgerechnet jenes Oratorium Das Floß der Medusa (1968), das dem Revolte-Jahr noch zeitgerecht (am 9. Dezember) durch seine unter massivem Polizeiaufgebot verhinderte Uraufführung zu einem Eklat auch in der Musik verhalf, nach Konzept, Dramaturgie und Komposition gerade dem Erklärungstyp, der zum Mitvollzug einlädt, ziemlich fernsteht. Denn da wird der historische Vorfall, der die todbringende Skrupellosigkeit von Herrenmoral belegt, zur kunstvollen Parabel stilisiert, mit Wort und Klang in balladeske Bilder sowie distanzierte Allegorien übersetzt (Text: Ernst Schnabel). Die Widmung an Che Guevara, die zum Skandal führte, und die am Ende unterlegte Rhythmik der Ho-Tschi-Minh-Rufe bleiben demgegenüber aktualisierende Zutat. Unabhängig von der Zwitterstellung dieses Zeitdokuments hatte Henzes Sprache sich bereits zuvor in eigenster Zuständigkeit – auf der Linie Der junge Lord (1964/65) zu Die Bassariden (1965/66) – allerdings eine innere Dynamik und Expressionsfreiheit erworben, die weitaus direkter auf Konsequenzen auch im Äußeren zu deuten schien. Denn war erst noch unterm Sog des ungewohnten Genres Komische Oper das Dekuvrieren eitler bis biederer Etikettengläubigkeit eher zum Nachweis von deren marionettenhafter Funktionstüchtigkeit geraten, so nahm er danach die gewalttätigen stofflichen Herausforderungen der Bacchantinnen des Euripides, gar in der gezielt individuellen Zurüstung durch Auden und Kallman, vorbehaltlos an. Sie

Hans Werner Henze: Das Floß der Medusa (Schluß der Partitur mit ›Ho-Tschi-Minh-Rufen‹ im Schlagzeug)

trieben ihn zugleich über das Standhalten im Sich-selbst-Vergessen, »das Abstreifen aller stilistischen Bemäntelung, die krude Schamlosigkeit der musikalischen Aussage«, bis zu einem Krisenpunkt, wo er den Eindruck hatte, »nichts mehr zu verstehen, nichts mehr zu haben, abgeschnitten zu sein; ich merkte, daß ich in einer Einöde lebte, wo man aufhört zu denken und sich nur noch mit Gefühlen abgibt, Gefühle kultiviert.« Bald gab er auch die letzte Täuschung auf, »dieser Zustand könne beseitigt werden, ohne daß ich genötigt wäre, meine Gewohnheiten, mein Leben zu ändern«.

Und nun setzen aus dem Bewußtsein der gewandelten, gefestigten politischen Position und einer neu gewonnenen Gemeinschaft die Erklär- und Zeigestücke ein: Versuch über Schweine (1968/69) und Der langwierige Weg in die Wohnung der Natascha Ungeheuer (1971), beide zu etwas angestrengten Texten des chilenischen Freundes Gastón Salvatore, in der Diktion zupackender, offener, radikaler geworden, beide vor dem damaligen Berliner Hintergrund, wo revoltierende Studenten das Schimpfwort ›Schweine‹ zum Gegenschlagmittel umfunktioniert hatten und nichts so sehr haßten, wie die ›langwierige‹ Unentschlossenheit der linken Bourgeoisie; dazwischen dann vor allem El Cimarrón (1969/70), die Lebensgeschichte eines kubanischen Negersklaven, der seinen Peinigern entflieht, von Miguel Barnet aufgezeichnet, von Hans Magnus Enzensberger übersetzt und eingerichtet, von Henze zur klanglichen Anschaulichkeit eines entfesselten, halb-szenischen Spiels zwischen Sänger, Flötist, Gitarrist und Schlagzeuger konkretisiert. Selbst herkömmliche musikalische Formen nehmen jetzt programmatische und theatralische Züge an: das 2. Violinkonzert (1971/72) weist dem Solisten eine Rolle zu, halb virtuoser Hexenmeister, halb sich selbst am Schopfe ziehender Münchhausen, und rankt sich um ein Enzensberger-Gedicht über Gödels Theorem zur System-Immanenz; im Tristan (1973/74), eigentlich dem 3. Klavierkonzert, wird die alte Sage nebst ihren Wagner-Assoziationen gleichsam zur imaginären Bühne, auf der unter Mithilfe von Tonbändern Musik und Realität, Traum und Gegenwart ineinanderfließen; das Orchesterstück Heliogabalus Imperator (1971/72) transponiert die leuchtende, sinnlich bizarre Gestalt des in jungen Jahren getöteten römischen Kaisers in eine Allegoria per musica; ähnlich wie – ganz wirklichkeitsnah – das faszinierende Erlebnis Kuba zwischen solidarischer Begeisterung und Selbstkritik schon Eingang in die 6. Sinfonie (1969, für 2 Kammerorchester) gefunden hatte. Und nach so viel halber, übersetzter Theatralik schließen sich hier wie in einem großen Zirkelschlag und in umgekehrter Analogie zu Junger Lord / Bassariden die beiden Bühnenwerke nach Librettotexten von Edward Bond an: We Come to the River (Wir erreichen den Fluß, 1974/76) – eine wütende Demonstration der Mechanismen imperialer Gewalt auf drei Simultan-Schauplätzen (mit drei sichtbar zugeordneten Instrumentalgruppen) – und Die englische Katze (1980/83) – ein abgehobenes Liebes- und Intrigenspiel im Tiergewand zwecks Demaskierung gesellschaftlicher Riten.

Aber zwischen den pastosen Farben solcher Anklage und der meisterlichen Nachzeichnung solcher Spiegelreflexe steht nicht nur vermittelnd das Orpheus-Ballett (1978/79), in dem Bond und Henze die aufgegriffene Bildsprache des Mythos zugleich auf ein Ausharren im Widerspruch umdeuten: noch der zerbrochenen Leier weiß Orpheus friedensstiftende Töne zu entlocken. Nicht nur behaupten reine Instrumentalwerke zwischen Musiker-Aktivierung (wie im 4. Streichquartett, 1976/77) und gestischer Zuspitzung (wie in Royal Winter Music I und II für Gitarre, 1975/76 und 1979/80) ihre zweifach auszulegende Position. Vielmehr hat Henze sich mitten zwischen politischer Intention und dem wie auch immer daraus abgeleiteten kompositorisch-ästhetischen Produkt, quasi an der Nahtstelle zwischen Wirklichkeit und Kunst, ein Forum geschaffen: den Cantiere Internazionale von Montepulciano, eine Werkstatt für junge Musiker und zugleich ein Modell kultureller Basisarbeit für den Ort in der südlichen Toskana. Gerade in dieser Verbindung von tätiger Praxis, einem gemeinsamen Kräfte-Erproben an gemeinsamen Projekten und Aufführungen, mit gezielter Animation unter Einbeziehen der Bevölkerung und lokaler Gegebenheiten liegt das Einzigartige dieses Unternehmens. Fünf Jahre lang (1976–80) hat Henze dort, ehe er die Leitung an zeitlich weniger bedrängte Mitarbeiter weitergab, mit Hilfe von Freunden, mit viel Experimentierlust und kreativem Improvisationstalent das Konzept eines Anti-Festivals bis zur Funktionstüchtigkeit durchgespielt: Statt das attraktive Renaissance-Städtchen als Kulisse für beziehungslose, international austauschbare Stardarbietungen unter Fremden zu mißbrauchen, ist er auf seine sozialen Probleme eingegangen und hat für die Menschen, die dort leben, eine Form des aktiven Mittuns, eines auf Kunst orientierten Miteinander entwickelt, von der sie auch das ganze übrige Jahr hindurch noch etwas haben.

Außerdem hat Henze hier, in Montepulciano, als Komponist – nicht nur als Organisator – etwas realisiert, was ihm schon einige Zeit vorgeschwebt hatte: »Ich stelle mir das Verschwinden des elitären Musikertums vor, das Verschwinden des reisenden Virtuosen, die Aufhebung all dieser Starideologien in der Musik, die ich für ein Relikt aus dem letzten Jahrhundert halte und für die ›maladie de notre temps‹. Das würde dann bedeuten, daß der Komponist nicht mehr, wie heute, ein komponierender Star ist, sondern ein Uomo sociale, ein Lernender und Lehrender. Er wäre einer, der den anderen Menschen zeigt, wie man komponiert – ich könnte mir vorstellen, daß Komponieren etwas wird, das alle Menschen tun können, einfach dadurch, daß man ihnen die Hemmungen nimmt. Ich denke, es gibt eigentlich gar keine unmusikalischen Menschen.« Angenähert hat sich Henze diesem Wunschprogramm von 1969, das in manchem an den ›erweiterten Kunstbegriff‹ von Joseph Beuys erinnert, in seinem ersten und seinem letzten Cantiere-Jahr: einmal durch die Herrichtung der komischen Oper Don Chisciotte della Mancia von Paisiello (1976) für heutige Ohren und auf lokale Verhältnisse, mit am Ort gefertigten Bühnenbauten für die Piazza, ortsansässiger Banda und Statisterie sowie allerlei eingestreuten spettacolo-Effekten; das andere Mal durch die Komposition der Märchenoper Pollicino (1979/80, Libretto vom Cantiere-Mitgründer Guiseppe Di Leva) für Kinder und Erwachsene aus Montepulciano und Umgebung sowie dem inzwischen dort gebildeten Concentus Politianus.

Aber nicht nur mit dieser musikalischen Abenteuergeschichte des toskanischen Däumlings hat Henze seinem Ideal des komponierenden Uomo sociale ein Stück praktischer Realität abgewonnen. Er hat die dort angewandte Methode, Instrumente zu Inhaltsträgern zu machen, musikalische Zeichen zu erfinden, »signalartige Tonfolgen« mit Sinnbezug wie Bühnenfiguren agieren zu lassen, auch im weiteren Umfeld eingesetzt: in den beiden ›Imaginären Theater‹-Stücken

El Rey de Harlem (1979/80) und Le Miracle de la Rose (1981/82); geschärft durch zitathaften Einbezug typischer musikalischer Umweltidiomatik (Music-Hall, Pop, Jazz usw.) schon in La Cubana (Vaudeville in fünf Bildern, 1973/75) und auf das konkrete Anschaulichkeitsniveau eines neuen Songstils gebracht bereits in der Liedersammlung Voices (1973/74) mit ihrer 22fach treffend veränderten Instrumentalbegleitung. Alles Wege zu dem Ziel, die Sprachmittel der ›Neuen Musik‹ »dinglich, aussagefähig und politisch verantwortlich« machen zu können, ohne doch in falsche Einfachheit zu verfallen oder gar Kenntnis und Erfahrung mit ihnen aufzugeben.

Die Utopie kommt hinterher; sie folgt – stiller und bescheidener – als eine alternative Möglichkeitsform dem geballten Willen zur Realität – und wäre doch eigentlich dessen Voraussetzung. Symptomatisch weckt sie noch in den letzten Takten von Henzes Barcarola (1979/80) vor dem Auge eines Reisenden im Fährboot Charons das ferne Bild einer Ankunft in Ithaka. Und in solcher Verschränkung mythischer Stoffe, die hinter der ewigen Rastlosigkeit des Seelenboten der Unterwelt eine Heimkehr des Odysseus aufscheinen läßt, wäre entweder, wenn man metaphorisch weiterfolgert, der Tod als »härtester Gegenschlag zur Utopie« (Ernst Bloch) in der Tat gerade »deshalb ihr unvergeßbarer Erwecker« geworden; oder durch die Überstrapazierung kommentierender Bilder hätte sich das ursprünglich gewählte Medium Musik als mitteilungsschwach, unergiebig und damit überflüssig erwiesen.

Die Neigung zu ausschmückender Sinnfälligkeit hat also Grenzen, wenn sie sich aus Scheu vor dem musikalisch Abstrakten in das Dickicht assoziationshaltiger Bedeutungsfelder verrennt und diese womöglich noch zur Impulsquelle, zum auslösenden Phantasiepotential der Komposition selber erklärt. Daraus würde eine programmusikalische Literarisierung – im Stil des 19. Jahrhunderts oder schlimmer – resultieren, die der Musik genau das an Realität und Eindeutigkeit vorenthält, was sie ihr durch das Heranziehen von Wirklichkeits-Chiffren hinzuzugewinnen erhofft hatte. Denn es geht ja primär um die Verstehbarkeit akustischer Zeichen. Und nur das geduldige, unbeirrbare Vertrauen in die eigensten Ausdrucksmöglichkeiten der Musik, in ihre autonomen Sprach- und Mitteilungsformen kann derartigen Trug verhindern und kann eine Klarheit herbeiführen, in deren medialer Besonderheit ein utopisches Moment ohnehin schon von vornherein mitschwingt und mitgedacht ist.

Nicolaus A. Huber

»Die schwierigen Formen der Beziehungen zwischen Individuum und Gesellschaft, Innenwelt und Außenwelt, privat und öffentlich etc. sind als Aufgabe zu sehen. Kommunikation ist nicht ein jederzeit verfügbares Instrumentarium, sondern muß ununterbrochen erarbeitet werden.« Wer derart den Transfer zwischen Musik und Hörer nicht durch die pure Anwesenheit beider am selben Ort schon für vollzogen hält, sondern wie Nicolaus A. Huber (* 1939 Passau) ihn aktiv betreiben, Schranken überwinden will, der muß sich zugleich der ästhetischen Risiken, die dabei auftreten, bewußt bleiben. Interesse wecken, der Musik Gehör verschaffen, ist ja jenseits der Ebene von anreißerischen Effekten, die schnell als bloße Leerformeln verpuffen, von dem Problem abhängig, inwieweit man mitgebrachte Erwarungshaltungen hinnehmen will und inwieweit man neue heranbilden kann. Das steht keineswegs im eigenen Belieben, sofern man artistische Selbstgenügsamkeit auf jeden Fall vermeiden möchte und auch die Freude, Klänge »sie selbst« sein zu lassen (John Cage), als eine fragwürdige, zu passive Art der Teilnahme empfindet. Huber will dagegen Austausch mobilisieren, indem er einerseits Elemente einer direkten Verständigung einbaut – Sprache, musikalische Signale und seit Mitte der siebziger Jahre vor allem kommunikationserprobte rhythmische Raster –, andererseits aber, fern jeder Überredungsabsicht, ganz offen und mit allen Mitteln klanglicher Differenzierung Haltungen darlegt, durch Subjektivität um ein Vertrauen auf gemeinsame Erfahrungen wirbt. »Darstellung und Selbstdarstellung sind (für ihn) Ausdrucksmethoden. Man soll sie nicht abschaffen wollen, sondern ihnen die Möglichkeit fortschrittlicher Inhalte geben.«

So setzt sich bei Huber die politische Intention, die sich in Stücken wie der Revolutions-Rekapitulation Banlieue (1972/74) oder in Lernen von (1977/79) zum Jahrestag des Militärputsches gegen die Allende-Regierung in Chile oder in mehreren Polit-Revuen (1976–80) nachdrücklich zu erkennen gibt, auch an anderen Stellen in die Sinnbildlichkeit eines einfachen klanglichen Geschehens um. Seine Orchesterkomposition Gespenster (1976/77) liefert dafür – neben deutlich hinweisenden Abschnitten – ein Beispiel: »Im zweiten Teil, ›tutti‹, gibt es ein Netz von 88 Soli (= 88 verschiedene Töne). Jeder Musiker des Orchesters ist für ein Solo individuell verantwortlich. Die Hauptbestimmung dieser Soli, ›so lange und so leise wie möglich‹ (d. h. den ›ganzen Atem‹ und den ›ganzen Bogen‹ drangebend) läßt die Töne nur sie selbst sein, was ihr akustisches Dasein betrifft. Aber trotz ähnlicher Bestimmungen klingen alle Soli verschieden; die einmalige ›Menschen-Klangfarbe‹ jedes Musikers wird den Tönen aufmoduliert: ein Akt der Selbstdarstellung unter bestimmten Bedingungen. Auch meine Selbstdarstellung ist integriert: als Solidarität und Parteilichkeit mit fortschrittlichen Kräften unserer Gesellschaft.« Das klanglich Einfache wird also zum Träger von etwas in seinen Bedeutungen sehr Vielschichtigem. Und darin besteht überhaupt ein wesentliches Charakteristikum von Hubers Komponieren: solche Brücken zwischen einer Reduktion im Materialbereich und einer weiten Aura gerade hierdurch sich erschließender, sinnlich wahrnehmbarer Aussagefähigkeiten oder Inhaltsbezüge herzustellen. Auf diese Weise vermochte schon das Streichquartett Informationen über die Töne e-f (1965/67) durch das Entreizen, das hörende Sich-Abarbeiten an den beiden Tönen, um die es sich im wesentlichen handelt, anderes zur Erscheinung zu bringen, die Phantasie auf Spuren zum Neuentdekken zu leiten. Oder das frühe Orchesterstück Parusie, Annäherung und Entfernung (1967/68) konnte dank der Beschränkung auf dieses eine Grundprinzip der wechselnden Distanzen gleichzeitig unzählige Auslegungsmöglichkeiten – historisch, ideell, phänomenologisch – desselben Vorgangs transportieren. Und in der auffallend langen Reihe von Solostücken, darunter Darabukka für Klavier (1976/77), Dasselbe ist nicht dasselbe für kleine Trommel (1978), Vor und zurück für Oboe (1981/82) oder Aus Schmerz und Trauer für Altsaxophon bzw. Klarinette (1982), läßt Huber die Stimme jeweils eines Instruments zur konkreten Vermittlungskonstante werden, um die sich in bunter Varietät viel überraschender Nebensinn gruppieren kann.

Dieser Wille zur Konzentration, um durch sie freien Bewegungsraum für absichtsvoll angeregtes Mitdenken, gezielte Assoziationsketten zu erhalten, ist in den Sechs Bagatellen für Kammerensemble und Tonband (1981/82) zusätzlich noch auf die Dimension der zeitlichen Gliederung übertragen worden. Huber benutzt Kurzteiligkeit

2. „Mit Süße und Herbheit“

Nicolaus A. Huber: 6 Bagatellen für Kammerensemble, Nr. 2

– mit Dauern von einer bis fast sieben Minuten – nicht nur, um sechsmal etwas anderes in sich gegenseitig aufladender, ergänzender Aspekte-Vielfalt sagen zu können, übrigens mit mehrmaligem Rückbezug auf »die Denktechnik der Beethoven'schen Bagatellen«; sondern die eingelegten Pausen, die bewußten Aussparungen hin zum Aphoristischen schaffen Löcher, gleichsam kleine Sprungbretter für die eigene Phantasietätigkeit. Und die einkomponierten Brüche, plötzlich dreinfahrenden Realitäts-Einschaltungen innerhalb der

Miniatur-Stücke sorgen ohnehin schon für gespannte, das Hören dynamisierende Aufmerksamkeit. Aus den Fugen drängt sich Einsicht in vielfach mitgemeinte, schlaglichtartig angeleuchtete Tagesaktualität vor; am deutlichsten im Tango und der Romanze, »Genres, die in politischer Kunst Tradition haben«, oder in dem uminterpretierend gesprochenen ›Über allen Wipfeln ist Ruh‹: nämlich jene »schreckliche Friedhofsruhe, die uns droht«. – Hubers Bagatellen richten sich im Ernst gegen die gräßliche Unsitte des Bagatellisierens.

Exotismus und Meditation

Probleme, Schwierigkeiten, unauflösbare Widersprüche verlieren etwas von ihrer bedrängenden Gewalt, je weiter man sich von dem Ort, wo sie sich ergeben hatten, entfernt. Äußere Distanz sorgt auch für innere; nicht nur weil man Abstand gewinnt und dadurch die alltäglichen Umstände, die sich nicht oder wenigstens nicht schnell genug verändern lassen, ins Weite, Undeutliche und Minimalere wegrücken, sondern weil die Fremde auch mit ihren vielerlei ungewohnten Eindrücken, mit der ganzen Sogkraft ihrer faszinierenden Lebenspräsenz fast automatisch eine Isolationsschicht schafft. Das verändert die Perspektive, lädt zum Umdenken ein. Und es ist nur eine Frage der Zeit, der geweckten Intensität dieser Begegnung, wann das Verlockende und Befreiende der neu erworbenen Sichtweise derart überhandnimmt, daß das erstaunte Betrachten einer anderen Wirklichkeit in den Wunsch, darin unterzutauchen, sich zu identifizieren, umschlägt. Die Entdeckung außereuropäischer Kulturen und damit das Wahrnehmen einer nicht-abendländischen, bizarr fremdartigen Klangwelt hat an sich eine lange, vielsträngige Geschichte. Aber wenn es den Komponisten dabei vom 17. bis ins 19. Jahrhundert auch immer weniger um den ziemlich vagen, pittoresken Zusatzeffekt ging, sie sich statt dessen darum kümmerten, ihren musikalischen Bildern von den bevorzugten exotischen Ländern China, Indien und Vorderer Orient ein paar authentische Züge zu geben, so waren sie doch selbst – abgesehen von ein paar Ausnahmen wie Saint-Saëns oder Albert Roussel – niemals dort gewesen, hatten die musikalische Praxis nicht als Teil einer damit innig verbundenen Seins-Umwelt erlebt. Noch die viel zitierten Anregungen, die Debussy durch das javanische Gamelan empfangen hat, basieren ja lediglich auf Kulturexport zur Pariser Weltausstellung von 1889. Und Skrjabins Mysterium, das als gewaltiges Weltritual in Indien mit Tanz, Licht, Farben und einer dichterischen Sanskritsprache realisiert werden sollte, blieb ein utopisches Projekt, selbst die Reise dorthin ein Plan.

Ganz anders verlief dagegen rund ein halbes Jahrhundert später die Annäherung an europaferne Lebensräume und Daseinsformen. Nicht mehr sollte das unergründet Fremde als illuminierender Hintergrund, phantastische Requisite oder bloß zur koloristischen Ausstaffierung der eigenen Kunstproduktion herhalten. Auch das kluge Ausnützen eines unkonventionellen Repertoires an Rhythmen, modalen Leitern, gleitenden Tonhöhen oder Schlagzeugfarben – wie etwa bei Messiaen – war nicht mehr das Ziel. Überhaupt galt den jungen Menschen, die sich gegen Ende der sechziger und in den siebziger Jahren verstärkt asiatischen Kulturen zuwandten, selbst wenn sie Musiker waren, keineswegs die Musik, die Kunst, die angestammte Sphäre des Ästhetischen als das Primäre und als Anlaß ihrer Erkundung. Ausgelöst hatte dieses Wegstreben vielmehr die Suche nach einer neuen Sinngebung, nach unmittelbarer Partizipation und erlösendem Mitvollzug alter Weisheitslehren und gelebter Selbstidentität. Seltsam vermischten sich dabei Abneigungen und Hoffnungen, um eine ganze Reise- oder Pilgerwelle, vor allem nach Indien, in Bewegung zu setzen: Zunächst der Überdruß an westlicher Fortschrittsideologie, rationalistischem Zweckdenken und grassierender Kommerzialisierung; dazu die latente Resignation, daß politische Gegenentwürfe, gesellschaftliche Alternativlösungen sich letzten Endes doch in den feinen Maschen der etablierten Macht verfangen und daran abarbeiten; statt solche Entstellung mitzumachen, also ungescheutes Ergreifen der immer günstigeren Chancen, sich andere Denk-, Glaubens- und Empfindungsformen durch direkten Kontakt mit den Menschen in entlegenen Regionen erschließen zu können, vorzugsweise dort, wo intakte Traditionen noch ein nicht korrumpierbares Wertbewußtsein erhalten haben, wo ein In-sich-Ruhen von Leben und Kultur noch aus dem Wissen um elementare, magisch-mystische Existenzzusammenhänge kommt; schließlich, als Resultat von alledem, der Wunsch, sich selbst öffnen zu lernen, verschüttete seelische Kräfte aufzudecken und zu reaktivieren, Eindringen in tiefere Seins- und Erlebnisschichten, Meditation, Selbsterfahrung...

Dieser Katalog unterschiedlicher Antriebsmomente, der verquickt mit manchem anderen, Individuelleren umschreibt, aus wieviel diffundierenden Quellen sich die plötzliche Neugier auf außereuropäische Heilslehren speiste, läßt sich im Hinblick auf die ausgelösten musikalischen Folgen am ehesten nach drei Gesichtspunkten zusammenfassen: Da bestimmt zum einen die soziale Komponente ein Ausscheren aus gewachsenen gesellschaftlichen Bindungen und Strukturen, die Abkehr von politischem Engagement – aus 68er-Ressentiments oder, unabhängig davon, als synchrone Alternative –, und solche Realitätsflucht, die sich zugleich von Verpflichtungen gegenüber der eigenen Tradition lossagt, mündet in vermehrter Ichhaftigkeit, Vereinzelung, Subjektivität; dagegen steht zum anderen als psychologische Komponente, gerade wenn man sich meditierend in sich selbst versenkt, ein jeder Enge enthobenes Weltgefühl, die Ahnung einer brüderlichen Harmonie mit Erde und Kosmos – »Wer seiner Seele Flügel gibt, fliegt in die Welt hinaus« (Stockhausen); und drittens ergibt sich als materiale Komponente dadurch ein Hang, alle Komplexität wegzuschieben und sie in einer Art antiintellektuellem Entschlackungsprozeß auf ihre elementaren Urphänomene zurückzuführen. Auf solcher Reduktionsstufe werden dann die Grunderlebnisse von langandauerndem Klang, rein schwingender Harmonie, dynamischem Auf und Ab oder konstant wiederholten Rhythmen gleichsam ritualisiert. Sie schaffen materiale Attraktivität, ohne daß man, weil es ja auf das beschworene, erfühlte Wie, nicht auf das Was ankommt, den Rückfall ins Primitive und Banale fürchtete. Als kommentierender Zeithintergrund muß hier der Epochengeist aus Hippiekultur und Drogeneuphorie, Pop, psychedelischen Experimenten und aufkommendem Sektenfanatismus hinzugedacht werden. Er macht auch leichter klar, aus welchen Wurzeln sozialer Vereinsamung und dagegengesetzter Selbstbefreiung bis zum psychischen Erleben von Weltimmanenz die jetzt gepflegten Formen von Improvisation kommen; einzeln oder in der Gruppe, mit dem Bestreben, Anhängerschaft oder hörende Gemeinden zu bilden und zumal Sympathie, Einsicht sowie das magische Spektrum von höherer Selbsterfahrung zu verbreiten.

»Durch die Begegnung mit den außereuropäischen Kulturen ist uns in der heutigen überrationalisierten Zeit eine Wiederentdekkung der suggestiven Wirkung von Musik möglich geworden. Das Wissen von der magischen Kraft der Musik, seit Jahrtausenden ein Bestandteil sämtlicher Weltkulturen, tritt in den Vordergrund des Interesses mancher zeitgenössischen Komponisten und Musikgruppen. Lang anhaltende Gesänge, ekstatische Rhythmen und melodische Urformen können auch den heutigen Abendländer in Bewußtseinszustände führen, die eine momentane Loslösung von der subjektiven Persönlichkeit bewirken und Erfahrungen mit dem kollektiven Unbewußten in der menschlichen Psyche möglich machen.« (Peter Michael Hamel, 1976). Derart entfalten nun Grundtönigkeit, raunende Baßtiefen, wie die der tibetischen Mönche, in denen man den zarten Bewegungen der Obertonschwingungen nachlauscht, neue Attraktivität. Überhaupt ist es die Verbindung von kultischem Zeremoniell und einstimmender Musik, von religiöser Innenschau und tönender, umhüllender Klangfarbe, die jetzt auf der zivilisationsmüden Suche nach Seinsdeutung und erhebender Ich-Erfahrung den musikalisch-mystischen Vorstellungen all der außereuropäischer Kulturen von Indonesien bis Südamerika, von Indien, Ceylon, Tibet bis zu den Stammesbräuchen und Trommelsprachen Afrikas, von den arabischen Ländern bis nach Japan, China und Korea auf einmal ihre ungewöhnliche Anziehungskraft verleiht. Die Konzentration auf einfache, quasi archetypische Musikformen wie einstimmigen Gesang, Heterophonie, montone Rhythmen scheint ›supramentale‹ Erfahrungen zu vermitteln, das innere Hören nicht nur den Zugang zu tieferen Bewußtseinsschichten, sondern zu einer alle vereinenden Weltseele zu öffnen.

Das Positive daran ist gewiß der musikalisch vollzogene Ausbruch aus der verhärteten Selbstgenügsamkeit und Selbstüberheblichkeit des eurozentrischen Denkens. Der Blick wird freier, abendländischer Bildungsdünkel abgebaut, die Aufmerksamkeit auf andere Daseinsweisen von Musik gelenkt, die ebenso ihre lange Geschichte, ihren keineswegs weniger differenzierten Bedeutungsgehalt und ihre große Anhängerschaft haben. Die enorme Gefahr besteht jedoch in einer Verwechslung der dazugehörigen Wirkungsarten, der ganz spezifischen Wirkungsabsichten. Kulturen lassen sich nicht transplantieren, auch wenn sie sich durch die Verkürzung der Verkehrswege – oft irritierend und mit verheerenden Folgen – einander näher gerückt sind. Höreinstellung, Klangempfinden und kreative Musikübung haben dadurch allenfalls ein paar Anlegepunkte zu besserem Verstehen gewonnen, aber keineswegs eine Plattform für den ungehinderten gegenseitigen Austausch. Daran zu glauben oder derartiges für die Zukunft zu projektieren, wäre ebenso falsch und unsinnig, wie etwa europäische Literatur in irgendeiner asiatischen Bilderschrift oder in Hieroglyphen zu verfassen. Diesen Zwiespalt beschreibt Stockhausen – stellvertretend für so manchen, der nicht nur von fremden Kulturen angerührt, sondern auch von der Idee einer ›Weltmusik‹ fasziniert ist: »Wenn ein Europäer von einer bestimmten indischen Musik ergriffen wird, so entdeckt er in sich selbst den Inder. Wenn ein Japaner von einer bestimmten europäischen Musik ergriffen wird, so entdeckt er in sich den Europäer, und zwar den Europäer jener Zeit, in der diese Musik aus dem inneren Druck eines ganz bestimmten historischen Augenblicks geboren wurde. Im exotischen Reiz lauert auch immer der Biß der Schlange, der einen das schützende Paradies der Selbstsicherheit verlieren läßt. Der große Schock geschieht dann, wenn man in harmloser Neugier in einer fremden Kultur durch ein Ereignis so ergriffen wird, daß man sich über beide Ohren verliebt. Musik, eine Tempelzeremonie, einen Tanz kann man nicht mitnehmen. Man muß entweder dort bleiben, oder die Sehnsucht meldet sich zu den ungerufensten Augenblicken, wenn man wieder ›daheim‹ ist... Dieses sind dann Entdeckungen des tieferen Selbst, in dem alles schlummert, was es je auf dieser Welt gegeben hat, und das es bis in unbegrenzte Zeit noch geben wird. Wenn dieser Urgrund angerührt ist, schläft die Sehnsucht nicht mehr ein, das Ganze, die ganze Vielfalt lebendig machen und erleben zu wollen.«

Auffällig ist neben dem Vertrauen in ein Weltbewußtsein, das gleichsam unerweckt integral die Kulturen aller Völker umgreift, wie Stockhausen hier die stimulierende Begegnung mit einem herausgehobenen fremdländischen Phänomen in Worte jugendlicher Verliebtheit faßt und wie er danach eigentlich nur noch an dessen Aneignung und Besitz interessiert scheint. Sollte darin ein Reflex alter Kolonialisteneinstellung zu sehen sein, die das Fremde nur ausnutzen und den eigenen Zwecken dienstbar machen wollte, oder läßt sich dies umgekehrt schon als kühner Vorgriff auf eine Zeit grenzüberwindender, gemeinsamer Teilhabe verstehen? Einerlei, etwas Gewaltsames liegt jedenfalls im Nachspielen vergangener Praktiken ebenso wie im Etablieren einer noch nicht angebrochenen Zukunft. Deshalb bleiben für Peter Michael Hamel (* 1947 München) – weit entfernt von jeder Annexion – »die Versuche der Verbindung europäischer und asiatischer Musik, mit der Absicht musikalischer Meditation,« in anderen wie auch seinen eigenen Kompositionen, »die einen integralen Hörzustand anstreben«, an ein gemeinsames Element gebunden: »die Wiederentdeckung der Klangfarbe als Träger des Seelischen. Die Klangfarbe nämlich ermöglicht spezifische Wirkungen auf den Hörer. Wenn sie richtig eingesetzt ist, können Töne heilen, Angst nehmen und entspannen, indem die inneren Klangfarbenräume, also die Proportionen des ›oberen Klingens‹ einer Naturtonreihe, sich mit den analogen Räumen des Körpers und des inneren Menschen verbinden... Eine neue Klangfarbenmusik sollte aber nicht in die magischen und mythischen Bewußtseinszustände zurückfallen. Diese sollten vielmehr wachbewußt wahrgenommen, in ihrer psychosomatischen Wirkungsweise kennengelernt werden und durch Vereinigung mit dem eigenen mentalen Bewußtsein eine musikalische Integration herbeiführen.«

Vorläufig sieht Hamel freilich alle derartigen Vorhaben erst auf dem Wege, die Kluft zwischen Orient und Okzident, zwischen Magie und Rationalität tatsächlich zu überwinden. Und dies läßt ihn sich fast zu Dieter Schnebels skeptischer Ansicht bekennen: »Was jedoch selbst in der universeller gewordenen Musik noch aussteht, ist die Musik der Welt. Sie bedürfte vor allem der Anstrengung, das Fremde und Eigenartige der vielen Arten exotischer Musik zu erfahren – und das hieße: sie wirklich kennenlernen. Erst dann, wenn man jenes Andersartige als eben solches sieht und dermaßen zu Einfühlung wie Respekt imstande ist, läßt es sich wahrhaft mit dem Eigenen verbinden. Freilich, solange das in den politischen und gesellschaftlichen Verhältnissen so wenig erst geleistet werden kann, ist es auch um die Weltmusik noch schlecht bestellt.«

Karlheinz Stockhausen

Veränderungen der Einstellung, der Begriffe, des Verhaltens vollziehen sich, wie bei jedem, so auch beim Komponisten niemals sprunghaft, von heute auf morgen, sondern über Jahre, sehr langsam und meist unmerklich, in mehreren sich überlagernden Schüben. Als aber der 37jährige Karlheinz Stockhausen (* 1928 Mödrath bei Köln) im elektronischen Studio des japanischen Rundfunks in Tokio daranging, eine Weltmusik zu komponieren, die er dann, »die ganze Erde, alle Länder und Rassen« einschließend, Telemusik (1966) nannte, zeichnete sich doch in diesem neuen Tonbandstück ein Zustand des gewandelten Denkens und Handelns ab, der kaum noch mit seinen früheren kompositorischen Prinzipien und Verfahren zur Deckung zu bringen war. Wie kaum ein anderer hatte Stockhausen in den fünfziger Jahren alles auf rationale Planung und Kontrolle der musikalischen Strukturen gesetzt. Konstruktion aus klar definierten Elementen und anhand logisch abgeleiteter Baugesetze galt ihm als Voraussetzung jedweder musikalischen Kohärenz. Vielleicht nicht ganz so rigide und ganz so ausschließlich, wie seine Kritiker damals, von seriellen Zahlenspielen verblendet, glaubten, aber doch von einem generellen Legitimationszwang beherrscht und mit Zügen einer entsubjektivierten Hermetik behaftet. Jetzt dagegen strebte Stockhausen nach Öffnung, nach Durchlässigkeit, ließ fremde musikalische Bilder, vorgeprägte Klangzeichen aus nah und fern einströmen – von japanischen Tempelzeremonien und Gagaku-Orchestern, aus China, Vietnam und Bali, aus Ungarn, Spanien, Südamerika und der südlichen Sahara. »Ich hatte alle Hände voll zu tun, eine neue und unbekannte Klangwelt der Elektronischen Musik für diese Gäste offenzuhalten: sie sollten sich ›zu Hause‹ fühlen, nicht ›integriert‹ durch einen administrativen Akt, sondern wirklich verbunden in freier Begegnung ihres Geistes.« Der alte Materialpurismus war abgelegt, zugleich die Idee einer wechselseitigen ›Intermodulation‹ geboren, die nicht einfach collagiert, sondern durch Parameter-Austausch zwischen Eigenem und Gefundenem oder andere Manipulationen eine Vereinigung über Zeiten und Räume hinweg erlaubt.

Freilich, dies war erst der Anfang. Die einmal angeregten, aus der

Verfahrenszucht entlassenen Expansivkräfte drängten weiter, wie sie ja auch bis hierher schon mehrere Vorbereitungsstadien durchlaufen hatten: etwa von der flexiblen Schachtelstruktur der Momente für Sopran, 4 Chorgruppen und 13 Instrumentalisten (1962/65/72) über das Ablauschen der verschiedenen Klang- und Geräuschphänomene am Tamtam in Mikrophonie I (1964) bis zu den live-elektronischen Farben- und Tonhöhenumwandlungen in Mixtur für Orchester, Sinusgeneratoren und Ringmodulatoren (1964/65). Was sich dort als Lockerung des Formzusammenhangs, vor allem als Aneignungsweise für fremdes Material durch das Mittel elektronischer Transformation angekündigt hatte, setzten nun die Hymnen (1966/67) fort, eine fast zweistündige Tonbandmusik (mit oder ohne live dazuspielende Solisten), die sich zum Zeichen der erdumspannenden Verständigungsabsichten Stockhausens ausgerechnet an das problematischste, von Geschichte und Gegenwart vielfach belastete Symbol der Nationalhymnen hält, um Menschen und Völker zu charakterisieren. Die nächsten Stücke, ganz auf sein Tournee-Ensemble aus fünf Spielern und ihm selbst am steuernden Reglerpult abgestellt, gehen allerdings von Näherliegendem aus: von eigenen Kom-

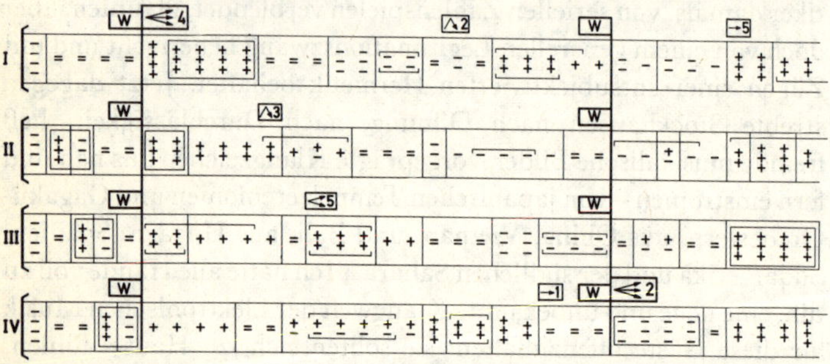

Karlheinz Stockhausen: Kurzwellen für 6 Spieler (4 Instrumentalisten, 1 Mikrophonist, 1 Spieler für Filter und Regler). Partitur, 1. System.
+ höher oder lauter oder länger oder mehr Glieder, – tiefer oder leiser oder kürzer oder weniger Glieder, = gleiche Lage und Lautstärke und Dauer und Zahl der Glieder als/wie das voraufgegangene Ereignis. Grade Pfeile: synchrones Spiel mit 1/2/3 anderen, geknickte Pfeile: alternierend, so viele Ereignisse, wie die Zahl angibt. W Wiederholen des zuletzt gespielten Ereignisses, bis alle den Taktstrich erreicht haben.

positionen in Prozession (1967), von zufälligen Klang- oder Geräuschsignalen aus Kurzwellenempfängern in Kurzwellen für sechs Spieler (1968). Beide Male wird das Ausgangsmaterial durch Variieren, Umsetzen, Weiterreichen und gegenseitiges Reagieren in einen Prozeß des Zusammenspiels verwickelt, wobei sich die komponierten Direktiven auf Folgen von Plus-, Minus- und Gleichheitszeichen als verschieden auslegbare Pauschalanweisungen beschränken. Und da sich hierbei, je unvorhersehbarer die Auslöse-Ereignisse wurden, bereits »die direkte Erfahrung einer andauernden überpersönlichen Eingebung« und »einer medialen Selbstentäußerung« einstellte, war es nur noch ein kleiner Schritt, die Notationskürzel ganz wegzulassen und zu einstimmenden Texten überzugehen – wie in jenen Aus den sieben Tagen (1968/69), die Stockhausen noch als ›15 Kompositionen‹ bezeichnete, und Für kommende Zeiten (1968/70), die dann ›17 Texte für Intuitive Musik‹ heißen.

Der Komponist wird bei solcher ›Intuitiven Musik‹, die Stockhausen von der Improvisation alten Stils nach bestimmten Mustern oder Verfahrensschemata unterscheidet, durch den kurzen Einstimmungstext, auf den sich die Spieler konzentrieren, mehr noch durch seine persönliche Mitwirkung als vermittelnde, zentrierende Kraft zum Anreger und Auslöser eines gemeinsamen Erfahrungs- und Verwandlungsprozesses in oder mit Musik. Nichts ist voraussehbar. Die Gruppe der Spieler öffnet sich dem gelebten Augenblick, ohne an rationale Kontrolle zu denken, ohne erlernte technische Fähigkeiten anders denn als selbstverständliche Basis zu benützen; sie macht sich bereit für ein Einschwingen auf Botschaften aus Bereichen des Überbewußten, überläßt sich momentanen Eingebungen, verstärkt den Austausch medialer Wellen untereinander und versucht so, sich als ein Ensemble »möglichst ›rein gestimmter Instrumente‹ der Intuition« zu erweisen, ja zu »Mundstücken des universalen kosmischen Geistes« zu werden. Stockhausens Texte, die derartige Phasen einer äußersten schöpferischen Sensibilisierung heraufbeschwören sollen, ähneln zunächst noch Meditationsanleitungen: »Denke NICHTS / Warte bis es absolut still in Dir ist / Wenn Du das erreicht hast / beginne zu spielen // Sobald Du zu denken anfängst, höre auf / und versuche den Zustand des NICHTDENKENS wieder zu erreichen / Dann spiele weiter« (Aus den sieben

Tagen: Es). Auch wenn dies Klangproduktion eher verhindert und anfangs wohl immer reichliches Pausieren begünstigt, so ließe sich darin – selbst auf der Reduktionsstufe ins völlig Vage – noch ein Rest vorgegebener musikalischer Dramaturgie erkennen. Sie scheitert freilich später an der vorherrschenden Metaphorik: »Sternkonstellationen / mit gemeinsamen Punkten / und Sternschnuppen / mit geheimen Wünschen / und nächtlicher Wald / mit Dialogen // Jäher Schluß« (Für kommende Zeiten: Wach).

Erweckungsbewegungen in Musik wären früher ein Unding gewesen. Wie sehr sie auch der Emotionalität des Mediums zu entsprechen schienen, so konnte sich doch erst in jüngster Zeit das Vertauschen von geschaffener Kunstwirklichkeit gegen die bloße Inszenierung ihrer Wirkungen zum ernsthaft vertretenen Prinzip mausern und für die entstehenden Produkte auch noch Gültigkeit und besonderen Rang reklamieren. Vordem wußte man zwar musikalische Stimulanzien durchaus im Sinne geistiger oder religiöser Erneuerungsbestrebungen einzusetzen, jedoch stets nur in Begleitfunktion, zur Unterstützung und Intensivierung. Jetzt aber ist – wenigstens in einigen exemplarischen Fällen – der Künstler zum Missionar, der Komponist zum Seelentherapeuten geworden; und der Anstoß, den er für eine Änderung des Bewußtseins geben kann, ist wichtiger als die Mittel, die er dabei benutzt. Also geht es zuerst darum, alte Sinnfragen erneut zu stellen, Unruhe zu verbreiten, Aufsehen zu erregen, Erstaunen zu wecken und dann auf dieser gewonnenen Plattform ein Stück des erwünschten, geänderten Lebens – in welcher Form von Wahrnehmbarkeit auch immer – vorzudemonstrieren. Was im einzelnen dabei mystische Phantasmagorie und raunende Chiffre bleibt, läßt sich durch den Hinweis auf die magischen Ursprünge aller Kunst sogar bedeutungsfördernd legitimieren. Und der Anspruch, wird er nur ausdauernd genug und frei von Irritationen behauptet, schafft nicht nur Gemeinden, Anhänger, Bekehrte, sondern verhilft auch zu offiziellem Ansehen und Nimbus.

Der hieratische Gestus samt Appell an eine verschüttete Innerlichkeit sind aber fatale Ablenkungsmanöver zugunsten einer Hohlform von Kunst, die hinter dem Wie, mit dem sie zelebriert wird und sich zelebrieren läßt, das erschreckende Fehlen eines Was an Substanz zu verbergen weiß. Gottessucher, Wahrheitsfinder, Messiasgestalten, Erleuchtete verbreiten allenthalben – ebenso in der zeitgenössischen Literatur oder bildenden Kunst und zumeist, nachdem sie durch ganz anderes Renommee erlangt haben, – eine seltsame Atmosphäre von Erlösungssehnsucht und gläubiger Ehrfurcht vor den Grundwerten des Guten. In der Musik sorgt die Meditationspraxis für zusätzlichen Nutzen, weil sie ihre rituellen Formeln durch den Gebrauch als Initiationshelfer beim Zugang zu höheren Sphären oder beim Transzendieren in andere geistige Welten sublimiert und adelt. Selbst für diejenigen allerdings, die es mit solchem Gebrauch völlig ehrlich meinen, behalten die Formeln dennoch, wenn man sie nach rein musikalischen Kriterien betrachtet, ihre begrenzte Schlichtheit und Simplizität. Man sollte sich da auch nicht mit fremden Federn einer außereuropäischen Kultur zu schmücken trachten. Deren Tradition läßt sich ohnedies nicht einholen, schon gar nicht verpflanzen oder selbstgewiß annektieren. Das gemeinsame Meditieren freilich mittels Klängen, Tönen, Rhythmen, überhaupt den verschiedensten musikalischen Evokationskräften, ist letzten Endes eine private Angelegenheit von kaum nachvollziehbarer Intimität und sollte keinesfalls zum Ausstellungsobjekt umgemünzt oder degradiert werden.

Aus den Erfahrungen mit ›Intuitiver Musik‹ und aus der Begegnung mit asiatischen Kulturen leitet Stockhausen die spezielle Eigenart von zwei Kompositionen ab: In Stimmung für 6 Vokalisten (1968) entwickelt er aus einem einzigen Nonenakkord über B auf die Dauer von rund 70 Minuten ein behutsam changierendes Spiel der gleitenden Farben und wechselnden Obertonmischungen, eine Art Klang-Séance, in deren leises Wogen hereingerufene ›magische Namen‹ (von Göttern der unterschiedlichsten Religionen) und zum Glück meist unverständliche eigene Gedichte (nahe am Typ der Pubertätslyrik) gleich Windböen Bewegung und latente Dynamik bringen; dagegen zielt Spiral für einen Solisten (1968/69) mitten im Aufgreifen, Transformieren und Weitertragen von Kurzwellen-Ereignissen auf ekstatische Momente der Selbstübersteigerung, in denen der Interpret die Grenzen seiner Technik und seiner Darstellungsmittel hinter sich läßt, unter Einsatz auch »visueller, theatralischer Möglichkeiten« ins völlig Ungewöhnliche, Metamusikalische ausbricht. In diesen beiden Stücken lassen sich, wenn man sie aufs Prinzipielle zurückführt, bereits zwei strukturbildende Elemente oder kompositionelle Verfahren erkennen – zeitliche Dehnung aus geringem Materialbestand und Alteration in ungewöhnliche, auch außermusikalische Darstellungsbereiche –, die von jetzt an für Stockhausens Musik bestimmend werden. Dabei treten die ›intuitiven‹ Züge, also jene Ausflüge in den magischen Freiraum der Augenblicks-Eingebungen, mehr und mehr zurück; hingegen gewinnt die Methode der sukzessiven Ableitung, nämlich alles, die vielfältigsten Gestalten, die zeitlich ausgreifendsten Dimensionen, aus einer Urzelle, einer einzigen ›Formel‹ zu entwickeln, an Durchsetzungskraft und Bedeutung. In ihrer strikten Konsequenz des Auskomponierens nach den Proportionen und Charakteristika eines primären Kern-Modells mag sie an serielle Verfahren erinnern, doch offenbart sie bei ihrer erstmals dominanten Anwendung in Mantra für 2 Pianisten (1970) mit dem Sanskrit-Titelbegriff zugleich ihre veränderte geistige Herkunft.

Ein Mantra ist für den Inder ja nicht nur ein besonders sinnhaltiges Kondensat aus Worten oder Tönen, sondern in ihm stecken geheime magische Kräfte. Die charakteristischen Schwingungen seiner Silben, Laute, Klänge stehen in Verbindung mit korrespondierenden Bewußtseinsebenen und besitzen dadurch eine unergründliche Macht, in die Wirklichkeit einzugreifen, psychische Vorgänge zu bestimmen oder kaum vermutete Fähigkeiten zu wecken. Aber kein Mantra kann aktiv wirken und den Blick öffnen, wenn es nicht von einem Guru an den Schüler, der dazu bereit ist, weitergegeben wird. Stockhausen ließ solches Mantra-Wissen im Uraufführungsprogramm durch ein längeres einschlägiges Zitat (aus dem Sri Aurobindo-Buch von Satprem) seinen Hörern vermitteln. Er selbst hatte übrigens sein über einstündiges Mantra keineswegs unter Hindus komponiert, sondern während der sechs Monate langen Dauer-Präsentation seiner Musik bei der Weltausstellung in Osaka, im eigens dafür errichteten Kugelauditorium. Und japanische Eindrücke mögen es auch sein, die nun szenisch-visuelle Elemente bei seinen Kompositionen immer stärker in den Vordergrund treten lassen. Sorgte bei Mantra für die Alteration ins Ungewöhnliche noch allein die Klangumwandlung durch Ringmodulatoren (von den Pianisten selbst betätigt), so erweitern sich danach die theatralischen Beigaben allmählich zum kultischen Zeremoniell. Schon bei Sternklang, einer Parkmusik für 5 Gruppen (1971), von der Stockhausen sagt, sie sei »geistliche Musik« und »bestimmt für die Vorbereitung auf Wesen von anderen Sternen und ihre Ankunft«, gibt es außer dem offenen, breit gefächerten Freiluft-Arrangement auch »Klangläufer«, die musikalische ›Modelle‹ von einer Gruppe zur nächsten bringen, und in der Mitte einen Tamtam-Spieler, der mehrmals während des zwei- bis dreistündigen Verlaufs mit dumpfen Schlägen alle zu einer Phase klanglicher Gemeinsamkeit versammelt. Bei Trans für Orchester (1971) wird ein Traumbild in Violett nachgestellt, durch das klackend ein Weberschiffchen schießt. Inori (1973/74) läßt mitten im Orchester auf einem Podest ein oder zwei Mimen priesterliche Gebetsgesten ausführen, bis schließlich »auch rein musikalische Veränderungen als Gebet erlebt« werden können. Am Höhepunkt von Musik im Bauch (1975) vollführen drei der sechs Schlagzeuger einen wilden Tanz um den in der Bühnenmitte hängenden überle-

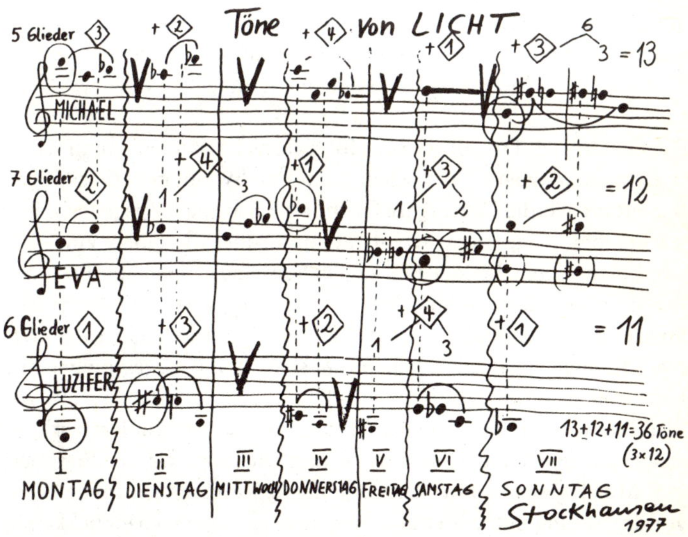

Karlheinz Stockhausen: Töne des 7-Tage-Zyklus Licht

bensgroßen Vogelmenschen und holen dann aus seinem Korpus drei Spieluhren mit Tierkreismelodien.

Diese Tierkreismelodien – im ganzen zwölf – spielen nochmals eine Rolle bei Sirius (1975/77), einer elektronischen Komposition, bei der vier Solisten (Trompete, Sopran, Baßklarinette, Baß), in vier Raumecken postiert, die vier Himmelsrichtungen und die vier Jahreszeiten symbolisieren, um von Sirius, der »Zentralsonne unseres lokalen Universums« zu künden, wo – wie Stockhausen weiß – »die Musik am vollkommensten entwickelt« ist. Und eben das Wiederaufgreifen von früheren Ideen oder Materialien, der Blick in kosmische Fernen sowie die zunehmend deutlichere, zunehmend ausgreifendere Formulierung einer Privatmythologie führen ab Mitte der siebziger Jahre zielstrebig auf das überdimensionierte Musiktheater-Projekt zu, auf Licht (1977-), das für alle sieben Tage der Woche je ein abendfüllendes Werk umfassen soll. Und nach zwei Etappen dieser ins Religiöse, Astralmythische, Welttheatralische überhöhten Familiengeschichte – dem Donnerstag (1978/81) und dem Samstag (1981/84) – mit ›Superformel‹ und der Identifikationsfigur des Lichtbringers Michael zwischen Eva und Luzifer, fragt sich, ob bei Stockhausen der Glaube an sich selbst und seine Mission, das nichtachtend Monomanische im Festhalten an seinem hypertrophen Plan oder die schiere Arbeitsleistung mehr zu bewundern ist.

Die Gefahr der Trivialisierung läßt sich nicht bannen, wenn Töne über ihr rein akustisches Dasein hinaus zu Synonymen tiefsinniger Bedeutung werden, wenn ihre Ordnung, ihr Beziehungsgeflecht untereinander, Züge eines Rituals annimmt und die Hörer zur Teilnahme an einem Mysterium angehalten sind. Musikalische Qualitätskriterien haben dann ihre Berechtigung verloren. Was zählt, funktioniert nach anderen Wertungsstufen innerhalb eines anderen Koordinatensystems. Freilich brauchen nicht alle Begegnungen mit außereuropäischen Kulturen und die Anregungen, die ein Komponist daraus bezieht, zu solchen Formen der Anverwandlung zu führen, die einem Umdenken der sozialen Stellung und der Funktion von Musik gleichkommt. So unrichtig es wäre, jede normale Konzertdarbietung unter Nichtachtung ihrer spirituellen Möglichkeiten mit der bloßen Befriedigung von Konsumentenbedürfnissen zu identifizieren, so einseitig wäre es doch umgekehrt, aus Abscheu vor schlechten Usancen Musik zum Kult zu erheben, einzig bestimmt und zugänglich jenen religiös eingestellten, religiös ›mitschwingenden‹ Menschen, die bereit sind, durch sie »Kontakt aufzunehmen mit den phantastischsten Einheitsempfindungen, die das ganze Weltall umfassen« (Stockhausen). Die Unterschiede in der Hörreaktion und im Erlebnishorizont sollten weit eher dem Ermessen jedes einzelnen unterliegen und keiner absichtsvollen Zurüstung bedürfen. Es droht nur Scheinhaftigkeit, ein zweckgerichteter Pseudotausch. Denn, wie Nono sagt, bei »Begegnungen mit der Kultur des Orients, Indiens – ich denke an Debussy, Messiaen, oder an andere Elemente, die von Komponisten wie Stockhausen verwendet werden –«, handelt es sich noch immer »um eine Aneignung dieser Mittel nach einem typisch eurozentrischen Konzept, nicht um eine Erweiterung der europäischen Kultur durch parallele Analysen anderer Kulturen der ganzen Welt, die eine andere Geschichte, andere soziale Strukturen und Funktionen haben: von der persischen, chinesischen, indischen, japanischen Kultur bis zu jener Afrikas oder Lateinamerikas.« (1971/72)

Auseinandersetzung durch Analyse, dies hatte ansatzweise auch schon Boulez betrieben, als er der Idee vom geschlossenen Werk – einem gewiß eurozentrischen Postulat – seine Vorstellungen von Aleatorik entgegenstellen wollte: »Die indische Musik kommt diesem Problem, indem sie eine Art von strukturellem ›Formanten‹ mit spontaner Improvisation kombiniert, recht leicht bei und gibt ihm eine alltägliche Lösung. Selbstredend zwingt sie auch zu einer völlig anderen Hörweise und verbleibt in einem geöffneten Kreis, während wir das ausgearbeitete Werk als einen geschlossenen Kreis von Möglichkeiten begreifen.« (1957) Dieser sachliche, gleichsam diagnostizierende Umgang mit fremder Musikauffassung liegt noch ungefähr ein Jahrzehnt vor jener Welle enthusiastischer ›West-Meets-East‹-Umarmungen: als Yehudi Menuhin mit dem Sitarvirtuosen Ravi Shankar musizierte und bekannte: »Ich verdanke ihm die inspirierendsten Momente, die ich je in der Musik erlebt habe«; als sich die Beatles der ›Transzendentalen Meditation‹ überließen, und George Harrison schwärmte: »Die indische Musik zeigt einen spirituellen Weg zu Gott. Sie läßt dich erkennen, daß Gott im Klang ist.« Zu etwa der gleichen Zeit, Ende der sechziger Jahre, begaben sich auch die amerikanischen Komponisten La Monte Young und Terry Riley zu dem nordindischen Kirana-Raga-Sänger Pandit Pran Nath in die Lehre. Daraus entstehen erneut Zweifel: Kann ein westlicher Musiker tatsächlich durch die indische Tradition derart beeinflußt werden, sie quasi zu seiner zweiten Natur machen, daß er, wie Riley, nach etwa zehnjährigem, oft ausschließlichem Studium »Musik als eine Art Ritus« erlebt; oder sollte man sich angesichts so vieler indulgenter Verschmelzungsabsichten lieber nüchterner an das Cage-Wort halten (das er schon als 15jähriger formulierte): »Jedes Problem hat seine zwei Seiten. Denn andere Völker denken anders«?

Terry Riley

Es muß einiges im Naturell und in der musikalischen Idiomatik vorgeprägt gewesen sein, was die Hinwendung zum indischen Raga-Singen für Terry Riley (* 1935 Colfax / Kalifornien) nicht als willentliches Ausscheren, sondern als ein Sich-Vertiefen in verborgnere Schichten seiner eigenen Klangvorstellungen erscheinen läßt. Mit In C (1964), einer Dauer-Umspielungsstudie um den Ton C, aufgebaut aus 53 variabel verwendbaren, höchst simplen Figurationsmodellen, hatte Riley dem Prinzip, minimalstes Material durch ständige Wiederholung in die Zeit zu entfalten, ein wichtiges Initial geschaffen. Daraus entwickelte sich in wechselseitiger Anregung die ganze amerikanische Minimal Music (La Monte Young, Steve Reich, Philip Glass u. a.); Einflüsse griffen aber auch, bestärkt durch direkte Zusammenarbeit, auf Musiker in Pop und Jazz über. Riley ersann zusätzlich in Dorian Reeds für Sopransaxophon und 2 Tonbänder (1966) ein Verfahren, wie ein einzelner Instrumentalist durch Zeitverzögerung (›time delay‹, hervorgerufen durch kurzzeitige Abstände zwischen Tonbandaufnahme und -wiedergabe) zur polyphonen Überlagerung seiner Spielmodelle (patterns) gelangen könne. Danach neigte er jedoch immer mehr dazu, »die traditionelle Rolle des Komponisten aufzugeben zugunsten selbstinterpretierender Improvisation«. Er bemühte sich, ausgehend von der Jazz-Praxis, Wege zu finden, wie sich aus wenigen vorgegebenen Mustern oder Formmodellen durch Wiederholen, Permutieren und ständig anderes Kombinieren eine Musik zu einem längeren, in sich kreisenden Verwandlungsprozeß dehnen und improvisatorisch ausschöpfen ließe.

Die Nähe zur indischen Tradition war vorgezeichnet. Und im unmittelbaren Kontakt mit ihr entdeckte Riley nun auch noch den unglaublichen Nuancenreichtum der reinen Stimmung (just intonation), der durch die gleichschwebende Temperatur der westlichen Musik verlorengegangen ist. »Die klassische indische Musik besitzt eine riesige Farbenpalette in ihren Frequenzverhältnissen. Wenn man anfängt, sich dieses genau anzusehen, wird man überrascht, wie viele neue Ausdrucksweisen, neue Gefühle, neue Farben es in den Tonverhältnissen gibt, die wir im Westen nicht benutzt haben. Je mehr dieses den Musikern bewußt wird, desto mehr wird es das große Interesse der westlichen Musik erwecken. Nur, es dauert Jahre, bis man gelernt hat, die Intervalle zu hören. Man muß eine Ausbildung durchmachen, und man muß viel Zeit dafür opfern. Es ist nicht etwas, was man sofort hören und erkennen kann. Wenn die Musiker darum wüßten, könnte daraus eine sehr positive Renaissance der Weltmusik entstehen, die solche Sachen wie Serialismus und andere Stilarten sehr blaß erscheinen lassen würde.« Und Riley versuchte, in die Geheimnisse des Raga-Singens mit all den subtilen Änderungen von Tonhöhe und Obertonverhältnis einzudringen: »In den Morgen-Ragas zum Beispiel, auf die wir uns als Anfänger konzentrierten, nehmen die Tonschattierungen, wie beim erniedrigten zweiten Intervall, allmählich zu im Laufe des Tages; der Ton wird erhöht, der morgens sehr niedrig war. Jeder Raga hat ein genaues System der Ton- und Melodiefärbung, das man lernen muß, um ihn von anderen Ragas zu unterscheiden.«

Nachdem sich Riley über zehn Jahre lang dieser Ausbildung gewidmet und in dieser Zeit keine notierte Musik mehr geschrieben hatte, übertrug er seine Erfahrungen vorsichtig und behutsam auf drei unterschiedliche Formen, mit denen er sich wieder selbst musikalisch äußern konnte. Als erstes begab er sich ins Aufnahmestudio und spielte auf einer elektronischen Orgel – in ›just intonation‹ gestimmt und mit einem vom Computer gesteuerten ›time delay‹ versehen – das mehrteilige Shri Camel (1980), das Raga-Feinheiten der solistischen Melodieführung mit polyphonen Verdichtungsstrecken abwechseln läßt. Sodann entwickelte er aus der Zusammenarbeit mit dem Kronos-Quartett – das wie er am Mills College in Oakland tätig war – als zweites sogar eine Kompositionsweise unabhängig von seinem eigenen Spiel: das reicht über mehrere Stadien der Ablösung und Einarbeitung (auch in die ›reine‹ Stimmung) bis zur Cadenza on the Night Plain (1984) mit jeweils eingeschobenen Solostücken für die vier Spieler. Und schließlich knüpfte Riley im improvisierenden Zusammenspiel mit dem jungen indischen Musiker Krishna Bhatt (Sitar, Tabla) recht unmittelbar an seine Raga-Kenntnisse an, um mit Gesang, Synthesizer und Klavier jene Kunst des kontemplativen Erweiterns und Fortspinnens eines stets präsenten Grundmodells auszuüben: »Es ist, als wenn man eine Geschichte unter verschiedenen Gesichtspunkten erzählt; solange man die Form des Ragas behält, kann man alles tun, was man will.« Und gerade diese trancehaft wabernde dritte unter den neuen Ausdrucks- und Darstellungsweisen macht deutlich, wie sehr sich Rileys Inspirationsquelle inzwischen geistig und geographisch verlagert hat.

Kompositorische Experimente

Alles Neuartige, das diese Bezeichnung wirklich verdient, beginnt als Experiment. Etwas riskieren, das Unerwartete tun, sich selbst exponieren, Konventionen widersprechen, das scheinbar Abwegige vor Diffamierung schützen, statt dessen spekulative Ideen oder Projekte höher einschätzen und wichtiger nehmen als den schnöden Zwang der Verhältnisse und Fakten, überhaupt Gedanken, Utopien, Träume, die sich mit überzeugender Bestimmtheit einstellen, ruhig wachsen lassen, weiterverfolgen und Stück um Stück an ihrer Realisierung arbeiten – dies alles gehört zu jener Einstellung, die Experimentieren erst ermöglicht. Dabei drohen allerdings zwei Mißverständnisse und zwei Gefahren, die im dialektischen Gegeneinander den erworbenen und so verlockenden Freiraum für das Experiment gleich wieder einschränken und jedem, der ihn nützen will, auch besondere Verpflichtungen auferlegen. Das erste Mißverständnis ist subjektiver Art; denn was immer einer unternimmt, um etwas Neues, noch nicht Dagewesenes zu schaffen, mag ihm selbst ja als ein kühner Versuch, unbetretenes Gebiet zu erkunden, vorkommen, selbst wenn dies objektiv keineswegs der Fall ist und alles auf ein bißchen abgewandelte Kombinatorik hinausläuft. Andererseits ist das prätendierte Experiment, das sich lediglich mit seinen außergewöhnlichen Ingredienzien brüstet, aber nichts bewegt, ein ebenso fataler und mißlicher Irrtum. Die beiden Gefahren dagegen hängen mit der Wirkung zusammen: Hat ein Experiment wider alles Erwarten Erfolg, gewinnt Einfluß, beginnt sich zu etablieren und Maßstäbe zu setzen, so bürdet es demjenigen, der es in Gang brachte, die schwierige Entscheidung auf, sich davon tragen, einfangen und zur Selbstwiederholung nötigen zu lassen oder dem Einverständnis zu mißtrauen, das Gewesene halb und halb zu verleugnen und sich ungerührt, ungeschützt neuen Fragekonstellationen zuzuwenden. Ist das Experiment jedoch gescheitert, was einzurechnen ja sein Wesen definiert, so kann sich dies dennoch zum Trauma auswachsen und zu verbissenem Festhalten führen, statt daß richtige Ansätze unter ausgewechselten Bedingungen nochmals überprüft würden. Solche Verkrampfungen und Selbstbehauptungsnöte machen letztlich deutlich, wieviel innere Flexibilität, wieviel unausgesetzte Reflexionsbereitschaft zum Experimentieren gehört. Dessen Rechtfertigungslast ist enorm, gerade wenn die eingeleiteten Prozesse x-beliebig erscheinen könnten. Denn seine wegebahnende Freiheit läßt sich nur durch Konsequenz und Kontrolle erwerben.

In gewisser Weise ließe sich die musikalische Entwicklung seit 1945 als ein Auf und Ab von mobilisierendem Experiment und nachfolgender Verhärtung beschreiben. In die allgemeine Regenerationsphase nach Kriegsende brachte erstmals der Plan einer totalen Durchorganisation des musikalischen Verlaufs um das Jahr 1950 einen experimentellen Zug; fast aberwitzig in seinem strukturellen Ausschließlichkeitsanspruch und deshalb auch ständig von Pressionen heimgesucht, wie sich die schöne Idee vom rational schlüssigen Verfahren gegenüber dem Ansturm der auftretenden Unwägbarkeiten und Komplikationen retten ließe. Der Versuch, in einer Gegenbewegung Freiheit, zumindest aleatorische Wahlmöglichkeiten, zu integrieren – Ende der fünfziger Jahre durch Cages stupendes Erforschen der Unbestimmtheit (indeterminacy) ausgelöst – wurde zwar im Vergleich zu dessen ungescheuten Erprobungen nur halbherzig unternommen, sorgte aber immerhin für Entlastung und neue Vorstöße in mancherlei methodisch ungebundenere Richtung. Das heißt, die Experimente der sechziger Jahre, sei's mit dem Klang, mit dem Raum, der Theatralisierung oder der Improvisation, waren in ihrer Einspruchs- und Fragekraft enger dimensioniert, sie lockerten aber insgesamt doch das Feld für sich mehr und mehr verzweigende kompositorische Unternehmungen. Der starke Sog der politischen Aufbruchsbewegungen von 1968 verschaffte dann einer ganz anderen experimentellen Situation ihre Aktualität und Dringlichkeit: War es eigentlich möglich und wie war es sinnvoll zu bewerkstelligen, politisch aussagekräftige, gesellschaftlich nützliche Inhalte durch Musik zu transportieren? Konnte dieses Problem überhaupt kompositorisch gelöst und bewältigt werden? Vielleicht sollte, was in einigem Abstand während der siebziger Jahre darauf folgte, auch zum Teil nur als ein Ableger aus der Einsicht in die wechselnden Inkommensurabilitäten – von Musik mit mathematischem Zahlenwesen bis hin zu Musik und politischem Tagesbezug – verstanden werden. Denn es ging nun um den Rückgewinn von herkömmlichem Sprachvermögen, eine Kehrtwendung zu den verbindlichen musikalischen Grundlagen und um ein Experimentieren mit deren Tragfähigkeit für die verschiedensten Arten einer gewandelten Expression.

Freilich, derart für eine Entwicklung von vier Jahrzehnten das Experiment als Steuerungsfaktor zu beanspruchen, grenzt an eine Überstrapazierung und Sinnentleerung des Begriffs. So richtig es sein mag, daß bei jedem unerwarteten Abbrechen und Umschwenken einer bis dahin verfolgbaren historischen Tendenz nicht allein ein antagonistischer Prozeß an Wirkungskraft gewinnt, sondern auch eine Phase ungeklärter Offenheit einsetzt, wie sie zu den grundlegenden Charakteristika des Experimentierens gehört, so erschöpft sich dessen beachtliches Potential an Freizügigkeit und Unvoreingenommenheit doch nicht in dem einen Irritationsmoment, wenn eine Richtung durch die nächste abgelöst wird. Das Maß an Frageintensität und Zielungewißheit ist höher, die Zahl der möglichen Auswahlchancen größer. Trotzdem waren an den verschiedenen Wendepunkten des musikgeschichtlichen Verlaufs während der letzten vierzig Jahre experimentelle Energien mit beteiligt, trugen aktiv – und reaktiv – zu den Veränderungen bei. Manches Mal besaßen sie sogar jenen umstürzlerischen, avantgardistischen Elan, der bereit ist, irgendwelchen faszinierenden Ideen zuliebe den Gedanken ans Resultat völlig aufzugeben. Nur wäre der Typ des experimentellen Komponierens dadurch allein nicht treffend zu beschreiben. Für ihn wesentlich ist noch ein Grad mehr an Ungewöhnlichkeit, Außenseitertum, Querständigkeit zu allem Üblichen, provokativem Eigensinn und letztlich: Radikalität. Allerdings, in einer Welt, die zunehmend von Angepaßten bevölkert wird, in der restaurative und konservative Strömungen sich allenthalben auszubreiten scheinen, wird der Spielraum für solche Radikalität, die ja nicht lautstark, sondern eher sanft auftritt, zusehends enger. Nicht verwunderlich, daß einige Alt-Avantgardisten das Experimentelle gelegentlich schon nostalgisch mit einer Gloriole versehen. Doch mögen sich Einsatzstelle und Erscheinungsweise auch ändern, der Erkundungszwang und die brennende Neugier sind unter Komponisten – wenigstens bisher – noch nicht ganz verlorengegangen; und die Vorbilder für solches beharrliche Suchen im Unerschlossenen oder Abseitigen haben nach wie vor Einfluß und Geltung.

John Cage

Völlig zu Recht ließe sich – ähnlich wie das schon bei der verspäteten Charles Ives-Rezeption geschah – auch bei John Cage (*1912 Los Angeles / Kalifornien) erstaunt darauf hinweisen, was alles er in die Musik eingeführt, erstmals erprobt und gleichsam ›erfunden‹ hat. Man käme aus dem Aufzählen gar nicht mehr raus: von der Komposition mit anderen als Zwölftonreihen und mit präfixierten Zeitrastern über die klangliche Einbeziehung von unüblichen Geräuscherzeugern und bloßem Alltagsgerät oder von Präparationen und Spieldeformationen an üblichen Instrumenten, über die konsequente Ersetzung von kompositorischer Intention durch Zufallsoperationen, den Umgang mit grafischen Symbolen und vieldeutiger Notation, mit Tonbändern und elektroakustischen Apparaturen, mit Film, Tanz, Theater und Happening, mit Wort, Sprachlaut, Hörspiel und solistischer Performance bis hin schließlich zur totalen Umkrempelung der musikalischen Praxis nach Sozialgefüge, Aufführungsmodus und sanktioniertem Werkanspruch. Stets war Cage in fast jeder denkbaren Richtung, was Emanzipation oder Auflösung und In-Frage-Stellen herrschender Konventionen betraf, um ein gutes Stück voraus. Dabei ging es ihm jedoch gar nicht ums ›Erfinden‹, erst recht nicht um den streberhaften Nachweis irgendeiner persönlichen Priorität. Schon allein deshalb nicht, weil es ihm keineswegs darauf ankam, daß nun alles, was da real klingt und tönt, etwa wirklich von ihm selbst stammen müßte. Was er vor allem wollte, war vielmehr, einen Prozeß der Befreiung in Gang zu setzen, auf daß die Musik und die Hörer mit ihr zu sich selbst kommen könnten, daß sie die Chance ergriffen, sich tatsächlich so flexibel, augenblicksbezogen, fern von Reglementierung und offen für jede Veränderung zu verhalten, wie es das Leben selber ist.

Dies bedeutet: Musik – oder, auf der Cage'schen Reduktionsstufe, Hören – soll dazu verhelfen, Gegenwart zu erfahren, ohne sich um das Vergangene zu kümmern oder Zukünftiges zu erwarten. Und solches Akzeptieren von Sein in der Zeit, vermittelt durch akustische sowie, begleitend, auch visuelle Wahrnehmung, entspricht der grundlegenden Definition von Musik als Zeit-Kunst, schafft eine Koinzidenz zwischen dem gelebten Augenblick und der veranstalteten Aufführung. Andererseits verpflichtet es aber, da keinerlei vorsätzlich eingreifende, irgendwie dirigistische Ablenkung aus dem erreichten Zustand des aufmerksamen Da-Seins und hörenden Bei-sich-Seins erwünscht ist, die musikalischen Vorgänge selbst zu fast nichts, was ihre Ausbildung zu geformten klanglichen Gestalten betrifft. Darin, in der Forderung nach einer gleichsam unwesentlichen Wesentlichkeit, besteht das erste Paradoxon, auf das sich Cages Anregen und Vorführen von derart befreiten, unbestimmten musikalischen Prozessen einzulassen, mit dem es sich auseinanderzusetzen hat. Das zweite resultiert aus einer Umkehrung ins Negative, daß nämlich Zeit, die musikalische Zeit sein will, auch wenn sie sonst nichts will, nicht ohne die minimale Andeutung eines Rahmens auskommen kann, der erkennen läßt, wann wohl die gemeinte Erlebnisstrecke anfängt und wann sie endet. Eben dies demonstrierte ja auch das Extrembeispiel von Cages Tacet-Stück 4′33″ (1952), das außer der Bestimmung ›für jedes Instrument oder jede Kombination von Instrumenten‹ und der Anweisung, es dürfe während der ganzen Zeit absichtlich kein Ton hervorgebracht werden, doch (durch den Titel) die Gesamtdauer sowie deren Untergliederung in drei Sätze festlegte. Und im Vortrag über nichts (Lecture on Nothing, 1949/50) hatte Cage gesagt: »Struktur ohne Leben ist tot. Aber Leben ohne Struktur ist nicht wahrzunehmen. Pures Leben drückt sich in und durch Struktur aus.« Cages Musik muß also auf irgendeine Weise Zeit strukturieren und dadurch ihr Vorhandensein, wenn man will: ihre Individualität nachweisen; muß aber gleichzeitig alles störend Eigene, präokkupierend Ichhafte, wenn man will: jede sich vor- und aufdrängende Individualität vermeiden.

Zwischen solchen widersprüchlichen Prämissen der eigenen Arbeit diese selbst dennoch mit einem schier unerschöpflichen Einfallsreichtum und in beharrlicher Konsequenz fortgeführt zu haben und weiter fortzuführen, sie voll experimentierender Neugier und hintersinniger Gewitztheit auf immer neue Konkretionen, Modelle ihrer musikalisch vieldeutigen bis vagen Existenz, hinzulenken, dies macht das Besondere, ebenso Inspirierende wie Verstörende, ebenso Umstürzlerische wie friedfertig Utopische, von Cages kompositorischen Erkundungen aus. Daß er dadurch der Musik in der zweiten Hälfte des 20. Jahrhunderts entscheidende Impulse geben konnte, daß spätestens seit 1958 (Cages Auftritte in Darmstadt, Stockholm, Brüssel, Italien und Erstaufführung seines Klavierkonzerts in Köln) bei den meisten europäischen Komponisten tiefgreifende, obgleich ungern zugegebene Veränderungen eingetreten sind, wurde allerdings auch durch den seltsamen Generationsvorsprung begünstigt: Cage (immerhin ein Jahr älter als Benjamin Britten) hatte schon die Berührung mit indischer Musik und er hatte gerade die intensive, für ihn ausschlaggebende Beschäftigung mit dem Zen-Buddhismus hinter sich, als er in Music of Changes (für Klavier, 1951) sich auf ein völlig neues Gebiet begab und den Zufall, befragt durch Münzenwurf nach den alten chinesischen Orakelmethoden des I Ging (›Buch der Wandlungen‹), über alle kompositorischen Entscheidungen bestimmen ließ. Damit waren Erfahrungen, Kenntnis und zumal Geschmacksurteile nach »Vorlieben und Abneigungen« ausgeschaltet. Doch je mehr Cage als Folge dieses ersten Einbruchs ins usuelle Theoriengefüge – in Europa entwarf man zur gleichen Zeit gerade die serielle Technik – nun die einmal inaugurierte Unvorhersehbarkeit von der Ausarbeitung der Komposition auch auf den Prozeß der Aufführung übergreifen ließ, desto weiter rückte das überhaupt noch Fixierbare in Randzonen, in Anweisungen für die oft recht umständliche Vorbereitung eines ab da nicht mehr näher umrissenen musikalischen Geschehens. Beim Ausführen derartiger Prädispositionen wie bei den schrittweisen Ableitungen, die sich daraus ergeben, erwartet Cage freilich dasselbe Maß an Disziplin und sachzugewandter Gewissenhaftigkeit, wie er es selbst übt. Jeder kann und soll für sich entscheiden, aber immer verantwortlich gegenüber seiner Freiheit.

»Wenn allerdings diese Freiheit Menschen gegeben wird, die

nicht diszipliniert sind und nicht bei Null anfangen – damit meine ich: ohne ihre Vorlieben und Abneigungen –, die sich also als Individuen nicht verändert haben, dann ist das Zubilligen von Freiheit gewiß ohne jeden Belang. Wenn aber Freiheit disziplinierten Menschen gegeben wird, dann kann dies als Exempel einer Gesellschaft gelten, die sich gewandelt hat. Nicht ein Individuum hat sich gewandelt, sondern eine Gruppe von Individuen. Und daran zeigt sich, wie ich es gewollt habe, die Praktikabilität von Anarchie.« (1972) Solche politischen Implikationen, deren allzu optimistische Aspekte Cage inzwischen ohnehin etwas fragwürdig geworden zu sein scheinen, erweisen sich beim Umsetzen in musikalische Praxis, ebenso beim Rückübertragen von Erfahrungen, die daraus zu gewinnen waren, häufig als ziemlich prekär. Arten Cages Stücke nämlich – wie etwa HPSCHD (gleich Harpsichord, 1967/69) für 7 Cembali, 51 Tonbänder, 58 Lautsprecher, Filme und Dias – zur Multimedia-Show aus, so kann eigentlich jeder Beteiligte, ob Interpret oder Hörer/Zuschauer, aus einer derart sich überlagernden Massierung von Eindrücken und Ereignissen ablesen, was immer er will. Und daran ändert auch nichts, daß die genannten Zahlen das Maximum darstellen, also ebensogut kleinere Besetzungen vorstellbar sind, oder daß die Cembalisten Mozart spielen, weil Cage bei ihm, im Gegensatz zur Vereinheitlichungstendenz bei Bach, »einen Skalar der Verschiedenheit und der Fülle« findet und meint: »Früher dachte ich, wir könnten höchstens fünf verschiedene Dinge zur gleichen Zeit wahrnehmen; aber so wie die Dinge heute liegen, geht unsere Hoffnung eher in die Richtung der Quantität als in die der Qualität. Wenn Sie das Wort ›Chaos‹ gebrauchen, bedeutet dies: es gibt kein Chaos, weil alles ebensosehr mit allem verbunden ist – es handelt sich um eine äußerst komplexe gegenseitige Durchdringung einer unvorstellbaren Anzahl von Zentren.« Und gerade um dieser Polyzentrik willen hatte Cage (in Zusammenarbeit mit Lejaren Hiller) durch computergesteuerte Zufallsergebnisse aus irregulären Oktavteilungen immerhin 51 Tonbänder hergestellt. Die Agglomeration bis zur Undurchdringlichkeit ist also gewollt. Und es ändert sich schließlich auch fast nichts daran, wenn die letzten eigenen Aufführungsbestandteile und Vorkehrungen gänzlich entfallen und Cage ein großangelegtes, vielstimmiges Simultanereignis veranstaltet, den Musicircus (erstmals 1969), bei dem einfach »Leute eingeladen werden, die willens sind, alle zugleich am gleichen Ort zur gleichen Zeit zu spielen«. Die Ankündigung dafür, »Sie werden nichts hören – Sie werden alles hören«, bezeichnet recht genau, daß dieses anarchische Arrangement völlig wertneutral dagegen ist, ob einer sich inmitten der überbordenden Multiplizität des Gebotenen nun locker, beglückt und frei fühlt oder das Ganze eng, laut, zwanghaft und bedrückend empfindet.

Gelassenheit gegenüber dem Ungewöhnlichen, ob vom Komponisten mit Lust inszeniert und heiter zur Schau gestellt oder vom Hörer als Akt der Einübung in Lebenswirklichkeit erwartet, ist letztlich eine Wunschhaltung. Sie schützt Abgeklärtheit vor und unterminiert dabei die natürlichen Reaktionen. Denn entweder stellt sich das Ungewöhnliche als eine zur Sensation aufgeputzte Alltäglichkeit heraus, dann wäre jede Zusatzleistung an Aufmerksamkeit und Hinwendung sowieso verschenkt. Oder aber die Gelassenheit enthält Momente einer willentlichen Selbststilisierung, dann betrügt sie sich gerade um die Farben und Vibrationen jener besonderen, vielleicht auch befremdlichen Erlebnisse aus spontaner Empfänglichkeit, denen gegenüber sie sich angeblich vor allem offenhalten wollte. Zweifelsohne ist ruhiges Abwarten, die Bereitschaft, zuzuhören, sich auf eine Sache einzulassen, sie wirklich als sie selbst zur Kenntnis zu nehmen, immer noch der bessere Weg, zu Einsichten und Erfahrungen zu gelangen, als vorschnell und borniert dagegen das ganze Arsenal an klischierten Vorurteilen, abwiegelnden Vergleichsmaßstäben und empörter Grundwertverteidigung aufzubieten. Aber das Bemühen, dies um Himmels willen zu vermeiden, kippt doch ins genaue Gegenteil um, wenn alles, was ist, mit demselben Gleichmut, ohne Einschränkung oder Abstufung, als unterschiedslos vorhanden und daseinsberechtigt hingenommen wird. Solche vorsätzliche Ungerührtheit ähnelt im Ergebnis, wenn auch nicht den Motiven, verblüffend dem vorsätzlichen Protest.
Jede Geste der Weltumarmung, soviel Sympathie und Respekt sie wegen ihrer Vorbehaltlosigkeit auch zu wecken vermag, investiert zugleich stillschweigend ein Übermaß an Vertrauen in die kaum zu begründende Zuversicht, daß alles, was an dieser

Welt schief, verkorkst, mißständig und widersinnig ist, sich von selbst zum Besseren wenden werde. Man müsse nur den Glauben daran sich nicht abhandeln lassen, ihn statt dessen bei jedem Menschen durch die Art, selbst danach zu leben, fördern und stärken. Selbstverständlich reicht an solchen Optimismus, der sein gutes utopisches Moment und dadurch etwas der Musik sehr Verwandtes hat, jeder kritische Einspruch nicht eigentlich heran. Fataler ist jedoch die damit verbundene Gegenwartsbezogenheit und recht eindimensionale Zukunftsperspektive. Sie verleiten dazu, eher die Veränderung des eigenen Bewußtseins zu fordern – was auch immer dies mit welchen Zielvorstellungen heißen mag –, als ein an der Vergangenheit geschultes, möglichst aufgeklärtes Geschichtsbewußtsein anzuerkennen und zur Beantwortung von Gegenwartsfragen zuzulassen. Kritische Relativierung bedeutet aber noch nicht Verzicht auf Hoffnung; genau wie eine Meinung zu vertreten, einen aus vielerlei Durchlebtem zugewachsenen Standpunkt zu haben und immer wieder abwägend, wertend Entscheidungen zu treffen, noch lange nicht ausschließt, dem Neuen, Unerwarteten, Nichtgewohnten, Überraschenden, wo es und wie es auch auftritt, mit wacher Unvoreingenommenheit zu begegnen.

Bei Cages Kumulationsstücken – das macht das Extrem des Musicircus deutlich – schrumpft die kompositorische Zuständigkeit letztlich bis aufs Vereinbaren von zwei Rahmenbedingungen: der Zeitdauer (am vorher fixierten Termin) und des alle vereinigenden Raumes (möglichst groß und rund). Solche radikale Rudimentierung jeder Vorleistung ist nicht nur der unausweichliche Finalpunkt von Cages Absicht zur Absichtslosigkeit, sondern zugleich das umfassendste Angebot an alle Beteiligten, so freigesetzt im Hören, Mittun, Reagieren, Nachdenken und sozialen Verhalten ganz eigene, von niemandem zudiktierte Erfahrungen zu machen. Und Cage würde nach der musikalischen Modellfunktion zwischen diesem völlig ungeordneten, wild wuchernden Ereignis-Durcheinander und dem strikten Einschwören eines großen Instrumentalapparats auf eine einzige Melodielinie in Cheap Imitation (1972, für 24, 59 oder 95 Spieler) wohl gar keinen so wesentlichen Unterschied sehen.

Handelt es sich doch bei dieser ›billigen Nachahmung‹, die Cage durch Zufallsoperationen aus Saties Socrate gewonnen hat und bei der die Musiker – ohne Dirigenten – einander wechselweise ablösen, ebenfalls um das Angebot, Erfahrungen im praktizierten Miteinander zu sammeln. Nur jetzt auf ein genau ausgearbeitetes Objekt bezogen, das dabei konzentrierend, versammelnd die Basis liefert. Die Tendenz zur Polarisierung ist unübersehbar; sie ergibt sich durch die eigenwillige Aussparung der Mitte, wobei dann Ausschwärmen in die Vielheit oder Bindung an etwas Einziges, Festgelegtes nahezu gleichbedeutend sind. Und tatsächlich hat Cage daraus in einer Reihe von Kompositionen der letzten Zeit Folgerungen abgeleitet, die auf ein variables Verbinden, ein korrelatives Ausbalancieren solcher Gegensätze von Freiheit und Direktive hinauslaufen: das eine wird durch das andere in Frage gestellt, konterkariert oder in seiner Wirkung aufgehoben.

So bieten die Song Books (1970; 2 Bände mit Solos for Voice 3–58 und 59–92) die Möglichkeit, einzelne ausgewählte Solos von einem Sänger oder von mehreren Sängern in beliebiger Kombination und gleichzeitig aufführen zu lassen; teils handelt es sich um ausnotierte Gesangsstücke, teils um angedeutete, chiffrierte Theaterszenen, mal mit, mal ohne elektronische Begleitklänge, mal mit, mal ohne Bezug auf das grundlegende Thema: ›Wir verbinden Satie mit Thoreau‹. Dieser Satz, der dazu auffordert, die radikale musikalische Unkonventionalität von Erik Satie und die denkerische Unbedingtheit des anarchistischen amerikanischen Naturphilosophen Henry David Thoreau (1817–1862) in eins zu setzen, als eine in sich verklammerte gemeinsame Basis zu betrachten, enthält, auch über die Song Books hinaus, Cages eigentliches Programm. Es fragt sich nur, ob es sich in dem, was da zu hören und zu sehen ist, tatsächlich mitteilt, selbst wenn die Töne von Satie stammen und die Gesangstexte den Kerngedanken aus Thoreaus Essay ›On the Duty of Civil Disobedience‹ (Über die Pflicht zum Ungehorsam gegen den Staat) zitieren: »Die beste Regierungsform ist überhaupt keine Regierung, und sie werden wir haben, wenn wir dafür bereit sind.« Unmittelbarer einleuchtend in seiner mitgedachten Programmatik erscheint demgegenüber Renga with Apartment House 1776 (1976), weil sich die Kombination von 361 musikalisch zu interpretierenden Zeichnungen Thoreaus für 78 Stimmen (in Renga, benannt nach einer japanischen Gedichtform) mit Instrumental- und Schlagzeugsoli sowie Quartetten, die Cage durch I-Ging-Operationen aus Tanz-, Marsch- und Hymnenvorlagen des 18. Jahrhunderts abgeleitet hat (in Apartment House, »einem aus mehreren Wohnungen bestehenden Gebäude«, da »viele Dinge eher gleichzeitig denn jedes nur für sich geschehen«), ganz direkt auf den gegebenen Anlaß, die 200-Jahr-Feiern der amerikanischen Unabhängigkeit, bezieht. Und das selbständige Nebeneinander von Einzelnen wie Gruppen symbolisiert wirklich etwas von der Schmelztiegelfunktion der Vereinigten Staaten von Amerika – bestätigend wie kritisch –, zumal wenn die vier (fakultativen) Vokalisten die vier wichtigsten authentischen Quellen hervorkehren: den angelsächsischen Protestantismus, das Judentum der spanisch-portugiesischen Sephardim, Lieder der Indianer und Rufe oder Spirituals der Negersklaven.

Solche Verdeutlichungen in Cages Musik sind seitdem freilich selten geworden, der Zug zum Enigmatischen, Verklausulierten hat hingegen zugenommen. Dabei gibt es nachdrücklich, wenn auch eher abweisend distanziert Komponiertes wie in den Etudes Australes für Klavier (1974/75, nach Sternkarten) oder den Freeman Etudes für Violine (1977/78; »Musik für einen Geiger wie der Choreograph Tanz für Tänzer erfindet«) oder den Quartets for Orchestra (1976, für 24, 41 oder 93 Instrumente; nach Hymnen und Chorälen aus dem 18. Jahrhundert) oder den Thirty Pieces for String Quartet (1983/84, »eine Koinzidenz von Soli«, »jeder Spieler probt für sich«). Bezeichnender noch sind allerdings die ganz zurückgenom-

John Cage: Etudes Australes für Klavier, XVIII (Anfang)

menen, kabbalistisch verrätselten Textcollagen, in denen Cage das Entschlüsseln, wie es seine vieldeutigen musikalischen Konzepte ja stets vom Interpreten forderten, nun, mit sich selbst als Ausführendem, in absichtliches Verschlüsseln umkehrt. Darin liegt der Glaube, was als Ganzes wichtig sei, samt seinem Autor von ihm geliebt und verehrt werde – wie etwa die Schriften von Thoreau –, müsse auch in Teilen sein Wesen bewahren; selbst wenn Cage durch Zufallsoperationen den Sinn weitgehend hinaustreibt und nur Phonem-Reste zur ausdrucksvollen Darstellung mit seiner Stimme (und Mikrophon) übrigbehält – wie in Mureau (1970; aus Äußerungen über ›Mu‹-sic bei Tho-›reau‹) oder in der vierteiligen Folge Empty Words (1973/74; nach Thoreaus Tagebüchern). Mystagogisch geheimniskrämerischer, jedoch zugleich auch lustvoll spielerischer Umgang mit Zahlen und Buchstaben hat Cage seit Anfang der siebziger Jahre, als er die 62 Mesostics re Merce Cunningham (1971)

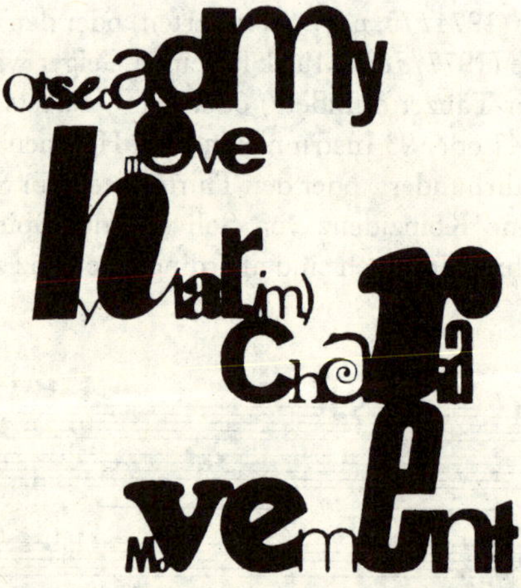

John Cage: 62 Mesostics re Merce Cunningham für unbegleitete Stimme mit Mikrophon. Silben und Worte stammen aus Cunninghams ›Changes: Notes on Choreography‹, die mittleren Buchstaben in der Senkrechte ergeben ›Merce‹.

verfaßte, sich immer mehr und ausschließlicher dem Mesostichon zuwenden lassen. Eigentlich eine Schreibform, bei der die kurzen Zeilen so untereinandergestellt werden, daß sich in ihrer Mitte aus den senkrecht gelesenen Buchstaben ein Wort oder ein Name ergibt, verschleiern Cages Mesostics, wenn er sie sprechend, singend, mit der Stimme modellierend ins Akustische überträgt, eben genau jenes Prinzip, nach dem sie gebildet wurden.

Ein Ausspruch von James Joyce hat Cage vor allem beeindruckt: »Was klar und konzis ist, kann von der Wirklichkeit nicht handeln, denn Wirklichsein bedeutet, vom Geheimnis umgeben zu sein.« Und nachdem er sich bereits mehrmals auf seine nahezu automatische Exzerpier-Methode mittels Mesostics, die den Namen James Joyce buchstabieren, durch Finnegans Wake ›hindurchgeschrieben‹ hat (Writings through Finnegans Wake), bekennt er unumwunden: »Ich verstehe es nicht. Nichts davon. Ich verstehe aber auch nicht den Nachthimmel mit dem Mond und den Sternen.« Erst waren es 862 Mesostics, die Cage aus dem Joyce-Buch gewonnen hatte, dann wurden sie kondensiert und mit jeweils textbezogenen Geräuschen (von den originalen Handlungsplätzen, also vor allem aus Irland) versehen zu einem Hörspiel: Roaratorio (1979), das aber, im Widerspruch zu seinem Titel, meist leise abläuft. Überhaupt ist Cages Art der fintenreichen Alphabetisierung, durch die er inzwischen nicht nur seine eigenen Arbeitsprinzipien (Composition in Retrospect, 1981), fast alle seine Freunde und Autoritätspersonen (wie in einem zweiten Hörspiel von 1982 Joyce, Duchamp, Satie), sondern auch seine in der Natur wachsenden Freunde, die Pilze (Mushrooms et Variationes, 1984), geehrt und paraphrasiert hat, eine Sympathiekundgebung halb im Verborgenen. Ein lächelnder Weiser, dem es weder an Freude mangelt, seine Phantasie, wohin sie immer mag, spazierengehen zu lassen, noch an Diskretion, das, was er liebt, nicht vorschnell und zerstörerisch auszuplaudern. Aber vielleicht gehört das alles zu jener neuen Situation, »in der ich« – wie er 1975 sagte – »nicht mehr so optimistisch bin, wie ich es war. Ich glaubte immer, wenn wir Musik machen und unsere Arbeit tun, könne es für die Gesellschaft von Nutzen sein. Jetzt denke ich, es gilt nur noch für solche Leute, die sich darauf vorbereitet haben, demgegenüber offen zu sein. Dumme Leute aber können in ein Konzert gehen und genauso dumm wieder herauskommen. Sie können ihre Erfahrungen ignorieren. Jedoch ist es ja genau diese Unfähigkeit der Kunst, sich den Leuten aufzudrängen, was uns diese Art Kunst lieben läßt.«

Wer erst einmal die Bahnen des Gewohnten verlassen hat, und zwar weiter, als es durch die Toleranzgrenzen des Erwartbaren vorgezeichnet war, übernimmt im selben Moment eine Aufgabe, an der ihm eigentlich gar nicht gelegen war: gegenüber sich selbst wie gegenüber den anderen, die sein Ausscheren staunend oder mißtrauisch beobachten. Und es ist eine Frage des künstlerischen Atems, des Durchhaltevermögens in einer beweglichen Atmosphäre aus Experimentierlust, losgelassenem Spieltrieb und bohrendem Eigensinn, wann die Last der doppelseitigen, obgleich ungewollten Aufgabe den eingesetzten Unternehmungsgeist zu dämpfen und zu stören beginnt. Bis zum völligen Aufbrauchen dauert es dann in der Regel nicht mehr allzu lang. Jedenfalls kann sich keiner aus seiner Rolle wegstehlen, auch wenn die Gesellschaft den Sonderlingen und Außenseitern durch ihren Beitrag an Nichtbeachtung oder vorenthaltenem Erfolg anfangs häufig eine verlängerte Inkubationszeit zubilligt. Ist der Kontakt jedoch erst mal hergestellt, wird der mutwillig wider den Stachel löckende Individualist unnachsichtig in die Pflicht genommen, sich seiner bisherigen Originalität auch weiterhin würdig zu erweisen. Er muß produzieren, was seinem Ruf entspricht, also partout Ausgefallenes, Überraschendes, Abwegiges ersinnen. Damit verfällt das Besondere, Herausgehobene der initialen Idee, die den ersten künstlerischen Schub verschaffte – ähnlich wie bei einem, der täglich sein Leibgericht zu sich nehmen muß –, dem abstumpfenden Zwang der Serie. Der antikonventionelle Selbstbefreiungsakt, untermischt mit dem Spaß am Ausprobieren und einer ungebändigten detektivischen Neugier, verliert seine Singularität. Zum Glück verfügen die Einzelgänger, die sich bis dahin noch nicht haben unterkriegen lassen, meist über ein recht beachtliches Quantum an Widersetzlichkeit und vor allem an unorthodoxen innovatorischen Einfällen, die sie gegen bedrängende Ansprüche wappnen. Aber wann ist der Punkt erreicht, an dem dieses Ausweichen und der Wunsch, dabei dennoch frisch und von allen Zwängen unbehelligt zu bleiben, die Sache selbst in Eigenrotation geraten läßt? An dem die Unangepaßtheit – durchaus in Konsequenz ihres primären Ansatzes – sich in ihren eigenen Kokon einspinnt und nur noch um ihrer selbst willen existiert?

Selbstverständlich, die Geschichte der Künste und zumal der Musik ist reicher an Umkehrbewegungen und latenten Abschwörprozessen, an spätberufenen Systematikern und ganz kommunen Renegaten. Doch ehe man sich um die einen sorgt und die anderen vielleicht gar zu vorschnell bedauert, wäre der schwierige Status des Experimentellen noch aus der höchst zeitgemäßen Perspektive seines sich ständig verengenden Spielraums zu bedenken: Wenn alle Tabus verletzt sind, findet die permanente Revolution kaum noch geeignete Angriffsflächen. Das Stück, in dem kein Ton erklingt, wurde längst komponiert; die Concept Art hat in der Musik mancherlei Entsprechungen gefunden; auch die Idee, Musik in Reflexion aufzuheben, ist nicht mehr neu; einen einzigen Klang zum Dauer-Environment zu machen, wurde ebenfalls schon realisiert; von alltäglicheren Schockereignissen, die sich gegen Einrichtungen oder Usancen des öffentlichen Musiklebens richten, ganz zu schweigen. Die zweite Hälfte des 20. Jahrhunderts ist nicht nur schnell im Verbrauchen und Absorbieren von Extravaganzen, sondern auch in der weltweiten Kommunikation darüber. Und etwas davon dringt also unweigerlich in den resistenteren musikalischen Normalbetrieb ein, färbt ihn um und verringert so das Gefälle zu jenen Bereichen, in denen sich Avantgardistisches zuträgt. Dies hat eine zweite, nicht weniger prekäre Folge: Opposition, sich absetzen, Eigenheit behaupten, wie auch immer künstlerisch bekundet, rechnet mit der Gegenseite, ist ein Kontext-Problem. Wenn der Widerspruch aber keinen Adressaten mehr findet, weil der Kontrast zu jenem Allgemeinen, gegen das er vorgebracht werden sollte, inzwischen eingeebnet wurde, dann verpufft er ins Leere und büßt ein Gutteil seiner Legitimation ein. Und dies betrifft des öfteren die Substanz. Mit anderen Worten: hundertmal derselbe Außenseiter ist wirkungslos und lächerlich; oder: wenn die Produkte eines aufsässigen Einzelnen allenthalben auf Identisches stoßen, das ihnen gleicht, haben sie ihre Funktion verloren und sind meist selbst ruiniert. Deshalb mag die fröhliche Lust am Experimentellen alten Zuschnitts heute vergällt sein. Das Bürgerschreck-Moment von ehemals hat ausgespielt, verrennt sich höchstens in fade Spekulationen zwischen Erinnerung und falsch gesehener Realität. Was hindert aber daran, denselben Impuls des Unbotmäßigen ins Innere der Musik selbst fahren zu lassen – statt ins äußere Arrangement – und dort Verwirrung zu stiften, damit Neues, bisher Verdecktes, so noch nicht Wahrgenommenes zum Vorschein kommen kann? Derart haben sich die Chancen des Experimentellen, die ja, recht verstanden, keineswegs geringer einzuschätzen sind, inzwischen umstrukturiert und verlagert. Sind selbst andere geworden.

Dieter Schnebel

Wenn der Ursprung aller Musik, wie man sagt, im Vokalen liegt und darin ja tatsächlich Ton und Klang den unmittelbarsten Kontakt zum Menschen und seiner Innerlichkeit halten, so muß doch gleichzeitig gelten, daß die mittlerweile entwickelten Formen der Vokalmusik gerade die Texte, die für sie konstitutiv sind, als sinntragendes und damit humanes Element verfremden, entwerten und zerstören. Wird andererseits der Musik in eigener Zuständigkeit eine Sprachähnlichkeit zuerkannt, so muß doch gleichzeitig gelten, daß ihr dabei ausschließlich »Intentionen wesentlich« sind und sie »auf die wahre Sprache als eine verweist, in der der Gehalt selber offenbar wird, aber um den Preis der Eindeutigkeit, die überging an die meinenden Sprachen« (Adorno). Was also dem Vokalen in der Musik übrigbleibt, ohne dort Wortsprache zu beschädigen oder da intentionale Sprache zu hindern, könnte eigentlich nur ein textloses Substrat sein und müßte damit Ernst machen, »daß wir uns in nichts besser zu äußern wissen als im Tonfall«, weil er »deutlich, ohne Umwege« ist, das »Flüchtigste und doch Kräftigste, um intuitiv sein zu können« (Bloch). Genau auf eine solche textlose Vokalmusik der verselbständigten, emanzipierten Tonfälle hat Dieter Schnebel (* 1930 Lahr/Baden) in seinen Maulwerken für Artikulationsorgane und Reproduktionsgeräte (1968/74, für 3–12 Vokalisten) abgehoben. Dabei holte er sich sein Material aus dem weiten, ganz alltäglichen Bereich des vor- oder nebensprachlichen

Beiwerks, ehe sich die mancherlei menschlichen Lautäußerungen noch zum Wort formen und durch dessen Prädominanz dann unbemerkt aufgesogen werden. Komponierbar wurde es, indem er die einzelnen Tätigkeiten des Stimmapparats (der ›Artikulationsorgane‹) vierfach voneinander unterschied: das Atmen, die Spannungen des Kehlkopfs und der Stimmbänder, die Bildung wechselnder Mund- und Rachenräume sowie die Bewegungen von Zunge und Lippen. In all diesen spezifischen Vorbereitungen aufs artikulierte Sprechen, Rufen oder Singen steckt ja eine individuellste Schicht aus Emotion und Affekt. Nimmt man die Funktion weg, macht sich die abstrahierten Vorgänge selbst bewußt, worauf Schnebels Exerzitien zu den Maulwerken hinwirken, und verstärkt die erzeugten stimmlichen ›Abfall‹-Geräusche über Kehlkopf- und andere Mikrophone (›Reproduktionsgeräte‹), so vollzieht sich eine höchst erstaunliche Freisetzung derartiger Elementarlaute menschlichen Ausdrucks. Unmittelbare Verständlichkeit ohne Semantik verbindet sich mit offengelegter Subjektivität ohne Privatheit und einem musiktypischen Assoziationsreichtum ohne jegliche Kunstimmanenz.

Was hier als Potential an verborgenen und sonst auch zu verbergenden Vokalgeräuschen aktiviert wird und gerade durchs Rudimentäre der Lautgebung eine unverstellte Direktheit erlangt, hatte sich in Vorstadien schon früher bei Schnebel angekündigt. Zumal die drei zu einer Art Messe vereinigten Vokalstücke Für Stimmen (...missa est) (1956/68), mit denen der damals noch als Pfarrer und Religionslehrer Tätige ab Mitte der sechziger Jahre verspätet bekannt wurde, zeichneten den Weg vor: Zurücknahme des Textanteils, der bei dt 31,6 (Seid getrost und unverzagt...) als dem Verkündigungsstück noch weitgehend, wenn auch mehrsprachig, dominierte; Befreiung der Einzelstimmen zur Selbständigkeit, unter Einschluß der räumlich-choreographischen Disposition, wie in amn (= amen), das Beten zu Anruf und Exklamation steigerte; und schließlich Einbezug von stammelndem bis ausbrechendem Menschen- und Tierlaut in :! (madrasha 2), damit in diesen, teils exaltierten Lobpreis wirklich einmal »alles, was Odem hat«, einstimmen kann.

Genauso führt von den Maulwerken eine Linie innerhalb Schne-

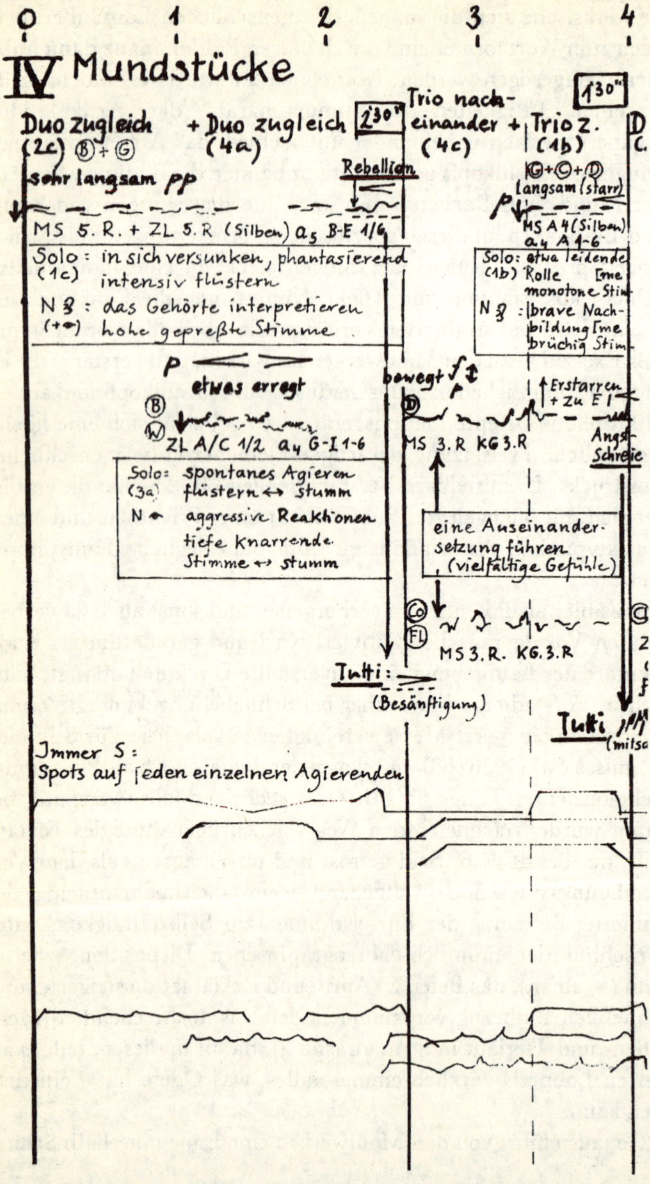

Dieter Schnebel: Maulwerke für Artikulationsorgane & Reproduktionsgeräte, IV. Mundstücke

bels Komponieren weiter, zu Stücken und Konzepten, die in ähnlicher Weise verschüttete, unterprivilegierte Ausdruckszonen freilegen, hervorkehren und in ihrer Eigenart bewußt machen wollen. Vermittelndes Element ist dabei vor allem das Vokale, allerdings in jener gattungsunspezifischen Reduktion auf den Tonfall, der vom Menschen zeugt. Sogar wenn kein einziger Ton erklingt, wenn 3 bis 9 stumme Darsteller nur Gestik, Hand- und Fußzeichen, Bewegungen, Haltungen vorführen – wie in Körper-Sprache (1979/80) – ist dies eine, freilich extreme, Form und Ausprägung desselben Ansatzes. Näher an der Idee von emanzipierter Ausdrucksrede des Subjekts als bei solcher puren Gebärden-Semiotik bleiben jedoch zwei andere, recht unterschiedlich angelegte Arbeiten Schnebels: Thanatos-Eros für großes Orchester und Vokalisten (1978/79; Zweitfassung 1981/82; revidiert 1984/85), weil da die beiden Prinzipien, der Todes- und der Lebenstrieb, über ihre psychoanalytische Gegensätzlichkeit oder ihr religiöses In-eins-Denken hinaus zu einer stokkend-zersetzenden sowie fließend-zusammendrängenden Realistik der Klangbilder geführt werden, die dank der Einfügung menschlicher Stimmen gleichsam zu atmen beginnt, dem Orchester etwas Kreatürliches verleiht; und Jowaegerli (= Ja, wahrlich; 1983), weil in dieser musikalisch-szenischen Darstellung des visionären Mundart-Gedichts ›Die Vergänglichkeit‹ von Johann Peter Hebel, kommentiert durch drei eingeschobene Erzählungen vom selben Autor, die Dialektfarbe des Alemannischen in ihrer ganzen multidimensionalen Spannweite zwischen lokaler Konkretheit und schweifender Weltsicht ausgeschöpft und entfaltet wird.

Das Mehrschichtige, für beide Werke charakteristisch, hat Schnebel aber nicht nur musikalisch beschworen, indem er dem Alltäglichen, Nebensächlichen, Beiläufigen zu eigener Aussagekraft verhalf, wie er umgekehrt Glaubensinhalte, Gedankenentwürfe, Schönheitsbegriffe aus ihrer Abstraktheit wieder in die sinnliche Wahrnehmbarkeit zurückholte, also die Sphären sich berühren oder durchkreuzen ließ. Er hat auch seine kompositorische Arbeit selbst mehrschichtig angelegt, sie nach wechselnden Funktionen, Absichten oder Vorgehensweisen zu mehreren Werkreihen gruppiert. Da gibt es, von der Funktion her gesehen, eine Reihe Schulmusik (ab 1973) mit Stücken, meist Anregungen zu Improvisationsprozessen, die ohne viel Aufwand und ohne spezielle instrumentale Vorkenntnisse den Schülern gezielte Erfahrungen im Umgang mit Klängen vermitteln wollen. Oder eine Reihe Radiophonien (ab 1969) mit Hörfunk-Stücken; eine andere, in der sich die visuellen Bilderfolgen zur Imagination von Musik, ki-no (Nachtmusik für Projektoren und Hörer, 1963/67) und in Buchform übertragen MO-NO (Musik zum Lesen, 1969), zusammenfinden.

Zentraler als diese Ausflüge in Sonderbezirke musikalischer Praxis, obwohl sie Schnebels Grundauffassung von Concept Art recht zutreffend beleuchten, stehen aber wohl die beiden Reihen der Vergangenheitsanknüpfung: Bearbeitungen (ab 1972) und Tradition (ab 1975). Die eine will durch phantasievolle Umdeutungen, Uminstrumentierungen, Vokalisierungen, auch Entgegen-Behandlungen ausgewählte Exempel des Vertrauten (von Bach, Beethoven, Webern, Wagner, Schubert) neu hören, von heute aus neu verstehen lehren. Die andere benutzt traditionelle Formen – wie bei In motu proprio (1975) und Diapason (1977) den Kanon, beim B-dur-Quintett (1976/78) eine Kammermusikgattung oder bei den Sinfonie-Stücken (1984/85) die miniaturisierte Satzfolge der Symphonie –, um aus solchen Gerüst-Ideen ganz Anderes, Abweichendes, Widersprechendes zu gewinnen, sozusagen auf dem schmalen Grat zwischen Hommage und Häresie. Und gerade dabei wagt Schnebels experimentelles Komponieren den eigentlich kühnsten Versuch: sich auf die Auseinandersetzung mit den ehernen Frustrationen und Konsumtions-Usancen des öffentlichen Musiklebens einzulassen, Vergangenheit, wenn schon nicht in Zukunft, so doch in gelebte Gegenwart umzudenken. Zugleich verweist er auf die mit Fleiß verdrängte Tatsache, daß ja, »wenn experimentelle Musik die ist, die sich vom Gewohnten absetzt und auf die Suche geht, ein Großteil der mittlerweile altgewohnten Musik einmal experimentell« gewesen ist.

Musik der Voraussetzungslosigkeit

In den herkömmlichen Gepflogenheiten und äußeren Zurüstungen, Musik aufzuführen, steckt ein Stück Unwahrheit, Lebensferne. Wer sagt denn, daß Spitzenjabots und Kerzenschimmer oder Frack und festlich erstrahlende Podien für die Darbietung von Komponisten- und Musikerarbeit unerläßlich seien? Und wieso können Konzert und Oper eigentlich nur in abgehobener Feierstimmung gedeihen? Oder umgekehrt gefragt: Haben sich die Werke, um die es da geht, denn tatsächlich allein aufs Erhabene, Edle, Hochsinnige eingeschworen, daß man den Ort und die Menschen, all die Umstände des Ablaufs derart exquisit herrichten und ausstaffieren muß? Ist am Ende die Tonsprache selbst, während andere Künste die Höhen und Tiefen des Daseins durchmessen, von sich aus schon derart fürs ästhetisch Schöne prädestiniert, daß andere, dunklere, auch realistischere und profanere Ausdruckszonen ihr kaum noch, jedenfalls nicht mehr direkt, zugänglich sind? – Bedenkt man dies alles, nähert man sich der Musik also einmal statt mit den Ohren mit den Augen, als gleichsam unbeteiligter Betrachter all des Glanzes und des luxurierenden Aufputzes, mit denen man sie öffentlich umgibt, dann wird sofort klar, daß irgendwelche Eingriffe oder Korrekturen an dem viel berufenen ›Konzert-Ritual‹ dagegen nur wenig oder überhaupt nichts nützen. Denn es dreht sich nicht um Kleiderordnung, Scheinwerfermengen, Blumenschmuck, Auftritts- und Beifallskonventionen, sondern um die hörenden Menschen und ihre über Generationen präformierte Einstellung. Wichtig wäre, ihnen einen Begriff, eine Vorstellung zu geben, daß Musik zum Leben dazugehört, ein Teil ihrer eigenen Existenz ist und nur in der bewußt nachvollzogenen Verklammerung mit der Alltagskultur auch sinngemäße Bedeutung, eigene Wahrheit und Wirklichkeit besitzt. Solche Veränderungen in der allgemeinen Auffassung und im gesellschaftlichen Stellenwert von Musik theoretisch zu fordern, bringt allerdings nicht viel. Das Gewünschte bedarf des praktischen Beispiels, das einleuchtend genug ist, um altgewohnte Verhaltensweisen allmählich, durch Infiltration und nahegelegte Erfahrungsprozesse, umzustimmen, sie in ihrer Gültigkeit auszuhebeln und auf eine neue Basis zu stellen. Genau dies betrifft aber in erster Linie die Musik selbst. Sie muß die Modelle liefern, die einen anderen Umgang mit ihr nicht nur voraussetzen, sondern auch aus eigenem Vermögen tatkräftig provozieren.

Nun hatten die Komponisten während der fünfziger Jahre zwar viel von einer Demokratisierung der musikalischen Verhältnisse gesprochen – und dabei auch durchaus an die gesellschaftlichen gedacht –, aber die energische Emanzipation in Fragen der materialen Gleichberechtigung von den zwölf Tonhöhen auf alle übrigen Parameter war doch letztlich ein innerkompositorisches, ja unhörbar innerstrukturelles Ereignis geblieben. Interpreten und Publikum lebten nach wie vor in keineswegs überbrückter Podiums-Distanz; durch den fälligen Respekt vor den komplizierten avantgardistischen Tonspielerkünsten war sie sogar noch vergrößert worden. Und auch die danach einsetzenden Gegenbewegungen mit Aleatorik, Improvisation, Theatralisierung, Zufallsarrangements und ähnlichem konnten die hierarchische Rangordnung in ihrer abweisenden Geschiedenheit zwischen musikkundiger Elite und staunendem Volk nur graduell, nicht prinzipiell verändern. Die hilflosen Versuche mit musikalischen Do-it-yourself-Aktionen – das Publikum greift nach den bereitgelegten Instrumenten und veranstaltet sich sein Konzert selber – machten wenigstens dank ihres Mißlingens die Situation in zweierlei Hinsicht deutlich: daß zum einen ein latentes Bedürfnis nach mehr Austausch, nach mehr einbeziehender Beteiligung besteht; daß aber zum anderen dieses ungehinderter fluktuierende Wechselverhältnis sich nicht plötzlich durch irgendein pseudoliberales Angebot, das schnell zur Kinderei ausartet, herstellen und gleichsam verordnen läßt, sondern daß es dafür langer, vorbereitender Arbeit und eines geduldig verfolgten pädagogischen Umlern-Konzepts bedarf. Ungenutzte und deshalb verkümmerte Fähigkeiten müssen geweckt, aktive Verhaltensformen gegenüber einer

Umwelt aus Klang und Geräusch entwickelt und geübt werden, wenn die Einstellung zur Musik sich zwischen all den gedankenlosen Klischees von hedonistischem Konsum, surrogathaften Sakralschauern, identifikationssüchtigem Heroenkult oder naiver Vergangenheitsanbetung wieder einen eigenen Weg zum wachen, mitvollziehenden Hören bahnen soll. Und eines ist völlig klar: Man muß damit möglichst früh anfangen, um die Immunität gegenüber der allgemeinen gesellschaftlichen Kulturträgheit hinreichend stärken zu können.

Musikalisch unverdorben ist ohnehin keiner mehr, so sehr dies im Sinne einer ablenkungslosen Hörempfänglichkeit auch wünschenswert wäre. Der Zustand akustischer Unschuld, den es trotzdem in jedem Menschenleben irgendwann einmal noch vor aller Bewußtwerdung gegeben haben muß, wird sogar gleich von zwei Seiten aus attackiert, in die Zange genommen und schließlich zerstört: durch die Omnipräsenz von Tönendem, das sich wie tausendfältiger Zivilisationsmüll in die Ohren drängt; und durch die ererbte Mitgift von Perzeptionsmodellen, die sich unmerklich und ungewollt vor die Phänomene schieben und deren Auffassung programmieren. Man hat es also als Hörender mit der miserablen akustischen Übersättigung der Gegenwart und den abgelegten, nicht mehr passenden Schablonen der Vergangenheit zu tun. Wie durch massive Wände ist der Erfahrungsraum umstellt, beengt wird die schweifende Abenteurerlust des Ohres und der Kontakt zu den Realklängen des Alltags – vom Windbrausen und Vogelruf bis hin zu ganz kommunen Arbeitsgeräuschen oder Straßenlärm – genommen, d. h. entweder überlagert und unterdrückt oder durch ein hochnäsiges ästhetisches Präjudiz ausgeklammert und verdrängt. Die ungeschützte, gewissermaßen lidlose Offenheit des Gehörssinns verträgt aber keine bevormundende oder vorab klassifizierende Einschränkung, weil man sich damit automatisch auch geistige Scheuklappen verpassen würde. Die einzige Chance zum Wählen liegt im Ausrichten der Aufmerksamkeit; und dies ist ein überaus nützliches, vor allem musikalisch verwertbares Training.

Weit entfernt vom puristischen Kinderideal einer unbetretenen, unverdorbenen Hörlandschaft, können wir also nichts anderes tun, als erstens die Verhältnisse und Gegebenheiten so zu akzeptieren, wie sie sind, und uns zweitens zwischen den beiden Möglichkeiten zu entscheiden, ob dies verkrampft und verärgert, unter geistiger Selbstbeschneidung und dem seelischen Leiden an unerfüllbaren Vergangenheitssehnsüchten geschehen soll oder freimütig, selbstgewiß und ohne Verzagen gegenüber den mancherlei Widrigkeiten, weil die Schönheiten des Lebens eben nicht steril verpackt angeliefert werden und in jeder Beschädigung noch mehr Wahrheit steckt als in irgendeinem kantenlosen Harmoniegedusel. Nur: In einer Welt, die sich so gerne belügt, die Heuchelei bis zum Paroxysmus treibt, bedarf es rechtzeitiger Übung, unprätentiöser Klarsicht und gezielter pädagogischer Maßnahmen – möglichst schon von frühem Kindesalter an –, um wenigstens dem kleinen Bereich der akustischen Erfahrung und der emanzipierten musikalischen Phantasie, dem solche Falschmünzerei nicht zukommt, (wenigstens in dieser einen Hinsicht) seine Unschuld zu bewahren.

Christian Wolff

Dinge klarzumachen, auf daß sie für andere einsehbar und verständlich werden, ohne sie durch die hierfür notwendige Vereinfachung gleichzeitig zu korrumpieren und sinnwidrig zu entstellen, – mit dieser Schwierigkeit hat sich Christian Wolff (* 1934 Nizza) auf sehr verschiedenen Ebenen beharrlich und einfallsreich auseinandergesetzt. Und auf der scheinbar simpelsten Stufe, dort, wo es um Grundmodelle sozialen wie musikalischen Verhaltens geht, war die Angelegenheit am prekärsten. Denn bei dem Bereich, der als ›pädagogische Musik‹ etwas zu schnell und summarisch in Verruf geraten ist, liegen Neigung und Gefahr, aus Lehrzwecken zu verfälschen, am nächsten. Jedes didaktische Portionieren des Stoffes in zumutbare Einzelteile und Einzelschritte versündigt sich aber an der nicht nur musikalisch, sondern auch real herrschenden Komplexität. Und diese Sünde nicht mitbegangen zu haben, die Vereinfachung statt im Material in der Überschaubarkeit der Struktur zu suchen, diese freilich wieder dank ihrer Variabilität den jeweiligen Aufführungsgegebenheiten anzupassen, eben darin besteht der unschätzbare Vorteil von Wolffs Prose Collection (1969/71).

Die Sammlung erwirbt sich ihre universelle Anwendbarkeit zunächst durch die Tatsache, daß sie lediglich Texte, verbale Anweisungen für die Spieler, enthält. Kenntnis der Notenschrift, in den Schulen immer noch (trotz begrenzter Studendeputate) Einstiegsforderung im Musikunterricht, wird also nicht vorausgesetzt. Genausowenig ist ein bestimmtes Instrumentarium – erst recht kein pädagogisch zurechtgestutztes – vorgeschrieben, ja nicht einmal eins, das stets auf Musik und Klangerzeugung spezialisiert wäre. Ein Stück verwendet Zweige (Sticks), ein anderes Steine verschiedener Größe und Art, aus denen »Klänge herauszuholen« sind, »in der Regel zurückhaltend, zuweilen in raschen Folgen«, wobei Steine gegeneinander oder gegen andere Oberflächen geschlagen werden sollen oder: »Tue überhaupt anderes als schlagen (z. B. reiben oder mit Verstärkung spielen). Zerbrich nichts.« (Stones) Auch Motorengeräusche, Elektrogeräte, selbstgebastelte Schallquellen und natürlich die eigene Stimme werden verwendet. Immer gibt es dabei vielerlei alternative Angebote und einige strikte Anweisungen; vor allem jedoch die Aufforderung, einerlei ob die Spieler nun jeder für sich, in Paaren oder anderen Gruppierungen zusammenwirken, aufeinander zu achten, etwa in der Art: »Halte aber sofort ein, wenn du dich oder die anderen nicht mehr hörst.« (Play)

Der ausdrückliche oder implizite Rat, sich am anderen zu orientieren, Strecken der Gemeinsamkeit anzusteuern oder aufeinander Rücksicht zu nehmen – übrigens auch auf Sachen, wie das zitierte »Zerbrich nichts« belegt –, stellt das dynamische Verhalten innerhalb einer Spielergruppe, die Anerkenntnis von Beziehungen (unter Einschluß jener zum Publikum) über die anarchische Freiheit. Und genau darin unterscheiden sich Wolffs kompositorische Entwürfe von denen John Cages, unter dessen durchhaltekräftigem Schutz er (zusammen mit Morton Feldman und Earle Brown) in den fünfziger Jahren seine ersten Versuche im musikalischen Neuland der Unbestimmtheit unternommen hatte. Bei Cage sind stets auch radikale Konsequenzen bis zur Negation selbst des letzten Rests an herkömmlichen musikalischen Vorstellungen und Begriffen mit ins

Konzept einbezogen. Bei Wolff, der immerhin angesichts solcher Grenzüberschreitungen schon relativ früh das Paradox gewagt hatte: »Auf welche Art wir auch anfangen, es endet letztlich als Melodie«, bleiben dagegen trotz aller internen Austauschbarkeit, Flexibilität, Vagheit und Deutungsbreite einige wenige Konstanten erhalten. Oftmals sind diese fixierenden Klammern nicht einmal absolut festgelegt, sondern ergeben sich aus Relationen wie bei Burdocks für Ochester (1970/71), einem zehnteiligen Kompendium, das ganz, teilweise, simultan oder sich überlappend von kleinen bis unbegrenzt großen Ensembles auf beliebigen Instrumenten oder anderen Klangerzeugern aufgeführt werden kann. In den zehn Teilen, die durch je spezifische Notationsweise deutlich unter-

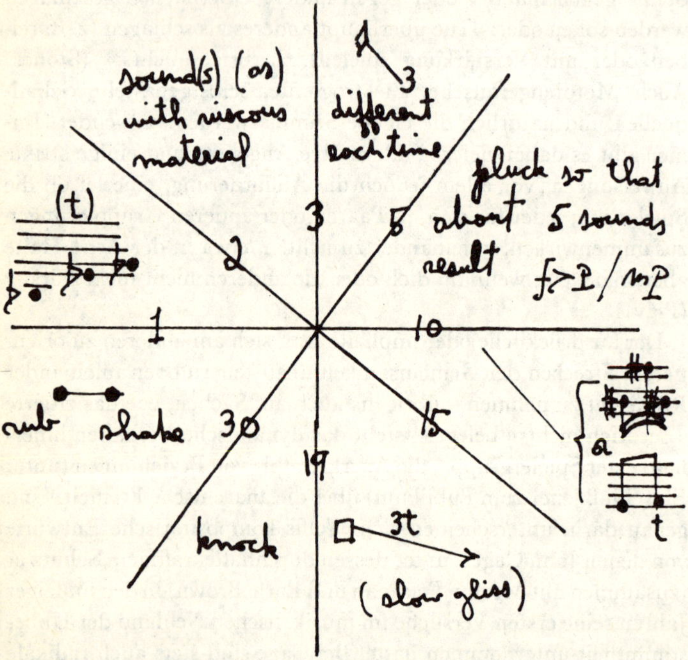

Christian Wolff: Burdocks für ein oder mehrere Orchester, Section V (Teilausschnitt)

schieden sind, ergeben sich die einzig genauer bestimmten Zeitdauern durch eine – in Bezug zum Titel – ›kletten‹-hafte Verkettung: so daß sie »zugleich abhängen von anderen Tönen, die der Spieler hört, wie von verschiedenen verbalen Angaben, die entweder einen klaren oder lediglich einen suggestiven Aussagewert haben.«

Dieses Versteckspiel mit Anweisungen, das wiederum an Cage erinnert, aber niemals wie bei ihm auch Selbstzweck sein oder ins Leere laufen kann, fordert vom Interpreten eine spezielle Form der Hinwendung. Er muß sich darin wie in einem beschilderten Labyrinth zurechtfinden, »muß sich auf eine besondere Art und Weise anstrengen, nicht nur um technisch zu lernen, wie meine Musik zu spielen ist, sondern auch in seinem Imaginationsvermögen, wie etwas, das im gegebenen Material offengelassen wurde, ausgefüllt werden kann.« Dies gilt übrigens ebenso für die Stücke der Prose Collection, die sich ja gerade dadurch von aller pädagogisch intendierten Musik des üblichen Zuschnitts absetzen, daß ihre Aufführung auf keine schmale Altersgruppe beschränkt bleibt, vielmehr die Beschäftigung mit derartiger Musica povera noch jedweder entwikkelten Phantasie genügend Anregung bietet. Zusätzlich liefert Wolffs Musik aber in all ihren unterschiedlichen Ausprägungen immer wieder Modelle zur Einübung in demokratisches Verhalten, stärkt Kooperationsbereitschaft, Sensibilität, Aufmerksamkeit für den Nachbarn wie Mut zur eigenen Expression. Und auch wenn sich diese soziale Komponente, die eigentlich aus dem Bedürfnis nach zugespitzen Reaktionsverhältnissen im Rhythmischen hervorgegangen ist, während der letzten Jahre zunehmend und fast folgerichtig ins Feld politischer Verdeutlichung verlagert hat, so ist den dabei auftretenden gefestigteren äußeren Formen doch nach wie vor im Inneren ein Hang zu praktizierter Toleranz anzumerken: Sie bemühen sich, zwischen humanitärem Ansatz und propagandistischer Absicht, ohne das eine durch das andere zu betrügen, einen Ausgleich zu finden.

Entgegengesetzt zu solchen Entwicklungen, die aus dem offenen Feld der Gruppenimprovisation (anhand gegebener oder vereinbarter Modelle) wieder zurückführen zum nachdrücklich Auskomponierten, unter politischen und populistischen Tendenzen sogar zu einer Re-Traditionalisierung, verläuft ein anderer Strang von der improvisatorischen Praxis im aufeinander reagierenden Ensemble zur Vereinzelung, zur solistischen Selbstdarstellung. Der sozialisierende Effekt durch das Wechselspiel musikalischer wie emotioneller Interaktionen entfällt dabei, oder er wird, falls Helfer oder Mitakteure beteiligt sind, weitgehend zurückgedrängt – was übrigens insofern kein Nachteil zu sein braucht, als in der vorgelebten Übereinkunft zwischen den Gruppenmitgliedern für das Publikum außer Anregungskraft auch etwas Ausschließendes, geradezu Abweisendes liegen kann, das jeden Außenstehenden beinahe als voyeuristischen Eindringling erscheinen läßt. Andererseits treten mit der Konzentration auf eine (Haupt-)Person, die nicht nur interpretativ ausführt, sondern durch sich, mit sich Eigenes vorführt, exhibitionistische Momente mehr oder weniger ungewollt in den Vordergrund. Am einfachsten und aufwandlosesten gelingt die Übernahme einer derartigen Doppelfunktion noch bei einem Komponisten und Pianisten wie Frederic Rzewski (* 1938 Westfield / Mass.), wenn er sich seine von revolutionären Ideen getragenen, oft haarig bis brillant virtuosen Stücke für den eigenen, hochprofessionellen Gebrauch schreibt. Allerdings dehnte Rzewski diese Zweigleisigkeit auch auf eine Gruppe nun eher improvisierender Komponisten / Interpreten aus: erst im Zusammenwirken mit Franco Evangelistis ›Gruppo Nuova Consonanza‹ in Rom, die sich 1965 formierte; dann mit drei wie er in Italien lebenden Amerikanern innerhalb des eigenen Ensembles ›Musica Elettronica Viva‹ (ab 1966). Vorbild und auslösende Initiative für beide Improvisationskollektive waren aber aus Kalifornien gekommen, wo Larry Austin (* 1930 Duncan / Oklahoma) erstmals 1962 mit seinem ›New Music Ensemble‹ die Idee, wie im Jazz Erfindung und Darstellung direkt zu verbinden, realisiert hatte und sie danach in seine freie Kompositonsform des ›Open Style‹ überführte.

Dies alles verbleibt freilich im Bereich konventioneller Musikaufführungen, auch wenn die aktiv Spielenden – was neu war – ebenso aktiv (und nun quasi aus dem Stegreif) Komponierende sind. Die wesentliche Akzentverschiebung tritt in dem Moment ein, wenn das Komponieren, daheim am Schreibtisch, eigentlich keine selbständige Rolle mehr spielt, sondern sich alles auf die Live-Präsentation ausrichtet und dabei die Person mit ihren sämtlichen Ausdrucksmöglichkeiten sich selbst als wichtigstes, unverwechselbares Darstellungsinstrument einbringt. Solchen Totaleinsatz kann es schon beim Klavierspielen geben, falls der Komponist / Interpret, wie etwa Charlemagne Palestine (* 1945 New York) gleichzeitig noch mit Stimme, ausladender Gestik, Körper und Video-Aufzeichnungen operiert.

Ihre eigenste, emanzipatorische Domäne haben darin aber die amerikanischen Performance-Künstlerinnen entdeckt. Vielleicht, weil diese vielfältig konzentrische Form der Selbstverwirklichung durch Singen, Spielen, Tanzen, Agieren am ehesten ein Äquivalent gegen lange gesellschaftliche und vor allem künstlerische Unterdrückung zu bieten scheint. Vielleicht aber auch, weil das umfassende Exponieren der eigenen Physis dem weiblichen Naturell am sinnfälligsten entspricht und zugleich jede Konkurrenz im vorhinein ausschließt. Die Auswahl an Spielarten ist dabei jedenfalls relativ groß und individuell reich gestaffelt. Um die Hauptachse der Vokalexpression angesiedelt, reicht sie von dem eher meditativen, séancehaften Ausforschen und Abhorchen der eigenen Stimme bei Pauline Oliveros (* 1932 Houston / Texas) – nach dem Motto: »Versuche nicht, den Klang zu verändern, lasse ihn sich selbst ändern« – bis zu den effektvoll aufgeputzten Selbstinszenierungen der Laurie Anderson (* 1947 Wayne / Illinois) mit einem krausen, sehr amerikanischen Themenkatalog, allerhand Show-Gepränge und der vom ›Tape Bow‹ gestrichenen Geige (Tonband statt Bogenhaar, Tonkopf am Instrument). Dazwischen gibt es Multimedia-Begabungen wie die in Gesang, Tanz, Schauspiel, Regie gleich bewanderte Meredith Monk (* 1942 Lima / Peru), die bei ihrem behenden Umgang mit vokalen Mitteln an »Tänze für die Stimme« denkt und das dabei aufgedeckte Emotionsrepertoire für vielfältiger hält, als es Worte je auszudrücken vermögen; oder wie die wieder mehr auf Wirkung und expressive Selbststeigerung bedachte Jana Haimsohn (* 1952 New York), die dem Visuellen mißtraut und glaubt: »Ich bin in Wirklichkeit viel größer, als ich aussehe.« Ausgehend von sehr ähnlichen Selbstentfaltungsprozessen während des Improvisierens umspannt Joan La Barbara (* 1947 Philadelphia), die einzige von den Performance-Artistinnen, die eine reguläre Gesangsausbildung absolviert hat, bei ihren Auftritten allein oder mit anderen doch fast die ganze Skala von der nachlauschenden Versenkung in die eigene Stimme (mit Obertonspektren und multiphonen Klängen) bis zum elektronik-unterstützten Zur-Schau-Stellen ihrer Funde und Eingebungen. – Insgesamt ist es schon faszinierend, wie sich mit diesen und noch einer Reihe weiterer Performance-Aktivitäten ein spezielles Potential weiblicher Musikalität, das alle Facetten von der Verinnerlichung bis zur rückhaltlosen Selbstexposition umfaßt, genau in dem schmalen verbleibenden Bewegungsraum zwischen Männerwelt und Show-Geschäft, Musikbetrieb und Subkultur – obendrein fast ausnahmslos in New York – hat entwickeln, ausleben und als selbständige künstlerische Existenzform durchsetzen können.

Vinko Globokar

»Die Gründe für den Wunsch zur Improvisation sind unterschiedlich und sehr komplex. Das kann ein Bedürfnis nach Befreiung sein; eine Suche, nach einer neuen musikalischen Ästhetik; eine Provokation; der Wunsch, im Kollektiv zu arbeiten; ein instrumentales Experimentieren; ein Amüsieren; ein politisches Engagement...« – Vinko Globokar (* 1934 Anderny / Lothringen) weiß noch mehr Beweggründe anzuführen, die den Anlaß zum Improvisieren liefern könnten. Was ihn aber damals (1972) an der sich wildwüchsig ausbreitenden Mode ärgerte, waren der Verzicht auf weiteres Nachdenken, der Mangel an Methodik, an geistiger oder handwerklicher Disziplin und die Falschmünzerei auf beiden beteiligten Seiten: bei den Komponisten, die Verantwortung leichtfertig abtraten, ohne sich um die Resultate durch anderes als verschwommene Begriffe von Augenblickseingebung, Intuition und stimulierte Selbstverwirklichung der Musiker noch ernstlich kümmern zu wollen; und bei den Instrumentalisten oder Sängern, die sich von einem Befreiungsrausch aus sklavischer Partiturabhängigkeit hatten hinreißen lassen, ohne – bei Licht besehen – anderes hervorbringen zu können als ihre seit langem eingeübten Klischees und die mancherlei Bruchstücke aus ihrem wohltrainierten, ins Unterbewußte abgesunkenen

Repertoire. Und Globokar war zu solcher Kritik zweifach legitimiert. Zum einen hatte er als Komponist erkannt, daß der noch so exakten Ausführung eines gewissenhaft ausformulierten Notentextes immer etwas Steriles, gegenüber Zeit, Menschen und aktueller Situation Beziehungsloses anhaften müsse, wenn es nicht gelänge, die psychischen und physischen Energien der Interpreten für die gewünschte Gestik, den lebendigen Ausdruck der Musik zu mobilisieren und im Sinne des fluktuierenden Kommunikationsprozesses einzusetzen. Zum anderen verfügte Globokar aber aus seiner vielseitigen und hochrangig virtuosen Beschäftigung mit der Posaune – er ist neben Heinz Holliger mit der Oboe wohl der einzig anerkannte Instrumentalsolist unter den gegenwärtigen Komponisten – über genügend praktische Erfahrungen, um zu wissen, wie wichtig einige herausfordernde Vorgaben sind, um statt ausufernder X-Beliebigkeit wirklich eine ebenso verantwortliche wie engagierte und vor allem stets erneuerungsfähige Mitbeteiligung der Interpreten erreichen zu können.

Zu diesem Zweck überlegte sich Globokar eine Reihe von hinreichend variablen Verfahren, wie sowohl der Kontakt des Spielers zu seinem Instrument als auch der Spieler untereinander durch Infragestellen des Gewohnten, eingebaute Überraschungsmomente, provozierte Spontanreaktionen, Bindung an gerade Gehörtes, Wechsel zwischen Imitation und Gegensatz, Eingliederung ins Geschehen oder Ausscheren oder auch Desinteresse und manches andere zu intensivieren sei; wie sich dadurch freigesetzte kreative Energie unmittelbar und wirkungsfördernd in den gegenseitigen Austausch mit dem Zuhörer überführen lasse. Um all dies konkret zu erproben, gründete er zusammen mit dem Pianisten Carlos Roqué Alsina, dem Schlagzeuger Jean-Pierre Drouet und dem Klarinettisten Michel Portal 1969 das Improvisationsensemble ›New Phonic Art‹. Und die dort in freundschaftlichem Experimentieren gewonnenen Erkenntnisse setzte er dann um und faßte sie zusammen in einem großen, vielteiligen Kompendium für elf mitarbeitswillige Musiker, Laboratorium (1973/85), dessen insgesamt 55 Einzelstücke – ganz systematisch angelegt: je größer die Besetzung, desto weniger Parallelstücke und umgekehrt – ein mobiles Angebot zur Erkundung verschiedenster Verhaltensformen darstellen. Auch dabei herrscht eine gewisse Systematik in der Gliederung nach sechs Beziehungstypen: des Interpreten zu seiner Spieltechnik, zu ungewohnten gestischen Aktionen, zu fremden Materialien, zu seiner Stimme, zu seinen Mitspielern wie auch anderen Einwirkungen von außen und schließlich zum Publikum. Im einzelnen freilich breitet Globokar einen erfrischend unkonventionellen Erfindungsreichtum aus, wie sich musikalische Handlungsmodelle entwerfen lassen, die menschliches Verhalten wie Eigenbrötelei, Zuwendung, Mißverständnis, Sehnsucht, Protest, Übereinstimmung etc. nicht nur spiegeln oder liebevoll karikieren, sondern durch die Integration von Körper und Instrument selber sind.

Auch hierbei sind gelegentlich, wie bei anderen Kompositionen Globokars, Texte einbezogen. Sie dienen einer internen Auseinandersetzung, der spieltechnischen Komplikation (ins Instrument hineinsprechen oder -singen), dem Hervorheben des redenden, keinesfalls abstrakten Charakters seiner Musik oder überhaupt, um gemeinte Inhalte zu verdeutlichen. »Etwa 1972/73 hatte ich das Bedürfnis nach etwas Wichtigerem als die Musik selbst. Etwas, das mit dem Leben zu tun hat: soziale, politische, psychologische Probleme, vielleicht auch Poesie. Da ich Musiker bin – und nicht Fotograf oder Schriftsteller –, versuche ich als solcher, an jene Probleme heranzugehen. Das alltägliche Leben ist aber zu ephemer; doch kann man aus dem, was man sieht, einen Extrakt ziehen, wesentliche Gedanken und Probleme aufgreifen, die viel umfassender sind, die fast mit Ritualen oder Mythologie zu tun haben, die eine Konstante des Lebens darstellen.« So thematisierte Globokar, als Sohn slowenischer Eltern in Frankreich selbst betroffen, das Schicksal der Emi-

Vinko Globokar: Voix instrumentalisée für einen Baßklarinettisten (Ausschnitt mit Verarbeitung des Textes »L'art et la science ne peuvent exister sans la possibilité d'exprimer des idées paradoxales«)

gration in einem Gastarbeiter-Triptychon Les Émigrés (I. Miserere, II. Réalités / Augenblick, III. Sternbild der Grenze; 1981 / 85), das zu Instrumental- und Vokalklang auch dokumentarische Texte montiert, Filme und Realgeräusche aus der lokalen Wirklichkeit des Fremdseins einblendet und das Publikum direkt durch Verteilen von Zetteln einbezieht. Nichts Geschöntes, sondern Konfrontation mit den sperrigen Widersprüchen des Alltags.

Kulturbetrieb: Anpassen und Ausscheren

Eigenständigkeit, künstlerische Individualität beginnt mit dem Ungenügen am Bestehenden und der Überzeugung, das, was man selbst dagegenzusetzen habe, sei in irgendeiner Hinsicht überlegen: besser, wahrer, ausdrucksstärker, fortschrittlicher; es entspreche der Zeit, der Wirklichkeit, dem gewandelten Weltbild oder schlicht den eigenen Vorstellungen, die man vom Leben, sich selbst sowie dem verwendeten Material hat, unmittelbarer und zutreffender. Was dabei herauskommt – unter all den auslösenden Schubkräften zwischen Lust und Zwang –, ist jedenfalls anders. Und je nach der verfügbaren künstlerischen Potenz mag es sich richten, wie stark es vom Vorhandenen abweicht, bis zu welchen Konsequenzen auch im Äußeren die kreative Energie vorantreibt und sich vorwagt. Das Regulativ der geltenden Ansichten und Begriffe wird dadurch mehr oder weniger ausgehebelt, beschädigt und in seinem empfindlichen Alleingeltungsanspruch getroffen. Gerade dies hat aber in der Musik besonders böse Folgen, weil alle Einrichtungen, sie aufzuführen, ihr also zu der einzigen Form ihrer öffentlichen Existenz zu verhelfen, von diesem Regulativ ökonomisch wie ideell abhängen. Orchester, Konzertreihen, Opernhäuser werden direkt oder indirekt durch Majoritätsmeinungen unterhalten und programmiert. Noch schlimmer: Alle Aufführungsinstitutionen haben in der Hauptsache – statistisch gesehen: nahezu ausschließlich – mit der Musik der Vergangenheit zu tun, sind also für die Gegenwart durch diese umfänglichen Aufgaben weitgehend blockiert. Und eben daraus ergibt sich eine letzte, für alles abweichend Neue verhängnisvolle Folge: diese Institutionen sind nach Besetzung und Struktur allein geprägt durch die Gattungen und Formen der Tradition, durch deren festgelegte und quasi kanonisierte Wiedergabebedingungen, so daß jede

Komposition, die sich diesem normierten Raster entzieht, zugleich die ganze Problematik auf sich lädt, wie und von wem sie überhaupt jemals zum Klingen gebracht werden kann.

Sezessionistische Cliquenbildungen, Zusammenrottungen auf Nebengleisen, Selbsthilfeorganisationen für die Veranstaltung von Aufführungen sind in dieser Lage unvermeidlich. Das damit erzwungene Ghetto, von außen bespöttelt, von innen mit der Hoffnung auf wachsenden Einfluß und baldige Öffnung aufrechterhalten, dient den Funktionären des offiziellen Musikbetriebs zugleich als bequemes Alibi. Sie können dadurch eine kulturpflegerische Aufgabe, deren Bewältigung sie vielleicht als notwendig, aber bestimmt als lästig empfinden, an die Verursacher selber delegieren; sie sogar finanziell und in Maßen propagandistisch und moralisch unterstützen, ohne sich doch damit identifizieren zu müssen. Und genau dies hält die Enklave weiterhin in ihren Grenzen, verstärkt ihre selbstbezogene interne Zirkulation und verhindert – durch prophylaktische Bindung der expansorischen Energien – überraschende Ausbruchsversuche. Diese Taktik gegenüber separatistischen oder subversiven künstlerischen Avantgarden, die man, wenn sie bewußt und nicht nur pragmatisch eingesetzt würde, zynisch nennen könnte – Kontrolle durch Anleitung zur vermehrten Selbstbeschäftigung –, wird übrigens in kapitalistischen wie sozialistischen Systemen gleicherweise geübt, allerdings unter geringfügig variierten Vorzeichen. Und falls dann tatsächlich eine Verbreiterung der Wirkung über das insiderhaft enge Terrain hinaus gelingt – wie etwa beim Wiener Schönberg-Kreis, der Darmstädter Schule oder dem New Yorker Cage-Zirkel –, dann hat die verordnete Quarantänezeit doch auch dafür gesorgt, daß die extremsten Auswüchse einer wilden Freibeuterzeit inzwischen abreagiert und aufs Kommunere hin begradigt sind. Mit anderen Worten: das Regulativ des offiziellen Musikbetriebs hat selbst bei den querköpfigen Ghetto-Bewohnern durch seinen latent pädagogischen Effekt – wie auch immer indirekt und auf Umwegen – einen Prozeß der vorsichtigen, nur halb wahrgenommenen Angleichung in Gang gesetzt. Freilich mag die Interpretation dieses Vorgangs auf beiden Seiten ganz verschieden aussehen.

Gleichwohl hatte die präsente Verlockung, die das gut eingespielte Funktionieren der etablierten Institutionen ausübt, ja von allem Anfang an bestanden. Und es kämpfen da gewiß starrsinnige Eigenbrötelei gegen vorausberechnende Einsicht, das pionierhafte Wissen, auf sich selbst gestellt zu sein, gegen das Gefühl, zu dem ganzen Musikbetrieb trotz Widerstreben doch irgendwie dazuzugehören, in jedes sensiblen, offen reagierenden Komponisten Brust. Ist er nicht von vornherein verstockt, sieht er sich in einem Zwiespalt. Und schwer ist dann zu entscheiden, ob der eingegangene Kompromiß nur vernünftig und angesichts der gegebenen Bedingungen weise oder ob er schon kleinherzig, unverantwortlich und flau opportunistisch war. Manchmal geht es ja de facto einzig und allein um eine Äußerlichkeit – eine an sich irrelevante Besetzungs-, Notierungs-, Verdeutlichungsfrage –, die, leicht verändert, bereits helfen könnte, eingefleischte Mißverständnisse auszuräumen und den Zugang, das heißt: die Aufführungsmöglichkeiten, zu erleichtern. Indessen zieht eines das andere nach sich. Und wo beginnt die Bereitwilligkeit, in Verfälschung überzugehen? Was nützt im übrigen die endlich erreichte, meist ohnehin nur punktuelle und vorübergehende Integration ins öffentliche Musikleben, wenn das Eigenständige, scharf individuell Geprägte, darüber zur unerkennbaren Normalität verflacht? Der Widerspruch, der zutiefst wie in der Struktur der Gesellschaft so auch in dem Teilbereich der herrschenden musikalischen Verhältnisse verankert ist, läßt sich nicht so leicht aufheben. Und vorschnelle Schuldzuweisungen nach der einen oder der anderen Seite können wohl kaum etwas dazu beitragen, das Problem der verzögerten Ablösung des Alten durch ein sich bereits vernehmlich ankündigendes Neues wirklich zu bewältigen; ja nicht einmal jenes, daß gerade diejenigen, die den merklichen Auftritt des Zukünftigen beschleunigen wollen, sich unversehens mit dem Existierenden am innigsten verbünden.

Krzysztof Penderecki

Noch stärker entwickelt als die in vielem ungebändigte, expressionssüchtige, bilderreiche Klangphantasie und ein waches Sensorium für die dramaturgische Gruppierung nach Zeitstrecken, Übergängen oder Gegensätzen war bei Krzysztof Penderecki (* 1933 Dębica /

Polen) wohl von Anfang an die Fähigkeit, seinen Klangfunden und deren formaler Anordnung ein Maß an direkter Wirksamkeit mitzugeben, daß irgendwelche Verständigungsschwierigkeiten erst gar nicht auftraten. Sich möglichenfalls an Publikumsmeinungen oder aktuellen Trends zu orientieren, war nicht nötig: Penderecki ging mit ihnen auf eine ganz selbstverständliche Weise konform. Dafür gibt es seit der erstaunlichen dreifachen Prämierung von drei eingesandten Werken beim polnischen Kompositionswettbewerb 1959, die von da an auch in keiner biographischen Darstellung ausgelassen wird, Beweise genug. Dieser Komponist mußte nicht entdeckt werden oder sich allmählich einen Weg suchen, er war vom ersten Moment an präsent. Und eigentlich war es die Aufgabe der anderen, diesen Grad von Präsenz und bereits vorgebildeter Bekanntheit nun ihrerseits wahrzunehmen und nachzuvollziehen. Solches geschah auch relativ prompt und durchschlagskräftig zwischen der Donaueschinger Uraufführung von Anaklasis (1960) und der im Dom zu Münster von Passio et mors Domini nostri Iesu Christi secundum Lucam (kurz: Lukas-Passion, 1966). Furore machten sie beide: die eine wegen ihrer ungescheuten Ausnutzung von Streicher-Clustern im Wechsel mit wirbelnden Schlagzeug-Sequenzen beim inneren Kreis der Neue-Musik-Hörer, die sich mit diesen ›Lichtbrechungen‹ aus Klang- und Geräuschfarben endgültig vom Serialismus lossagten; die andere wegen ihres groß-oratorischen Habitus in der rechten Mischung aus Traditionalität und Gegenwartsempfinden schon bei einem sehr viel breiter gestreuten Publikum, das sich endlich von einem zeitgenössischen Werk dank der mannigfach ausdeutbaren Metaphorik des unschuldig erlittenen Leids ganz unmittelbar angesprochen fühlte. Penderecki selbst hatte mit Erreichen dieser zweiten Stufe von Anerkennung zugleich sein Thema gefunden: geistliche Ermahnung in einer unfriedlichen, schuldverstrickten Welt durch eine expressiv-dramatische, affektiv aufgerauhte Klangsprache.

Abgeschlossen und in ihren auswertbaren Ergebnissen integriert war damit eine experimentierfrohere Phase der Materialerkundung anhand kürzerer Instrumentalstücke (1959–65), vorab auf dem Gebiet der Streicherbehandlung. Denn diese polnische Spezialität – bei Penderecki noch durch eigenes Violinspiel gestützt – sorgte ja tatsächlich bei der konservativsten und bisher von der Avantgarde auch ziemlich vernachlässigten Orchestergruppe durch extreme sowie denaturierende Stricharten unter Einbezug von Corpus, Saitenhalter, Strichstellen am und hinterm Steg, dazu Klopfen, Reiben, Glissandieren usw. für einen beträchtlichen Aufholschub und eine entscheidende Bereicherung des gesamten Klang-Geräusch-Spektrums. Aber wie Penderecki bereits hier über das Entfesseln abstrakter Farbzustände hinaus nach Sinnbezug suchte – am deutlichsten bei der Umbenennung von 8′37″, einer schlichten Dauer-Angabe, in Threnos, Den Opfern von Hiroshima (1960/61) –, so empfand er seit der Arbeit an seinem ersten Hauptwerk, der Lukas-Passion, überhaupt die inhaltlich-thematische Bindung seiner Musik an eine überhöhende, allgemeingültige, meist religiös stimulierte Idee als Notwendigkeit. Solche gut vertrauten, geistlichen Sujets sollten ihm zweierlei liefern: musikalisch die formale Verklammerung über weit dimensionierte Flächen und Entwicklungszüge hinweg, ohne daß eine Kohärenz im einzelnen oder die schlüssige Architektur im ganzen schon durch kompositorische Mittel allein erbracht werden müßten; ideell eine Grundlage von überzeitlicher, durch kirchlich-liturgischen Gebrauch jedermann zugänglichen Aussagekraft, die er durch einige dagegengesetzte Gegenwartsakzente verhältnismäßig leicht zu einem bekenntnishaften, sinnträchtigen Zeitzeugnis aufwerten und uminterpretieren konnte.

So verschob sich die konzeptionelle Arbeit bei Penderecki, nachdem in der Lukas-Passion die prinzipiellen musikalischen Haltungen, Diktionsformen, klanglichen Aggregatzustände und speziellen Überraschungseffekte einmal gefunden und erprobt waren, oftmals auf die Textzusammenstellung, auf die Auswahl neuer Gelegenheiten und neuer, d. h. altehrwürdiger sakraler Inspirationsmodelle. Sehr typisch dafür gleich das erste in der nun einsetzenden Reihe großer oratorischer Werke: das Dies irae zum Gedächtnis der Ermordeten in Auschwitz (1967), dort auch, auf dem Gelände des ehemaligen Vernichtungslagers, bei einer internationalen Gedenkfeier uraufgeführt, mit seiner Verschränkung von Vulgata-Stellen, griechischen Zitaten aus den Eumeniden des Aischylos und neuerer Dichtung von den beiden Polen Władysław Broniewski und Tadeusz Różewicz sowie von Louis Aragon und Paul Valéry, die alle zur Erhöhung des archaischen Anstrichs ins Lateinische übersetzt wurden. Parallel dazu in der Musik eine Mixtur aus avantgardistischen Klangmitteln und ästhetisch antiquierter Illustrativ-Programmatik (Kettenrasseln, Sirenengeheul), aus dramatisch inszeniertem Appell und bis zur Verklärung gesteigerten hieratischen Gebärden. Pendereckis erste Oper, Die Teufel von Loudun (1968/69), transponiert derartige Gegensätzlichkeiten auf das drastischere Wirkungsfeld der Bühne, wo nun Klerikales und sinnlich Erotisches im Leidensweg eines unschuldig zum Flammentod verurteilten Priesters und im Exorzismus an einer ebenso gottes- wie liebessüchtigen Nonne mit theatralischem Aplomb aufeinanderprallen können. Kurz danach nochmalige Transposition dieses Operierens mit Kontrasten in die dunkel-mystische Welt der russischen Orthodoxie: das zweiteilige Osteroratorium Utrenja (Bezeichnung der Morgengottesdienste, hier am Karsamstag und Ostersonntag; 1969/71) mit dem zentralen heilsgeschichtlichen Wechsel zwischen Grablegung und Auferstehung Christi.

Jedoch die vorantreibenden Impulse auf diesem einmal eingeschlagenen Weg nehmen ab, je weiter ihn Penderecki – durch reichliche Aufträge gesteuert – fortsetzt. Die Pole der einst exponierten Spannung verflachen unterm wiederholten Gebrauch desselben Repertoires, das von Vierteltontrübungen bis zu tonalen Trumpf-Schlüssen, von dynamisierten Geräuschkaskaden bis zu gebauten Kontrapunktformen, von gregorianischen Melismen bis zur Zwölftönigkeit trotz aller begierig gesuchten Beleuchtungsänderungen letztlich eben das bisher schon bekannte bleibt. Selbst die wie zur Auflockerung eingestreuten Instrumentalwerke – De natura sonoris Nr. 1 und 2 für Orchester (1966; 1970/71), die Capricci für Violine und Orchester (1967) oder für Violoncello allein (1968), die ausscherenden Actions für Jazzensemble (1971) oder die Partita für konzertierendes Cembalo und Orchester (1972) – können kein wirkliches Atemholen mehr garantieren und münden unerfrischend anspruchsvoller in einer 1. und 2. Sinfonie (1972/73; 1979/80) und in den Konzerten für Violine (1976/77) und für Violoncello (1982/83).

Inzwischen allerdings – ab Mitte der siebziger Jahre – hatte Penderecki den kaum noch aufzuhaltenden Kreislauf um nahezu identische kompositorische Bezugspunkte wohl selbst als derart beengend empfunden, daß er ihm zu entkommen suchte. Sein Schritt vorwärts führte jedoch zurück in die Vergangenheit; nicht nur höchst konform mit aktuellen neoromantischen Tendenzen, sondern auch mit der stets bekundeten Liebe zu Tschaikowsky, der sich nun hörbar diejenige zu Bruckner, Sibelius, Schostakowitsch oder Wagner anschloß. Die dadurch als neu ererbte klangschwelgerische Breitspurigkeit ergriff jetzt nacheinander alles: Sie ebnete die instrumentale Charakteristik von einst zu pastoser Langatmigkeit ein (Streicherkonzerte, 2. Sinfonie), überzog sogar die Oper, in Paradise Lost, einer Sacra Rappresentazione nach John Milton (1976/78), mit jenem immer

Krzysztof Penderecki: Polnisches Requiem, Takt 6-10 (›Requiem aeternam dona eis Domine‹)

schwerfälliger gewordenen Oratorien-Pathos, wie es sich in Kosmogonia fürs UNO-Jubiläum (1970), dem Magnificat für die Salzburger Festspiele (1973/74) oder dem Te Deum für Papst Johannes Paul II. (1979/80) mit zunehmender Deutlichkeit herausbildete. Und selbst die Teilnahme am Schicksal seines Heimatlandes – vordem doch für Penderecki im Politischen wie im Musikalischen eine kreative Herausforderung – vermag die strapazierten Einfallskräfte im anderthalbstündigen Polnischen Requiem (1980/84), obwohl es auch an Früheres anzuknüpfen sucht, nur für herausgehobene Momente wirklich zu reaktivieren.

Erfolg zu haben, ist riskant. Fast keiner hält den Zustand breiterer Akklamation, nach dem er sich gesehnt hat, wenn er denn tatsächlich eintritt, unbeschadet aus. Denn er kommt einem Perspektivewechsel gleich. Es ist, als habe man einen neuen gesellschaftlichen Status erlangt, ohne doch, weil man ihn bisher ausschließlich von unten betrachtet und zum Schutz des Selbstwertgefühls auch genügend verachtet hatte, darauf schon hinreichend vorbereitet gewesen zu sein. Ein Paria unter den Mächtigen, Anerkannten, Tonangebenden – das ist eine zweite, stillere Prüfung, weitaus schwieriger als die erste und, wie sich jetzt herausstellt, nur im psychischen Alleingang zu bestehen. Soll man sich das üppig geschneiderte Kostüm dieser ungewohnten Rolle gleich anziehen und mitreden, als gehörte man schon längst dazu? Oder die noch selbstzweifelnde Bescheidenheit weiter beibehalten, bis sie entweder lächerlich wirkt oder in eine doppelt eitle Attitüde der Anmaßung umschlägt? Völlig klar ist nur, daß die Gunst des Durchbruchserfolgs beim Publikum nicht aufgegeben und nicht wieder aufs Spiel gesetzt werden darf. Damit zieht aber ein Moment der Außensteuerung in den bisher abgeschirmten und weidlich ungestörten Bereich der eigenen Arbeit ein. Eine schleichende Infiltration öffentlicher Wertungskriterien besetzt die Freiräume, macht abhängig und läßt sich eigentlich nur bekämpfen, indem man ihren Einfluß schlankweg ignoriert, ihn zur eigenen Entscheidung umbiegt und somit die zugeschanzte Starrolle (oder ihre milderen Vorformen) unehrlich, aber mannhaft in verdoppelter Selbstherrlichkeit akzeptiert.

Keinen Erfolg zu haben, ist jedoch ebenfalls keine durchwegs erfreuliche Alternative. Zwar bewahrt dies vor dem Zwang, sich zuliebe eines plötzlichen Karrieresprungs auf der herausgehobenen künstlerischen Plattform gleich wie ein Nouveau riche gebärden zu müssen. Statt dessen kann man sich weiterhin um vorenthaltene oder verpatzte Aufführungsmöglichkeiten kümmern, sich weiterhin ohne irritierende Ablenkung mit dem Heranreifen und der Realisierung eigener Pläne beschäftigen, überhaupt sich selbst nahe und treu bleiben. Aber irgendwann droht die bewiesene Langmut in der Hoffnung auf Zustimmung und Beifall, falls sie aussetzen oder nur tröpfeln und keinen Aufschwung nehmen, auf die vertretene Sache selbst zurückzuschlagen. Anerkennungslosigkeit erzeugt dann resignatives Beharrungsvermögen, widerborstige Liebe zum Abseitigen, trotzige Eigenbrötelei, selbstgerechtes Übertreiben, spekulative Verbohrtheit. Wer sich davon freihalten oder solche Symptome im Augenblick der realen Konfrontation mit seiner Arbeit spurlos abschütteln kann, der ist vielleicht der wahre Künstler. Er trägt seine Mitte, das Zentrum seiner Kreativität, aus dem er unangreifbar, unbeeinflußbar lebt und schafft, in sich. Gerade er könnte aber auch Erfolg haben, ohne daß ihn das tangieren oder von sich selbst abbringen würde.

Luciano Berio

Wahrscheinlich ist es müßig, danach zu fragen, ob es nun Kalkül, innere Disposition oder eine besonders ausgeprägte Zeitfühligkeit gewesen sei, was Luciano Berio (*1925 Oneglia/Imperia) darauf gebracht habe, in seiner Sinfonia für 8 Singstimmen und Orchester (1968/69) bunt gemischt gleich das ganze Spektrum gerade aktueller Gegenwartsströmungen herbeizuzitieren: vom französischen Strukturalismus des Claude Lévi-Strauss übers Gedenken an den ermordeten Negerführer Martin Luther King, die Mauerparolen der Pariser Studentenunruhen vom Mai 68, über Textstellen von Beckett und Joyce bis zur Huldigung an den mit Enthusiasmus neu entdeckten Gustav Mahler. Auf dessen Scherzo aus der Auferstehungssymphonie, das Berio als durchlaufende Grundlage nun für seinen Mittelsatz (den dritten von insgesamt fünf) übernahm, mon-

Luciano Berio: Sinfonia für 8 Stimmen und Orchester, 3. Satz (Partitur-Ausschnitt)

tierte er in einer Art Huckepackverfahren nochmals einen umfänglichen Zitatenkatalog auf – gleich einer »Reise nach Kythera an Bord des Mahler-Satzes«: mit Bach, Schönberg, Debussy, Ravel, Richard Strauss, Berlioz, Brahms, Berg, Hindemith, Beethoven, Strawinsky, Webern, auch Boulez, Pousseur, Globokar, Stockhausen und ihm selbst. Freilich liegt in solcher einsammelnden, zusammenfassenden Mannigfaltigkeit eben ein sehr spezieller Wesenszug von Berios Musik. Der Komponist als eine empfangsbereite Antenne, mit wachem Ohr nicht nur für die von vielen Seiten einströmenden Klangzeichen, sondern auch für die geistigen Bewegungen und Signaturen seiner Zeit. Derart unbesorgt kann sich allerdings gegenüber den kleinen und großen Botschaften des Tages nur offenhalten, wer darauf vertraut und sicher ist, daß seine kompositorisch-handwerklichen Fähigkeiten beweglich, modulationsgeübt und fintenreich genug sind, um nicht beim einfachen Kompilieren der Phänomene stehenzubleiben, sondern sie den eigenen Absichten zu integrieren, den physiognomischen Prägekräften eines Personalstils unterzuordnen und solcherart daraus eine spezifische Summe zu ziehen.

Zentrale Aufgabe für den Komponisten wird dabei, verschiedenste Dinge miteinander in Beziehung zu bringen, ein Geflecht von Relationen zu knüpfen, unvermutete Verwandtschaften zu entdekken oder Übergänge zu schaffen, also wörtlich das Com-ponere als ein Zusammenstellen und Zusammenfügen zu betreiben. Tatsächlich hat Berio auch eine höchst flexible Amalgamierungstechnik entwickelt, mit der er Material aus ziemlich heterogenen Quellen gleichsam auf einen gemeinsamen Nenner bringt und dadurch gleichzeitig seinen übergreifenden Gesamtplan mit interner Lebendigkeit und attraktivem Farbenreichtum versorgt. Daneben hat er ebenso das Prinzip des ›work in progress‹ auf seine eigene Art kultiviert, aus der ersten Fassung eines Stücks durch hinzugefügte Kommentare, Begleitstimmen, Paraphrasen immer weitere, nun komplexere abgeleitet. Beispielsweise bildete aus der Reihe seiner Solo-Kompositionen die Sequenza VI für Viola allein (1967) erst den Grundstock für die erweiterte Fassung mit Viola und 9 Instrumenten als Chemins II (1967), und dann kam als Chemins III (1968) außerdem noch Orchester hinzu. Ähnlich entstanden aus Sequenza II für Harfe (1963) mit Orchester Chemins I (1965) oder aus Sequenza VII für Oboe (1969) mit zusätzlichen Streichern Chemins IV (1975). Fast jedesmal dehnte sich dabei auch der zeitliche Umfang. Und diese Methode, Musik wie aus einem Kern von innen her wachsen zu lassen, sie über sich ständig verjüngende Sekundäreinfälle fortzuspinnen, wurde für Berio auch bei größeren Instrumentalwerken typisch: So entwickelte sich das Concerto für zwei Klaviere und Orchester (1972/73) aus Inseln von Soli, Duetten und kammermusikalischen Kombinationen; bei Points on the Curve to Find (1974) war erst der solistische Klavierpart fertig, ehe sich ihm die 22 Instrumente hinzugesellten; und das Cellokonzert für Rostropowitsch Il ritorno degli snovidenia (Rückkehr der Traumbilder, 1976/77) nahm von melodischen Zellen aus russischen Volksliedern seinen Ausgang. Schließlich greifen die drei Orchesterstücke Bewegung (1971), Still (1973) und Eindrücke (1973/74) nicht nur Modelle aus der Sinfonia auf, sondern sind ihrerseits wieder aufeinander bezogen, indem die sich verlierenden Wellengänge des ersten und die farblich changierenden Clusterklänge des zweiten im dritten vielfältige Kombinationsformen eingehen.

Es leuchtet indessen ein, daß für solche eher spielerischen Verfahren des variativen Fortspinnens von primären Webmustern zu vielgliedrigen Ornamenten das eigentlich lohnende Betätigungsfeld vor allem in einem sich wechselseitig inspirierenden Zusammenwirken mit Wort und Szene liegen muß. Denn da gibt es ja von vornherein, ohne daß man sie kunstvoll mit sich selbst inszenieren müßte, jene Mehrdimensionalität, den spannungsvollen Austausch zwischen unterschiedlichen Ebenen, um musikalisches Reagieren und Respondieren ganz unmittelbar herauszufordern. Und Berio, obwohl zwischen New York und Paris zum smarten Weltbürger geworden, hat sich doch den genuin italienischen Hang zum Musiktheater stets bewahrt. Gerade die Idee des ›offenen Kunstwerks‹, vielbedeutend und anspielungsreich mit Themen und Darstellungsformen umspringend, schien ihm auf der Bühne am besten zu realisieren. Einerlei, ob er in Laborintus II (1965; Text: Edoardo Sanguineti) das danteske Motiv der abenteuerlichen Reise durch gegensätzliche Lebens-, Geschichts- und Empfindungsbereiche aufgriff; ob er in Opera (1969/70) die Endstations-Thematik dreifach disparat durch die Titanic-Katastrophe, das Sterben im Krankenhaus (nach ›Terminal‹ des New Yorker ›Open Theatre‹) und Monteverdis Orfeo umschrieb; ob er in Recital (for Cathy) (ergänze: Berberian, seine erste Frau; 1971/72) das gesamte eingeübte Repertoire einer Sängerin, in La vera storia (1977/78, UA 1982; Text: Italo Calvino) die Prototypen der italienischen Oper samt den dramatischen Grundsituationen oder schließlich in Un re in ascolto (Ein König horcht, 1979/84; Text: Italo Calvino) die Personen aus Shakespeares ›Sturm‹ durcheinanderwirbelte, dechiffrierte, umwertete und anders zusammenfügte – nirgendwo findet sich eine durchgehende Handlung, stets nur ein vage paraphrasiertes Sujet, bei dem zudem Innen- und Außenwelt, Theater und Wirklichkeit schwer unterscheidbar ineinanderspielen.

Allein, die Reichhaltigkeit an Aspekten, die anregende Simultaneität unterschiedlicher Assoziationen und Beziehungsfelder, die von Berio auch musikalisch mit Bedacht in Gang gesetzt wird, steht sich zuweilen selbst im Wege. Wo Bilder, Worte, musikalische Formulierungen zu behende mit schnell aufgeblendetem Hintersinn und wechselnden Bedeutungen operieren wollen, geraten sie in Gefahr, sich gegenseitig zu neutralisieren. Es ergeht dann solchem Aufblättern eines vielseitigen Angebots wie der Beredsamkeit des Antonius von Padua bei seiner Fischpredigt, die ja über Mahlers Wunderhorn-Lied in dessen Scherzo und damit in Berios Sinfonia-Satz Einzug hielt: »die Predigt geendet, ein jeder sich wendet«, und also verpufft die Wirkung, alles bleibt genau wie zuvor. Vollends die politischen, gesellschaftlichen, auf ein Umdenken zielenden Implikationen von Berios Musik haben in einer derart polyvalent ausgestatteten Umgebung kaum eine Chance, je Resonanz zu finden oder verstanden zu werden.

Der heikle, oft lästige Verkehr mit der Abnehmerseite, mit den standardisierten Forderungen von Veranstaltern oder Interpreten sowie den dauernd als Argument benutzten Ansprüchen und Erwartungen des Publikums, birgt für den Komponisten, während er plant und arbeitet, mancherlei Irritationen und schwer abschätzbare Gefahren. Welchen der gutgemeinten Ratschläge soll er befolgen, welchen auf jeden Fall außer acht lassen? Wo beginnt die Nachgiebigkeit im kleinen bereits auf Essentielles überzugreifen, wo könnte andererseits eine partielle Dickköpfigkeit schon zum Scheitern des ganzen Projekts führen? Welche Lernprozesse – bei ihm oder bei den anderen – sind zumutbar und versprechen den Wegfall von Kontakthemmnissen, welche wären dagegen eine sinnlose Überforderung?

Als Bernd Alois Zimmermann (1918 Bliesheim bei Köln – 1970 Königsdorf bei Köln) im Januar 1960 die Erstfassung seiner Oper Die Soldaten (nach Jakob Michael Reinhold Lenz, 1958/60 und 1963/65) der Leitung der Kölner Oper präsentiert hatte, wurde ihm der Bescheid, das Werk sei »im Rahmen eines Opernbetriebes unaufführbar«, und der vorgesehene Premierentermin im Juni abgesagt. Ausgehend von seiner Vorstellung, daß die erlebte Wirklichkeit stets ein ungeheuer reichhaltiges Kompositum aus den verschiedensten, widersprüchlichsten Einzelmomenten ist, hatte Zimmermann diese Pluralität in der Gleichzeitigkeit konsequent auch auf Struktur und interne Organisation der Oper übertragen: Die Gesangsstimmen und die einzelnen Instrumentegruppen sollten da in mehreren Zeitschichten mit unterschiedlichen Tempi parallel geführt werden; ein vielgliedriger Organismus aus sich überlagernden individuellen Verläufen, entsprechend der dramatischen Verquickung von Einzelschicksalen, deren Handeln unterm Zwang von Klassenzugehörigkeit, Charakter und sozialen Abhängigkeiten sie allesamt in den Strudel der Katastrophe hineinreißt. Analog zu dem verbindlichen Dramaturgiekonzept von Lenz, der Einheit der inneren Handlung, hatte Zimmermann die Musik aus einer einzigen symmetrischen Allintervallreihe abgeleitet; noch die unterschiedlich metronomisierten Zeitschichten richteten sich nach deren Tonhöhen-Proportionen. Freilich, erst nachdem diese strikt verfolgte Einheitlichkeit in der kompositorischen Idee vom Gesamten bis ins Detail durch Umarbeitung und eine gewissermaßen verfälschend herkömmlichere Notation aufgegeben waren, konnte die Oper auch tatsächlich aufgeführt werden.

Für Zimmermann mögen solche Teilzugeständnisse ärgerlich und schmerzlich gewesen sein. Aber vielleicht haben sie nebenbei die Einsicht gefördert, daß ja nicht nur die übereinandermontierte, zu pluralistischer Vielheit aufgefächerte Geschehensfülle, wenn sie ideell auf die Identität einer zugrundeliegenden Materialzelle bezogen bleibt, etwas von jener erlebten ›Kugelgestalt der Zeit‹ spiegelt, zu der sich Vergangenes, Gegenwärtiges und Zukünftiges fürs menschliche Bewußtsein ineinanderschieben. Daß vielmehr auch umgekehrt und vermutlich schlüssiger die Dehnung von klanglicher Präsenz über den Gegenwartsmoment hinaus einen vereinheitlichenden Zeiteindruck vermitteln kann, auf dessen flächigem Hintergrund sich dann die verschiedensten Einzelheiten abzeichnen und sammeln. Von da an scheinen die Lust am umgreifenden Total, an der vielsträngigen Massierung, und die Reduktion auf Weniges, das konzentrierte Eingehen auf beibehaltene Klangzustände, die es bei Zimmermann beide schon vorher in mancherlei Verbindung und Gegensätzlichkeit gab, stärker auseinanderzulaufen.

Auf der einen Seite treiben die Projekte, um Gattungen, Typen, Stile, Techniken zu vermischen und zusammenzufassen, weiter: von den Konzerten mit solistisch aufgeteiltem Orchester (für zwei Klaviere: Dialoge, 1960/65) oder mit einbezogenem Ballett (für Violoncello: en forme de pas de trois, 1965/68) zu der Vielsprachenkomposition Requiem für einen jungen Dichter (1967/69), einem ›Lingual‹, das mit Sprechern, Sängern, Chören, Elektronik, Orchester, Jazz-Combo und Orgel zugleich Hörspiel, Zeittheater und Oratorium ist, sowie zu der erst nach Zimmermanns Freitod uraufgeführten ›Ekklesiastischen Aktion‹ – Ich wandte mich und sah an alles Unrecht, das geschah unter der Sonne (für 2 Sprecher, Baß-Solo und Orchester, 1970/72). Auf der anderen Seite mündet die sich beschränkende Zurücknahme auf monochrome orchestrale Klangflächen in Photoptosis (= Lichteinfall, 1968/69), allerdings noch mit zitatenreichem Collage-Mittelteil, oder auf die asketische Zeichenhaftigkeit der Vier kurzen Studien für Violoncello solo (1970/71) – sie mündet bei den gänzlich introvertierten Orchesterskizzen Stille und Umkehr (1970/71), die alle Weltsicht auf den inständig umkreisten Ton d zu projizieren scheinen. Die ausgreifende Multiplizität ist zurückgekehrt zu dem klingenden Einen.

Aribert Reimann

An sich ist ja überhaupt nicht einzusehen, weshalb die Begegnung zwischen Komponist und musikalischer Praxis, zwischen einem kreativen Innen und dem reproduktiven Außen, immer wieder zu einer problembelasteten Auseinandersetzung geraten muß, als handelte es sich um zwei einander fremde Sphären. Schließlich sind sie füreinander bestimmt, kommen eine ohne die andere nicht aus. Erst der seit Anfang des Jahrhunderts definitiv aufgekündigte Zusammenhalt, wie er zuvor fraglos und häufig durch Personalunion gestützt bestanden hatte, erzeugte jene unselige Kluft, die sich mittlerweile als Ungleichzeitigkeit des musikalischen Epochenbewußtsein durch das ganze öffentliche Musikleben zieht. Überbrücken läßt sich da nichts, schon gar nicht von heute auf morgen; allenfalls die anstehende Konfrontation etwas entkrampfen und von überflüssigen Mißverständnissen freihalten, wenn die Komponisten auch die Möglichkeiten der Praxis einrechnen, selbst bei hochfliegenden, querständigen, ungewöhnlichen Entwürfen die Basis des Realisierbaren nicht ganz vergessen. Die günstigsten Voraussetzungen dafür hat gewiß, wer mit diesen Bedingungen des Reproduzierens sich von früh an vertraut machen konnte, wer damit gleichsam groß geworden ist. Dann ergibt sich – wie bei Aribert Reimann (* 1936 Berlin), dem Sohn eines Kirchenmusikers und einer Oratoriensängerin, – statt einer externen Anbietersituation auf Distanz, sofort eine interne Beziehung zu den diversen Gegebenheiten der Interpretation aus naher Erfahrung und Kenntnis. Das Komponieren entwickelt sich zunächst als ein Seitenstrang des eigenen Musikmachens und gewinnt innerhalb dieses Bereichs, ohne den Kontakt zu verlieren, zunehmend an Selbständigkeit. Für Reimann, der als Pianist und Liedbegleiter seine ersten grundlegenden Praxiseindrücke sammelte, heißt dies: das Vokale steht im Mittelpunkt, es dient als ständig präsente Ansatzstelle für alle weiterführende Erkundung, und die allmählichen Erweiterungen folgen ziemlich konsequent der Linie vom Klavier- über das Orchesterlied zu Oper und Oratorium.

Parallel dazu läßt sich bei Reimann, was nun nicht mehr so selbstverständlich ist, ein Prozeß wachsender Selbstbefreiung und Ausdruckssteigerung beobachten. Anfänglich dominierte da ein Zug von Verhaltenheit, technisch eher an Vorbildern der Wiener Schule als am Postserialismus der frühen sechziger Jahre orientiert, emotionell durch die Vorliebe für schwerflüssige, nachtgesichtige, todesahnende Lyrik bestimmt (Paul Celan, Hölderlin, Shelley, Eichendorff, Pavese, Rilke), klanglich dementsprechend auf dunkle Farben und ein sensibles Nachdeuten abgestellt. Dieser Grundakkord von nachsinnender, jedoch niemals weitschweifiger Introspektion, bei dem immerhin auffällt, daß schon der 24jährige einen Totentanz (für Bariton und Kammerorchester, 1960/61) schreibt, sich als ersten Opernstoff Strindbergs dem Irrealen verhaftetes Traumspiel (1964/65) wählt und seine erste Kantate nach letzten Gedichten von Cesare Pavese Verrà la morte (Kommen wird der Tod, 1966/67; als Epitaph für Peter Ronnefeld) nennt, zieht sich auch weiterhin wie eine ernste, empfindungsvolle Spur durch Reimanns Œuvre. Es verfällt deshalb noch keineswegs melancholischen Tönen, hebt im Gegenteil auf Klarheit der Formulierung und Verfolgbarkeit des inneren Diskurses ab; gerade die Instrumentalwerke zeigen dies. Aber die Ausbiegungen ins gespannt Expressive, zu Ausbrüchen von jäher Heftigkeit und dissonanter Grellheit bauen sich darauf doch erst schrittweise auf. Es ist, als wolle sich Reimann auf jeder neu gewonnenen Ebene der Ausdrucksdirektheit erst absichern, ehe er den Radius seiner Sprachmöglichkeiten weiter ausdehnt und durch exponiertere Gegensätzlichkeiten bereichert.

Dieser Weg aus der eher elegisch grundierten Zone von Traum und Trauer hin zu unverstellterer Realität und Daseinsnähe erhält seine Impulse ganz unmittelbar aus dem wechselnden Anspruch der Werkanlässe und Sujets. Hatte die monologisierende Sopran-Szene Inane (1968/69) trotz der Schwächen des Textes (Manuel Thomas) durch die bewegende Selbstdekuvrierung eines Frauenschicksals, das nach einer erzwungenen Abtreibung in jene ›Leere‹ gedrängt wird, von der der Titel spricht, zu einer musikalisch höchst beachtenswerten und sicher bestandenen Herausforderung geführt, so rückte Reimanns zweite Oper, Melusine (nach Yvan Goll, 1970/71), wieder mehr ins Poetische eines romantischen Symbolismus ab: auch kompositorisch ein Kammerspiel mit flirrendem Farbenzauber um die Elfe, die der Parklandschaft zuliebe einen Schloßbau verhindern soll – quasi ein Umweltschutz-Märchen aus der Vorvergangenheit. Über den expandierenden Kontrastreichtum des weltlichen Requiems Wolkenloses Christfest (nach vier Gedichten von Otfried Büthe für Bariton, Violoncello und Orchester, 1974) und die surrealistischen Alpträume der Six Poems by Sylvia Plath (für Sopran und Klavier, 1975) steuert dann alles auf die Entfesselung dramatischer Antagonismen im Lear zu (1976/78; Libretto: Claus H. Henneberg nach der Shakespeare-Übersetzung von Johann Joachim Eschenburg). Um das Netz aus Neid, verkannter Liebe, Intrigen, Rechthaberei, Gehässigkeit, mißdeuteter Treue und eigener verzweifelnder Einsamkeit, das sich unabwendbar um den alternden König zusammenzieht, in äquivalentes musikalisches Geschehen zu transformieren, hat Reimann sein ganzes Arsenal an Darstellungsmitteln aufgeboten: Cluster-Schichtungen, Schlagzeug-Eruptionen, engmaschige Lyrik, Vierteltonklänge, geheimnisvolles Bässe-Raunen, forcierte Koloraturen-Hysterie, zurückgenommenen Volkston, durchgeführte Personencharakteristik und vieles mehr. Eben diese furiose Klanginszenierung brachte den durchschlagenden Erfolg, auch wenn sich die Musik eher additiv verhält, als die Konstellationen zu ihrer eigenen Sache, also auf ihre Weise einsichtig zu machen. Der Sog der Akklamation griff sogar noch auf das nächste, lemurenhaft düstere Bühnenwerk über, Die Gespenstersonate (nach August Strindberg, 1983/84), mit dem sich Reimann nach einem seltsam Lear-nahen Requiem (1980/82) wieder auf seine Vorliebe für changierende Zwischenwelten, auf Trance-Figuren der Immagination besann.

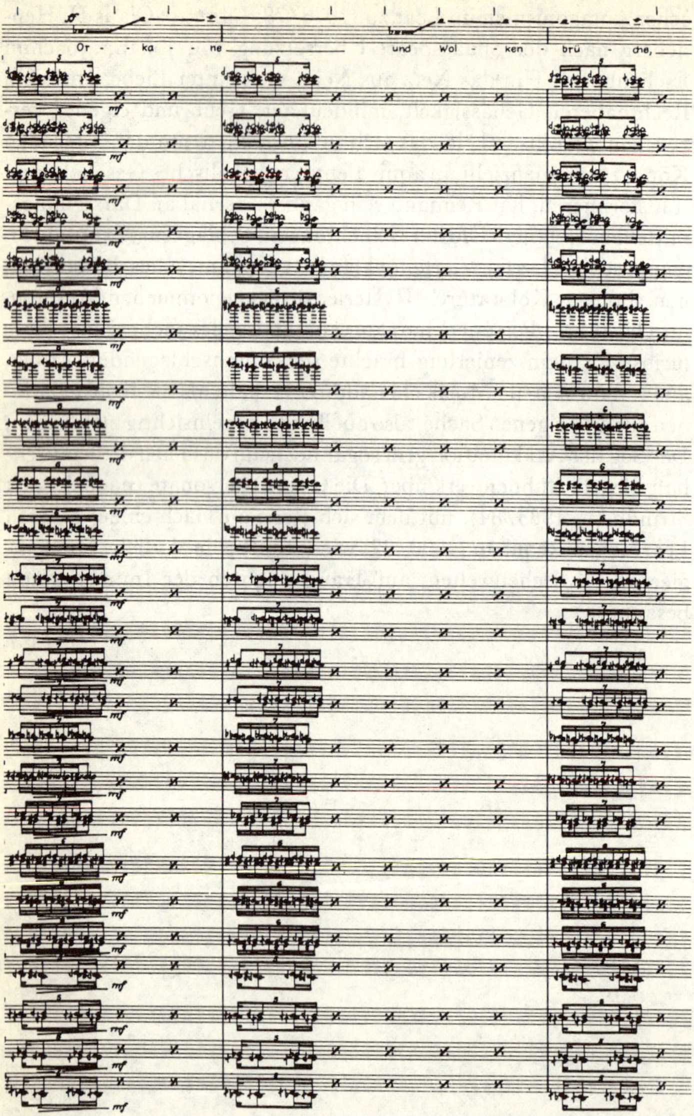

Aribert Reimann: Lear, 3. Szene/Heide (Partiturausschnitt)

Rückgriff auf die Tradition

Selbstverständlich ist die Musik der Vergangenheit für Komponisten stets ein Thema gewesen und geblieben. Sie haben daran gelernt, Modelle der Sprachfindung und der Formbehandlung beobachtet; haben Ansatzpunkte abgeleitet, Methodisches exzerpiert und daraus im Weiterführen, Umwerten oder bewußten Entgegenhandeln immer wieder Anregung und Selbstbestätigung bezogen. Manchmal offen einbekannt und vorgewiesen, manchmal verschwiegener oder widerwillig. Erst, in früheren Epochen, mit Blick auf die unmittelbare Vorläufergeneration (weil anderes noch niemanden interessierte), dann mit Anwachsen des historischen Repertoirebestands (im vorigen Jahrhundert) auch ausgedehnt auf ferner liegende Zeiten, schließlich auf die ganze Breite einer editorisch erschlossenen und aufführungspraktisch präsenten Musikgeschichte vom 12. Jahrhundert bis heute. Nur gab es bei allen Arten der Bezugnahme oder Anknüpfung überhaupt keinen Zweifel, daß sich da ein Spätgeborener erinnernd, verehrend, hinweisend – und sei's parodistisch zitierend oder boshaft denunzierend – mit etwas Früherem von seinem Standort und seiner Zeitlage aus beschäftigen und kritisch auseinandersetzen wollte. Die Projektionsebene und damit das Gebrochene, Indirekte blieben deutlich erkennbar. Niemand auf der langen Strecke zwischen den sporadischen Barockanleihen der Wiener Klassiker und dem Neoklassizismus Strawinskys wäre über das Anpassen von ein paar erborgten Kostümstücken hinausgegangen und hätte sie am Ende gar so gebraucht, als könnten es auch die eigenen sein. Stets herrschten da – in der stilistischen Verfremdung spürbar – Abstand und Distanz; diese waren gerade dort, wo Nostalgie aufkam (wie bei Mahler), als Medium der Unerreichbarkeit und Unwiederbringlichkeit eine notwendige Voraussetzung.

Daß sich hieran bei einigen der um 1950 geborenen Komponisten etwas geändert hat, steht außer Frage und läßt sich belegen. Freilich kommt man mit dem bloßen Registrieren – die Konservativen oder Pseudomodernisten frohlockend, die Alt-Avantgardisten skeptisch und abwehrend – nicht sehr viel weiter und vor allem dem Phänomen nicht näher. Schon überhaupt nicht helfen die vorschnell ausgegebenen Etiketten wie Neue Einfachheit, was nichts weiter als eine irreführende Übersetzung von ›New Simplicity‹ ist, oder Neoromantiker, was zwar die unverstellte Zuneigung zu einer Epoche, aber nicht deren umgesetztes Ergebnis betrifft, oder Neoexpressionisten, wozu wieder die revolutionäre Gesinnung, die Aufbruchsekstatik, der Affront gegen den bürgerlichen Geschmack fehlen. Im Gegenteil: Wenn an dieser jungen, vornehmlich westdeutschen Generation, die um die Mitte der siebziger Jahre (also auch erst in der Mitte des hier behandelten Zeitabschnitts) hervortrat, irgend etwas als neu und abweichend vom bis dahin Gewohnten auffiel, dann war es die schwache Ausprägung von gruppenspezifischer Aufsässigkeit und angriffslustigem Oppositionsgeist. Sie besaß für ihre verbalen Attacken und ihr musikalisches Bekennertum nur ein einziges Ziel der Verachtung: die serielle Musik; auch dies ein eher BRD-typisches Syndrom, weil der stringente methodische Ansatz aus den fünfziger Jahren, real eigentlich aufgegeben und passé, bloß im Land seiner ersten Formulierung und Erprobung über ein so starkes und langlebiges Ondit verfügte, daß er sich jetzt noch als Buhmann, bereit zum Dreinschlagen, aufbauen ließ. Keiner wollte da ernsthaft widersprechen; zumal die jungen Komponisten bei der Beschreibung und Verteidigung ihrer eigenen Position fleißig mit Begriffen und konzeptionellen Vorstellungen (etwa dem Parameter-Denken) aus jener seriellen Hinterlassenschaft operierten, die sie kurz zuvor verteufelt hatten. So schwer läßt sich eben ungeliebtes Erbe tilgen oder verleugnen.

Dennoch existieren grundlegende Unterschiede; um vieles einschneidender und kategorischer sogar als der quasi temporäre und legitime zu den Gründervätern des Serialismus. Sie betreffen einen ganz eigenartigen Wandel im musikalischen wie historischen Bewußtsein, dessen Symptome nun keine nationale Spezialität mehr sind, sondern Parallelen in vielen Ländern haben und sich vielleicht unter vier Gesichtspunkten charakterisieren lassen: Zunächst einmal sind diese jungen Komponisten, die das Serielle nur vom Hörensagen, das Postserielle nur als Nachbeben eines Traumas kennen und die vom 68er-Aufbruch noch nicht erfaßt wurden, Kinder und Zöglinge einer Integrationskultur; jenes pluralistischen Großarrangements der Macher und Verwalter, für das Paläste gebaut, die hehrsten Güter aufgeboten, Subventionen, repräsentativer Glanz und allfällige Kunstpreise verteilt werden, nur um fehlende Planungskompetenz sowie die Sinnfragen der Benutzer in allgemeinem ästhetischen Wohlbehagen untergehen zu lassen. Will sich zweitens der Komponist in diesem breiten, gleichmacherischen Angebotsstrom für eine Freizeitbewältigung mit Kunstwert behaupten und profilieren, sind kritischer Einspruch und subversives Aufbegehren zwecklos, ein obsoletes Relikt aus früheren Zeiten; während heute statt solcher skurrilen Verstocktheit allein noch die aktive Teilhabe und das energische Dabeisein zählen und eine Chance haben. Also müssen drittens unterm Diktat einer derart zunehmenden Majorisierung in Kunstdingen bedrohliche Widersprüche und Ungereimtheiten schlicht als bestehend akzeptiert und irgendwie ästhetisch eingebunden werden; gesellschaftliche Spannungen oder weltpolitische Krisen bleiben demnach am besten unbedacht, damit niemand und nichts stört, um das Ende der Aufklärung auch in der Musik zu besiegeln. Und viertens fehlt es ja keineswegs an Intelligenz, Reflexionsbereitschaft oder Einsichtsvermögen, diese mancherlei Zwänge der eigenen Lage zu durchschauen; aber der Wille, der innere Drang, sich dem Leben in seinem ganzen verlockenden Empfindungsreichtum zu öffnen und zu überlassen, bereitgehaltene Erfahrungen nicht klug zu analysieren, sondern mit wachem Gefühl zu durchmessen, sind eben stärker und bezwingender, so daß selbst das Bilderbuch der Welt, das komponierend dabei entsteht, mit seinen hellen und dunklen, freundlichen und dämonischen Seiten vor allem von einer Welle ungescheuter, unmittelbarer Emotionalität geprägt und durchzogen wird.

Gefühle machen blind, behaupten die selbstsicheren Intellektuellen etwas voreilig, um einen unbequemen, irritierenden Faktor leichter ausschalten zu können. Aber sollte man, damit die Rechnung aufgeht, damit die wissenschaftliche Beweiskette keine mulmigen Stellen enthält, schon rundweg all jene Fähigkeiten desavouieren, die den Menschen eben nicht nur mit dumpfen Emotionsschwaden umnebeln, sondern ihn mit Bestimmtheit ahnen, Zusammenhänge intuitiv erkennen lassen, seine Einbildungskraft beflügeln und ihn für Momente hellsichtig machen? Solch einer Phantasie des wachen, reaktionsbereiten Empfindens verdanken sich schließlich wesentliche Initialstellen der gesamten abendländischen Musik. Gewiß, sich allein auf das Gefühl zu verlassen, steckt wegen der Einseitigkeit nicht selten voller Gefahren; verleitet dazu, die Unwägbarkeiten zu kultivieren und sie originalitätsversessen, eitel oder auch hinterwäldlerisch verschroben als unantastbare Kennzeichen künstlerischer Individualität auszugeben. Da mögen sich die Blindstellen in den Voraussetzungen wie im Ergebnis tatsächlich nicht mehr länger leugnen lassen.

Dennoch erscheinen derartige Eskapaden einer offenbarungssüchtigen Subjektivität vergleichsweise harmlos. Die eigentliche Verwirrung der Gefühle, jene mit ernsthaften Schadensfolgen, ist auf einer höheren Ebene angesiedelt. Dort, wo eine durchaus agile und differenziert veranlagte Sensibilität sich dem Strom mächtiger, daseinserhellender Empfindungen möglichst vorbehaltlos anvertrauen möchte, kleinliche Beengung oder Kontrolle unwillig beiseite schiebt und jenen Zustand eines hin- und herschwingenden Gleichklangs von Empfänglichkeit und kreativer Spannung erreicht, der sich unmittelbar in künstlerische Aktivität umsetzt. Gerade in solchen innerlich gelösten Momenten beginnt sich aber auch eine seltsame Ungeschütztheit einzustellen: Die emphatisch ausgreifende Geste, so als wolle der Komponist mit den eigenen Imaginationen zugleich die ganze Welt umarmen, drängt über die Grenzen personaler Erfahrung hinaus, sucht sich nachspürend andere Erlebniszonen, andere Konfigurationen menschlicher Wirklichkeit zu erschließen, ohne dabei die unmerklich einfließenden Ablenkungskräfte, den Sog verführerischer Fremdheit weiter zu beachten. So treibt die Erweiterung des Horizonts – nicht nur an stimulierenden Phantasiebildern, sondern ebenso an zugeordneten und bereits vorgebildeten Sprachmitteln – zu einer Vermengung von allerlei oft ziemlich heterogenen Ausdrucksbereichen und disparaten Formulierungsweisen. Doch die einmal vorgenommene, antidoktrinäre Offenheit überläßt sich bereitwillig und manchmal auch wahllos der Attraktivität neuentdeckter Daseinsräume voller Expression und bewegender Lebendigkeit.

Diese Lust an emotionalen Abenteuern, der die Impressionabilität mehr gilt als irgendein kritisches Sondieren, wird gleichzeitig zum Motor der praktischen Einstellung und des tätigen Verhaltens. Wie in eine Wolke naiver Überzeugtheit und Unberührbarkeit gehüllt, werden die Komponisten zu Anbietern ihrer poetisch-musikalischen Findungen aus Traumverlorenheit und demonstrierter Impulsivität, aus Klangdekor und polyglotter Idiomatik, verbünden sich ohne Scheu mit den verschiedensten Kräften und Richtungen des offiziellen Musiklebens und fordern für sich relativ arglos Breitenwirkung und Erfolg. Skrupel oder Vorbehalte werden dabei tunlichst überstimmt; es trägt ja die Gewißheit der eigenen Begabung, die sich – geschult durch psychische Gegenwartsquerelen wie durch die Unverbrüchlichkeiten der Tradition – ihren Weg schon bahnen wird. Eingehen auf Bedingungen, Anpassung an bestehende Verhältnisse und manches andere, was sonst noch verzeichnen, umwerten, verfälschen könnte, wird demgegenüber nicht ernst- oder kaum wahrgenommen. Der öffentlich schwelende Zwist zwischen der ungewünschten neuen und der sanktionierten älteren Musik scheint angesichts einer derart positiven Haltung aus dem Vollgefühl jugendlicher Schaffenskraft kaum noch zu existieren. Der Moloch des Betriebs zeigt sich versöhnlich und überraschend zahm. Das Einvernehmen treibt grellfarbige Blüten, denn der Trug sitzt dazwischen: vielfach noch unerkannt, aber gefährlich; er hat etwas aussaugend Parasitäres, um das ursprünglich Gewachsene, in sich Gerade und Starke ganz allmählich zu entstellen und zu überwuchern.

Wolfgang Rihm

»Ich will bewegen und bewegt sein. Alles an Musik ist pathetisch.« Kompakter ist ein kompositorisches Credo wohl noch selten ausgesprochen worden; und es trifft gleich dreifach für Wolfgang Rihm (* 1952 Karlsruhe) Typisches: Die Wendung nach außen, zum angesprochenen Gegenüber, weg von einer konstruktivistischen Selbstgenügsamkeit, die sich bereits in einem kalkulierten Formprozeß erfüllt, hin zum direkten Austausch, zur Überwältigung durch das körperliche Miterleben einer frei strömenden, machtvoll gegenwärtigen Musik. Und in diese haptische Nähe von Klang, der sich entfaltet und durch den Raum zieht, will Rihm als der Anreger und Erzeuger mit einbegriffen sein, will spüren, drinstehen, weitererfinden, um dem Sog der Imaginationen mit schier unersättlicher Neugier folgen zu können, wohin sie ihn auch führen. Doch alles, was in Musik geschieht, ist voll Spannung und Geheimnis, voll tiefer dunkler Bedeutung, mythenschwer, unergründlich, atavistisch. Hier einzutauchen, Bilder von beredter, bezwingender Kraft hervorzuholen, die schmerzliche Zerrissenheit menschlicher Existenz in vibrierender Expressivität zu fassen, für einen Moment sich auftuende Durchblicke oder vieldeutig schwankende Zwischenwerte auszuloten, ist für den Komponisten Rihm zugleich geistiges Abenteuer und ein fast physisches Bedürfnis. Denn Musik ist für ihn das Medium, Klarheit zu schaffen – nicht eine ablesbar ordentliche, die nach irgendwelchen Lehrsätzen funktioniert oder gar das mit Bedacht ausgeführte Exempel ihrer eigenen Analyse wäre, sondern im Gegenteil eine komplexe, mehrdeutige, vielschichtige, mit Widerhaken, unerwarteten Aufbrüchen oder Verwerfungen, die aber das diffus Andrängende in eine Abfolge von Tönen und Klängen bannt, schweifenden Phantasien zu konkreten Entsprechungen verhilft, sie in wechselseitige Verhältnisse bringt und Stück um Stück in den Zustand des kompositorisch Ausformulierten versetzt. Solche Klarheit – für sich, die auslösende Problemsituation wie das verwendete Material – ohne Verzicht auf die gewachsene, unklärbare Lebensfülle überhaupt herstellen zu können, also gewissermaßen Logik aus dem Illogischen zu gewinnen, ist ein spezifisch musikalisches Phänomen. Rihm vertraut darauf, überläßt sich ihm. Darin wird ihm Musik zu seiner eigentlichen, unersetzbaren Sprache.

So wäre, was und wie Rihm komponiert, zunächst als ein Prozeß der Freilegung und gleichzeitig der Gestaltwerdung zu verstehen. Schon bei seiner zweiten Donaueschinger Uraufführung, die dem 24jährigen breitere internationale Aufmerksamkeit eintrug, bei dem Orchesterstück Sub-Kontur (1974/76), bestand er trotz der dunkel

Wolfgang Rihm: Dis-Kontur für großes Orchester (Ausschnitt)

orakelnden Beschwörungsgestik darauf, daß seine Musik »aus sich heraus so deutlich wie möglich redet, also auch in ihrer Düsternis konturiert ist und hell und nichts verdeckt hält«. Sicher, in ihrem Willen, sich selbst zu exponieren – sowohl emotionell in ihrem wuchtig pulsierenden Klang-Affekt, als auch formal im Nachbilden eines spätromantischen Adagio-Typus –, verfährt sie rückhaltlos und ohne Scheu vor Drastik. Aber gerade in diesem Bekenntnismut liegt auch eine gewisse Unersättlichkeit. Das Herandrängen schwer lastender Bilder aus dem eigenen wie dem musikhistorischen Unterbewußtsein wird mit einer Art emphatischer Ausführlichkeit beschrieben. Erst ganz allmählich gewährt die dräuende Geräuschwand aus Wirbeln von vier großen Trommeln Durchlaß, um entlang der angedeuteten Allusionskette rückwärts von Stockhausen (der nach Eugen Werner Velte, Wolfgang Fortner und vor Klaus Huber für kurze Zeit Rihms Lehrer war) über Berg zu Mahler aus elementarer Klanglichkeit wesenhafte Adagio-Gestalten herauszufiltern. Allerdings bleiben auch sie fragmentarisch, in sich gebrochen, ein eher flüchtiger Besitz. Wabernde Baßtiefen von einem Orchester, das außer drei Kontrafagotten keine Holzbläser und neben vier Trompeten gleich sechs Hörner, vier Posaunen und zwei Tuben aufweist, behalten vielsagend und anderes verwehrend die Oberhand.

Die Unerreichbarkeit des Erinnerten, das Stockende, Bruchstückhafte der geschauten oder herbeigewünschten Visionen sind bei Rihm also nicht nur mitkomponiert, sondern der eigentliche Verunsicherungsherd im Inneren seiner Musik. Und gerade aus dem Bestreben, alle dazwischengeschalteten Ablenkungskräfte, die den intensiveren Kontakt stören und sich immer wieder durch jäh einschneidende Attacken zu erkennen geben, dennoch zu überwinden, zu verdrängen oder einfach auszuhalten, ergeben sich drei charakteristische Wesenszüge: das verbissen Introvertierte, Monologische wie etwa im 3. Streichquartett ›Im Innersten‹ (1976/77), dazu die Vorliebe für langsame, quasi gespannt nachlauschende Tempi und – drittens – für überdimensionierte, ins Breite sich dehnende Zeitdauern wie bei der über einstündigen Musik für 3 Streicher (Violine, Viola, Violoncello; 1977) und der noch etwas längeren 3. Symphonie (mit Sopran, Bariton und Chor; Texte von Nietzsche und Rimbaud; 1976/79), beide mit deutlicher Adagio-Präferenz. Formale Prozesse entwickelt Rihm dabei mit großer Freiheit und ohne jede Vorsätzlichkeit aus wie zufällig gefundenen, doch dann dezidiert aufgegriffenen Zellen; aus intervallischen, rhythmischen oder klanglichen Konstellationen, die selbst dann, wenn sie beibehalten motivische Funktionen übernehmen, eigentlich nur das Initial einer weiterleitenden Spur für die einmal mobilisierte, nachforschende Phantasie sind. Diese folgt nun wie unterm Zwang des möglichst getreuen Erfassens, was da wohin auch immer wächst und zur Entfaltung drängt, den verschiedenen Abspaltungen, Ausbiegungen, Kontrasten, Einschüben, Verzweigungen oder Gegenbildern, streift auch Reflexe von historisch Vorgebildetem oder erinnert sich früherer Phasen auf dem eignen Weg und fügt alles kaleidoskopartig zum musikalischen Seismogramm eines vielschichtigen Erlebnismoments. Äußerlich gewinnt er Form, zusammen mit der notierten Niederschrift, behält aber innerlich Offenheit und Weite.

Solche absichtliche Nicht-Verfestigung – häufig noch durch Einhalte, Pausen, deutliche Schnittstellen oder Scharniere hervorgekehrt – ist zugleich in hohem Maße empfänglich für den Austausch, die inspirierende Beschäftigung, manchmal auch die besitzergreifende Identifikation mit Fremdem. Zwischen den Maschen des lokkeren Gewebes entstehen stilistische Anschlußstellen; Vertrautes klingt durch und wird mit postmodernem Sinn für die fortdauernde Präsenz aller Zeiten und vergangenen Lebenswelten einbezogen. Die Bedeutsamkeit, die expressive Kraft des einmal Geprägten zählt, nicht irgendeine Epochenzugehörigkeit oder die weidlich strapazierte Frage nach den tonalen oder atonalen Mitteln. Doch dieser Entfall von Ausschließlichkeits-Barrieren und einseitigem Fortschrittsdenken färbt über das rein Musikalische hinaus auch die Inhalte und die Beziehung zu den verwendeten literarischen Texten um. Es geht da nicht mehr um den ästhetischen Konnex zu Sprachgestalten und ihre Beleuchtung oder Spiegelung im tönenden Material, sondern um das unmittelbare Nacherleben, ja die stellvertretende Aneignung von Daseinswirklichkeiten, denen die Worte nur als Erkennungszeichen dienen. Und also versetzt sich Rihm mit auffälligem Hang zum Verstörten, Abseitigen, Hintergründigen in die Gefühls- und Erfahrungswelt psychisch Gefährdeter wie Hölderlin, Nietzsche, Lenz oder der beiden künstlerisch tätigen Schizophrenie-

Patienten Adolf Wölfli und Ernst Herbeck, der sich Alexander nannte. Als ob Ausdruck sich erst durch das Extrem seiner Gebrochenheit, Fragmentarisierung, in sich gekehrten Vereinsamung oder durch die Negation aller Spontaneität bestätigen könne, entwirft Rihm arktische Zonen des Fahlen, Gefrorenen, von plötzlichen Alptraumschrecken zerrissen oder nah am Verstummen. Jedenfalls wirken die Alexanderlieder (1975/76), Hölderlin-Fragmente (1977), Neuen Alexanderlieder (1979), Lenz-Fragmente (1980) und das Wölfli-Liederbuch (1980/81) – alle für Stimme und Klavier, dazu (außer den beiden Alexander-Zyklen) auch in Orchesterfassungen – wie Botschaften nach der gerade überstandenen Katastrophe: realitätsfern, gespenstisch, zutiefst verletzt.

Und inmitten dieser erstaunlichen Reihe, mit der sich ein noch nicht Dreißigjähriger im Gegenzug zu seinen eruptiven Kraftbeweisen ins seelisch Nachtseitige vergräbt, steht gleichsam als Ausweitung ins Dramatische das Bühnenwerk Jakob Lenz (nach Büchners Novelle, 1977/79); Rihms Kammeroper Nr. 2, die dem eher sketchartigen Faust und Yorick (nach Jean Tardieu, 1976/77) mit gewachsener künstlerischer Entschiedenheit folgte. Schon die Auswahl der 11 Instrumente (4 meist tiefe Holz- und 2 Blechbläser, Schlagzeug, Cembalo und 3 Celli), die den drei Gesangssolisten als Miniorchester eine klangliche Aktionsfläche schaffen, zeigt sujetgerechte Durchbildung. Die formale Verschränkung von Rondo-Struktur und Passions-Haltung (samt den Berg nahen Konsequenzen im formalen Aufbau der Abschnitte) dient dann vollends als inhaltsbezogenes Moment des Ausdrucks. Denn die Ausweglosigkeit eines in sich selbst befangenen Schicksals gilt es zu schildern, und Trauer um solches Leiden an den Unvereinbarkeiten zwischen innerem Bild und äußerem Sein ist es, was nachempfunden werden soll. Gerade das Ausgesparte, Kammermusikhafte, das Rihm als Medium seiner Annäherung an den Sturm-und-Drang-Dichter einsetzt, überzeugt dabei durch seine Fähigkeit zu psychischer Aufschlüsselung mehr als irgendeine auftrumpfende Orchestergestik, die sich mit der Tragik der geistigen Vereinsamung pathetisch zu identifizieren suchte. – Um so erstaunlicher, daß Rihm sich bei seiner nächsten, größer angelegten Arbeit für die Musikbühne, bei seinem Poème dansé nach Antonin Artaud, Tutuguri (1980/82) für großes

György Ligeti

Iannis Xenakis

Peter Michael Hamel, Wolfgang Rihm, Helmut Lachenmann

Luigi Nono

Hans Werner Henze

Isang Yun, Nicolaus A. Huber

Karlheinz Stockhausen, John Cage

Dieter Schnebel

Christian Wolff

Terry Riley

Vinko Globokar

Tôru Takemitsu, Elżbieta und Krzysztof Penderecki

Luciano Berio, Pierre Boulez

Aribert Reimann, Hans-Jürgen von Bose

Alfred Schnittke, Juan Allende-Blin

Orchester), ganz auf das fiebernd ekstatische Heraufbeschwören des ›schwarzen Ritus‹ der Tarahumara-Indianer einstellt. Gewalttätig, eruptiv, wie vom Rausch urtümlicher, vorsprachlicher Magie besessen geht es parallel zu Artauds ›Theater der Grausamkeit‹, um die Entfesselung von ungebändigt dahinstürmenden Klangkaskaden »zwischen Glocke und Kanone«, um das »unerhörte Tosen des Galopps« (so Artaud in dem titelgebenden Gedicht). Mit einem Orchester, das häufig zum Riesen-Schlagzeug gerinnt und sich schließlich im letzten und längsten der vier Bilder ganz aufs Perkussive beschränkt, will Rihm eine Dynamik »auseinanderstrebender Energie« entfachen, »die zu fassen schon im Ansatz scheitern muß, wozu aber der Versuch immer und immer wieder unternommen werden muß.«

Derartige Versuche, die energetischen Kräfte seiner Musik und damit sich selbst zu fassen, haben Wolfgang Rihm in den letzten Jahren immer häufiger zur Konzeption von mehrteiligen Werkreihen geführt, so als könne sich die Komplexität einer Idee oder einer Vorstellung erst nach wiederholtem Perspektivewechsel ganz einfangen und in all ihren verschiedenen Bezügen aussprechen lassen. Die Neigung, über die Ränder des Einzelwerks hinaus in einem Strom der sich fortzeugenden Eingebungen weiterzukomponieren, wie sie seit Bruckner, Mahler oder Reger einen Typus der kompositorischen Selbstbewältigung herausgebildet hat, scheint hier recht ähnlich wiederzukehren. Abgesangsszenen hießen die ersten fünf zu einem Zyklus zusammengefaßten Einzelstücke (1979/83; für Orchester, 2–4, in einer Zweitfassung auch 5 mit Gesang; Texte von Nietzsche, Novalis und Peter Huchel); und in der Überformung des Begriffs ›Gesangsszene‹, dem Spohr zu Ansehen verhalf, mit der Assoziation an Mahler'sche Adagio-Abschiede liegt gleichsam ein Programm: Rihm weiß um die Distanz zu jener Welt, in der noch einfach, geradezu und manchmal naiv gesungen werden konnte, aber er tritt nicht die Flucht in die elegische Resignation des Vereinsamten an, in den fiktiven Schutz privaten Rückschau-Glücks; er möchte vielmehr, daß trotz Bedrohung, Entfremdung, gesellschaftlicher Abkapselung und all den äußeren Zwängen, die der Mensch sich selbst geschaffen und denen er sich überantwortet hat, gerade der Freiraum, in dem einst Gesang möglich war, als ein Potential des Individuellen erkannt, bewahrt und verteidigt wird. Seine Musik nimmt sich das Recht, ihren eigenen Impulsen zu folgen. Ob sie nun in Fremde Szenen (I–III für Klaviertrio, 1982/84) dennoch die Spuren des Subjektiven aufdeckt oder versucht, aus der vieldeutig verschlungenen Zeichenhaftigkeit von Chiffren (I–VII für Kammerorchester mit 3 bis 17 Spielern, 1982/85) dennoch einen Sinn herauszulesen, – immer steht dahinter die Utopie, das bewußt eingegangene Wagnis von Unbefangenheit und Emotionalität müsse am ehesten einen Widerschein des Lebens, wie es sein soll, in jenes, wie es ist, hineintragen können.

Das Vertrauen auf die direkte, ungefilterte Expression und die dadurch hörbar gemachte Stimme der Subjektivität ist generationstypisch. Gleichwohl generiert solche Übereinstimmung, wie sich gerade an jenen Komponisten, die während der siebziger Jahre mit ihren ersten Werken gleich einer Gruppe hervortraten, mittlerweile hinreichend beobachten ließ, keine Gemeinsamkeit, kein bindendes Zusammengehörigkeitsgefühl. Sie sind weit eher eine Generation von Einzelgängern: jeder für sich mit seinen eigenen Ausdrucksbedürfnissen, mit seinem individuellen Freiheitsanspruch beschäftigt. Es gibt ja auch nicht, wie in vergleichbaren früheren Situationen, ein einigendes Dogma, ein neues kompositionstechnisches Verfahren oder eine verpflichtende ästhetische Überzeugung, auf die man sich gemeinsam einschwören und die man gegen anderes, Herkömmliches, träg Gewohnheitsmäßiges durchsetzen könnte. Selbst die altbewährte Solidarisierungsklammer, dieselben Feinde zu besitzen, ist bei dieser jungen Generation fast gänzlich entfallen. Im Gegenteil, sie begegnet wie selten eine vor ihr einer moderaten bis wirklich interessierten Zugänglichkeit und zeigt sich selber dementsprechend integrationsfreudig. Es scheint deshalb auch nicht untypisch, daß als einer der ersten Aribert Reimann, selbst eher auf Eigenständigkeit gegenüber irgendwelchen Avantgarde-Zirkeln als auf Abstand vom offiziellen Musikbetrieb bedacht, diese »Gruppe junger Komponisten« als eine »Hoffnung« angesichts der »Ohnmacht vor der wachsenden Verwüstung« und für die Überlebens-Chancen der »Kraft des Gedankens« begrüßte. Und weil er die »ganz persönliche Art« jedes einzelnen gegen den Eindruck eines Gruppenzusammenhalts betonen wollte, zählte er einfach alphabetisch auf, wen er meinte: Hans-Jürgen von Bose, Hans-Christian von Dadelsen, Detlev Müller-Siemens, Wolfgang Rihm, Wolfgang von Schweinitz, Ulrich Stranz und Manfred Trojahn.

Trotz seines Abhebens auf die »glücklicherweise sehr unterschiedlichen, sehr induviduellen Persönlichkeiten« mit ihrer bereits damals »unverwechselbaren Handschrift« findet Reimann dann doch drei symptomatische Gemeinsamkeiten: »Die wiedergefundene Bindung an die Tradition, sie im bewußten Nacherleben wieder aufnehmend, um dann Neues in veränderten Ausblicken und bisher Ungekanntes zu formulieren; der Glaube wieder an die Musik schlechthin, an eine Neuentdeckung des unmittelbaren Ausdrucks, weitab von romantischen Gefühlshaltungen, sozusagen in gefiltertem Abstand in sich hineinzuhorchen und dem Vertrauen in die eigenen Regungen und Vibrationen nachzugehen; die Rückbesinnung wieder auf Formen, die zwar ihre Wurzeln im Traditionellen haben, aber durch die Entwicklungen und Ergebnisse der eigenen Phantasie neue Strukturen und Gesetze erhalten.« Es ließe sich anhand eines solchen Versuchs, das Neue und Eigene der bundesdeutschen Jungkomponisten zu beschreiben, allerdings trefflich polemisieren, wie denn Unmittelbarkeit des Ausdrucks, wenn er seine Wahrheit für die Gegenwart haben soll, mit einer Bindung an die Tradition des Gewesenen und einer Rückbesinnung auf prädisponierte Formen zu vereinen sei; oder ob die bestgehaßten ›Seriellen‹ nicht auch ihre Tradition von Schönberg und Webern her gehabt hätten, an die sie sich gebunden fühlten, aus der sie im Weiterdenken und Neuentdecken dann neue Formen und Strukturen ableiteten. Aber es fällt eben immer schwer, eine gewandelte Situation begrifflich zu fassen, zumal wenn man die Öffnung gegenüber der Vergangenheit – und hier ist vor allem die des 19. Jahrhunderts bis hin zu Mahler gemeint – positiv bewerten, zugleich jedoch den naheliegenden Vorwurf des Epigonentums zurückweisen möchte.

Tatsächlich waren einige Dokumente des retrospektiven Komponierens gerade dadurch überraschend, daß sie vor lauter Hingabe an das gewählte Modell die eigene Reflexionsebene weitgehend vernachlässigten. So komponierte Manfred Trojahn (* 1949 Cremlingen bei Braunschweig) in seiner 2. Sinfonie (1978) mit unverhohlener Deutlichkeit nach dem Vorbild von Mahler; orientierte sich in der Streicherdominanz des Satzes, in der Melodiebildung, der Adagio-Typik, dem ruhig-kantablen Finale-Gestus bis hin zu vielerlei technischen und physiognomischen Details am geprägten Stil des Vorgängers – vielleicht noch historisch arrondiert vorwärts zu Alban Berg und rückwärts zur symphonischen Monumentalität Bruckners. Ihr zuliebe oder wegen des generellen anti-avantgardistischen Affekts entfielen dann freilich auch Mahlers Differenzierungen in Rhythmik, Formbehandlung und Instrumentation. Aber vielleicht gehört dies eben zum Typus einer Durchgangsstation auf dem Weg solcher regressiven Vorsätzlichkeit, die sich in der 1. Sinfonie (›Makramee‹, 1973/74, UA 1976) erst von dem Sog Ligeti'scher Klangverwebungen hatte freimachen müssen und in dem Zyklus der Fünf See-Bilder (für Mezzosopran und Orchester; Gedichte von Georg Heym; 1979/84) nun einem verhangenen, dunkel-raunenden Nordland-Pathos im Umkreis von Elgar, Sibelius oder Allan Pettersson zustrebt. Jedoch gibt es gleichzeitig Pendelausschläge auch in anderer Richtung: So ließ Trojahn seinem weitausholend-vergrübelten 2. Streichquartett (mit Klarinette und Mezzosopran; Gedichte von Georg Trakl; 1979/81), das über eine Stunde dauert, ein knappes, lichteres, nur viertelstündiges 3. Streichquartett (1983) folgen und schrieb mit Lust an der verschlüsselnden Abbreviatur Trakl-Fragmente für Mezzosopran und Klavier (1983/84); fast so, als solle der bereits im 2. Streichquartett zitierte Bagatellen-Witz Beethovens – dort als scharfer Kontrast – jetzt isoliert weiterverfolgt werden. Doch reißen die internen Widersprüche auf dieser schwierigen Suche nach sich selbst nicht ab: Schwermütiges (Sonata II für Violoncello und Klavier, 1983/84), virtuos Spielerisches (Flötenkonzert, 1981/83) und mystische Kontemplation (Requiem, 1984/85) stehen als skeptisches Befragen der eigenen Möglichkeiten nebeneinander.

Am Ende sind es überhaupt mehrfach sich durchkreuzende Irritationen, die bei dieser jungen Generation Vorsätze und Bedürfnisse in schwankender Unruhe halten. Denn die entschiedene Absage an jeden Konstruktivismus, sprich: serielle wie postserielle Techniken, wird durch die Notwendigkeit zu innerkompositorischer Folgerichtigkeit konterkariert. Dem dagegengesetzten Wunsch nach unmittelbarer Ausdruckshaftigkeit widerspricht aber die Furcht vor allzu unreflektierter Naivität, und der verheißungsvollen Zuflucht zu den Meistern der Vergangenheit wiederum das Bewußtsein von Distanz und Irreversibilität. Der Schmerz darüber wird jedoch durch die Sorge aufgewogen, wenn man ihm bedenkenlos nachgäbe, in übertrieben individualistische Exklamationen abzugleiten, die der Verständlichkeit im Wege stünden und schließlich die Entfremdung, die man eigentlich abbauen will, nur weiter vergrößerten. Wohin also sich wenden, wie dem Dilemma entkommen? Auch wenn man, wie Wolfgang von Schweinitz (* 1953 Hamburg), »die Spannung zwischen der Sehnsucht nach einer Schönheit und dem Bewußtsein einer diese kaum je zulassenden Realität« quasi als Stigma der Zeit akzeptiert und sie sogar als eine »produktive Energie« begreift, bleibt doch rings um ein solch verbindliches Schönheitsideal nur relativ wenig Bewegungsraum, um es gleichzeitig als wiederzuerlangendes Humanum in der Musik durch vermehrte Intensität bestätigen und dennoch seine Gefährdung durch vermehrte Spuren von Gebrochenheit als Warnung für alle vorführen zu können. Auf der Mittellinie, dem kommunikativen Bezugszentrum für beides, muß Traditionelles transportiert und entweder gesteigert oder verformt werden. So nahm Schweinitz in den Variationen über ein Thema von Mozart (für großes Orchester op. 12, 1976/77) acht Takte aus der Maurerischen Trauermusik zum Anlaß, um vor deren ernst-gewichtigem Hintergrund eine gedrängte symphonische Sechs-Satz-Folge vorbeiziehen zu lassen; im Streichsextett ›Hommage à Franz Schubert‹ (op. 16, 1978) wird die Welt von Schuberts Harmonik durch »Verschmutzungen« ihrer Unerreichbarkeit überführt; solche durch Cluster verwischte Tonalität herrscht auch bei dem Klavierkonzert (op. 18, 1978/79) mit seiner gedehnten Liedform, der Konzertouvertüre (op. 19, 1979/80) mit ihrer subjektivierten Sonatenform oder dem Liederzyklus Papiersterne (nach 15 Gedichten von Sarah Kirsch, op. 20; 1980/81). Und diese Art gewissenhaft prüfender Auseinandersetzung mit verschiedenen überkommenen Mustern kulminiert in einem Selbstzeugnis »zweifelnder Hoffnung«, der Messe für Soli, Chor und Orchester (op. 21, 1981/84).

Solche Versuche, zwischen einer weltabgewandten Privatheit und den Forderungen oder Verbindlichkeiten eines liturgischen Kanons eine glimpfliche Trotzdem-Balance herzustellen, wären Detlev Müller-Siemens – Hamburger (* 1957) und Ligeti-Schüler gleich Schweinitz – schon vom Ansatz her wohl einigermaßen fremd. Er setzt sich dem Risiko aus, kalkuliert auch, ohne sein Vertrauen auf Sensibilität und Imagination dadurch schmälern zu lassen, die Möglichkeit des Scheiterns ein und bekennt deshalb freimütig, daß er »in zeitgenössischen Konzerten mehr als nur gelangweilt sitze, weil ich stets den Ausdruckswillen, der nur entsteht, wenn man sich selbst in ästhetische Gefahrenzonen begibt, vermisse.« Er selbst widerstand zwei für ihn prekären Verlockungen: sich durch die Sprachfähigkeit eines Frühbegabten – nach ersten Kompositionsversuchen mit sechs und geregeltem Unterricht ab elf als 13jähriger bereits in die Hamburger Musikhochschule aufgenommen und mit 17 diplomiert – zu einer gelehrigen, stilkundigen Redseligkeit, einer souveränen Komponiervirtuosität hinreißen zu lassen, wie sie ihm nach Auskunft der gegensteuernden Ironie im Orchesterstück Scherzo und Adagio patetico (1976/77) oder dem pointierten Sarkasmus der Kurzoper Genoveva oder Die weiße Hirschkuh (nach Julie Schrader; 1977/78) durchaus zu Gebote gestanden hätte; aber auch nicht das andere zu tun, sich in eine enthemmte Gefühligkeit, ein schwärmerisches Sentiment voll Anlehnungsbereitschaft an Vergangenheitsvorbilder hineinzusteigern, wozu die Variationen über einen Ländler von Schubert (für Bläser-Streicher-Doppelquintett, 1977/78) immerhin eine Gelegenheit hätten bieten kön-

Detlev Müller-Siemens: Under Neonlight II für Klavier, Teil I, Anfang

nen. Nein, Müller-Siemens hat seinen Begabungsvorsprung ohne Hast genutzt, um seine Kenntnisse und das Individuelle seiner Musikalität miteinander wachsen zu lassen. Seine Passacaglia für Orchester (1978/79) und die daraus hervorgegangene, zur Dreisätzigkeit erweiterte 1. Symphonie (1978/81) zeigen Atem, sicher geführte Entwicklungsstringenz und dennoch einen überraschenden Perspektivenreichtum an Ausdrucksqualitäten. Unverstellte Offenheit ermöglicht, sowohl Instrumentencharakteren nachzugehen wie in den Konzerten für Klavier (1980/81) und für Viola (1983/84), als auch die Vielschichtigkeit des Sagbaren auf einen einzigen Klangradius zurückzuprojizieren wie in den 6 Klavierstücken Under Neonlight II (1980/83).

Gelegentliche Ausblicke in Jazz- und Free-Jazz-Regionen, die unter diesem Neonlicht wahrzunehmen sind, werden von Hans-Christian von Dadelsen (* 1948 Berlin), einem weiteren Ligeti-Schüler, unter der schlecht verallgemeinernden Devise vom ›ganzheitlichen Komponieren‹ sogar in die Bereiche von Rock und Blues weitergetrieben; dazu der beherzt polemische Ansatz und sein Horror vor sittenstrenger Exklusivität, im Verein mit Babette Koblenz (* 1956 Hamburg), zum gemeinsamen kompositorischen Vorstoß in neue magische Bewußtseinssphären einer ›Sonnenkultur‹ (statt der alten Mondkultur) hochstilisiert. Aber forsches Argumentieren und überhöhende Spekulation gehen eben unterm Zwang zunehmend partikularer Selbstrechtfertigung, dem die ›Neotonalen‹ sich ausgesetzt glauben, oft seltsame Verbindungen ein. Die Beweisnot ihrer nur unscharf zu definierenden Positionen wird durch ein Geflecht von Spontanmitteilungen überdeckt, die ja keineswegs widerspruchsfrei zu sein brauchen. Und wer bei all dem am liebsten nicht mithalten möchte, wie der bedächtige, seinen Erfahrungen und Vorstellungen nachhängende Ulrich Stranz (* 1946 Neumarkt St. Veit/Oberbayern), der hat mit seiner sympathischen Offenheit zur Material- wie Selbsterkundung einen vergleichsweise schweren Stand.

Unangefochtener und selbstsicherer kann sich dagegen behaupten, wer über den Zustand der Musik und speziell über die eigenen Probleme mit behendem Durchblick zu reflektieren weiß: »Immer wieder habe ich mich in letzter Zeit gefragt, warum mir so vieles an der jüngsten Musik, und gerade auch an meiner eigenen, so unlebendig vorkommt. Vielleicht ist ein Grund der, daß hier Ausdruck beinahe willentlich entstehen soll, daß der Versuch gemacht wird, ihn abzubilden, ja beinahe ihn zu ›demonstrieren‹, anstatt daß die Musik selber Ausdruck ist.« So befindet sich Hans-Jürgen von Bose (* 1953 München) zwischen den Gegensätzen eines eher scheinhaften kompositorischen Vollbringens – etwa nach der Art, wie man eine Aufgabe aufgrund ihrer Prämissen durch daraus abgeleitete Folgerungen löst –, und all der bedrängenden Bilder, Träume, schwer zu entschlüsselnden Stimmen seiner Emotionalität auf der Suche nach einer »wirklich identikativen Musik«. Hatte er erst, von Hans Ulrich Engelmann ausgebildet und danach von Wolfgang Fortner sowie Aribert Reimann weiter gefördert, Materialzellen oder bestimmte motivische Konstellationen dazu benutzt, um sie in quasi selbstinduktiver Erweiterung zu kaleidoskopartiger Vielgesichtigkeit aufzufächern – etwa in der 1. Symphonie (1976/78), dem 2. Streichquartett (1976/78) oder den beiden kammerorchestralen Variationenwerken Travesties in a Sad Landscape (1978) und Musik für ein Haus voll Zeit (1978/79) –, so band er die resultierende farbenreiche Flexibilität in der Folgezeit zunehmend an literarische Vorlagen: im Ballett Die Nacht aus Blei (nach Hans Henny Jahnn; 1981), den Sappho-Gesängen (1983) oder den lyrischen Szenen nach Goethe Die Leiden des jungen Werthers (1983/84, UA 1986). Das Nervöse, flackernd Unstete von Boses Musik mit ihren mancherlei historischen oder stilistischen Assoziationspunkten und ihrer filmischen Schnittechnik erhält dadurch einen stützenden Bezugsrahmen, der ihr selbst Richtung und Orientierung, ihrem gestischen Ausdrucksbedürfnis eine semantische Folie gibt.

Öffnung nach der einen Seite bedarf wohl eines Halts auf der anderen. Und eben damit haben, wie sich bei einem kritischen Rundumblick leicht feststellen läßt, nicht nur die bundesdeutschen und nicht nur die jüngeren Komponisten ihre mancherlei und vielfältig individuell ausgeprägten Probleme: weil die postmoderne Lizenz, eigentlich alles zu dürfen, auch die unbefragt anerkannten Grenzen oder selbstauferlegten Beschränkungen (je nach reflektorischem Niveau ist beides dasselbe) aufgeweicht und außer Kurs gesetzt hat. Dadurch sind die heilsamen Widerstände, die Nötigungen zu dagegengesetzter Selbstbehauptung entfallen. Wo aber kein kompositionstechnisches Konzept (samt begründendem Theorie-Überbau und stimulierender ästhetischer Überzeugung) eine brauchbare Absprungsbasis und förderliche Reibungsflächen liefert, bleibt auch die freizügige Hereinnahme von Zitaten, Stilanleihen, Rückblicksnostalgie – von allgemein restaurativen, gar regressiven Tendenzen ganz zu schweigen – ein wenig hilfreiches, eher zwiespältiges Mittel, das nur Scheingeborgenheit vortäuscht und oft im Dekorativen landet. Der eingeschlagene retrospektive Weg bedeutet also letztlich eine doppelte Herausforderung. Ihr sich zu stellen schließt aus, daß man die Musikgeschichte nun einfach als einen Selbstbedienungsladen ansieht, aus dem sich die gehemmt Introvertierten oder die wild gestikulierenden Expressionsfanatiker das an vertrauten Modellen holen können, wozu es ihnen in eigener Zuständigkeit die Sprache verschlagen hat. Umgekehrt gilt jedoch ebenso, daß an die Endlichkeit technisch meßbarer, beweisfähiger Innovationsmöglichkeiten in der Musik zu glauben und sie einzukalkulieren, in einer Zeit, da das Bewußtsein von solchen Endlichkeiten allenthalben dämmert, noch kein Verbrechen ist. Im übrigen ist das ungeschiedene Zusammenleben mit der Vergangenheit ja in allen, selbst den fortschrittlichsten Stilepochen ein reales Faktum gewesen; nur hat man es früher durch propagandistische Zukunftsparolen besser verschleiert oder heute fällt gerade wegen der langen Entwöhnung die Wiederaufkunft der vielgestaltigen tonalen Erbschaft selbst schon in einigen wenigen Signalen besonders auf.

Alfred Schnittke

Keineswegs vorsichtig kaschiert, sondern vollauf eingestanden hat Alfred Schnittke (* 1934 Engels / Gebiet Saratow an der Wolga) seinen Bund mit der Tradition geschlossen. Es war für ihn eine Gegenbewegung nach einer seriellen Phase während der sechziger Jahre, wobei er die kompositionstechnische Mechanik bald »als eine Art Flucht vor Problemen« empfand und in dem strukturierten »Mikrouniversum« auch die nötige »räumliche Wirkung«, die spannungsvolle Mehrdimensionalität von »nah und fern« vermißte. Also durchbrach er das Flächige, den abgehobenen Purismus der seriellen Schreibweise und ließ ohne Scheu die musikalische Realität einströmen, so wie sie in buntem Durcheinander der Stile und Genres ja freiwillig und unfreiwillig die Höreindrücke des Alltags bestimmt. Solche ›Polystilistik‹ bedeutet für Schnittke »ein bewußtes Ausspielen von Stilunterschieden, wodurch ein neuer musikalischer Raum entsteht und wieder eine dynamische Formgestaltung möglich wird«. Darin liegt wohl vor allem eine geheime Sehnsucht nach den großen klassischen Formen, die sich in der russischen Musik stets eine unangefochtenere Prominenz als im Westen bewahren konnten; zugleich aber die Einsicht, daß durch die Aufhebung der tragenden Hierarchie tonaler Funktionen der Zugang eben dazu versperrt oder wenigstens erheblich erschwert worden ist. Also verfuhr Schnittke in seiner ersten polystilistischen Komposition, der 2. Sonate für Violine und Klavier ›quasi una Sonata‹ (1968), gedeckt durch den Schein vertrauter Versatzstücke, zweischichtig dialektisch: Die Sonatenform »wird aufgebaut, indem sie dabei zusammenfällt – es ist ein Bericht über die Unmöglichkeit der Sonate in Form einer Sonate. Später schrieb ich auch eine ähnliche Un-Sinfonie«. Gemeint ist die rund einstündige Sinfonie Nr. 1 in vier Sätzen (1969/72, UA 1974), deren Titel weder ganz ernst noch als Spott genommen werden soll. Denn es ist »ein Versuch, die inzwischen von der Musikentwicklung zerstörte klassische Form einer viersätzigen Sinfonie (mit dramatischer Sonatenform, ›Jahrmarkts-Scherzo‹, philosophierendem Adagio und erlösendem Finale) aus Resten und Brocken wieder aufzubauen, dabei die fehlenden Flächen mit neuen ersetzend (so, wie ich es in Warschau sah, wo man ohne Rücksicht auf Stileinheit in einer nach dem Krieg rekonstruierten Kirche erhaltengebliebene alte Stücke in neue Wände einbaute, so daß es eine gleichzeitig alte und neue Kirche wurde).«

Eine derartige Wiederbenutzung von Bruchstücken eines ehemals intakten Ganzen, noch im Fragment Symbol einstiger Lebenswirklichkeit, stülpt, auf die Musik übertragen, wo es wegen der ständigen Aufführungspräsenz der Vergangenheit ohnehin Traditionsschutt in viel höherem Maße gibt, freilich auch den Materialbegriff grundlegend um. Nicht länger besteht das musikalische Material demnach allein aus den Rohstoffen Ton, Klang, Instrumentalfarbe und einem abstrakten Zeitraster zu freiem kombinatorischem Gebrauch, sondern es werden ebenso auch vorgefertigte, bereits subjektivierte Figuren oder Formeln aus solchen Elementen, also kleine, komplexere Bauteile, einbezogen. Und diese exzerpierten Teilstücke aus bereits Komponiertem, noch erkennbar in ihrer Zeittypik, erhalten nun in einer Art künstlerischem Recycling-Verfahren unabhängig von ihrer Herkunft und einstigen Funktion einen neuen Platz in fremder Um-

Alfred Schnittke: Zweites Konzert für Violine und Kammerorchester (Ausschnitt)

gebung und in einem an sich unpassenden Zusammenhang. Dieses Montieren von Zitaten oder Stilmodellen hat für Schnittke allerdings noch einen anderen Aspekt: Seine Arbeit für Film und Bühne – in sozialistischen Ländern aus ökonomischen Gründen und wegen der Experimentiermöglichkeiten weithin üblich – bescherte ihm ein seltsames Doppelleben, dessen eine Seite zu leugnen die Chance, andererseits Nutzen daraus zu ziehen, eingeengt oder verhindert hätte. So hat er etwa die dreisätzige Serenade für Violine, Klarinette, Kontrabaß, Klavier und Schlagzeug (1968) »zum großen Teil aus Fetzen früherer von mir komponierter Film- und Theatermusik zusammengestückelt... Doch im zweiten Satz wird eine Zwölftonreihe frei verwendet, deren Intervallproportionen auch für die Form der anderen Sätze in allen ihren Details maßgebend waren (für die Länge der Abschnitte, für die Zahl der Gebrauchsmusikfetzen in jedem Abschnitt, für die übergeordneten Akkorde, die die Tonalitäten der Fetzen bestimmen usw.«).

Die Steuerung des Gesamtorganismus muß sich demnach zusätzlich das an Stringenz und formaler Profilierung erwerben, was die Auffüllung durch wiederverwendetes Material – an einigen Stellen auch durchaus spürbar – offenläßt. Anklänge schaffen dabei Bezugspunkte, die freilich ihre dissoziierende Weiterführung sofort wieder in Frage stellt. Und dieses parodistische Umspringen mit Stildivergenzen, das tatsächlich eine historische Tiefenperspektive mit ständig wechselnden Entfernungen – auch unter Einschluß von Trivialem – entstehen läßt, stiftet nicht nur bei der ersten Annäherung an Schnittkes Musik einige Verwirrung, sondern schafft ihr, weil sie eben daraus einen Zuwachs an Flexibilität zu gewinnen weiß, einen weiten, vieldeutigen Ausdrucksradius. Fast immer scheinen da recht gegensätzliche Empfindensbereiche – wie Selbstgewißheit und Zweifel, Spielfreude und Melancholie, Verzagen vor dem Widersinn und wegwischende Nonchalance oder aufbegehrende Zuversicht – in merkwürdiger Doppelgesichtigkeit miteinander verschränkt und verklammert zu sein. Die Anteile schwanken, ähnlich den stilistischen Mixturen, die sich im Reagieren aufeinander ja auch gegenseitig verfremden, bis die Ebenen – gleich den Vor- und Rückbezügen in jenem gattungsspezifischen Mini-Digest durch die Jahrhunderte in den Kadenzen zu Beethovens Violinkonzert (1975/77) – kaum mehr zu unterscheiden sind. Und Schnittkes Repertoire ist breit gestaffelt: es reicht von den Vivaldi-Corelli-Reminiszenzen im Concerto grosso I (für 2 Violinen, Cembalo, präpariertes Klavier und Streicher, 1976/77) bis zu den Bruckner-Anklängen und lateinischen Messe-Texten in der sechsteiligen 2. Symphonie ›St. Florian‹ (1979/80); von den Materialableitungen aus altrussischem Kirchengesang im 2. Streichquartett (1980) oder dem Zitatspektrum, das Orlando di Lasso, Beethoven und Schostakowitsch umfaßt, im 3. Streichquartett (1983) bis zu der schnulzigen Tango-Einblendung in der vielschichtigen Faust-Kantate »Seid nüchtern und wachet...« (1983) oder der Tonbuchstaben-Kabbalistik mit seinem und des Geigerfreundes Gidon Kremer Namen im 4. Violinkonzert (1984) oder gar bis zum Versteckspiel, daß alle erscheinenden »Antiquitäten« nicht gestohlen, sondern von ihm selbst gefälscht seien, in (K)ein Sommernachtstraum (für Orchester, 1985). Aber gegen solche augenzwinkernde Heiterkeit steht nicht eigentlich als Kontrast, sondern als dies alles umgreifender und in Relation bringender Hintergrund doch der bohrende Ernst und der Einsamkeitsgestus des Klavierquintetts (1972/76, unter dem Eindruck des Todes der Mutter begonnen) oder des Requiems, das ursprünglich als vereinheitlichende zweite Schicht eine Bühnenmusik zu Schillers Don Carlos war (1975). Schnittkes Polystilistik ist demnach keinesfalls als bloßes Jonglieren oder ein Akt falscher Verbindlichkeit mißzuverstehen. Sie ist eine Sprache im bewußten Austausch gerade mit jenen Kräften, die ihr den freien Entfaltungsraum beengen.

Repetitives und Minimales

Die Sehnsucht, sich den reinen, urtümlichen Phänomenen der Musik – einem schwebenden harmonischen Zusammenklang, der packenden Kraft eines Rhythmus, der faszinierenden Konfiguration einer Farbmischung – einmal unabgelenkt hingeben und überlassen zu können, ist allen, die mit Musik umgehen, vertraut. Es ist die stets latente Verlockung, die sinnliche Lust am Erklingenden durch Verweilen noch intensiver auszukosten, den erfüllten schönen Augenblick wie unter einer Fermate ins Endlose zu dehnen, ihn unverändert festzuhalten und zu bewahren oder – was aufs selbe hinausläuft – ihm durch unausgesetztes Wiederholen Dauer zu verleihen. Solch stiller Protest gegen das transitorische Wesen von Musik, aus welchen psychischen, religiösen, weltanschaulichen oder sensualistischen Motiven er sich auch immer herleiten mag, versucht das Gesetz der Zeitlichkeit auszuhebeln, zumindest seine Unentrinnbarkeit durch allerhand Methoden der Verschleierung subjektiv zu überspielen und zu neutralisieren. Und die wirkungsvollste Methode ist sicherlich diejenige, die einen Ablauf durch geschäftiges Repetieren von bestimmten Bewegungsmustern vortäuscht, dabei aber faktisch auf der Stelle tritt und die schließlich doch notwendigen Wechsel – will man sich nicht auf unbegrenzte Klang-Kontinuitäten einlassen wie im Dream House von La Monte Young – entweder auf derart lange Strecken verteilt oder in so unmerklich minimaler Dosierung vornimmt, daß der Eindruck des Stationären, des Verharrens im Radius des Ähnlichen vorherrschend bleibt.

Sich die Entstehung der amerikanischen Minimal Music solcherart als die wenigstens näherungsweise Erfüllung eines eigentlich unstillbaren geheimen Wunsches vorzustellen, ist freilich viel zu europäisch gedacht. Man muß wohl davon ausgehen, daß die Konzeption dieser Musik einer durch Bewegung überspielten extremen Klangdehnung, für die der Begriff wieder nach fragwürdigem historischen Brauch aus der bildenden Kunst entlehnt wurde (Minimal Music analog zu Minimal Art), viel weniger mit Psychologie, mit verschwiegenen Sehnsüchten nach ungefilterter Schönheit zu tun hat; dagegen sehr viel mehr mit der positivistischen Orientierung an Modellen von Reihenformeln, Zahlenketten oder Mengentheorien, wie sie durch das Aufkommen des Computer-Zeitalters zentrale Bedeutung und weitreichende Verbreitung erlangten. Wenn dabei Emotionales eine Rolle spielt, dann ist es schlicht die Freude, aus einem begrenzten Ansatz, einer rhythmischen Zelle oder einem gebrochenen Akkord zum Beispiel, durch folgerichtiges Operieren mit einer ebenso begrenzten Zahl von Methoden zur Permutation, Verschränkung, Verschiebung oder Überlagerung eine klangliche Folge von unverhältnismäßig großer zeitlicher Ausdehnung zu entwikkeln, die das gleiche oder fast gleiche Material in einen Prozeß sich quasi selbst regulierender, kaum merklicher Veränderungen bringt. »Das Problem der musikalischen Struktur ist für mich, wie an irgendeiner Stelle anzufangen und zu irgendeiner anderen Stelle zu gelangen sei.« (Steve Reich) Zwischen den beiden Stellen, die möglicherweise sogar Anfangs- und Endpunkt eines ganzen Stückes von zehn oder zwanzig Minuten Dauer sein können, liegt also die Zeitstrecke, die sich, sind die festen und die variablen Größen erst einmal gewählt, im Ausspielen des Serienmusters durch Autoregeneration des in Gang gesetzten Prinzips ohne jeden weiteren Eingriff füllt. Jedoch gerade in den unvorhersehbaren realen akustischen Ergebnissen solcher automatischen Prozesse besteht das eigentliche Überraschungsmoment, das den Spaß an dem bis dahin völlig kontrollierten Vorgang ausmacht. Der Komponist kann zwar vorher ausprobieren, wie es sich durch Modifikation der Ausgangsbedingungen beeinflussen läßt. Aber es bleibt da stets jener Augenblick des Umkippens aus dem streng Geregelten ins unerwartet Diffuse, das sich vom Ohr nicht mehr exakt auflösen läßt, oder in Komplexitäten der Vertauschung, die einfach nicht mehr vorauszusagen sind. Und eben dieses sachte Abheben ins Irrationale, die Düpierung des Gehörssinns, wenn sich völlige Ordnung unter erkennbarer Beibehaltung des Prinzips auf einmal in ein schwindelerregendes Durcheinander von mehreren möglichen Perspektiven verkehrt, erhöht noch jenen Irritationseffekt, den die Minimal Music mit ihren trancehaften Dauerwiederholungen ohnehin verursacht.

Das Psychedelische am Gleichmaß beruht sozusagen auf einer Autointoxikation des Zivilisationsmenschen. Denn er war es, der die überströmende Phantasievielfalt und den Formenreichtum der Natur in die beschränkte Regelhaftigkeit seiner Erkenntniswege, seiner Nutzungsgesetze und seiner technisch-industriellen Produktion zwang. Die sterile Identität seiner Serienfabrikate war die Folge, die Verabsolutierung der Norm wurde zum selbstzudiktierten Prinzip seines Lebens. Und zwar in einem derart überhandnehmenden Ausmaß und in einer Allgemeingültigkeit, daß dem menschlichen Bewußtsein fast nichts anderes übrigblieb, als diese zurechtgestutzte zweite Natur immer mehr für die wahre und erste zu halten. Man gewöhnt sich eben an die Uniformität von Häuserfassaden, Gebrauchsgegenständen, Verhaltensweisen, gesellschaftlichen oder politischen Vorgängen, wenn es tagtäglich nichts anderes oder dies in der Hauptsache zu beobachten gibt. Und die Progressivität der Futuristen, die noch in der Verherrlichung der Maschine als einem technifizierten Einzelwesen, einem Apparat mit quasi menschlichen Eigenschaften, hatte bestehen können, wurde mittlerweile längst durch die unabsehbare Vervielfachung der Maschinen und erst recht ihres Ausstoßes überholt. Quantität und Gleichmaß der Massenproduktion verhindern alle Anthropomorphismen in der Reaktion.

Die Anonymisierung durch die große Zahl erfordert zugleich andere Anschauungsweisen, und sie schafft für das Denken, selbst das an sich distanzierte, neue Modelle und Begriffe in der Auseinandersetzung mit einer gewandelten Realität. Dabei sind die Multiplizierung der genormten Industrie-Erzeugnisse bis zu Stückzahlen von Millionengröße genau wie die Miniaturisierung der einzelnen Bauelemente – etwa in der Elektronik – bis ins unfaßlich Kleine nur zwei Wege einer Transmutation der gesamten Vorstellungswelt. Menschliche Erfahrung reicht da nicht mehr heran; sie gerät in ein Taumeln vor der selbst produzierten Unendlichkeit, wie es vordem (aus natürlicher Ursache) nur Astronomen beim Blick in die Tiefe des Alls empfunden haben mögen. Die verunsicherte Intelligenz rettet sich zwar in den unhandlich abstrakten Umgang mit Summen, Mengen oder Quanten, verirrt sich dabei aber in einem neuen Labyrinth von formalisierten Begriffen, die bald auch jede mathematische Anschaulichkeit übersteigen. – Was als Reflex auf all dies künstlerisch möglich bleibt, ist wohl lediglich der Versuch, in einer Art zweitem futuristischen Entschluß die leise narkotisierende Wirkung von derart endlosen Fluchten des Gleichen, von unübersehbar verschachtelten Rasterfeldern, von Serien sich ständig verjüngender Differenzierungsebenen, überhaupt von Perspektiven, die sich im Nichts verlieren, einfach als einen neuen, ganz eigenartigen ästhetischen Wert zu begreifen und zu akzeptieren. Wer weiß denn, ob dieses sanfte, benebelnde Gift, gewonnen als Absud aus einer technifizierten, industrialisierten, computerisierten Welt, nicht dazu taugt, als ein modernes künstlerisches Mittel der Daseinsbewältigung durch ihr entsprechende Vexierspiele der Phantasie eingesetzt zu werden und nützlich zu sein?

Steve Reich

Er war nicht der erste, der entgegen allen bisher kompositorisch abgestuften und für unverzichtbar erklärten Antagonismen die Idee, eine Musik könne auch bei sich selber bleiben, indem sie ihr eigenes Erscheinungsbild mit geringfügigen Variationen unablässig reproduziere, praktisch verwirklicht hat. Als Inkunabel der Minimal Music muß vielmehr In C (1964) von Terry Riley gelten. Aber Steve Reich (*1936 New York) hat nicht nur während seiner Studienjahre in Kalifornien (bei Berio, Milhaud und am San Francisco Tape Music Center, 1962–65) an der Realisierung von In C mitgearbeitet, sondern er war auch der Konsequenteste im Weiterverfolgen des einmal gegebenen Ansatzes. Beim Experimentieren im eigenen New Yorker Studio kam er 1965 auf das Prinzip der Phasenverschiebung: »Ich hatte zwei Tonbandgeräte mit je einer Bandschleife, auf denen nur die Worte des Negerpredigers (Brother Walter) ›It's Gonna Rain‹ aufgezeichnet waren. Beide Bandschleifen hatten exakt die gleiche Länge, und ich ließ sie auf beiden Maschinen mit der gleichen Geschwindigkeit laufen. Nach einiger Zeit ergab sich, daß die

Maschinen nicht exakt liefen, die Information geriet allmählich außer Phase. Jeder Tontechniker wird bestätigen, daß es zwei Bandmaschinen, die völlig übereinstimmend laufen, nicht gibt. Ich erkannte jedoch in diesem technischen Defekt eine große Möglichkeit, meine ›Patterns‹ kontinuierlich zu verändern. Später haben Art Murphy und ich versucht, diesen Vorgang der allmählichen Phasenverschiebung auf zwei Klaviere zu übertragen. Es entstand die Komposition ›Piano Phase‹.« Damit war ein Prinzip gefunden, wie trotz ständiger Wiederholung der unverändert gleichen melodisch-harmonischen Modelle (patterns) durch eine unmerklich kleine Tempodifferenz zwischen den anfangs unisono spielenden Instrumenten ein Prozeß sich selbst regenerierender, ebenso unmerklich kleiner Veränderungen in Gang gesetzt werden kann. Und wie sich daraus – theoretisch kalkulierbar, dennoch beim Hören verwirrend – Zyklen einer erst zunehmenden, dann sich wieder verringernden metrischen Abweichung ergeben, bis die Zweitstimme um eine Phase (Zählzeit) verschoben schließlich wieder in den Grundpuls der Erststimme zurückgleitet; also mit ihr – kanonisch versetzt – parallelläuft. Danach ließe sich dieser graduelle Verschiebungsprozeß weiter fortsetzen, Phase um Phase, Dauerwert um Dauerwert, mit den jeweiligen Zwischenstadien einer erst anwachsenden, dann wieder verschwindenden Asynchronität, bis endlich die gesamte Pattern-Länge überwunden und damit das Ziel einer Rückkehr zur Unisono-Identität des Ausgangs erreicht wäre.

Ganz so mechanistisch wollte Steve Reich nun aber doch nicht verfahren. Außerdem stellten sich auch spezielle Realisierungsprobleme ein, sollte das eigentlich Faszinierende der kaum wahrnehmbaren, also extrem kleinteiligen Veränderungsgrade beim instrumentalen Nachvollzug dessen, was die beiden nicht gleichlaufenden Bandmaschinen vorgeführt hatten, erhalten bleiben. Die dafür notwendigen hohen Ablaufgeschwindigkeiten – wie in Piano Phase für 2 Klaviere oder Violin Phase für 4 Geigen (beide 1967) – setzten spieltechnisch-psychologische Grenzen. Und das Ausweichen auf die Mithilfe eines eigens entwickelten Geräts, des ›Phase Shifting Pulse Gate‹ (Phasenverschiebungs-Impulswandlers), das Zusammenklänge zu minuziöser Ungleichzeitigkeit auffächern kann – eingesetzt in Pulse Music und Four Log Drums (beide 1969) –, schmälerte nur den eigentümlichen Reiz zuliebe erhöhter maschineller Präzision. So kam Steve Reich folgerichtig weiterexperimentierend auf neue, zusätzliche Methoden, wie der Effekt der Phasenverschiebung, innerhalb eines konstanten Materialbereichs fließende Veränderungen und Perspektivewechsel zu schaffen, unterstützt und differenziert werden könnte. Drei dieser neuen Methoden entwickelte er im Verlauf seiner konzeptionellen Arbeit (die erst nach der praktischen Erprobung durchs Einstudieren und Aufführen mit seinem Ensemble auch Partiturform erlangt) an dem fast anderthalbstündigen Hauptwerk dieser Periode, an Drumming (für 12 Musiker, 1970/71): Die Impulsfolgen werden dort sukzessive aus Einzelschlägen und längeren Pausen aufgebaut, indem sich die Stillestrecken allmählich irregulär füllen, und sie können umgekehrt auch wieder zunehmend durchlöchert und abgebaut werden; dazu tritt als bisher völlig vernachlässigtes Element die Klangfarbe mit flexiblen Wechseln des Instrumentariums oder dessen Kombination – in den vier ineinander übergehenden Abschnitten von Drumming erst Bongos, dann Marimbas, dann Glockenspiele und schließlich alle zusammen; und außerdem werden diese vier Farbzonen noch durch einzelne aus dem Gesamtbestand herausgegriffene Melodiemodelle (resulting patterns) vokal, mit gesungenen oder gepfiffenen Stimmen, überlagert und durchwirkt. Wichtigste Voraussetzung für das Entbinden einer solchen über neunzig Minuten unausgesetzt forttönenden Mannigfaltigkeit aus einem einzigen rhythmischen Grundmodell ist jedoch das Festhalten des stets selben diatonischen Bereichs. »Drumming zeigt, daß es durchaus möglich ist, für längere Zeit in derselben Tonart zu verharren, wenn statt dessen beträchtliche rhythmische Entwicklungen zusammen mit gelegentlichem, aber vollständigem Klangfarbenaustausch für Abwechslung sorgen.«

Eine vierte Methode seines Verwandlungsrepertoires hatte Reich schon zuvor in Four Organs (1970) ausprobiert: die allmähliche, allerdings ungleiche Verlängerung einzelner Töne aus einem Akkord bis zu ihrer Überdehnung, wodurch der vertikale Zusammenklang sich in die Horizontale verlagert und irregulär staffelt. Immer wieder – und das ist für die Minimal Music mit ihren von da an schnell wachsenden Ausbreitungstendenzen insgesamt typisch –

wird ein erheblicher Aufwand getrieben, um neue Webmuster, sich verjüngende oder sanft drehende Schraffuren, sich zunehmend entstellende Spiegelbildreflexe oder kunstvoll verschachtelte Ornamente mit wanderndem Rapport zu erfinden, nur zu dem einen Zweck, die Monotonie des dauernd sich selbst umkreisenden Gleichen zu überlisten und zu verschleiern, also unkenntlich zu machen. Und dieser Wille zum Wegdrängen oder Kaschieren von Uniformität steht derart im Vordergrund, daß die dialektische Spannung zwischen äußerster Reduktion auf der einen und äußerster Übersteigerung auf der anderen Seite in den Stücken selbst kaum jemals wirksam wird. Sogar ein so intelligenter, sich und seine kompositorischen Verfahren dauernd kontrollierender Musiker wie Steve Reich scheint die Grundlagen des minimalistischen Dogmas weniger in Frage zu stellen als die möglichen Wege seiner praktischen Umsetzung und Anwendung. Derart stark ist der Sog oder die Lust an den sich selbst reproduzierenden Kräuselmustern des Stationären, an jener Musik als expandierte Zeitkunst, die ja in ihren neutral dahinpulsierenden Dauerserien alle denkbaren Vorläufer oder Parallelerscheinungen – von Gertrude Steins Repetitionen bis zu lettristischen und linguistischen Verfahren oder konkreter Poesie, von Alexander Calders mechanischer Kinetik bis zu Op Art, Minimal Art und Monochromie – durch den Grad ihrer Entdynamisierung übertrifft. Da spielen außereuropäische Haltungen als Vorbild und eine antiwestliche Orientierung als amerikanischer Trend hinein. Von beidem ist Steve Reich berührt und geprägt; erst durch theoretische Studien vor allem afrikanischer Musik, dann durch praktische Kurse bei einem Ewe-Trommler in Ghana (1970) und bei einem balinesischen Gamelan-Musiker in Washington (1973).

»Der am wenigsten interessante Weg, auf nicht-westliche Musik zu reagieren, wäre, den Klang der anderen Musik zu imitieren... Für einen Komponisten kann aber nur diskutabel sein, Musik mit den eigenen, das heißt westlichen Klangmitteln im Lichte der Kenntnis von nicht-westlichen Strukturprinzipien zu schreiben. Die Idee des Kanons hat zum Beispiel die Komposition von Motetten und Fugen ebenso beeinflußt wie den Serialismus Anton Weberns und meine eigenen Kompositionen mit Phasenverschiebungen. Die strukturellen Ideen der nicht-westlichen Musik sind in Beziehung zu setzen zu den Instrumenten und dem Tonsystem, mit dem man aufgewachsen ist. Der nicht-westliche Einfluß manifestiert sich daher im kompositorischen Denken und nicht im Klang.« Die Bindungen Reichs an traditionelle Musik Westafrikas oder Balis sind also prinzipieller Natur, fungieren als eine Art musikalischer Wahlheimat, während die technisch-instrumentale Einzelausführung frei bleibt und ständig neue Lösungen zuläßt. Diese bewegen sich nun auf der Basis des mit Drumming erreichten methodischen Niveaus, wenn auch die dort noch angewandte mikrozeitliche Phasenverschiebung danach zuliebe eines kleinrastrierten Würfelprinzips (nach Achtel-Maß) aufgegeben wurde, Stück um Stück weiter im Sinn eines variativen Ausbaus, einer harmonischen Bereicherung und einer klanglichen Erweiterung nach Umfang und Art der Besetzung. So bleibt Six Pianos (1973) mit kanonischen Versetzungen gleich nach Beginn, dem Auf- und Wegblenden herausgezogener Ergebnismelodien (resulting patterns) und drei wechselnden Skalenrepertoires (D, e mit cis, h) klanglich noch im einheitlichen Bereich schlagzeugartig gehämmerter Klaviere. Music for Mallet Instruments, Voices and Organ (1973; die Mallet Instruments sind 4 Marimbas, 2 Glokkenspiele, 1 Metallophon) bezieht dann nicht nur zweischichtige Entwicklungsprozesse von Repetitionsmodellen und die Verlänge-

Steve Reich: Music for Mallet Instruments, Voices and Organ (Anfang)

rung (Augmentation) von Einzeltönen wie in Four Organs ein, sondern dieser zuliebe auch drei Frauenstimmen und elektrische Orgel, die Töne aushalten können. Bläser (2 Klarinetten) und Streicher (Violine und Violoncello) tauchen erstmals in der wiederum auf Stundendauer gedehnten Music for 18 Musicians (1974/76) über eine Folge von 11 Akkorden (alles Aggregate aus der A-dur-Skala) auf und verursachen mit den vier atemabhängigen Vokalstimmen »eine Art Fluktuation« gegenüber dem konstanten Pulsieren von Klavieren und Schlaginstrumenten, »als ob Wellen gegen den Strand anliefen«.

Damit kündigt sich ein vorsichtiges Umschwenken an, weg von dem Abhaspeln getrommelter Modelle und dem für manche trancefördernden Gamelan-Klingklang, hin zu üppigerer Klanglichkeit, latenter Sprachgestik und gelockerten Verwebungsarten. Dieses Abrücken von der einstigen Radikalität oder deren Überlagerung und Einbettung in eine Aura expressiver Vielfarbigkeit setzt sich fort in der Music for a Large Ensemble (1978) und den erstmals nahezu großorchestralen Variations for Winds, Strings and Keyboards (1979). Aber den eigentlichen konzeptionellen Ausbruch bringt dann die Psalmkomposition Tehillim (das ist das hebräische Wort für Psalmen = Lobpreis; 1981), weil sie sich jedes starren rhythmischen Korsetts entledigt und in flexibler Metrik allein an die Wortrhythmen des hebräischen Textes (aus den Psalmen 19, 34, 18 und 150) hält. Dabei hat Reich ungeachtet seiner intensiven Beschäftigung mit dem Synagogengesang keinerlei kultische Melodien übernommen. Er befand sich sogar in der glücklichen Lage, daß für die Psalmen – anders als für Thora und Propheten – die mündliche Überlieferung ihrer rituellen Singweise (außer bei den jemenitischen Juden) fehlt, so daß er entsprechend dem poetisch-ekstatischen Gehalt Melodien komponieren konnte, »ohne irgendeine Tradition kopieren oder ignorieren zu müssen«. Selbstverständlich gibt es da wieder Kanons zwischen Vokal- und Instrumentalparts, auch zwischen den vier Frauenstimmen untereinander, und ebenso die Augmentationstechnik, jetzt freilich noch bereichert durch melismatische Auszierung. Das Entscheidende aber ist die neue Tonlage, wie der Litaneiencharakter (von Schlagzeug und Händeklatschen grundiert) durch die exklamatorische

Ausdrucksdirektheit menschlicher Stimmen überhöht wird und entgegen jedem Sakralklischee vitale Sprachkraft erhält. Hier konnte The Desert Music (1984) für Chor und Orchester gleichsam als erweitertes weltliches Pendant anknüpfen, wenn auch die spielerischen bis tiefsinnigen Texte des amerikanischen Lyrikers William Carlos Williams mit ihrem Schwanken zwischen Weltbedrohungsschock, moralisierender Sentenz und skeptischem Pragmatismus bei Reichs musikalischem Nachvollzug die Eindeutigkeit der Psalmkomposition verwehrt haben mögen. Oder verbirgt sich hinter der selbstangerichteten minimalistischen Ortlosigkeit auch ein individuelles Problem, so daß Steve Reich bei der Arbeit an Tehillim mit doppeltem Recht gesagt hätte: »Ich wurde neugierig auf meinen eigenen Hintergrund, ...darauf, was denn jüdische Musik wirklich ist. So begann ich das zu tun, was eigentlich ein Kind tut, das in dieser Tradition aufwächst...«?

Das strikt Geplante, der im voraus programmierte Ablauf der Minimal Music bestimmen ihre Nähe oder ihre Zugehörigkeit zu einer modernen Welt der Technik, in der das Durchrationalisieren hohen Stellenwert besitzt. Und als Folge davon, nicht nur in Kauf genommen, sondern als Ziel einer Klarlegungsästhetik sogar in hohem Maße erwünscht, entwickeln sich Prozesse, in deren klanglicher Erscheinung die Konstruktion – schon allein wegen des geringen Veränderungsgrades und der häufigen Wiederholungen – in jedem Moment wahrnehmbar bleibt. »Ich möchte den Verlauf des Prozesses in der Musik von Anfang bis Ende hören können.« (Reich) Freilich läßt sich da zunächst einmal bezweifeln, ob es Sinn des Komponierens ist, daß am klingenden Resultat stets erkannt werden kann, wie und nach welchen Prinzipien oder Verfahrensregeln es hervorgebracht wurde. Gerade in der Musik sind Handwerk und Machart eigentlich die minderen Aspekte am ästhetischen Objekt. Sodann wäre aber auch viel unmittelbarer zu fragen, ob denn in den unablässig hämmernden, pochenden, dahindudelnden Stücken der Minimal Music tatsächlich alle formbildenden Faktoren, all jene kleinen regulativen und variativen Elemente inmitten einer vielschichtigen Überlagerung zu hören und zu erkennen sind. Gegen solch eine Annahme lassen sich immerhin einige Gründe zu Vorbehalt und Skepsis anführen: Zuerst eben die Dichte des Satzes, die noch dazu bei gleichbleibender Rhythmik und Instrumentation das Wahrnehmen und Verfolgen der einzelnen Veränderung fast unmöglich macht; außerdem steckt, was scheinbar so offenliegt und ohne Probleme einsichtig ist, voller Finten und Tricks, wie wann was umgruppiert, in eine andere Richtung gelenkt, hervorgehoben oder verdeckt wird; zusätzlich spricht Reich selbst von geheimnisvollen »psycho-akustischen Nebenerscheinungen« wie dem individuellen Heraushören von eigenen Kombinationsmelodien oder den unbeabsichtigten Einwirkungen spezieller Resonanzverhältnisse des Aufführungsraumes oder dem verwirrenden Auftauchen von nicht gespielten Obertönen und Differenztönen.

Entscheidender als diese mancherlei faktischen Störanlässe, die sich der konzeptionellen Übersichtlichkeit entgegenstellen können, sind aber dann die rein psychischen Begleiterscheinungen sowie die daraus abgeleiteten psychischen Stimulanzien für die Perzeption. Einer in sich zirkulierenden, gleichförmigen Musik zuzuhören, schärft ja nicht gerade die Aufmerksamkeit oder das kontrollierende Interesse an den schließlich doch einmal auftretenden minimalen Veränderungen. Im Gegenteil: Jede aktive Teilnahme verwandelt sich allmählich in eine passive, in ein langsames Abheben der Wahrnehmung vom akustischen Gegenstand, ein Erschlaffen der Konzentration, bis man sich verstreuten Assoziationen oder Bildern, vagen Stimmungen überläßt und Veränderungen erst begreift, wenn es schon zu spät ist, den Weg, auf dem sie zustande kamen, noch zu rekonstruieren. Also verzichtet man lieber gleich ganz auf die genauere analytische Dechiffrierung und trudelt immer weiter und tiefer in ein Zwischenreich musikalisch animierter Zustandsempfindungen. Genau hier setzt nun – in leiser Verkehrung von Ursache und Wirkung – die Überbau-Fama der Minimal Music ein und preist sie als Medium spiritueller Erhebung und entindividualisierter Daseinseinsichten. Und genau in diesem Bereich des Meditativen treffen, aber unterscheiden sich auch die Ansichten und Haltungen der vier ›Gründungsväter‹ des amerikanischen Minimalismus – Steve Reich, Philip Glass, Terry Riley und La Monte Young – oberhalb aller technisch-kompositorischen Gemeinsamkeiten und Divergenzen auf eine sehr bezeichnende Art.

Der intelligente, nebenbei auch philosophisch geschulte Steve Reich, sicherlich allem Mystizistischen am meisten abhold, spricht immerhin von einer Psychologie des Spiels repetitiver Musik, die ein völliges ›Hineinversenken in den Klang, ein totales sinnlich-intellektuelles Darin-Aufgehen‹ bedeute. Und, daß man ›beim Aufführen und Hören gradueller musikalischer Prozesse an einer eigentümlichen Befreiung, einer unpersönlichen Art von Ritual‹ teilnehmen könne; ›wenn man sich darauf einstelle, werde eine Verschiebung der Aufmerksamkeit möglich: weg von ihm und ihr und dir und mir nach auswärts auf ein Es‹. Darin mag sich die Übertragung afrikanischer und indonesischer Erfahrungen widerspiegeln. Bei Glass, Riley und Young verlagert sich die prägende Erlebnisquelle dann aber ganz aufs Indische –, und zwar in dieser Reihenfolge mit steigender Intensität: Während Glass, der jüngste unter den vier fast gleichaltrigen Musikern, sich von dem indischen Sitar-Meister Ravi Shankar und dem Tabla-Virtuosen Alla Rakha in den Umgang mit Ragas und indischer Rhythmik einweisen ließ, um daraus mit behendem Geschick seine modularen Spielformen abzuleiten, wurden Riley und zumal sein Vorbild Young von Indischem in weitaus essentielleren Schichten berührt und getroffen. La Monte Young (*1935 Bern/Idaho) hatte schon früh die Faszinationskraft des Statischen, lang ausgehaltener Töne und Akkorde, entdeckt. Und diese Vorliebe für Dauerklänge, die der Schüler des einstigen Schönberg-Assistenten Leonard Stein seltsamerweise vom ›Farben‹-Satz aus Schönbergs Fünf Orchesterstücken op. 16 sowie von der »immer und immer wieder« vorgewiesenen Präsenz der Reihe in all ihren Permutationen bei Webern herleitet, mauserte sich nach seriell verpackten Ankündigungen – im Octet for Brass (1957) und im Streichtrio (1958) – bereits in den Compositions 1960, No. 1–15, zu rigoroser Ausschließlichkeit. No. 7 fordert etwa auf, lediglich eine Quinte (h - fis) »für lange Zeit auszuhalten«. Und dies zielt ganz direkt, auch unmißverständlicher als die Fluxus-nahen Happenings, vor dem Auditorium ein Feuer zu entzünden (No. 2) oder Schmetterlinge fliegen zu lassen (No. 5), damit man den Klängen lausche, auf jene Dauerinstallationen von Sound-Environments, wie sie Young seit Mitte der sechziger Jahre einzig noch beschäftigen und ihm den Ruf eines eher geheimen als öffentlich präsenten

Obergurus der amerikanischen ›Trance Music‹ eingetragen haben.

Die dafür bezeichnende Vision von einem Dream House (1962 konzipiert), kontinuierlich erfüllt von harmonisch forttönenden Klängen und einer darauf abgestimmten Beleuchtung, in das man eintreten, darin wohnen und auch einzelne Töne mitsingen kann, scheint tatsächlich am ehesten für die private Umsetzung in den eigenen vier Wänden, im eigenen Loft geeignet. Aber für La Monte Young, der 1960 von der Westküste (Los Angeles) – mit ihrer vielleicht nicht nur geographischen Äquidistanz zu Ostasien wie zu Europa – nach New York umgezogen war, wächst sich die Dream-House-Idee bald zu einem einzigen, unabsehbaren ›work in progress‹ aus: The Tortoise, His Dreams and Journeys (ab 1964). Dabei wird die Schildkröte zum Symbol und Inbegriff eines unveränderlichen Zustands von schier endloser Dauer, weil sie schon »vor zweihundert Millionen Jahren Schildkröte war, und das ist 199 Millionen Jahre länger als Menschen Menschen sind.« Ähnlich will Young unveränderliche, in sich stationäre Klänge, aus nur wenigen Tonhöhen (bis zu 7) gefügt, erzeugen: mit einem ›turtle motor‹ (kleiner Vibrator) als Bordun-Fundament, zwei Instrumenten (Streicher/Generator), zwei oder drei Stimmen, Mikrophonen und Verstärkung. Aber jeder Akkord – und das ist das schwierige – muß in völlig harmonisch-reiner Stimmung (just intonation) nach der Obertonskala, statt der üblichen, verfälschenden ›gleichschwebenden Temperatur‹, erklingen, um seinen Schwingungsverhältnissen Klarheit und – in einem durchaus psychischen Sinn – charakteristisches Eigenprofil zu geben. Selbstverständlich können Präsentationen vor Publikum trotz Mehr-Stunden-Dauer nur Ausschnitte sein, durch umständliche Titel jeweils als Teil des von Young gemeinten Ganzen ausgewiesen und von Marian Zazeela (seiner Frau) mit Bild/Licht/auch Duft-Elementen in eine theatralisch-rituelle Multimedia-Aura gehüllt. Eigentlicher Fixpunkt solcher introspektiven Klangakribie wird dann, wie auch Youngs Soloauftritte mit den improvisatorisch ausgespielten Dauerakkorden auf seinem Well-Tuned Piano (ebenfalls seit 1964) bezeugen, das unaufhörliche Ringen um den Verbleib in ›reiner Stimmung‹; um ein Stück irdisches Dasein getragen vom Traum einer uneinholbaren Eternal Music.

Philip Glass

Noch bevor sich irgendein neuer Typ von Musik etablieren kann – was immer auf dem wie zufälligen Zusammenwirken mehrerer günstiger Umstände und einiger gleichgesinnter Personen beruht –, gibt es unterschwellige Bedürfnishaltungen von so dezidierter Prägnanz, daß sie sich unbeirrbar, voll bohrendem Elan und gegen jede Konvention ihren Weg suchen. Mag sein, daß insofern der verwegen außenseiterische Harry Partch (1901 Oakland – 1974 San Diego) als der wirkliche Pionier der Minimal Music anzusehen ist, weil er aus dem ursprünglichen Verlangen nach einer ungetrübt reinen Stimmung nicht nur eine Tonskala von 43 Stufen pro Oktave erfand, sondern sich gleichzeitig auch noch Instrumente baute, auf denen sie sich spielen läßt. Mag weiter sein, daß, verglichen mit den freien Wechseln zwischen verschiedenen Tonalitätssystemen bei Partch, das stundenlange Ausharren in einem einzigen rein gestimmten Tonalitätsbereich bei La Monte Young etwas Enges und beinahe Autistisches hat. Immerhin fand Young Anhänger, Nachfolger – und damit der neue Musiktypus sich ständig verbreiternde Resonanz. Terry Riley wurde sein Mitstreiter, nicht ohne förderlichen Austausch zu Jazz, Rock oder Pop, und ist ihm heute noch verbunden. Steve Reich mit seinen strengeren rhythmischen Konzepten sammelte wiederum erste Erfahrungen bei Riley in Kalifornien und hat als er, nach New York zurückgekehrt, sich selbst mit seinen ›...and Musicians‹ zu assoziieren begann, auch zwischen 1968 und 1970 beim ›Philip Glass Ensemble‹ mitgespielt. So knüpfte sich ein immer weitmaschigeres Netz von Beziehungen.

Denn unter den vier Minimalisten ist Philip Glass (*1937 Baltimore) eindeutig der Popularisierer. Er schaffte es, daß aus einer neuen Musikpraxis für wenige Begeisterungsfähige und Eingeweihte über die tiefe Tabu-Kluft zwischen Pop und Klassik hinweg eine Massenbewegung wurde, die Publikumsschichten – gleich welchen Anspruchs, Bildungsgrads oder sozialen Umfelds – zu mobilisieren versteht und in ihre hypnotisierenden Strudel aus ständig repetiertem Gleichmaß zieht. Und er schaffte es sogar, in der Metropolitan Opera und der Carnegie Hall, in Rocktempeln und Beatschuppen (sowie an ähnlichen Plätzen in ganz Europa), dieselbe emphatisch begrüßte Aufnahme zu finden, ohne sich den Zwängen des Kommerz oder den Nötigungen des Kulturbetriebs zu beugen, – einzig im Vertrauen auf seine Originalität und sein Geschick, mit ihr umzugehen, oder, anders ausgedrückt: auf seine Experimentierlust und seine quasi durchtrainierte Erfahrung. Phil Glass war nämlich ein fleißiger und gelehriger Schüler gewesen (in Chicago, New York und schließlich bei Nadia Boulanger in Paris), hatte genügend Diplome und Stipendien erhalten, etwa zwanzig seiner Stücke auch bereits veröffentlicht. Nur bedrängte ihn auf einmal die Idee, er habe nichts als die Musik seiner Lehrer komponiert. So begann er sich (ab 1966/67) mit Anderem, Nicht-Westlichem, Nicht-Traditionellem zu beschäftigen, vor allem mit indischer Musik, und entdeckte die additive Struktur ihrer Rhythmik als eine brauchbare Handhabe für sich. Dazu kamen: einfache melodische Figuration zur Verdeutlichung der unterschiedlich langen Partikel, in sich rotierende Wiederholung, Arbeit mit wechselnden ›harmonischen Plateaus‹ zur Gliederung längerer Zeitstrecken. Und durch Umsetzung dieses an sich bescheidenen Repertoires entstanden – immer gespielt vom eigenen Ensemble – gleich Stücke von exorbitanter Dauer: über eine Stunde bei Music with Changing Parts (1970) und volle vier Stunden bei Music in 12 Parts (1974).

Ein kleiner, aber wesentlicher Schritt führte schließlich zur Kombination mit Bühne und Optik. Ob das Ergebnis dann wirklich als Oper zu bezeichnen ist, wie es Glass bei seinem großen Erfolgswerk in vier Akten und fünf Stunden, bei Einstein on the Beach (1975/76), getragen von der Zusammenarbeit mit dem theatralischen Langsamkeits-Magier Robert Wilson, getan hat, mag fraglich erscheinen. Immerhin, es gibt Sänger, Akteure, zwei Chöre, ein Orchester (aus Saxophonen, Flöten, Baßklarinette, E-Orgeln/Keyboards und Elektronik); jedoch weder Handlung noch Arien. Statt dessen Einstein als Integrationsfigur für alle möglichen Assoziationen an Relativitätstheorie, privates Geigen- und kindliches Eisenbahnspiel (man hört ihn mit Violine, sieht einen Zug); an seine Alpträume vom nuklearen Holocaust (wie im Buch ›On the Beach‹ von Nevil Shute beschrieben), an ein strafendes Weltgericht oder an das ›befreiende‹ Raumschiff. Und immerzu wird alles musikalisch grundiert, von genau kalkulierten Klangbändern zum einlullend-vielsagenden mimischen Tableau erhoben. Damit war der musiktheatralische Typus für ein koordiniertes Baukastensystem aus wechselnden Klangflächen und dem szenischen Mosaik um eine Hauptperson gefunden. Er ließ sich weiterverwenden: ob in Satyagraha (das Sanskritwort für ›Gewaltlosigkeit‹; 1980, Libretto: Constance de Jong) auf Mahatma Gandhi und seinen Kampf in Südafrika bezogen oder auf den Erfinder der Reihenfotografie, Eadweard Muybridge, und seine zeitzerhackenden Bewegungsstudien in De Fotograaf/The Photographer (1982, mit Rob Malasch) oder auf den revolutionären Monotheisten-Pharao Echnaton/Akhnatan (1984; Uraufführungs-Inszenierung: Achim Freyer) und seine abstrakte Gottes-Idee im Konflikt mit den älteren Kulten einer mächtigen Priesterkaste. Es ist klar, Glass sucht sich thematisch an jene Pioniergestalten in Wissenschaft, Technik, Politik und Religion zu halten, die fast lautlos das gesamte Weltbild verändert haben. Und obwohl er die eigene Gegenwart meint, bevorzugt er eine nicht-westliche Übersetzung in afrikanisch-indische oder gar alt-ägyptische Atmosphäre. Doch seine Musik, die sich dazwischen auch noch einer zivilisationskritischen Film-Kantate über unser ver-rücktes Leben, Koyaanisqatsi (ein entsprechender Begriff der Hopi-Indianer; 1982, Regie: Godfrey Reggio) oder Robert Wilsons historischem Groß-Panoptikum der CIVIL warS (1983/84) dienstbar zu machen weiß, bleibt ungerührt von alledem die gleiche. Ein bißchen fülliger, lyrischer, farbiger ist sie zwar geworden, dafür auch spannungsärmer, weicher konturiert, kulinarischer. Jedenfalls sieht sie sich dem Prinzip, nach dem sie angetreten, trotz aller inszenatorischen Cleverness nun hemmungslos ausgeliefert.

Elektronik und Computer

Welche überschwenglichen Erwartungen hatten nicht einst, in den frühen fünfziger Jahren, den Aufbruch in das unbetretene Reich des elektronischen Klangs begleitet. In einer Zeit, da der Grundgedanke des Serialismus von der Struktur-Kongruenz zwischen der kleinsten Zelle und der resultierenden Gesamtform noch ohne jede Einschränkung verheißungsvolle Überzeugungskraft besaß, mußte es als unverhofft glückliche Fügung erscheinen, daß ausgerechnet jetzt auch noch die Ausweitung des Mikrobereichs bis in den strukturellen Aufbau des Einzeltons hinein, der ja physikalisch ein Kompositum aus Teiltönen oder Sinusschwingungen ist, technisch möglich und praktisch realisierbar wurde. Damit unterlag das Tonmaterial selber bis in seine minimalste Faserung dem bestimmenden Zugriff und der Kontrolle des Komponisten. Alles, was klingende Gestalt gewinnen sollte, ließ sich aus dem Urelement der reinen Sinusschwingung, wie sie der elektronische Generator liefert, in einem langwierigen Syntheseprozeß Zug um Zug schichten, reihen und schließlich zum fertigen Stück gruppieren. Enthusiasmiert verkündete man damals angesichts der phantastisch vermehrten, tatsächlich »unausmeßbaren Möglichkeiten der elektronischen Musik«: »Das Tor hat sich mit einem Schlag geöffnet, und was man nun sieht oder hört, ist nicht das Chaos, sondern der Ton, das klingende Gebilde mit seinen Existenzdaten, die das im tiefsten musikbildende Element sind.« (Eimert) Und: »Musikalische Komposition ist damit in die dritte Epoche getreten«; nach der menschlichen Stimme als ausführendem Organ und dem Instrument als Tonwerkzeug stellt sie »den Menschen nur noch an den Beginn des Kompositionsprozesses, schaltet ihn aber als Mittler aus. Ihre ›dehumanisierte‹ Musik ist in der Domäne des reinen Geistes entstanden.« (Stuckenschmidt).

Was ist aus all den Blütenträumen der entdeckungsstolzen Anfangsphase inzwischen geworden? Nun, die dritte Epoche hat sich weniger als vermutet zu einer selbständigen musikalischen Daseinsform mit eigenen Vermittlungswegen (Rundfunk, interpretenlose Hörräume, akustische Permanentausstellungen) weiterentwickelt. Die elektronischen Studios, die man vielerorts als die eigentlichen Zukunftswerkstätten der Komponisten projektiert und aufwendig mit schwerem Gerät und hochkomplizierten Schaltvorrichtungen ausgestattet hatte, sind meist nahezu verwaist oder dienen nur noch der vormals verpönten Herstellung von Zuspielbändern und anderem, vom ursprünglichen Autarkie-Anspruch weit abgerückten Beiwerk. Die verwendeten Apparate wurden mittlerweile ständig kleiner, in ihren Funktionen exakter, schneller und komplexer, im Einsatz variabler, im Preis höher und veralteten dennoch rascher. Statt der fest installierten Studiotechnik kam gleichzeitig immer mehr die Live-Elektronik in Schwang; also die direkte Mitwirkung am Aufführungsort mit mobilem Equipment, um synthetische Klänge zuzuliefern oder die gespielten und gesungenen zu verändern, umzusetzen, zu wiederholen, ins Laute zu projizieren, wandern zu lassen und – nach diesen oder ähnlichen Prozeduren – auf jeden Fall das endgültige Mischungsverhältnis festzulegen und zu regulieren. In solcher verwandelten Gestalt, zugleich bescheidener und mächtiger, wendiger und unverzichtbarer geworden, ist die Elektronik inzwischen auf eine anfangs kaum vorstellbare Weise omnipräsent. Und selbst die ängstlichen Beschwichtigungsversuche der frühen Jahre, zur Milderung des technischen Schocks jede Mitarbeit von enthumanisierten Automaten oder »musikrechnenden Elektronengehirnen« schlicht zu leugnen, sie auch gar nicht erst in Erwägung zu ziehen, sind nachgerade zu liebenswürdigen historischen Aperçus bei der Verteidigung einer wohl allseits ziemlich erschreckenden Innovation geworden. Die Realität hat sie längst überholt. Denn inzwischen komponieren die Computer am Schreibtisch, im Studio oder im Konzertsaal fleißig und wie selbstverständlich mit.

Neuheiten zu integrieren, birgt zweifache Gefahr und scheint doch an sich das Normale, ein voraussehbares Produkt aus Gewöhnung und abgelaufener Quarantänezeit. Aber auf der einen Seite droht die Verwässerung, der Stück um Stück abgemarktete Betrug an der auslösenden Idee, bei dem die flinken Zwischenhändler, doppelzüngigen Toleranzprediger, Vorteile witternden Geschäftemacher durch allerhand unbemerkte Hintertüren in Aktion treten. Und gerade der weitverbreitete musikalische Biedersinn verschafft ihnen leichte Beute. Auf der anderen Seite verrennen sich die Erstentdecker einer neuen Methode, Technik oder Komponierpraxis zwischen der inneren Not des begierigen Weitererprobens und der äußeren des Apologiezwangs gegenüber Geldgebern oder Öffentlichkeit leicht in einem selbstgefertigten Netz aus Finderglück, Eigensinn, Ausschließlichkeitsmoral und übers Ziel hinausschießender Spekulation. Es entsteht eine Gegenbewegung mit unaufhaltsam schwindenden Chancen der Verständigung und beidseitig wachsenden Schäden durch Entstellung. Der Austausch vollzieht sich dann, wenn die Attraktivität der Neuheit nur lang genug vorhält und nicht wie ein Strohfeuer erloschen ist, auf einem unbeachteten Nebenschauplatz, außer Sichtweite der eigentlich Zuständigen oder Betroffenen und mit dem stets erfolgreichen Überrumpelungseffekt des schmuckeren, aber billigeren – sprich: unbelasteteren – Nachbaus.

Fast kurios erscheint heute etwa der jahrelange Prinzipienstreit zwischen den Verfechtern einer rein elektronischen Musik (in Köln) und den antipuristischen Geräusch-Manipulanten der Musique concrète (in Paris). Unterdessen rollte schon die Elektronikwelle in der Pop-Musik an: Übers bloße Verstärken zu immer höheren Phonzahlen geriet man ans rattenfängerische Operieren mit dem Sound samt Collage-Technik, Multiplay-Verfahren, raffinierten Spezialeffekten bis zum bald marktbeherrschenden Einsatz von Synthesizern. Andererseits erlaubte die ständige Miniaturisierung der Geräte binnen kurzem jedem einigermaßen engagierten Boßler, sich zuhaus sein eigenes Kleinstudio einzurichten und sich die verwegensten Klangkompositionen zurechtzumixen. Das Geschehen hatte sich also – von technischen Innovationen und der trendfühligen Elektro-Industrie vorangetrieben – rascher und vielsträhniger in ungeahnte Breitendimensionen entwickelt, als es den theoretisierenden Praktikern der ersten Stunde, bemüht um Grundlagenklärung, befangen in ihrem Dogmenzwist, je vorstellbar gewesen wäre. Ihrer unbestreitbar höheren sachlichen Kompetenz waren Zeitpunkt und Steuerungseffizienz möglicher Direktiven entglitten. Und was letztlich zählt, sind eben nicht gut begründete Wunschhaltungen oder Vorrechte aus irgendeiner Priorität, sondern die vielleicht schlechte, vielleicht völlig fehlgeleitete, aber real existierende Daseinswirklichkeit. Sie schafft sich die Regeln, nach denen Neuheiten integriert werden.

Ungeachtet der mangelnden Koordination zwischen dem technischen Fortschritt in der musikbezogenen Elektronik und seiner oft weniger sukzessiven als sprunghaften Auswertung und Nutzung durch alle möglichen Interessenten, durchkreuzten zwei entscheidende Neuentwicklungen um die Mitte der sechziger Jahre ohnehin jedes einigermaßen übersichtliche, theoretisch fundierte Anwendungskonzept: die Einführung der Spannungssteuerung (Voltage control) durch Robert A. Moog in dem nach ihm benannten Synthesizer (1964) und der Einsatz des Computers, nicht nur zur musikalischen Analyse oder zur Ausarbeitung eines Kompositionsplans (wie bei Lejaren A. Hiller / Leonard M. Isaacson: Illiac-Suite für Streichquartett, 1956/59), sondern zur unmittelbaren Programmierung von klangerzeugenden elektronischen Geräten. Das eine, die Spannungssteuerung, ermöglichte besser, eleganter und variabler als alle vorausgegangenen Codierungssysteme, manuelle Eingriffe zum Einstellen der Geräte durch elektrische Bedienung zu ersetzen. Je nach angelegter Spannung (noch dazu im extrem niedrigen Bereich bis höchstens 15 Volt) liefern die Oszillatoren (für die Tonhöhe), Amplitudenmodulatoren (für die Lautstärke) oder Filter (für die Klangfarbe) nun den entsprechenden gewünschten Wert. Damit waren die manipulativen Probleme im Umgang mit der elektronischen Apparatur gelöst. Das andere, die Verwendung von digitalen Computern, erlaubte eine weitgehende Automatisierung von Kompositionsvorgängen. Aufgrund des eingegebenen Programms führt der Computer Rechenoperationen aus, bestimmt Ableitungen bis ins Detail, hält Alternativen bereit, wählt aus, entscheidet über Brauchbarkeit, wiederholt dasselbe oder bildet Varianten und speichert bei allem die Resultate. Für den Komponisten ergibt sich nur die Notwendigkeit, eine Programmier-Sprache zu erlernen, die seine Vorstellungen in präzise und im Ablauf logische Instruktionen für den Computer übersetzt. Dann sind die Möglichkeiten der maschinellen Datenverarbeitung eine enorme Hilfe, speziell beim Fixieren und Feinabstimmen all der vielen Werte für ein ganzes Arsenal technisch hochkomplizierter Geräte bei der elektronischen Klangproduktion.

Wichtigstes Element zur sinnvollen Ausnutzung beider Neuerungen, um also die vom Computer errechneten und ausgegebenen Daten (Output) direkt auf die Spannungssteuerung einer Produktionseinheit (Studioeinrichtung oder Synthesizer) übertragen zu können, waren die Digital-Analog-Wandler (Converter). Denn der Digital Computer arbeitet ausschließlich mit Ziffern (digits), obendrein nach dem binären System mit nur zwei Zahlzeichen (1 und 0, für Ja/Nein-Entscheidungen), dessen scheinbare Primitivität er durch unwahrscheinliche Operationsgeschwindigkeiten wettmacht. Alle Informationen für den Computer müssen dementsprechend codiert werden. Umgekehrt verlangt die Spannungssteuerung mit ihren stufenlosen Kurvenverläufen jedoch Signale in analoger Form, kontinuierlich auf- und abgleitend und nicht wie beim Computer-Output in eine rasche Folge von Zahlen und quantisierte kleinste Zeitstrekken zerlegt. Das erforderliche Zwischenglied, der Digital Analog Converter, diente nun entweder zur Kombination von zwei technischen Sprachebenen (Systemen) innerhalb desselben Studios und damit zum Aufbau eines ›Hybriden Systems‹ – wie im Electronic Music Studio Stockholm (EMS, 1965) –, oder solche Zwitterhaftigkeit wurde gleich einer der beiden Einheiten angehängt und einverleibt: dem Computer durch Angliederung eines Converters, der jedes beliebig komplexe Ziffern-Resultat (als genaue digitale Umschreibung eines beliebig differenzierten Gesamtklangs für einen bestimmten Moment) in analoge (Wechsel-)Spannungen umwandelt, so daß diese im Lautsprecher die entsprechenden hörbaren Schallwellen erzeugen; häufiger noch wurde aber dem sowieso rasch und branchenübergreifend verbreiteten Synthesizer ein Computer-Teil vorgeschaltet oder eingebaut (wie etwa beim Synthi 100 die praktikable Mischform eines Digital Sequencer).

Nicht allein machten diese kombinierten Möglichkeiten die elektronischen Geräte flexibler und verwendungsfähiger, durch angebrachte Tastaturen spielbarer, durch direkte Klangproduktion in

Realzeit (real time) den herkömmlichen Instrumenten ähnlicher, wenngleich durch ihre mannigfaltigen Schalt- und Steuervorrichtungen unglaublich verwandlungsreicher und schließlich durch die ständige Verkleinerung der Bauelemente (Module) handlicher und transportabler, – vielmehr erweiterte sich in Reaktion auf all das binnen kurzer Zeit auch der Kreis an Elektronik interessierter und anteilnehmender Komponisten. Die Studiomauern, hinter denen bis dahin Musiker und Techniker wie eingeschworene Spezialistenteams an ausgesuchten Stellen rings um die Welt (Paris, Köln, Illinois, Warschau, Utrecht, New York, Mailand, Tokio, Stanford, Stockholm und anderswo) gearbeitet hatten, öffneten sich auf einmal, wurden durchlässiger. Und während die neue Mobilität eine ungekannte Verzweigung in alle möglichen Richtungen und zu den verschiedensten Einzelaktivitäten beförderte, verschob sich gleichzeitig die Haltung des Komponisten zum elektronischen Klangmaterial und zum entstehenden Produkt durch das Dazwischenschalten halbautomatischer Steuerungsprozesse ins seltsam Distanzierte und Indirekte. Was sich da letzten Endes als hörbarer Klangablauf darstellte, entsprach ja nur den Primärdaten seines Programms, unterlag vielleicht weiteren interpretativen Eingriffen (Conductor Philosophy), aber entzog sich doch in wesentlichen Teilen seiner unmittelbaren Zuständigkeit.

Dieses Bedienen eines Systems, das projektierte, aber nicht exakt bestimmte Töne hervorbringt, erschloß dem Komponisten im Dialog mit dem Computer eine völlig neue, ungewohnte Erfahrungswelt und stimulierte andererseits in den direkteren, praktischen Anwendungsbereichen der Live-Elektronik die Spiel- und Experimentierlust. Denn schon relativ einfache Operationen auf den drei live-elektronischen Betätigungsfeldern – der Transformation (Ringmodulation), der Selektion (Filterung) und der Distribution (im Raum und in der Zeit) – erbringen ganz unerwartete und überraschende Ergebnisse, weil zum Beispiel Addition und Subtraktion der Frequenzen (Seitenbänder) bei der gegenseitigen Modulation zweier Klangquellen (Generatoren, Instrumente oder Sprache) zu kaum voraussehbaren Intervallschritten und Neben-Melodielinien führen. Alle derartigen Klangumformungs-Methoden zusammengenommen – irritierend wie der Blick in ein akustisches Spiegelkabinett – lockten selbst Komponisten an, die bisher der Elektronik reserviert gegenübergestanden hatten. Viele versorgten sich mit eigenen Geräten, andere, wie etwa Kazimierz Serocki, Cristóbal Halffter, Paul-Heinz Dittrich oder vor allem Luigi Nono beim Freiburger Experimentalstudio der Heinrich-Strobel-Stiftung des Südwestfunks (ab 1975), versicherten sich der Zusammenarbeit mit einer auf Live-Elektronik spezialisierten Institution. Und immer hatte solches Attachement spürbare kompositorische Folgen.

Pierre Boulez

Zweimal waren die Arbeitskontakte mit der technischen Gerätschaft zur Klangproduktion eher zufällig und punktuell gewesen – bei den kurzen Études I / II (sur un seul son / sur sept sons, 1951 / 52), hergestellt als Gast von Pierre Schaeffers ›Groupe de Recherche de Musique Concrète‹ in Paris; und bei der Sprach- und Klangzulieferung zu der räumlich disponierten Poésie pour Pouvoir (nach einem Text von Henri Michaux, 1958; für dreigeteiltes Orchester und 5-Spur-Band) unter Einsatz des Klangumwandlers beim Südwestfunk in Baden-Baden. Und doch konzentrierten sich alle Ideen für ein gedeihliches, gegenwartsbezogenes Weiterkomponieren bei Pierre Boulez (* 1925 Montbrison / Loire), als er daranging, seine eingeschobene Dirigenten-Karriere wenigstens in den beiden parallelen Chefpositionen (beim BBC Symphony Orchestra London, 1971–75, und bei den New Yorker Philharmonikern, 1971–77) zu terminieren, auf ein durch ihn geplantes, von ihm geleitetes elektroakustisches Forschungsinstitut mit modernsten Produktionseinrichtungen. Eine Ahnung, eine Wunschvorstellung von der Entgrenzung des herkömmlichen Klangs der Instrumente, sowohl nach ihrem Umfang und ihrer charakteristischen Klangfarbe als auch nach ihrem räumlich fixierten Klangort, muß wohl die ständig vorhandene innere Motivation dafür gewesen sein. Schon relativ früh, 1954, hatte Boulez seine kritischen Überlegungen zur Elektronik in solchem Sinn zusammengefaßt: »Wir weigern uns, an einen ›Fortschritt‹ von der instrumentalen zur elektronischen Musik zu glauben; es gibt lediglich eine Verlagerung der Aktionsfelder. Was uns am meisten locken könnte? Wir wiederholen es zum Schluß: die beiden Klangwelten in multidimensionalen Konstruktionen einander zu konfrontieren, ein Vorhaben, das uns ohne Zweifel faszinieren und zu höchster Anstrengung anspornen könnte.«

Diesen Traum von einer live-elektronischen Verbindung zwischen instrumentalen und synthetischen Klängen – nichts anderes konnte dies ja heißen und nichts anderes war in Poésie pour Pouvoir bereits angestrebt worden – verwirklichte sich Boulez mit der Gründung ›seines‹ ›Institut de Recherche et de Coordination Acoustique/Musique‹ (kurz: IRCAM, eröffnet 1977) in Paris, direkt beim Centre Georges Pompidou (und von diesem Präsidenten zur Rückholung des verlorenen Sohnes gefördert sowie finanziert), unter Straßenniveau, schallabwehrend in die Erde gebaut. Neben den fünf Abteilungen zur eigentlichen Erforschung und praktischen Erprobung neuer Klangmöglichkeiten, zuständig für Computer, für Elektroakustik (Klangsynthese und Live-Elektronik), für Instrumente/Stimme (mit Akzent auf experimentellen Spiel- und Gesangstechniken, speziell denen der multiphonen Klänge), für interdisziplinäre Koordination (Département Diagonal) und für Pädagogik, enthält dieses Institut auch einen eigenen Aufführungs- und Demonstrationsraum (Espace de Projection), der durch fahrbare Deckenteile in seinem Volumen und durch prismatische Flächensegmente an allen Begrenzungswänden (jeweils auf dreierlei Nachhallcharakteristik – hart, mittel, weich – unabhängig voneinander drehbar) in seinen akustischen Bedingungen beliebig verändert werden kann – sogar während einer Darbietung. Wieder einmal hatte Boulez, ähnlich seinem methodischen Vorgehen beim Komponieren oder beim Dirigieren und Entwerfen von Programm-Zyklen, alles auf durchaus schlüssige, übersichtliche Weise geplant und mit jener französischen Vorliebe für Kategorien und Systematik in eine disponible Organisationsform gebracht. Nur konnte er es nicht verhindern, daß ihm zwei seiner prominentesten Département-Leiter, Luciano Berio und Vinko Globokar, bald die weitere Mitarbeit aufkündigten, daß außerdem zwei Pariser Komponistenkollegen, Iannis Xenakis und Jean-Claude Eloy, sein Millionen verschlingendes Institut wegen der völlig disproportionalen Belastung des Kultur-Etats öffentlich heftig attackierten. Genau wie er es vorher in New York nicht hatte verhindern können, daß seine ausgetüftelte Programmpolitik mit Retrospektiven (zwei Hauptkomponisten pro Saison, etwa Berg/Liszt, Strawinsky/Haydn, Ives/Schubert), Perspektiven (Gattungsreihen wie Concerto grosso/Solokonzert) und Prospektiven auf die Musik der Gegenwart ihn die Gefolgschaft von 3500 Abonnenten kostete und ihm zudem den Protest von Morton Feldman, Terry Riley, Frederic Rzewski, La Monte Young u. a. wegen Mißachtung seiner amerikanischen Kollegen eintrug. Und dabei hatte er doch gerade die Programm-Direktiven für das eigentlich Wichtige und Beispielgebende an seinen dirigentischen Chef-Obliegenheiten (auch in London) gehalten.

Hier durchkreuzen sich eben höchst merkwürdig, weil zugleich für Boulez selbst so überaus bezeichnend, das unbedingte Vertrauen in rationale Planung, mit der man sich Probleme gliedernd zurechtlegen kann, und die Unwägbarkeiten menschlicher Reaktionen, das Nichtkalkulierbare der faktischen Folgen. Dies mutet wie ein Spiegelbild seines Komponierens an. Denn schon von früh an ging es Boulez um einen strukturell befriedigenden, kontrollierbaren Ansatz, der sich als Kernzelle für alle möglichen Ableitungen als tauglich erweist. Und es gehörte gerade zu seinen besonderen Fähigkeiten, über diesem Festhalten an einer essentiellen Substanz für Materialordnung oder Form nicht die frei dazwischentretenden Momente von Phantasie, Spontaneität, einschießendem Temperament oder verweilendem Klangsinn zu vernachlässigen. Ob dabei zielsichere Intuition, ob das souveräne Verfügen über Alternativen und entfernte Kombinationen den letzten Ausschlag gegeben haben, mag unentscheidbar und auch unerheblich bleiben. Jedenfalls kündigte sich in dieser Doppelung von verbindlicher Konstruktion und emotioneller Freiheit seit den beiden ersten Klaviersonaten (von 1946 und 1948), selbst seit den seriell rigiden Structures I (für zwei Klaviere, 1951/53) und ganz unmißverständlich seit dem Marteau sans Maître (1953/55, revidiert 1957) ein Prinzip an, ein Spurenlegen oder auch Fährtensuchen, das vom Bestimmten ins mehr Vage, sogar labyrinthisch Verschlungene führt. Die beiden groß angelegten und nur zögernd gewachsenen Zyklen vor dem Abschwenken ins dirigentische Interregnum, das die kompositorische Produktion – vielleicht nicht unwillkommen – zurückdrängte, Pli selon pli

(1958/62) und Figures-Doubles-Prismes (1963/68) samt allen nachgeholten oder, wie oft bei Boulez, noch geplanten Neubearbeitungen, machten dann das Weiterverfolgen von Fahrbahnen ins Ungewisse wohl zunehmend schwieriger und deshalb im Überwechseln aufs andere konkretere Tätigkeitsterrain zum eigenen Lebensgesetz.

Allmählich erhielt aber die alte Idee von der Grenzüberschreitung, vom Aufbruch in neue Dimensionen des Klangs, der Farbspektren und des Raums, wieder faszinierende Attraktivität für Boulez. Und alle Stücke, die er seit 1965 mit größeren Unterbrechungen in Angriff nahm, nun von seinen weltweiten Dirigierverpflichtungen, die sich nach seinem Bayreuth-Debüt 1966 sichtlich häuften, tatsächlich zum ohnehin beliebten Work-in-progress-Stil genötigt, sind Annäherungs- und Ausbauwege im Vollzug dieser Idee. So erweiterte sich Éclat (für 15 Instrumente, 1965) mit seinem Wechsel zwischen einer Sologruppe von 9 gehämmerten, geschlagenen oder gezupften Kurzton-Instrumenten (Klavier, Celesta, Harfe, Zymbal, Mandoline, Gitarre, Vibraphon, Glockenspiel, Röhrenglocken) und Einschüben von 6 geblasenen oder gestrichenen Instrumenten, die ihre Töne aushalten können, zu Éclat/Multiples (für 27 Instrumente, 1966/70), wobei die Kurzzeit-Momente des Originals sukzessive mehr klangliche Aura ansetzen, auszustrahlen beginnen, gleichsam ›vervielfachende‹ Echos im vergrößerten Dauerklang-Instrumentarium auslösen. So entfachte auch die solistische Klarinette in Domaines (1961/68) einen sehr ähnlichen Prozeß des Aufgreifens und Respondierens mit 6 variabel besetzten Instrumentalgruppen von wechselnder Größe (1 bis 6 Spieler, insgesamt 21), nur daß sich die antiphonale Ordnung genau in der Mitte des Halbstunden-Stücks umkehrt und nun die Gruppen den Klarinetten-Solisten zu Reaktionen aufrufen. Und so ging es schließlich – wieder knapper im Ausmaß und weniger didaktisch in der formalen Disposition – bei Cummings ist der Dichter (für 16 Solostimmen und 24 Instrumente, 1970) um das gegenseitige Übernehmen, Verwandeln und Transferieren von Vokal- in Instrumentalklang oder auch dessen Rückführung zur phonetisch aufgelösten Sprachgestalt des Gedichts von Edward E. Cummings mit seinen stimmungsbildenden Sinn-Inseln: birds, twilight, soul…

Der nächste Schritt bringt Boulez dann seinem eigentlichen Ziel

Pierre Boulez: Cummings ist der Dichter
(Partitur-Ausschnitt ohne Bläserstimmen zum Text »in venting air«)

näher, nicht nur Materialschichten miteinander korrespondieren, sondern sie über ihre natürliche physikalische Beschränkung hinaustreten zu lassen: Explosante-fixe (1971) war darin zunächst nur ein Konzept ohne festgelegte Besetzung, erhielt jedoch in den folgenden Jahren (1972/73, mit späteren Modifikationen) eine Präzisierung auf acht relativ selbständig spielende Instrumente und Live-Elektronik. Deren technische Einwirkungen, Verquickungen, Klangsteuerungen (samt Verteilung im Raum) sind das einzig verbindende Element zwischen den rings um das Gerät unabhängig agierenden Musikern; sie lenken also ein achtfach autonomes, kaleidoskopartiges Geschehen (von 30 bis 40 Minuten Dauer), verändern es, transponieren es über das Gespielte hinaus, das seinerseits abschnittweise geregelte Unterschiede der Dichte oder Komplexität aufweist, und geleiten es zu einem Zustand des gelösteren Ausgleichs. Freilich erscheint Explosante-fixe, das von Boulez abermals auf einer nicht-definitiven Entwicklungsstufe belassen wurde – obwohl oder gerade weil ihm halt ständig das völlig durchgebildete ästhetische Objekt vorschwebt –, im Rückblick lediglich als Vorläufer oder Durchgangsstation zu Répons (1981/84...). Sogar in so hohem Maß, daß der bedeutsame Einschub des Rituel in memoriam Bruno Maderna (für Orchester in 8 Gruppen, 1974/75) mit seiner Gegenüberstellung von akkordisch lastender Blechgruppe und stetig wachsenden, erst intermittierenden, dann hinzugefügten anderen Instrumentengruppen, einem gestuften Aufbau also wie aus »Psalmversen und Responsorien einer imaginären Zeremonie« über fortpochenden Akzenten von ostasiatisch zeitgliederndem Schlagzeug, – daß dieses Gedenkwerk für den italienischen Musikerfreund fast in die Nähe des Geburtstagspräsents Messagesquisse (für Violoncello solo und 6 Violoncelli, 1976/77) für den Dirigenten Paul Sacher gerät.

Derart stringent ist die ideelle Hauptlinie, die geradenwegs zu Répons führt. Sechs Solisten, an der Saalperipherie verteilt, spielen da wieder Kurzton-Instrumente (Zymbal, Xylophon/Glockenspiel, Vibraphon, Klavier/E-Orgel, Klavier, Harfe) und steuern dadurch sowohl vorpräparierte synthetische Klänge (von Band) als auch die diversen live-elektronischen Transformationsmöglichkeiten eines zentralen Computers (der von Guiseppe Di Giugno am IRCAM entwickelten 4X-Maschine, die 200 Millionen Operationen pro Sekunde ausführen kann). In diesem Computer stecken aber auch noch andere, quasi halbautomatisch vorkomponierte Programme. Und schließlich gibt es, ebenfalls zentral postiert, aber von allen elektronischen Beeinflussungen und wechselseitigen Modulationskanälen unabhängig, noch ein Kammerensemble, wiederum ausschließlich aus Dauerton-Instrumenten (9 Holz-, 7 Blechbläsern, 8 Streichern) bestehend. Dieses antiphonisch einander gegenübertretende oder hochkompliziert vernetzte und aufeinander reagierende Gesamtinstrumentarium (inclusive 6 von der Decke hängenden Lautsprechern) startet nun von verschiedenen Punkten aus zu einem Prozeß klanglicher Verflechtungen und artifizieller Wechselspiele – Répons bedeutet ja Antiphonie, Wechselgesang –, um durch diese Mixtur von Wegen, Abweichungen, Wiederholungen, Schleifen, Kreuzungspfaden (in bis jetzt dreiviertelstündiger Dauer) etwas von jener klanglichen Unbegrenztheit, wie sie Boulez von früh an als Vision begleitet hat, in eine technisch erweiterte musikalische Realität hereinzuholen.

Engagierte Privatheit

Grob sortiert trifft man im öffentlichen, geschäftlichen, beruflichen Leben auf Repräsentanten und auf Menschen. Die einen haben eine Funktion, ein Amt und ein abstraktes Ideal von Rang, Umfang und Pflichten ihrer Tätigkeit, in dessen Rahmen sie sich einpassen und rollenkonform agieren. Die anderen versuchen erst einmal die Individuen, als die sie sich empfinden und, schwer genug, immer mehr erkennen, auch wirklich zu sein, und all ihr aktives Handeln wächst ihnen von daher ohne vorgegebenes Schema, aber notwendig zu. Da existieren zwar keine Regeln und Normen im Sinn des gültigen Koordinatensystems bürgerlicher Erwartungen, aber die angebliche Freiheit ist doch nichts anderes als der Zwang, der aus der überzeugenden Richtigkeit persönlicher Entscheidungen resultiert. Aufs Komponieren übertragen herrscht da eben keinerlei Abgrenzung zwischen privaten und beruflichen Zuständigkeiten oder Obliegenheiten, gerade keinerlei Beschränkung auf fachliche Spezialbereiche im Wissen, Denken oder praktischen Tun, so als gäbe es bequem hochziehbare Trennwände, hinter denen man sich wahlweise aufhalten kann. Vielmehr herrscht da der unbedingte Wille zur Identität von gelebtem Dasein und Dasein in Musik; ein Wille zudem, dessen ständige Präsenz und Wirksamkeit gar nicht zur eigenen Disposition steht. Und der hiernach kaum zu unterdrückende Einwand, dies sei doch bei allen Künstlern und schon seit jeher so, stützt sich ausgerechnet auf jenes landläufige, romantisierte Bild von künstlerischem Schaffen – wie es im übrigen weder den berufsständischen Dienstverhältnissen aus vorindividualistischen Zeiten noch der zunehmend aufgeklärten Arbeitsteiligkeit im 20. Jahrhundert entspricht –, das wegen seiner strikten Bindung an eine idealistische Ästhetik und einen absoluten Schönheitsbegriff für das engagierte Miterfahren und Mitleiden eines heutigen Komponisten an den Verstörungen, Widersprüchen, erschreckenden Unsinnigkeiten dieser Welt völlig bedeutungslos geworden ist. Ja, die gelebten und ins Werk gesetzten Absichten – von damals und von heute – laufen konträr und schließen sich aus.

Im selben Maß verlieren allerdings auch rein fachspezifische, innerkompositorische Kriterien ihren Aussagewert. Das soll nicht heißen, die Qualität des Machens, die technischen Eigenheiten von Satz, Form, Klangbild usw., spiele jetzt eine geringere, gar zu vernachlässigende Rolle gegenüber dem Impakt an ausgedrückten Überzeugungen oder vermittelten Einsichten. Vielmehr bleibt deren Wahrhaftigkeit eng verknüpft, geradezu eine Funktion des aufgebotenen Vermögens zu innerer Stimmigkeit im Komponierten selbst. Denn Musik kann nur so viel aussagen und für andere verstehbar machen, wie sie in sich als prägnante Ausformung ihrer eigenen Ausdrucksmöglichkeiten in einem metasprachlichen Zeitablauf tatsächlich enthält. Jedoch vervielfachen sich, soll die Komposition nicht nur selbstbezogen als ein ästhetisches Objekt erscheinen, an dem der Hörer sich erfreuen, aufmerksam beteiligen, innerlich aufrichten oder eher passiv erlaben kann, entsprechend der Konkretisierung ihrer Inhalte auch die Verantwortlichkeiten: gegenüber dem herangezogenen Lebenshintergrund, der eigenen Aufrichtigkeit, der komplizierten und prekären Eigengesetzlichkeit des musikalischen Materials, der Integrität des benutzten nicht-semantischen, nicht definit redenden Mediums und der deshalb stets eingeschlossenen Mehrdeutigkeit, Offenheit und Dialektik eines diskursiven zeitlichen Geschehens. Der Komponist muß also seiner Musik, je bestimmter er etwas meint und will, um so unbedenklicher und großzügiger Spielraum geben; sie erst ganz zu sich selbst kommen und aus sich selbst entwickeln lassen, damit sie um so eindringlicher, aufrüttelnder, unentrinnbarer jenes Entfernte, real Welthaltige bezeichnen kann, das den komponierenden Zeitgenossen seiner problemerfüllten Gegenwart wie ein Eingriff in sein eigenes Leben betroffen hat.

> Außermusikalisches gibt es nicht. Zumindest nicht für den Komponisten, wenn er seine Daseinswirklichkeit samt allen täglichen Vorkommnissen, seinem Nachdenken, Ahnen, Füh-

len, Wissen, Erkennen und Verstehen, unsepariert und ohne fälschlich ererbte ästhetische Übersetzungsbrücken (der Notbehelf für gelehrige Stilepigonen) als eine Einheit mit seinem Komponieren begreift. Und auch nicht für die Musik, weil sie erst recht alles, was sie selbst ist und sein kann, in sich trägt und einschließt. Bleibt also lediglich der Hörer, für den mitgelieferte Texte, Titel, poetische Programme außerhalb der Musik eine nützliche Verständigungshilfe sein können. Jedoch ist das allemal ein Umweg. Er führt von der Sache weg, um durch den extern hergestellten sprachlichen Kontakt die Illusion zu wekken, der Zugang zu ihr sei nun ebenfalls schon gewonnen oder wenigstens erheblich leichter geworden. Sogar was Schumann, Berlioz oder Liszt und einer Reihe anderer als Motto, Überschrift, Inhaltsbeschreibung, als szenische Vision oder romantische Geschichte verbal zu ihrer Musik eingefallen ist, taugt – abgesehen von der Authentik – nicht mehr als irgendeine schwungvolle hermeneutische Nacherzählung. Stimulation für Empfinden und Phantasie sowie die konzentrische Bindung ungenutzt herumirrender intellektueller Energien ist noch der beste Teil daran. Genau wie das Nachbuchstabieren von Wagners deutungswütigem Leitmotiv-Vokabular ja nicht mehr bringt als mancherlei vage zuordnende Begriffe für etwas, das dank der weitaus präziseren musikalischen Gestik und der Beredsamkeit des klingenden Kontextes ohnehin schon klar und einleuchtend war.

›Innermusikalisch‹ faßt andererseits das, um was es beim Komponieren geht, viel zu eng; hat schon als Wortprägung etwas Ausschließendes, Einschränkendes, bewußt Isolierendes. So als handle es sich bei Musik um einen Gegenstand, der sich allein durch das genaue Registrieren seiner technisch-physikalischen Beschaffenheit, seiner einzelnen Elemente und Materialtypen sowie deren Funktionen bereits ausreichend definieren lasse. Man kann das selbstverständlich auch komplizierter sehen und solch ein primitives, platt positivistisches Beschreibmodell weiter differenzieren nach wechselnden Ebenen, kleineren und größeren Gestalteinheiten, gegenseitigen Einflüssen und prägenden Dominanzen, bis man ein ganzes, vielfältig hierarchisch organisiertes System beisammen hat. Aber von dem, was das Wesen der Musik eigentlich ausmacht, so daß sie sich jeder bloß sachorientierten, immanenten Betrachtungsweise entzieht und widersetzt, ist selbst dann noch keine Rede. Und gerade die Fülle der möglichen Bedeutungszusammenhänge, Assoziationen, weiterweisenden Anspielungen, Korrespondenzen zu Konkretem, Reflexe von gemeinsamen Erfahrungen ist doch jenes übergeordnete Potential des ›Innermusikalischen‹, für das sich ein denkender, kritischer, mit seiner Zeit lebender Komponist vor allem interessiert. Dagegen käme ihm das andere, die Eingrenzung nur aufs Material, wie ein Akt artistischer Selbstbefriedigung vor. Freilich: Was läßt sich vermitteln? Wie kann man sich verständlich machen? Wo liegt der Schatz an präsenten, aufrufbaren Emotionen, der alle verbindet und bewegt – gemischt aus Sorgen, Ängsten, Hoffnungen, Überzeugungen, Freiheitsverlangen, Widerstandsgeist? Genau bei dieser Frage zeigt sich, wie unsinnig es wäre, auf die Reaktionen anderer zu spekulieren. Der Hörer nimmt schon auf, was ihm mit Engagement, deutlich in den Implikationen und schlüssig in der musikalischen Formulierung gesagt wird. Für den Komponisten fallen daher persönliche und künstlerische Integrität unlöslich zusammen. Und den Anfang für das, was er musikalisch ausdrücken, was er begreifbar machen will, sucht er nun – noch entschiedener – allein bei sich selbst.

Klaus Huber

»Für mich war Komponieren a priori ein Akt der Befreiung, der immer in die Zukunft gerichtet ist. Ich konnte mir schlechthin nicht vorstellen, wie ›aus zweiter Hand‹ ein kompositorischer Ansatz überhaupt zu gewinnen wäre.« Und mit diesem Unvermögen, die musikalische wie die wirkliche, um ihn her existierende Welt durch die Brille anderer zu sehen, fand Klaus Huber (*1924 Bern) über einige Versuchs- und Vermittlungs-Stationen immer mehr zu sich selbst. Aus der Zeitferne seiner Begegnungen mit Musik der Notre-Dame-Schule, mit mittelalterlicher Mystik und religiöser Barock-Lyrik stieß er unvermittelt, im Gefühl völliger Deckungsgleichheit, zu äußerster Zeitnähe vor. »Mit meinem Werk versuche ich, die Urangst der Menschheit vor einem Weltende durch die Mittel der Musik – meiner Musik – auszudrücken. Ich bin überzeugt, daß hier mein Engagement möglich und notwendig ist. Ich schreibe also eine extrem engagierte Musik..., um durch sie das einfühlende Erleben und damit das Bewußtsein des Aufnehmenden... zu erschüttern und auf diese Weise zu verändern.« Dahinter stehen zweierlei Einsichten und ein Credo der künstlerischen Verantwortung. Die erste Einsicht bezieht sich auf die positive Beantwortung der Frage, ob Musik – »als flüchtigste aller Künste, am wenigsten von allen an jene Wirklichkeiten angebunden, die das tägliche Leben determinieren,« – überhaupt Einfluß auf Menschen, ihr Handeln und ihre Entscheidungen, ausüben könne. Ja, meint Huber, sie könne gerade dank ihrer Fähigkeit, in Tiefendimensionen einzudringen und zu ihnen durch ihre ›Spiegelfunktion‹ einen direkten Kontakt herzustellen, »bewußtseinserweiternd« und auch » – da sie Wirklichkeit reflektiert – kritisch« wirken. Die zweite Einsicht folgert aus dem herrschenden Weltzustand, der eine »Zerstörung des Lebens auf unserer Erde« nicht in der Zukunft, sondern in der Gegenwart möglich macht, daß es dringend notwendig ist, statt die Angst davor zu verdrängen und »aus unserem Fühlen auszulöschen«, sie bewußt »anzunehmen und mit ihr zu leben«. Die Entscheidung zwischen Sein und Untergang läßt keine Zeit: »Wir müssen unsere Ziele bekennen.« Und das künstlerische Credo bezeugt die daraus resultierende Pflicht, mit den verfügbaren eigenen Mitteln einzugreifen – »ich muß hinhorchen auf Elend, Ungerechtigkeit, Unfreiheit, Armut, Intoleranz, Gewalt..., damit ich handle, ausbreche, mich solidarisiere...«.

Für Huber bekommt also die vorgenommene musikalische Aufgabe, das Bewußtsein zu erweitern, einen politischen Sinn. Er will mit seiner Musik Zeitfühligkeit wecken, auf die ständige Bedrohung von Freiheit und Leben durch Kriege, Unterdrückung, Raubbau, Verödung, Wettrüsten und hybride Machtinteressen hinweisen, das Begreifen der bereits eingetretenen apokalyptischen Situation voranbringen, die Verantwortung aller gegen alle, »das Charisma des Bruderseins«, stärken und überhaupt das Gewissen der Menschen füreinander und für die Erde, auf der sie leben, sensibilisieren. Freilich, trotz dieser Politisierung nach außen und einer derart gemeingesellschaftlichen Mission beruht der erwünschte Effekt einer Bewußtseinserweiterung für Huber auf einer ganz persönlichen Erfahrung: dem individuellen Vermögen von Kreativität, über die gewohnten Schwellen hinaus ins Unbetretene, Nicht-Bewußte vorzudringen. Mit Ernst Bloch (Das Prinzip Hoffnung) sieht er zwei »dunklere Ränder«, hinter denen das Bewußtsein aufhört, seinen Dienst versagt: »dort, wo Bewußtes verklingt, im Vergessen und Vergessenen«, ebenso aber auch auf der »entgegengesetzten Seite, wo ein bisher nicht Bewußtes aufdämmert..., wo Neues aufzieht, das noch niemand in den Sinn kam«. Hier, in solcher »Morgendämmerung«, hat die schöpferische Phantasie ihren Ort, um das Noch-nicht-Bewußte zu konkretisieren, den rationalen Kern der Utopie produktiv werden zu lassen. Zugleich vermag sie jedoch – und dies schafft die einzigartige Verbindung zwischen alt und neu, zwischen vergessener, verdrängter Vergangenheit und erahnter herbeigeholter Zukunft –, kraft ihrer »Tendenzkenntnis« selbst im Gewesenen die »vorbewußten« Spuren des Künftigen zu erkennen und auf ihre eigene Weise zu reaktivieren; also »das Heraufkommende im Alten freizulegen«. Derart kann Kreativität zweifach – das Alte umwertend, sich zu Neuem vorantastend – das Bewußtsein erweitern.

Für Klaus Huber ergibt sich aus diesen Gedankengängen gewissermaßen eine ethische Legitimation seines Tuns. Und sie braucht er, um komponieren, genauer: heute als Komponist leben zu können. Denn nur so stimmt alles zusammen: das für ihn grundlegende Wissen um die Maßstäblichkeit der Tradition, um das musikalisch Geschaffene von frühesten Zeiten bis zur Gegenwart des 20. Jahrhunderts, nicht weil er sich anlehnen wollte (das tat er nur in seinen Anfängen) oder irgend etwas mit ausgewechselten Konsequenzen fortzusetzen gedachte, nein, damit er sein Metier, das Niveau seines kompositorischen Anspruchs daran ausrichten könne; sodann – und gleichsam auf dieser anspornenden, gespannt dialektischen Basis – das unermüdliche Auskundschaften seiner eigenen Vorstellungs- und Expressionsmöglichkeiten, die Entdeckerlust an den ›Rändern‹, mit dem Willen, darüber hinauszukommen, Fremdes zu dechiffrieren, auszubrechen; und schließlich der Vorsatz, mit all dem – stellvertretend wie direkt – Menschen nützen, helfen, dringend notwendige Einsichten vermitteln zu können; sie zu mobilisieren gegen Unrecht, Blindheit, hautnahe Bedrohung und für eine Solidarität des Handelns aus dem nicht länger verweigerten Eingeständnis der Angst. Allerdings, bis dieses Ineinandergreifen von psychischer

Konstitution, äußeren Bedingungen, Begabungseigenart und engagierter Weltsicht sich bei Huber auf eine Linie eingependelt hatte, dauerte es eine geraume Weile. Und vielleicht ist das mächtig ausgreifende (letztlich aber doch nicht vollendete) Oratorium der Soliloquia Sancti Aurelii Augustini (für 5 Soli, 2 Chöre und großes Orchester, 1959/64) Summe und Abschluß eines Klärungsprozesses. Noch einmal versucht der 35jährige – gestützt auf die Gott anrufenden Selbstgespräche des Augustinus, die sich zu einem großartigen Einbegreifen des ganzen Kosmos weiten –, seine Zweifel, seine tiefe Erschrockenheit, wenn auch stockend, gleichsam fragend, in der Affirmation des Glaubens aufgehen zu lassen. Aber selbst die gesteigerte, subjektivierte Inständigkeit dieses (vor Abbruch immerhin) siebenteiligen Gebets war solcher Belastung nicht mehr gewachsen.

Das Geistliche, bis hierher noch deutlicher vorgewiesene Klammer für eine vom Sakralen mehr und mehr emanzipierte Konzertmusik, sinkt nun in den Bereich einer latenten Grundierung ab, allenfalls noch an gelegentlichen Zitaten (etwa von eingewobenen Choral-Fragmenten) erkennbar. So umkreist das dreiteilige Orchesterstück Tenebrae (1966/68) mit seinem Farben- und Ausdruckswechsel vom Hellen zum Dunkel-Fahlen und wieder zurück zu ansteigender Auflichtung das Naturphänomen der Sonnenfinsternis, einer plötzlichen Verdüsterung des Lebens. Daß da in der Agonie des zweiten Teils auch der Kreuzestod mitgemeint und das Ganze als eine »Passionsmusik ohne Text« entworfen sein könnte, läßt sich jedoch höchstens nachher, am dritten Teil, mit dem eingearbeiteten Osterchoral ›Christ ist erstanden‹ entschlüsseln; obgleich dort eigentlich das Prägende von Jean Pauls Vision ›Der Traum vom All‹, die Huber als Modell einer erschreckenden »Geistreise« mit Hoffnungsschimmer angeregt hatte, weit eher in Erscheinung tritt. Partielle Vierteltönigkeit, Geräuschbeimischungen, metrische und andere Freiheiten für die Spieler sowie taktübergreifende Zeitproportionen nach dem Goldenen Schnitt erweisen sich dann noch verstärkt bei dem Violinkonzert Tempora (1969/70) als technische Signale einer neuen Offenheit. Sie schließt nach der Konsequenz des Werdens (Genesis) und der lockeren Präsenz (De natura) von Zeit jetzt auch im dritten Satz (Quod libet – quod tacet – quod nescitur) die Möglichkeit des Beliebigen, das Ende im Schweigen und das tödliche Nichtwissen ein. Solcher gebannte Blick auf den finalen Moment, »daß hinfort keine Zeit mehr sein soll«, drängt bei ... inwendig voller figur... (für Chor mit Solostimmen, Lautsprecher, Tonband und großes Orchester – ohne Violinen und Celli, aber mit 3 Wagner-Tuben –, 1970/71) zur direkteren Sprachfähigkeit des Vokalen: Huber kombiniert Dürers ›Traumgesicht‹ von 1425 mit den vernichtend vom Himmel herabstürzenden Wasserschwaden – als visionäre Vorahnung des Atombombenabwurfs von 1945 – und mehrsprachige Textstellen aus der Johannes-Apokalypse zu einem vielstufig gegliederten Weltuntergangspanorama, das furiose Bedrohung und stilles Werben um Einsicht, Chaos und leises Verstummen bewegend nebeneinanderstellt.

Die Thematik bleibt wegen ihrer existentiellen Unausweichlichkeit von nun an dieselbe, sucht sich nur verschiedene kompositorische Ausdrucksformen. Ein kurzer Ausflug führt in die szenische Anschaulichkeit, zu Jot oder Wann kommt der Herr zurück? (1972/73; Text: Philip Oxman), einer ›dialektischen Oper‹, die mit Filmeinblendungen und Diaprojektionen, mannigfaltig durcheinandergewürfelten Handlungselementen und Sinnbezügen, Traumwissen und banaler Realität so lange Probleme der Selbstfindung und gewitztes Taktieren im Alltag gegeneinander austauscht, bis das Vertrauen auf rettende Alternativen aufgebraucht und das angestrebte Ziel dennoch nicht erreicht ist. Das wechselseitige Ausspielen von Disparatem wird kurz darauf weitergetrieben in der Adaption eines fünfaktigen Mini-Dramas von Alfred Jarry, Im Paradies oder Der Alte vom Berge (1973/75); wobei Huber die absurde Kreuzfahrergeschichte von dem Orden, der des Paradieses wegen im Haschischrausch Morde verübt, einfach auf sein aus Konfrontationen entwikkeltes Orchesterstück Turnus (1973/74, mit Zitaten von Perotinus bis Bruckner und Bartók, im Raum verteilten Streichergruppen, Klangblöcken und Pausenfeldern) aufpfropft. Aus diesem Agglomerationsstadium mit seinen allzu bunt spiegelnden Reflexen findet Hubers Komponieren dann über zwei kleiner besetzte Konzertwerke wieder mehr zu sich selbst: ...ohne Grenze und Rand... (1976/78) für Viola und kleines Orchester, im Titel an die Bloch'schen ›Ränder‹ gemahnend, obwohl er vom Begründer des chinesischen Zen-Buddhismus stammt und auf Introvertiertheit, das Ausschreiten des nicht meßbaren inneren Raumes hinweist; und, sehr ähnlich in seiner Aufforderung zum seelischen Erfassen bedrängender Probleme, Erinnere dich an G... (1976/77) für Solo-Kontrabaß und 18 Instrumentalisten, eine Folge von vier Inventionen (über Glissandi, Akkorde, Flageolette, Pizzicati), die sukzessive zur Verödung, zum Ersterben führt, um das menschliche Mittel gegen den Tod zu wecken – die Erinnerung; nicht nur an Gotama (wie in dem Gedicht von Dorothee Sölle), der über Krankheit, Hunger, Alter, Tod »unheilbar erschrak«, sondern an den Gekreuzigten, den Gefolterten, einen der Hunderttausende von Gefangenen, Gequälten, an Golgatha.

Und wieder bricht diese absolut nicht nostalgische Versenkung, die Bereitschaft zur Identifikation mit Not, auf ins vielschichtig Oratorische, als sei die Intensität nun lange genug nach innen gestaut worden und müsse sich Luft, Entfaltungsbreite, redende, überzeugende Mächtigkeit verschaffen. Erniedrigt – geknechtet – verlassen – verachtet (1979/81) nützt in seinen sieben Teilen mit Phantasie und steuernder Souveränität die klanglichen Staffelungsmöglichkeiten von 4 Solisten (Tenor, Bariton, Knabenstimme, Mezzosopran), 13stimmigem Vokalensemble, gemischtem Chor, Orchester und

Klaus Huber: Senfkorn für Oboe, Violine, Viola, Violoncello, Cembalo und Knabenstimme (Sopran), aus: Erniedrigt – geknechtet – verlassen – verachtet (Ausschnitt/Text: Ernesto Cardenal)

Tonband. Abgesehen von drei Einschüben mit direkten Berichten (eines Gießereiarbeiters, einer Mutter in Armut und eines Schwarzen) verwendet Huber ausschließlich Texte des dichtenden nicaraguanischen Priesters Ernesto Cardenal. Die schwierige Balance zwischen Empörung, Anklage und Teilnahme, die inmitten dieser lastenden Wortsumme aus menschlichem Widersinn, zehrendem Elend und brutaler Barbarei einzuhalten ist, wird durch die noch schwierigere der Musik zwischen Vergegenwärtigung, lautstarkem Appell, einsichtiger Stille und drohender Ästhetisierung überboten. Doch eine Dramaturgie der Gegengewichte fängt die Extreme auf und leitet sie bis zur Kontrast-Polyphonie des Schlusses, wo der vierstimmige Bach-Satz von Luthers Osterlied ›Christ lag in Todesbanden‹ in einer der vier Orchestergruppen textlos erklingt, während die anderen drei unabhängig-gegenläufiges Material daraus ableiten und drei Vokalgruppen (Soli, Ensemble, Chor) in vier simultanen Sprachen Cardenals »Das Volk stirbt nie/Ich singe ein Land, das bald geboren wird...« verkünden. Wer so Geistliches und Säkulares, Geschichte und Zukunft ineinanderzubauen versteht, der vermag auch das Schicksal einer zerstörten und wiederhergestellten romanischen Kirche in Köln (St. Maria im Kapitol) gleichsam in die Komposition seiner Cantiones de Circulo Gyrante (für Soli, Chor und 15 Instrumente, 1984/85) hineinzunehmen: durch ein zeitbezogen-lokalkundiges Gedicht, das Heinrich Böll eigens schrieb, und mittelalterlich Apokalyptisches der Hildegard von Bingen, das die Anfangsepoche der Kirche symbolisiert; dazu das Ganze mit seinen diameteralen Perspektiven klanglich durch achtfache Gruppierung in die Weite des architektonischen Raums eingepaßt. Ein musikalisch redendes Äquivalent des Anlasses, reflexiv und doch ganz frei in sich.

Der Mut zur Entfaltung, zum Wechselgespräch mit anderen, und die Demut der Selbstbescheidung ruhen auf demselben Fundament einer in sich gefestigten Individualität. Der gravierende Unterschied im Wirkungsbereich, da voller Energie sich mitzuteilen, den Nächsten zu erreichen, in die Verhältnisse einzugreifen, dort gänzlich zurückgenommen auf die Sache selbst, ohne Interesse, sie, nachdem alles auf die rechte Weise getan ist, auch noch zu propagieren oder unter die Leute zu bringen, läßt sich letzten Endes ebenso auf eine minimale Differenz in der Einstellung zum ohnehin schlechten, verirrungsreichen Weltenlauf reduzieren: Hofft man, die Dinge aktiv verändern zu können – was ja außer Glauben und kühner Entschlossenheit auch ein Stück Anmaßung enthält –, oder hofft man gelassener und genügsamer, sie würden sich, wenn nur möglichst viele das Richtige tun, schon selbst ändern. Beide Male ist jedenfalls das Engagement innerhalb der Sphäre eigener Zuständigkeiten von gleicher Unbedingtheit und gleich zwingender Kraft, das Vorgenommene ohne Nachgiebigkeit zu erfüllen.

Insofern bedeutet das Komponieren von Giacinto Scelsi (* 1905 La Spezia), obwohl das handelnde Subjekt daraus mit eigensinniger Konsequenz herausgehalten, allein auf die Rolle des Botschaften-Übermittelns beschränkt werden soll und das biographische Ego gleich ganz hinter einem Schutzwall von Mystifikationen verschwindet, dennoch eine Radikalisierung der engagierten Privatheit bis ins Extrem. Was da Klang wird – von welcher oder wessen Vision auch immer abgeleitet, von welcher wirkenden Kreativität in den Zustand hörbarer Realität gehoben –, verdankt sich nämlich einer Subtilität des Modellierens an all jenen Eigenschaften, die den einzelnen musikalischen Ton in seiner Erscheinungsweise definieren: Lautstärke, Färbung, Volumen, Dauer, Artikulationsart, Registerlage. Und seit den Quattro pezzi per orchestra (ciascuno su una nota), Scelsis wohl berühmtester Komposition von 1959, bei der tatsächlich jedes der vier Orchesterstücke jeweils nur eine Note als Tonhöhenmaterial benutzt, sich dafür aber in allen übrigen Parametern mit einer quasi verlagerten Eloquenz der minuziösen Nuancierung bewegt, – seit den beginnenden sechziger Jahren also erreicht die Klangbehandlung eine Dichte und Komplexität der Differenzierungsgrade, wie sie sich gewiß nur aus einem ganz persönlichen Akt der kontemplativen Versenkung in den Kosmos des schwingenden Tons ergeben können. Doch der Vielheit im herausgehobenen Einen nachzuspüren – und dies bleibt Scelsis klanglicher Dechiffrierungsansatz von den zahlreichen Stücken für Stimme solo oder ein Instrument allein über seine Streichquartette und andere Kammermusiken bis hin zum Chorischen und Orchestralen –, immer wieder den detaillierten Bildausschnitt als ausreichende Assoziationsquelle fürs

Ganze aufzufassen, dies kann eben bei aller Konzentration aufs Umgrenzte, Mikro-Organische dennoch ein durchaus brauchbarer Zugang zur Welt sein.

Wilhelm Killmayer

»Musik ist ein Erklingendes und bedeutet nichts anders als ihr Erklingen; sie ist reine Gegenwart.« Das Prekäre jedes Versuchs, was Musik denn sei, zu definieren, wird hier, wo im übrigen Musik gegen das Bedeuten von Sprache abgegrenzt werden soll, durch die Intention aufgewogen. Denn für Wilhelm Killmayer (* 1927 München) steht die Aussage, Musik ist reine Gegenwart, im Mittelpunkt. Und dieser Satz trifft nicht nur unbestreitbar die physische Realität des jeweils präsenten, ganz für sich selbst einstehenden Klangmoments, sondern er enthält zugleich auch die daraus resultierende, zwingende Verpflichtung für sein eigenes Komponieren, in jedem solchen Klangmoment direkt, ungeschützt, ohne ästhetische oder strukturelle Rückversicherung, mit all seinen subjektiven musikalischen Potenzen anwesend zu sein. Derart den Augenblick zu erfüllen, ihn als tönende Wirklichkeit erlebbar zu machen, setzt allerdings außer unabgelenkter, sich selbst exponierender Offenheit des Komponisten auch eine sprechende Gewalt, die unmittelbare psychische Verständlichkeit seiner klingenden Zeichen voraus. Genau dabei vertraut Killmayer auf ein Ineinandergreifen von zwei Grundeigenschaften seiner Musik: Zum einen schafft sie keine kunstvoll in sich verstrebte, abgehoben solipsistische Gegenwelt, bezieht sich aber auch nicht auf irgend etwas Fremdes, das mit ihr stellvertretend gemeint sei, sondern benutzt ein gleichsam endogenes Vokabular elementarer akustischer Signale und Verständigungsmittel – dies freilich unter abwägender Kontrolle eines höchst sensiblen Kunstverstands; zum anderen verzichtet sie völlig auf demonstratives Pathos, Überredung, Lautheit oder doktrinäres Gebaren, hält sich vielmehr zurück, deutet an, spart aus, konzentriert sich aufs Wesentliche, behauptet nichts und läßt dem Zuhörer dadurch die nötige Freiheit, selbst zu begreifen und das unumwunden Dargelegte mitzuvollziehen. Ohne jeden falschen Aufwand und gestützt allein auf ein ursprüngliches, ganz ihr eigenes Sprachvermögen führt diese Musik also ein Dasein in sich selbst und ist doch gleichzeitig Lautschrift einer menschlichen Befindlichkeit. Nur bedarf Killmayer für solches Bezeugen engagierter Privatheit weder der übersetzenden Spiegelfunktion samt Reflexen der Wirklichkeit (wie Klaus Huber), noch der Sublimierung von Welterfahrung in minuziöse Klangverläufe (wie Giacinto Scelsi). Seine Musik kommt ohne Interpretation und Umwege aus.

Vordem allerdings, bis etwa zum Ende der sechziger Jahre, war ihm die selbstverantwortliche musikalische Rede nahezu ausnahmslos nur im Konnex mit dem Vokalen vorstellbar gewesen. Die menschliche Stimme als vorgeordnetes und zentrierendes Element, dazu als textnachformender Bedeutungsträger, schien ihm – auch unterm suggestiven Einfluß seines späten Lehrmeisters Carl Orff – die eigentliche Schlüsselstellung innerhalb jedes Ausdrucksbemühens um unverfälschte Direktheit innezuhaben. Und so entstand unter dieser verbindlichen Prämisse eine längere Reihe von Liedern, Chören und Bühnenwerken (La buffonata 1959/60; La tragedia di Orfeo 1960/61; Yolimba oder Die Grenzen der Magie 1962/64, Neufassung 1970). Nicht-Vokales hielt sich dagegen – wie schon die Bühnenwerke – vorwiegend an den Tanz als auslösendes Bewegungsmodell. Überhaupt hatten mimische Lebhaftigkeit, gelenkiger Unernst, Sarkasmus, spielerische Ironie einen kompositorisch wohlabgesicherten Platz in Killmayers musikalischem Charakterisierungsrepertoire. Noch die vergnügt plappernde, halb szenische Französischstunde, Une leçon de français (1964), deren zweiter Teil (Der weiße Hut, 1967) unterm Andrang gewechselter Bilder und kompositorischer Vorstellungen dann in der Abschlußphase stekkenblieb, bewahrte den lockeren Charme solcher Pointierungskunst. Als versteckte Zweitstimme erhielt sie sogar gelegentliche Nachfolge: in den Sept Rondeaux nach Gedichten von Charles d'Orléans (für Frauenchor, 1966) oder den Blasons anatomiques du corps féminin (für Sopran, Klarinette, Violine, Violoncello und Klavier, 1968) oder im Französischen Liederbuch (für Sopran, Bariton und Kammerensemble, 1979/80), auffällig ans französische Idiom als Rezidiv-Anlaß gebunden.

Aber der Hauptstrom einer ungesteuerten, in sich selbst organischen Entwicklung hatte Killmayer bereits ganz anderen Zielen und Konkretionsweisen seiner musikalischen Daseinserkundung zugetrieben. Überwog bisher mit ungehemmter Einseitigkeit das Vokale, so gewinnt jetzt nicht weniger feldbeherrschend das Instrumentale die Oberhand, als seien die vormals erwünschten Fixierungen an wortgezeugte Semantik und an die atmenden Melodiebögen des Singens plötzlich zu einer Behinderung der Phantasie geworden. Zweifellos, es ist ein Weg nach innen. Und sein Reduktionsstreben, befreit von äußeren Hilfen, Verschalungen, Abhängigkeiten aufs Essentielle zu kommen, ins Eigenste vorzudringen, profitiert nun doch wieder in überraschender Seitenvertauschung aus zwei Grunderfahrungen des Vorangegangenen: aus dem sicheren Gefühl für die monodische Bindekraft der gesungenen Linie und aus der Vertrautheit mit den gestischen und rhythmischen Verständigungsformeln des Tänzerischen. Ermöglichte das eine noch im Bereich des rein Instrumentalen die Raumverteilung auf mehrere, sich ablösende Klangfarben und Stimmen ohne Verlust an Kohärenz, so erlaubte das andere trotz zunehmender Abstraktheit und textloser Ausdeutungsbreite die Beibehaltung von Ausdrucksdirektheit, abgeblendeter, jedoch ungebrochener Vitalität und einer gewissermaßen haptischen Signifikanz. Freilich, die Absicht zur Aussparung, zum Entkörpern der Musik von allem herkömmlichen Klangvolumen und Töneschmuck, um entgegen jeder Hörkonvention oder Formerwartung ihren Nerv, ihre frei schwingende Seele bloßzulegen, tritt bei den ersten Stücken dieser neuen Selbstbesinnung aufs Instrumentale fast überdeutlich hervor: Die Sinfonie 1 (Fogli), noch dreisätzig, für eigenwillig besetztes Orchester (1968, UA 1971) reiht Skizzen-›Blätter‹ mit wenigen, farbvarianten Lineaturen voll stiller Beredtheit aneinander; die Sinfonie 2 (Ricordanze) für nurmehr 14 Instrumente (1968/69) bannt ihre bald beschwörenden oder hellsichtigen, bald phantasmagorischen ›Erinnerungen‹ auf die reduzierte Erlebnisstrecke von knapp acht Minuten.

Ungeachtet der kurzen Dauern und des weitgehend einstimmigen Verlaufs werden indessen bei diesen Sinfonien bereits vier typische Kompositionsweisen oder musiksprachliche Haltungen Killmayers wirksam, wie sie von da an in flexiblen Übergängen oder gespanntem Kontrast die eigenartige Physiognomie seiner Klangfindungen

Wilhelm Killmayer: The woods so wilde für Flöte, Schlagzeug, Viola und Gitarre (Ausschnitt)

bestimmen: die andeutungsweise Bezugnahme auf Historisches, Vertrautes in Motivik, Gestus, Satzart, Farbvaleurs, durchschimmernden Formmodellen und einem höchst subtil ausgespannten Netzwerk tonaler Harmonik; das Operieren mit rhythmischen Ostinati, mit hintergründig pochender oder pulsierender Periodik sowie hartnäckig insistierender oder sich dynamisch aufladender Repetition; dagegengesetzt das völlige Aufbrechen von Zusammenhang, das plötzliche Einhalten, die lastende Stille, der von Pausen zerstückte Isolationseffekt oder auch der jäh umschlagende katastrophische Schreckensmoment; und schließlich die durchgehende Affektbesetzung, der Gehalt an verkappten, brodelnden, gestauten oder aggressiven und bedrängenden psychischen Energien, der dieser Musik den Charakter eines eindringlichen Sprechens, einer Prosarede in scheinbar durchaus bekannten Lauten und Phonemen gibt. Gerade die Verquickung mit Emotion, wie auch immer durch die Klangsymbole suggeriert, schafft nun Raum für eine quasi szenische Realistik. In dem Streichorchesterstück Fin al punto (1970/71) treibt aus einem anfänglichen Halbtonschritt durch Intensivierung, Ausdehnung, Verdichtung, Überlagerung tatsächlich alles jenem Endpunkt zu, der die geahnte, befürchtete Katastrophe eintreten läßt, »an dem man aufgibt« oder »hinter dem man ins Freie gelangen kann«. Noch deutlicher, zugleich klanglich ausgedünnter, im Stil eines für mancherlei Assoziationen offenen Stenogramms, versetzt Killmayer dann in The woods so wilde (für dreifaches Schlagzeug, Flöte, Viola und Gitarre, 1970/71) den Hörer durch lange, sensible Schlagfolgen in einen wartenden, lauschenden Erlebniszustand, in dem ein wie zufällig aufscheinendes e-moll-Arpeggio der Gitarre schon zum Ereignis wird: »Ich gehe durch die tonkargen spätherbstlichen Wälder und ich höre meinen Schritt und ich höre mein Herz schlagen... Immer tiefer gerate ich in das Innere, wo Erschrecken und Ruhe sich nahe sind, wo die Furcht stillhält.«

Die subjektive Lebenssicht – aber haben Komponisten das nicht allzeit in sehr ähnlicher Weise gefordert oder vorausgesetzt? – erhält Maßstäblichkeit. Das persönliche Gefühl, ja die Angst, durch eine laute, störrische, unduldsame Welt beengt, gestört, unter bösem Kuratel gehalten zu werden, von dem es zum Schutz des eignen Empfindens und der eignen inneren Freiheit kaum ein Entrinnen gibt, wird zur allgemeinverbindlichen Norm erklärt. Anders ließe sich die kompositorisch nachvollzogene Identifikation mit dem in seine verwehrte Kinderwelt zurückkehrenden Schumann, so daß ihn andere für geisteskrank hielten, wohl auch nicht begreiflich machen, anders die zart umschreibende Innenperspektive von Schumann in Endenich (für Klavier, E-Orgel und 5 Schlagzeuger, 1972), auf die es sich hörend einzulassen gilt, wohl nicht begründen. Doch kommt Killmayer da ohne jedes Zitieren aus. Und auch die mit zwanzig Minuten schon umfangreichere Sinfonie 3 (Menschen-Los; 1972/74) benutzt nur ein großes romantisches Orchester, um durch Schein-Anknüpfungen an ein geläufiges Idiom die abweichende Eigengesetzlichkeit einer Art musikalischen Lebensweges besser profilieren zu können. Vollends zum Erkenntnis fördernden Versteckspiel mit präformierten Stilmarken gerät der Zyklus von fünf Klavier-Nocturnes An John Field (1975, UA 1978), weil da die Irrläufe, Verzeichnungen, Einbrüche und aberwitzigen Spiegelreflexe gerade den Abstand vom elegant ausgeformten Vorbild besonders drastisch vorführen und die eigene Gefährdung im Sinn der (nachträglich hinzugefügten) Einzeltitel herausstellen: Glimpflicher Absturz; Der Schrecken kommt nicht weit genug; Am Grat; Ausflug aus dem Karzer; Im Schlupfloch. Programmatisch klingen dann auch Killmayers Überschriften zu den Vier Poèmes symphoniques für Orchester (1977/81), ohne es doch nach jenem plumpen Gleichsetzungsschema, dem Konzertführer huldigen, wirklich zu sein. Einzig das dritte Stück konfrontiert den Hörer – nachdem Nr. 1 das unerreichbar entschwundene Geborgenheitsglück der ›Jugendzeit‹ beschworen und Nr. 2 versucht hatte, in ›Verschütteten Zeichen‹ die eigene Lebensspur zu entdecken, – ganz unmittelbar einem Erfahrungsprozeß von ›Überstehen und Hoffen‹; einer Zerreißprobe, die aus gleichbleibenden Halben-Noten bis zum äußersten hochgetriebene Spannung unbeschadet durchzuhalten. Am Schluß verkündet ein Trompetensignal den Lohn der Entspannung, löst den quälenden Druck, damit man den erträumten Wunschgarten ›Im Freien‹ (Nr. 4) betreten könne.

Intimität macht mundtot. Die sich selbst entblößende Darlegung psychischer Inhalte und Abläufe, Erregungszustände und Reaktionsformen provoziert zunächst einmal die Bereitschaft zum Aufnehmen, ohne daß ein möglichst verständiges Erfassen und der aufmerksame Mitvollzug auch schon Zustimmung, Einhelligkeit, restlose Anerkennung bedeuten müßten. Wer eine Botschaft hört, ihr zu folgen sucht, teilt ja noch nicht automatisch ihren Gehalt an Meinung. Je differenzierter, verschlüsselter, enigmatischer sie allerdings redet, desto stärker fordert sie Eindringen, konzentrierte Beschäftigung, Enträtseln, eine Art detektivischer Komplicenschaft heraus. Bezieht sie sich gar noch, wie auch immer vermittelt, auf eine Sphäre privater Emotionen, geheimer Sorgen, Befürchtungen, stiller Sehnsüchte, auch verschwiegener Obsessionen und Allergien, unbewältigter Traumerfahrungen zwischen Paradies und Hölle, so wird der Zuhörer in die Rolle des Seelenarztes oder Beichtvaters gedrängt und, ehe er sich's versieht, zu Teilnahme, Partei-Ergreifen und rückhaltlosem Einverständnis genötigt. Dermaßen verfänglich und moralisch verpflichtend können abgelegte Bekenntnisse sein. Es sei denn, man entzieht sich ihnen von Anfang an und verschließt sich der aufgebürdeten Vertraulichkeit. In beiden Fällen – als einbezogener Mitwisser wie als desinteressierter Nicht-Kenner – stehen einem jedoch Urteil und Kritik an Form, Inhalt oder Darbietungsweise kaum zu.

Kunst lebt von Ausstellungen. Die bildende ohnehin, ihre Schwestern freilich nicht minder. Deren Selbstbekundungen, die Eigenpräsentationen des sich mitteilenden schöpferischen Menschen können sogar, wenn Subjektivität und sprechendes Ausdrucksbedürfnis das Artistische im Werk übertreffen, distanzloser und aufdringlicher sein. Das einseitige Abheben auf Gefühlsüberwältigung, auf unbefragte Zuneigung und Sympathie statt auf kritische Wertung, findet aber gerade in der Musik sein Maß an einer fein ausgebildeten Apperzeptionsskala zwischen Empfänglichkeit und Abwehr. Gegen ihr sensibles Reaktionsvermögen läßt sich ungestraft nicht spekulieren.

Musik über Musik

Kein Komponist wird so arrogant sein, sich selbst für den Startpunkt einer völlig neuen musikalischen Entwicklung zu halten, voraussetzungslos, ohne prägende Herkunft und Einflüsse, ohne ein fortwirkendes historisches Fundament. Gleichwohl muß er sich, durchdrungen von dem stärkenden Bewußtsein seiner Kreativität, genau so empfinden: als herausgelöste, unabhängige, eigenverantwortliche Ausnahme, als ein ›Originalgenie‹. Kein Komponist wird andererseits so kleinmütig und bescheiden sein, sich selbst nur als Produkt und schattengleichen Fortsetzer seiner größeren Vorgänger zu begreifen, rettungslos epigonal, ohne Aussicht, in dem überwältigend reich besetzten Orchester der tönenden Stimmen aus vielen Jahrhunderten und Epochen noch einen eigenen Platz zu finden, der nicht schon von anderen weitaus präsentabler belegt und eingenommen worden wäre. Gleichwohl tut er gut daran, weil er im öffentlichen Musikleben täglich und überall nicht nur mit dem klingenden Erbe dieser Vergangenheit, sondern auch mit daran geschulten Hörerwartungen konfrontiert ist, seine eigenen Chancen richtig einzuschätzen; also ihre deprimierende Beschränktheit und tausendfältige Vorbestimmung klar zu sehen. Zwischen solcher Relativierung und angeborener Überheblichkeit – sie ist schließlich die Ziehmutter aller Kunst – bleibt eigentlich nur, das eine zu mißachten und das andere nicht ausufern zu lassen. Aber genau die wohldosierte Selbstbehauptung in der Mitte taugt meistens am allerwenigsten. Darin exzellieren die rechtschaffenen Handwerker, die kompositorischen Streckenarbeiter, denen der Sinn für die Ausschweifungen der Phantasie abhanden gekommen ist und die das Schizophrene der Spannungen nicht aushalten. Doch das Zurechtstutzen auf den Normalfall, das Nivellieren und übersichtsfreundliche Begradigen besorgt ja ohnehin die analysierende und katalogisierende Nachwelt. Da wird dann unter Nichtachtung des Besonderen zugeordnet, eingekastelt, festgelegt, das künstlerisch Sperrige vereinfachend auf den Begriff gebracht. Und die Ahnenforschung nebst verzweigter Verwandtschaftszuschreibung hat ihre große Stunde.

Nicht, daß alles so singulär wäre. Die eigenwilligen Widerhaken und Ecken, die anfangs Aufsehen erregen und zum Protestieren reizen, fallen sowieso von den Werken ab, je größer die Distanz zu ihnen wird. Selbst die unversöhnlichen Gegnerschaften – zwischen Wagner und Verdi, Bruckner und Brahms, Schönberg und Strawinsky – verlieren, wenn die streitsüchtigen Anhänger erst mal gestorben sind, an Schärfe und Brisanz. Aber die Kriterien, nach denen dann Erkennungsmerkmale herausgehoben, Epochenzugehörigkeiten bestimmt, Genealogien und Gemeinsamkeiten dechiffriert werden, treffen fast immer das Falsche. Bei solchem verengten Blick aufs angeblich Typische findet nämlich die Binsenwahrheit, daß keine Musik ohne Kenntnis und Bezug zu bereits existenter anderer geschrieben worden ist, reiche Nahrung. Nur wird dabei übersehen, daß sich das spezifisch Neue, die markante Eigenleistung mit Zukunftsaussichten, häufig gerade im überraschenden Umwerten oder im völlig abweichenden Gebrauch des Alten manifestiert. Außerdem, daß ja das Wesentliche nicht im herausgelösten Einzelzug, sondern in der Struktur des Ganzen, im kontextuellen Zusammenhang beschlossen liegt und vor allem daraus seine unverwechselbare Individualität herleitet. Freilich ist die vorbehaltlose Aufmerksamkeit hierfür, die Bereitschaft, einem Werk immer wieder derart unbefangen zu begegnen, als sei's das erste Mal, einem scheußlichen Verschleißprozeß ausgesetzt. Hörer und Interpreten haben daran gleichermaßen Anteil und richten sich die Werke der Vergangenheit gegenseitig zu.

Dies mag in Zeiten, da der Glaube an den Fortschritt – nicht nur in der Musik – einige heftige Erschütterungen erfahren hat und das Interesse an Historischem gewachsen, ja oft umgekehrt an die Stelle der Neuentdeckung getreten ist, von speziellem Belang sein. Denn die Komponisten, einerlei ob man sie deswegen nun postmodern, pluralistisch oder auch neo-irgendwas nennt, fühlen sich nicht von standardisierten Äußerlichkeiten und Stilmarken fasziniert, sondern ergreifen in erster Linie Partei für ihre Kollegen von damals und das Unwiederholbare, die Substanz von deren künstlerischer Arbeit. Ihre anknüpfende, wiederaufgreifende Hinwendung richtet sich also primär auf die Totalität einer bestimmten persönlichen oder auch, allgemeiner, zeittypischen Schaffenswirklichkeit. Und selbst wenn sie nur weniges tatsächlich zitieren, geht es ihnen dabei keinesfalls um ein bloß aufputzendes Dekor, vielmehr um einen Kristallisationspunkt, an dem Unterschwelliges, länger schon vorbereitet und danach weiter ausstrahlend, für einen Moment voll in Erscheinung tritt. Im übrigen erwerben sie sich durch solchen vorgewiesenen Vergangenheitskontakt ein Instrumentarium, das sich höchst variabel einsetzen läßt: für Nostalgie und Verehrung, Gebrochenheit und Traditionsverpflichtung, Erinnerungsglück und Spiegeldialoge, nicht zuletzt für Ironie, Sarkasmus und böse Kritik an den aktuellen Verhältnissen. Auf wechselnden Ebenen vollzieht sich da eine kompositorische Semantisierung von Musik durch sich selbst. Und dies greift als Methode – mehr oder weniger ausgeprägt, direkter oder bloß latent zur Bewältigung der herrschenden Verständigungsnot aufgeboten – selbstverständlich weit über die engen Grenzen dessen hinaus, was man üblicherweise mit ›Musik über Musik‹ meint und bezeichnet. Zitate, verräterische Anklänge, Collagen sind aber nur die kenntlichsten und auffälligsten Mittel, um das eigene Komponieren mit fremden, historischen Sprachformen in Beziehung zu setzen. Viel versteckter geht es da ebenso um das Hantieren mit Modellen, Deckfiguren, Stilfolien, ja manchmal nur um das vorsichtige Anpassen an eine verbindliche Matrix. Und dennoch schimmert stets irgendein Rahmen durch, der dem Sprung ins Unbetretene, Freie präfixierte Orientierungspunkte gibt und die Intuition behutsam auf einigermaßen gesicherte Wege lenkt.

Witold Lutosławski

Formabläufe als einen organischen Zusammenhang aus abgestuften Einzelteilen und sich überlagernden Schichten so planvoll aufzubauen, daß sie sich zu einem dramaturgisch gesteuerten, einprägsamen Gesamtgebilde fügen, das Werkganze die Anschaulichkeit einer

Plastik erhält, dies ist für Witold Lutosławski (* 1913 Warschau) die konzentrische Mitte und das einigende Band seines Schaffens. Immer wieder hat er all seine Energie und Erfindungskraft mit seltener Ausschließlichkeit diesem einen Problem gewidmet. Darin ist er Klassizist. Nicht in dem üblichen Sinn von Hörigkeit und Nachahmung, von treuer Gefolgschaft gegenüber präfigurierten Stilmustern. Nein, für derart einengende Fixierungen besitzt Lutosławskis Komponieren viel zuviel Freiheitsstreben und eigenwillige, unangepaßte Konsequenz. Aber im bewußten Feilen, Zurechtrücken, Ausbalancieren, dem unablässigen Kreisen aller Gedanken und Entwürfe um die möglichst schlüssige und einleuchtende Gestalt liegt doch die verpflichtende Bindung an ein – vielleicht unerreichbares – Ideal. Und das maßgebende Grundprinzip, das sich dafür seit dem Streichquartett (1964/65) deutlich und von nun an fast durchgängig herausschälte, die Zweiteiligkeit aus Vorbereitung (Introductory movement) und Hauptsache (Main movement), stellt gewissermaßen das Destillat aus langjährigen Hörerfahrungen dar. »In der klassischen Musik, vornehmlich bei Haydn, Mozart und ihren Zeitgenossen, war der Hauptsatz des Werkes immer der erste Satz; das Finale dagegen war ein leichterer, vorwiegend heiterer Abschluß. In der Spätromantik, in der Symphonik von Brahms, gab es dann zwei Hauptsätze: den ersten und den letzten. Sooft ich Symphonien von Brahms hörte, hatte ich allerdings ein Gefühl der Ermüdung und Überanstrengung. Um diesen Eindruck auszuschließen, versuchte ich selbst etwas zu schreiben, was große formale Proportionen aufweist und zugleich doch vom Hörer als fortlaufende Einheit aufgefaßt werden kann. Dabei verfuhr ich umgekehrt wie die frühen Klassiker, indem ich das Schwergewicht des Werkes auf das Ende verlagerte: hier befand sich nun der Hauptsatz... Demgegenüber sollte der Einleitungsteil dazu dienen, den Hörer zu interessieren und zu ›engagieren‹, so daß er in die Klangereignisse ›hineinwächst‹; ihn aber auch ›unbefriedigt‹ lassen und für ein weiteres, größeres Quantum Musik aufnahmebereit machen.«

Lutosławski nannte diese Art, durch Musik sich steigernde Neugier zu wecken, geradezu eine »spezifische Taktik«, mit der man Unterdruckverhältnisse schaffen könne, die nach Ausgleich und Kompensation verlangten. Im Gegensatz zu dieser technischen oder psychologischen Beschreibung verwendet er jedoch beim Auslegen und allmählichen Anspannen der Handlungsfäden in seinen ersten wirklichen Zweisatz-Werken, dem Streichquartett und der 2. Sinfonie (1965/67), viel Sorgfalt und poetische Phantasie auf die Durchbildung der sich verzahnenden Details. Kurze, zeichenhafte Motive der monologisierenden ersten Violine, die mehr und mehr Umriß gewinnen und die anderen mit ins Spiel ziehen, bestimmen die Anfangsphase des Streichquartetts. Probeweises Ansetzen bei dieser oder jener Instrumentengruppe tastet in der Sinfonie gleichsam den verfügbaren Bewegungsraum an unterschiedlichen Farb- und Klangzuständen ab und schafft Zug um Zug, pausenunterbrochen, zögernd (Hésitant) jene Erwartungsatmosphäre, die sich dann im 2. Satz (Direct) mit durchgehenden Entwicklungen auffüllt, zu äußerster Konkretion steigert und wie in einem befreienden Ausatmen entlädt. In beiden Fällen wird jedoch das Anlaufen des großformalen Prozesses, der aus einem wie zufällig gestückten oder aneinanderreihenden Beginn sukzessive erkennbareren Richtungssinn erhält, von einer inneren Gegensätzlichkeit zwischen irregulär fließenden

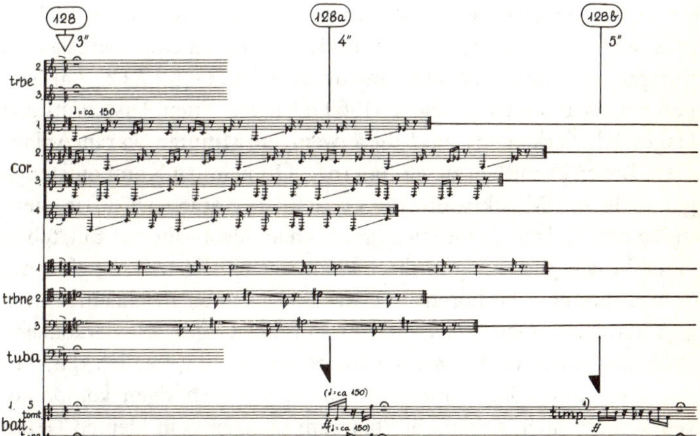

Witold Lutosławski: 2. Sinfonie (Ausschnitt aus dem 2. Satz, Direct, mit ad libitum-Spiel der Blechbläser zu rhythmisierten Einwürfen des Schlagzeugs)

und markant statischen Momenten vorangetrieben. Beim Quartett dienen zur abgrenzenden Rastrierung besonders auffällig konstant wiederkehrende Oktavenstellen; bei der Sinfonie stehen sich in ähnlicher Funktion ausscherende Episoden und einsammelnde Refrains gegenüber. Da wie dort sorgen nun Abschnitte in aleatorischem Kontrapunkt, einer satztechnischen Spezialität von Lutosławski, für den Eindruck von Offenheit und unreglementierter Fluktuation: die Instrumente spielen ohne koordinierenden Taktschlag und in agogischer Ungebundenheit (ad libitum, »jeder als ob er allein wäre«) ihre vorgezeichneten Phrasen, wiederholen sie auch, bis ein neuer Einsatz oder das Zeichen des Dirigenten diese variable Zeitstrecke beendet, sei's abrupt, sei's individuell, je nach verbliebenem Vorrat. Dadurch ergeben sich Stimmbündelungen mit einem genau definierten motivischen, rhythmischen, harmonischen und klangfarblichen Bestand, die jedoch in ihrer wechselseitigen Überlagerung frei und dementsprechend instabil sind. »In keiner anderen Technik kann man einen solchen Reichtum der Rhythmik und des individuellen Ausdrucks der einzelnen Ensemblemitglieder erreichen.«

Für dieses Verfahren, ein begrenztes Feld der direktionslosen Unbestimmtheit zu erzeugen, aus dem sich um so stärker im Kontrast ein richtungsbewußtes, straff synchronisiertes Geschehen (a battuta, also wieder dirigiert) herauslösen läßt, benennt Lutosławski übrigens – völlig unvermutet und überraschend – John Cage als seinen entscheidenden Anreger. »1960 hörte ich einen Ausschnitt aus Cages Klavierkonzert, und diese wenigen Minuten waren Anlaß, mein Leben gründlich zu verändern ... Oft nehmen Komponisten ja gar nicht die Musik wahr, die tatsächlich gespielt wird; sie dient ihnen nur als Impuls für etwas gänzlich anderes – für das Entstehen einer Musik, die einzig in ihrer Phantasie existiert. Es ist eine Art Schizophrenie – wir hören auf etwas und schaffen gleichzeitig etwas ganz anderes. Genauso erging es mir bei Cages Klavierkonzert. Während es meine Ohren beschäftigte, wurde mir plötzlich klar, daß ich eine Musik, völlig verschieden von meiner bisherigen, komponieren könnte: nicht voranschreiten zum Ganzen vom kleinen Detail aus, sondern umgekehrt beim Chaos anfangen und darin Zug um Zug Ordnung schaffen. Hiermit hatte ich die Komposition von Jeux vénitiens begonnen. Und wenn man das Resultat mit Cages Werk vergleicht, wird man feststellen, daß keins dem anderen in irgendeiner Weise gleicht.« Das Frappierende an Lutosławskis Geschichte beruht zum einen darauf, daß sie ein hervorragendes Beispiel liefert, wie unerfindlich verborgen und durch kein einziges Symptom nachweisbar Musik auf Musik Bezug nehmen kann; zum anderen, daß sie absolut unerwartet eine Verbindung zwischen jenen beiden Komponisten herstellt, deren Rang und bis heute weiterwirkender Einfluß – auch dieser allerdings unvergleichbar wie sie selbst – die sonst sich ganz natürlich ergebenden Jahrgangsmarken, wenn es um Gegenwart und jüngste Vergangenheit geht, fast gleichweit (mit nur viereinhalb Monaten Differenz) nach rückwärts verschiebt. Schließlich belegt die Geschichte, wie es eigentlich zu Lutosławskis Spezialform des gelenkten Zufalls, zum aleatorischen Kontrapunkt, den er seit den Jeux vénitiens (für Kammerorchester, 1960/61) anwandte, gekommen ist.

Was in diesen locker gefügten, farbigen, beinahe mediterranen Spielen, die nur wegen ihres Uraufführungsortes zu venezianischen wurden, vielleicht noch etwas Vorsätzliches hat, die losgelassenen Passagen etwa des ersten der vier Sätze noch im Zaum einer irregulären Akzent-Gliederung hält, das gewinnt danach an Selbstverständlichkeit und paßt sich flexibel der jeweiligen Werkidee an. Im Ausbauen, Modellieren und schlüssigen Zuspitzen solcher Werkkonzepte entfaltet nun gerade Lutosławskis Komponieren eine außergewöhnliche und höchst beeindruckende Konsequenz. So wird der aleatorische Kontrapunkt der Jeux vénitiens über die erweiterte Zeitverschiebung durch asynchrone Schichtung von Chor und Orchester in Trois Poèmes d'Henri Michaux (mit zwei Dirigenten, 1962/63) und die individualisierende Klangraumverengung im Streichquartett schließlich, doppelt erprobt, in der 2. Sinfonie wieder zum eigentlich sinnstiftenden Element eines orchestralen Fortgangs vom ›Chaos‹ zur Ordnung. So wird andererseits die Viersätzigkeit der Jeux als eine bereichernde Variante der prinzipiellen Teilung in nur zwei Sätze, wobei eben die Einleitungsphase sich dreifach gliedert und der vierte Hauptsatzcharakter erhält, im Livre pour orchestre (1968), dem Werk nach der 2. Sinfonie, erneut wiederaufgegriffen und bleibt von da an eine mögliche Alternative. Es kann der exponierende Vorlauf sogar noch weiter unterteilt werden:

wie in der Novelette (für Orchester, 1978/80) in Introduction und Three Events, denen dann als Conclusion das eigentliche Hauptstück folgt; wie im Konzert für Violoncello und Orchester (1969/70), wo dem zusammenfassenden, gesteigerten Finale gleich sechs Stadien der allmählichen Impulsauslösung vorangehen (Introduction, 4 Episoden und Cantilena); oder wie in Präludien und Fuge (für 13 Solo-Streicher, 1972), wo der polyphon verstrebten, die Fäden verknotenden Fuge (allerdings mit ad-libitum-Stimmbündeln statt der traditionellen Themen) insgesamt sieben Präludien vorangestellt werden. Und es kann ebenso an den Hauptsatz sich noch ein Epilog anschließen: wie in den Paroles tissées (nach Jean-François Chabrun für Tenor und Kammerorchester, 1965) der ausklingende vierte Teil nach dem leidenschaftlich ausbrechenden dritten; wie die Coda im Orchesterstück Mi-parti (im Sinne von dualistisch; 1975/76) oder der Schlußabschnitt (Adagio-Epilog plus rasche Coda) in der 3. Sinfonie (1972/83). Aber derartige Unterscheidungen schrumpfen letztlich auch zu Fragen der detaillierten Bezeichnung und der gliedernden Definition.

Ganz allgemein, unabhängig von der internen formalen Spezifizierung, läßt sich jedoch über die Jahre hinweg ein einziger Typus des Werkaufbaus feststellen, der jeweils im eher Gestückten, Mosaikhaften ansetzt und sich mit proportionierter Schärfung seiner Richtungstendenzen auf einen Höhepunkt etwa im dritten Drittel des Gesamtablaufs zubewegt; danach führt eine Entspannungsphase zum Abschluß. Die Dramaturgie bleibt dieselbe, offenbar analog einer Grundansicht oder Grunderfahrung Lutosławskis von musikalisch strukturierter Zeit. Nur ihre Handhabung wird zugleich vielfältiger, wegekundiger und dennoch in sich stringenter. Freilich, das schlechthin Erstaunliche liegt nicht allein in solchem gewachsenen Zielbewußtsein und der verblüffenden Folgerichtigkeit im Voranschreiten von Komposition zu Komposition, so daß man trotz des Anknüpfens meinen könnte, die angewandte Methode sei jeweils für dieses eine Werk, für seine Zwecke neu erfunden worden; sondern eigentlich gerade umgekehrt im unverminderten Bewahren und keineswegs rückblicksscheuen Einbeziehen aller einigermaßen wichtigen Ergebnisse von früher. Lutosławski erinnert sich immer wieder genau an seine vorausgegangenen Lösungen, ohne die sonst üblichen Peinlichkeitsgefühle oder Verdammungsurteile, und trägt sie als ein durchaus lebendiges, fortwirkendes Agens in sich. Bei einem Komponisten, der, als sein erstes Werk nach dem politischen Umschwung in Polen, seine Trauermusik (für Streichorchester, 1956/58), uraufgeführt wurde, bereits 45 Jahre alt war und davor frühe Ablehnung, Militärdienst, Krieg, Gefangennahme, Besatzungszeit und die stalinistische Nachkriegsära durchlebt, durchwartet, durchlitten hatte, bedeutet dies immerhin einiges. Die Trauermusik mit ihren dunklen Anfangsschichtungen von zwölftönigen Reihen aus Tritoni und kleinen Sekunden, mit ihrer Steigerung zur Tutti-Kulmination in mächtigen Zwölfton-Akkorden empfand er damals als ›sein erstes Wort in einer für ihn gänzlich neuen Sprache‹. Und der Umgang mit Zwölfton-Aggregaten (nicht Reihen) gehörte ab da tatsächlich zum verbindlichen Bestand, blieb permanenter Bezugspunkt.

Abgesehen von dieser Neuformulierung im harmonischen Bereich – nach der bisherigen Dominanz einer nur mäßig erweiterten Tonalität – greifen aber die polyphonen Schichtungen der Trauermusik gleichzeitig auch auf Ähnliches im ersten und vor allem im dritten Satz, der Passacaglia, des an sich noch folklorehörigen Orchesterkonzerts (1950/54) zurück. Dessen Dualismen von huschender Figuration und harten Akzentschlägen, von melodischem Verweilen und hastigen Einwürfen oder überhaupt von dynamischer Entwicklung und plötzlichem Richtungswechsel tauchen dann verwandelt nochmals beim zweiten Expansionsschritt zur ad-libitum-Aleatorik der Jeux vénitiens auf. Im selben Orchesterkonzert ist außerdem schon die Schwerpunktverlagerung ans Ende, also in seinen dritten Satz (Passacaglia, Toccata e Corale), vorgebildet, wie sie ab Streichquartett und 2. Sinfonie zum erklärten Normfall für Lutosławski wurde, – sogar mit Übereinstimmung in den Dauer-Relationen, weil dieser dritte Satz länger als die beiden ersten zusammen ist. Und derart zum Vergleichen animiert, wird man schließlich selbst in der 1. Sinfonie (1941/48), obwohl sie dem neoklassizistischen Vier-Satz-Modell mit Schwerpunkt im eröffnenden Sonaten-Allegro folgt, noch jenseits ihrer auffälligen Tritonus- und Sekund-Vorliebe im Adagio und des zwölftönigen Beginns im Scherzo gänzlich unerwartete Gemeinsamkeiten in der Diktion und beim Ausbilden von variativen Abstufungen oder plötzlichen Kontrasten entdecken. Dies führt unweigerlich zu der Frage, ob Lutosławskis kompositorisches Fundament nicht überhaupt hier zu finden ist; ob seine Vorstellungskraft nicht innerhalb des damals gültigen Bezugssystems, als er selbst Ende der Zwanzig war, ihre prägende und unveräußerliche Profilierung erhalten hat. Alles Spätere wäre dann Differenzierung, Überlagerung, auch Verdeckung und eine unglaublich weit reichende, höchst klarsichtige Individualisierung. Dennoch könnten die einleuchtenden Linienzüge der Werkbiographie – durch solchen Bogenschlag nach rückwärts belehrt – nun in beiden zeitlichen Richtungen verfolgt und gelesen werden.

Das Faszinosum von Musik über Musik liegt in ihrem Palimpsest-Charakter: Unter einer Klangschrift im Vordergrund verbirgt sich – oft nur geahnt – eine andere; häufig sogar deren mehrere, in gestaffelter Deutlichkeit bis hin zum Unerkennbaren. Letztlich gilt dies für jede Komposition, genau wie jede wegen ihrer notwendigen Abhängigkeiten und verarbeiteten Einflüsse eklektizistisch genannt werden kann. Nur der Grad, in dem Fremdes, Vorgeprägtes durchscheint, und ob dies unfreiwillig oder bewußt geschieht, schafft Unterschiede. Sie mögen dann als klärende Handhabe dienen, einige statistische Befunde im Vorfeld liefern, nicht mehr. Denn erst das Umgekehrte, die dagegengesetzte eigene Leistung, die aufgebotene Kraft des verwandelnden Zugriffs entscheidet über die künstlerische Qualität, in welcher Größe und Zahl auch immer die Anteile des Vorfixierten beigemischt sind. Ja, selbst deren Herkunft ist unerheblich; so wäre im Extrem vorstellbar, daß eine Collage aus lauter erborgten Versatzstücken dank des minimalen Zusatzaufwands an Schnitt- und Steuertechnik insgesamt doch eine bessere Komposition ist als ein hoch ambitioniertes Werk, bei dem der Komponist weitgehend sich selber zitiert. Daraus wäre zu folgern: Schöpferische Innovationen eines einzelnen bedürfen keineswegs der Autonomie ihrer individuellen Urheberschaft. Oder, weniger paradox ausgedrückt, die Begriffe von dem, was Material sein kann, dehnen sich mit dem Fortgang der Geschichte ständig aus und lassen sich in der angestammten Beschränkung aufs Elementare schon lange nicht mehr fassen.

Gerade die vielerlei teils recht komplizierten Relationen zwischen dem verbreiterten materialen Bereich und dem darauf errichteten Überbau an kompositorischer Verfügung machen sogar in einer an sich kunstfernen Zeit, der die Unmittelbarkeit der Äußerung zum Problem geworden ist, den eigentümlichen Reiz der Selbstbehauptung und jene provozierende Spannung aus, die kreatives Handeln befördert. Im übrigen eröffnen sich genau hier, in dem neu situierten Verhältnis zwischen Voraussetzungen und Methode, gänzlich unvermutete, alles Bisherige übersteigende Chancen. Wie anders wäre es sonst erklärbar, daß Conlon Nancarrow (* 1912 Texarkana, in der zu Arkansas gehörenden Stadthälfte) durch ingeniöse Einseitigkeit seines kompositorischen Produktionsverfahrens, obwohl er im Grunde durchaus vertraute Sprachmittel benutzt, eine völlig neue, phantastisch irreale Dimension der klanglichen Darstellung entdeckt und erschlossen hätte. Seit Ende der vierziger Jahre, nachdem ihm das Interesse an Live-Musik durch schlechte Erfahrungen bei der Aufführung seiner Werke vergällt worden und er selbst wegen politischer Querelen im Gefolge seiner Teilnahme am Kampf gegen Franco-Spanien nach Mexico City emigriert war, hat Nancarrow sich allein und weltabgeschieden ausschließlich mit seiner Musik für Player Piano (selbstspielendes Klavier) beschäftigt. In all den Jahren sind über vierzig, meist nur wenige Minuten lange Studies for Player Piano (ab 1947) entstanden. Und zwar besorgte Nancarrow dabei nicht nur die Niederschrift der Komposition, sondern auch das mühselige, zeitaufwendige Stanzen der Papierstreifen, die schließlich entsprechend ihren Lochungen auf pneumatischem Weg die Klavier-Mechanik steuern.

Dieser gewissenhafte kompositorische Umgang mit einem Reproduktionsapparat, der während der Vor-Schallplatten-Ära der Zwanziger Jahre als ›elektrisches Klavier‹ große Popularität besaß, erlaubt bei äußerster Präzision und unveränderlicher Wiedergabetreue bis ins kleinste Detail nicht nur Griffkombinationen, Intervallsprünge und rasende Geschwindigkeiten, wie sie kein Pianist je spielen könnte, sondern auch die völlig freie Bestimmung von Metrum und Tempo: Beschleunigung und Verlangsamung sind ebenso möglich wie die Überlagerung verschiedener, ganz unabhängiger Temposchichten. Nancarrow macht davon reichlichen und im Höreffekt umwerfenden Gebrauch. Seine Studies, die anfangs, weil er Jazz-

Trompeter war, noch Ragtime-, Boogie- oder Blues-Elemente reflektierten, stoßen immer mehr in eine Welt streng proportionierter, aber überbordender rhythmischer Variabilität vor (mit Kanons in extravaganten Temporelationen zwischen den einzelnen Stimmen oder gleichzeitiger Kreuzung von Accelerando und Ritardando). Eine Super-Virtuosität des kompositorisch Komplexen und klavieristisch Exakten (selbst bei chromatischen Glissando-Kaskaden) breitet sich in hinreißender Spiel-Leichtigkeit aus und verleiht dieser Musik, die sich souverän über Wahrnehmungsgrenzen hinwegsetzt, eine eigene, bis dahin nicht gekannte Qualität. Es ist, als sei die

Conlon Nancarrow: Study No. 40 für zwei nicht-synchronisierte Player Pianos (Ausschnitt)

Schwerkraft aufgehoben, als habe die menschliche Physis Flügel aus Klang bekommen. Und doch erscheint die materiale Basis, wenn man alles darauf reduzieren wollte, als keineswegs ungewöhnlich.

Mauricio Kagel

Die Frage der Konditionierung, wie sich also Bedingungen ersinnen lassen, die das musikalisch Normale, das Herkömmliche oder wenigstens Erwartbare, spezifisch verändern, transformieren und über sich selbst hinausheben, besitzt für das Komponieren von Mauricio Kagel (* 1931 Buenos Aires) seit jeher besondere Wichtigkeit, sozusagen eine Schlüsselfunktion. Der absichtsvolle Bruch, das Zusammenfügen des Inkommensurablen, die Irritation durch Doppelbödigkeit sind Kagels eigentliches Metier, in dem er sich mit Lust an Verstellung und vielfarbig changierendem Rollenspiel bewegt. Dabei nutzt er wie kaum einer die semantische Offenheit der Musik und überträgt sie auch gleich noch auf die verschiedensten Ebenen des Multimedialen: auf Text, Bild, Szene, Mimik, Kostüm, Aktion. Denn wie auch immer er die Elemente und Darstellungsweisen mixt – sei es in seiner Spezialform des ›musikalischen Theaters‹, in Bühnenwerken, Pantomimen, Opern, im Hörspiel oder Film –, stets gebraucht er die Materialien der Schwesterkünste mit derselben Nichtachtung gegenüber syntaktischen Kausalitäten und sinnstiftendem Zusammenhang, als handle es sich um die frei verfügbare Grundsubstanzen und Ingredienzien der Musik. Alles wird komponierbares Material. Und bei Wörtern oder Sätzen, wo man sich ja mit dem Vermeiden von Eindeutigkeit am schwersten tut, helfen dann die Verballhornungsmittel der Umgruppierung, des Silben- oder Buchstabenaustauschs, des Zerstükkelns oder der polyglotten Paraphrasierung, um das Gemeinte im Bereich von schillernder Vagheit bis Nonsens zu halten. Genau denselben Prozeduren unterzieht Kagel im übrigen auch schon die übernommenen musikalischen Sprachbrocken aus wechselnden Epochen, Stilkreisen, Kultur- und Sozialschichten, um ihre Erkennbarkeit nicht mehr, als es der Zitatwitz oder die hintersinnige Anspielungsgeste erlauben, überhandnehmen zu lassen. Die blinkende Mehrschichtigkeit hat hier also durchaus ihren einheitlichen Kern in Struktur und Verfahren.

Demgegenüber herrscht bei der Ausführung und im Erscheinungsbild des Ganzen die liebevoll aufgezäumte Divergenz. Kagel sträubt sich mal übermütig und verspielt, mal eher zornig und voll sarkastischer Angriffslust gegen jede Art von Kontinuität und formaler Geschlossenheit. Der Nimbus des schönen ästhetischen Scheins ist ihm verhaßt; und mithin auch der ganze Betrieb, der ihm dient und ihn verbreitet. Darin sieht er nichts anderes als den landplagenhaft verbreiteten, obendrein bornierten Kult des musikalisch Unwahren, den es – vor allem wenn man als Komponist mitten hineingestellt ist – zu entlarven, anzukratzen, aufzusprengen oder, noch besser: mit seinen eigenen Mitteln ad absurdum zu führen gilt. Dies bedingt eine Mehrdimensionalität, bei der Text und Kommentar, vielleicht auch verschiedene Texte untereinander oder Kommentare des Kommentars, in lebhafte Interaktion treten; bei der das Unterbrochene, Fragmentierte jedenfalls zum Prinzip erhoben wird und das Hin- und Herspringen, die Polyvalenz der Perspektiven die Höraufmerksamkeit mobilisiert. Entsprechend nimmt freilich auch das Rätselhafte zu: Die inszenierte Vielzahl der Stimmen, in deren diskursivem Charakter und Verständlichkeitsnähe gerade das Anregende liegt, setzt sich fort in einer Vielzahl der Standpunkte und Haltungen. Kagels Hang zur Anschaulichkeit, ja zur Drastik – und zwar nicht erst durch das Hinzufügen von Handlung, Sprache, Bild oder Theater – entzieht sich immer wieder der Eindeutigkeit eines Programms und verweist den Mitdenkenden lieber direkt zurück auf die Widersprüchlichkeiten des Lebens, an denen Komponist und Hörer schließlich den gleichen Anteil haben. »Meine Absicht war es immer, in meinen Stücken eine möglichst große Zahl von Situationen miteinander zu verknüpfen. Ich verlange von einem Kunstwerk, daß es unendlich viele Dimensionen ins Spiel bringt. Ich mag keine pädagogischen Werke, denn ich mißtraue der blanken Nutzanwendung. Ich ziehe es vor, Dinge zu machen, die so komplex sind, daß jeder zu ihnen ein ganz persönliches Verhältnis finden kann, und daß ich selber sie noch nach Jahren mit frischen Augen sehe. Ich will nichts Abgeschlossenes, und ich will vor allem keine Modelle; das ist es: ich hasse Modelle.«

Darin muß man Kagel recht geben: Sein Hunger nach neuen Materialien, seine Sammlerfreude beim Aufspüren des Abwegigen, Kuriosen, historisch Verschütteten und seine Fabulierbegabung im Ausdenken seltsamer Geschichten und Konstellationen sind enorm. Dies garantiert allemal Überraschendes, sogar mit Zusätzen jener Hellsicht aus dem ungewohnten Blickwinkel, über die nur Weise und Narren verfügen. Und es verpflichtet andererseits zur Einzelanfertigung, schließt Duplikate aus. Damit stellt sich jede Komposition als ein neuerlicher Ansatz dar, bleibt ein Versuch im Verfolg des ihr eigenen Konzepts und demgemäß offen, instabil, aspektreich, ohne Aussicht, zum harmonisierten Ganzen mit Vorbild- und Modellcharakter oder zum Werk mit abgezirkeltem Stellenwert in einer fortlaufenden Entwicklung zu werden. Wenn sich etwas wiederholt, dann ist es lediglich in einer untergeordneten Schicht die Methode: wie Kagel um den Primäreinfall – häufig nur eine originelle Idee, eine Entdeckung am Rande oder ein Wortspiel, einen verblüffenden Umkehrschluß – gewissermaßen seine Fangnetze auslegt und alles registriert, was sich dazu an Sekundärmomenten einstellt oder, vom Thema herausgefordert, kombinieren läßt. Die Reichhaltigkeit der solcherart geförderten Ergebnisse erbringt zwar ein Reservoir an kompositorischen Möglichkeiten, die allesamt sowohl untereinander wie mit dem Grundeinfall in Beziehung stehen; aber ihre noch so geschickte Ausnützung bedeutet trotzdem keineswegs schon Schlüssigkeit und internes komplementäres Zusammenstimmen des fertigen Produkts. Gerade die gewünschte Vielfalt, das Bizarre, der beabsichtige Eindruck des Montierten machen Kagel deshalb zu einem komponierenden Gratwanderer.

Eine Zeit lang beschäftigte er sich vorwiegend mit unüblichem Klanggerät. Der Reiz, die Stimmen des Abseitsliegenden zu wecken, Widerstände der Mechanik wie des Vorurteils zu überwinden, war ihm zugleich Ansporn der Phantasie und ein Stück ideelles Programm. So schrieb er eine Musik für Renaissance-Instrumente (1965/67), um in einer Zeit des aufkommenden Originalinstrumente-Kults der doppelten Historisierung einen direkten Zugang aus der Gegenwart entgegenzustellen. In drei folgenden Stücken erweiterten sich die Vielfalt der Klangwerkzeuge, die Spieldauern, die improvisatorischen Freiheiten und die gestischen oder szenischen Momente: Der Schall (für 5 Spieler, 1968/69) mischte 54 reale oder erfundene Zupf-, Schlag- und Blasinstrumente; Acustica (für experimentelle Klangerzeuger und Lautsprecher, 1968/70) beschränkte sich allein auf eigens Ausgetüfteltes in skurriler Zweckentfremdung von mancherlei kommunem Gerät, kombiniert mit einer zweiten elektronisch-instrumentalen Schicht vom Tonband; Unter Strom (für 3 Spieler, 1969) versetzte dagegen Instrumente und Requisiten titelgerecht durch allerhand Elektromotoren (vom Lastwagengebläse bis zur Kaffeemühle) in klingende Aktion. Dasselbe Prinzip, bisher eine Art akustisches Puzzle voll emanzipatorischem Erkundungs- und Erfindungsdrang, führte dann bei Exotica (für außereuropäische Instrumente, 1971/72) und bei Zwei-Mann-Orchester (für 2 Spieler an je einer ›Orchestermaschine‹ aus Instrumenten, Schnüren, Pedalen, Antriebsrädern, Maschinenteilen usw., 1971/73) zum Auseinanderklaffen des ideellen Nebensinns. Denn einmal beutete Kagel »zur Bloßlegung des recht relativen Begriffs ›Exotik‹« achtlos fremde Kulturen aus, als ließe sich die Realität der Kolonialgeschichte mit einem Handstreich negieren; das andere Mal wandte er sich gerade mit aufmerksamem Verständnis dem abgesunkenen Kulturgut einstiger Jahrmarktsherrlichkeit zu. Und erreichte er dort bestenfalls das musikalisch losgelassene Falsifikat eines Verkleidungsulks, so hier den ganzen nachdenklich stimmenden Zauber lächelnder Nostalgie.

Ein anderes Beispiel, rund zehn Jahre später: Rrrrrrr... (eine Radiophantasie, 1981/82) reiht nicht weniger als 41 Stücke, in sechs Zyklen (entsprechend sechs verschiedenen Besetzungen) geordnet, aneinander, gemäß dem lexikalischen Gesichtspunkt, daß alle Titel mit R anfangen müssen. Da steht also Rhapsodie neben Rheinländer, Requiem neben Ragtime-Waltz, Râga oder Railroad Song. Und mit den wachsenden Identifikationsschwierigkeiten – was sagen schon Titel über eine Musik, die ohnehin lieber paraphrasiert oder widerspricht als bestätigt – nimmt auch die Beliebigkeit zu. Kagels Einsammel-Methode, archivalisch streng mit Hilfe von Karteikarten praktiziert, feiert unfröhliche Urständ. Was bleibt, sind Aperçus zu einem Thema, das keins ist. – Fast gleichzeitig gelingt in Fürst Igor, Strawinsky (für Baßstimme und Instrumente, 1982) durch die Neukomposition des Textes der Fürst Igor-Arie, und zwar im russischen Original, aus Borodins Oper das musikalisch verständliche

Ausbreiten eines Beziehungsgefüges: Die Worte des in die Fremde verschleppten, gefangenen Fürsten verbinden sich mit der Gestalt des Rußland-Emigranten Igor Strawinsky, zu dessen Gedenken hundert Jahre nach seiner Geburt die Komposition entstand; und schließlich schiebt sich durch die gebrochen-exklamatorische Subjektivierung des Tonfalls auch ein Stück von Kagels eigener Lebenserfahrung hinein, des Exil-Argentiniers, dem Köln seit 1957 gewiß mehr und mehr zur Heimat, freilich einer zweiten, geworden ist. Selbst in dem Strawinsky-Stück bildet Kagels Vexierspiel-Technik den Ausgangspunkt; aber die Facettierung bleibt bei der Sache, überhöht sie sogar. Und dies bedeutet zweierlei: Weder ufert die mit Fleiß inszenierte Verwirrung ins bloße Zusammenkleben des Unpassenden aus – wie in Ex-Position (1975/78), wo zu mißglückten oder verhinderten Aktionen von Sportlern musikalisch ein Chorbuch aus 53 dekompositorisch bearbeiteten Bach-Chorälen sowie die freigelassene Automatik von Rhythmus-Generatoren (aus E-Orgeln bekannt) nebst Schlagzeug die »unmögliche Ehe von Unterhaltungs- und ernster Musik« proben; noch verdichtet sich umgekehrt der Spaß am satirischen Zerpflücken vorschnell zur Eindeutigkeit – wie im Hörspiel Der Tribun (1978/79) und den daraus hervorgegangenen Zehn Märschen, um den Sieg zu verfehlen (1981), wo die plakatierte Bosheit gegenüber Diktatoren-Wahn wohl schon binnen kurzem vom Einverständnis eines jeden Publikums überholt wird.

> Subversives braucht Spannung, kritischer Einspruch die gefährliche Schärfe der Gegensätze. Selbstverständlich läßt sich kämpferischer Rigorismus, das beharrliche und deutliche Proklamieren des eigenen Standpunkts auch wirkungsvoller und eleganter durch böszüngige Ironie, Spott oder gar den lächelnden Hinweis auf die Absurdität der ganzen Situation ersetzen. Aber solche satirischen Umkleidungen dürfen doch keinesfalls Vorgriffe auf falsche Versöhnlichkeit sein, mit einem versteckten Augenzwinkern, das den Willen zur Übereinstimmung signalisiert. Im Gegenteil, was da lustvoll überzeichnet als Karikatur dargeboten wird, muß in der Würze herb, beißend und unangenehm sein, damit das angezettelte Lachen jäh im Halse stecken bleibt. Derartige Momente des plötzlichen Umschlags von Heiterkeit in Betroffenheit sind ja das erhoffte Traumziel,

weil sich da, durch ausgelassene Stimmung hinreichend gelokkert, unversehens Einlaßventile öffnen und der verkrustete Kreislauf von altgewohnten Gedanken und Überzeugungen in Bewegung gerät. Da werden tatsächlich Umgruppierungen möglich und fast unbemerkt bahnen sich schleichende Veränderungsprozesse an. Da vollzieht sich wirklich jene »unmögliche Ehe von Unterhaltung und Ernst«. Selbst die absurdeste Verquickung von Techniken und Materialien, das tolldreisteste Umspringen mit ›geheiligten Gütern der Nation‹ erfahren durch solche Aussicht auf einen Unruhe stiftenden Minimaleffekt Sinn und Berechtigung.

Sich jedoch beim grotesken Durcheinanderwürfeln der unpassenden Bausteine oder dem nochmaligen genüßlichen Entlarven längst durchschauter Potentaten im Schafspelz das nötige Humorquantum einzuhandeln und es damit genug sein zu lassen, befriedigt höchstens Oberflächenreize und verscherzt – ganz wörtlich – jede weiterreichende Chance. Gut, auch gewitzte, spitzbübisch durchtriebene Possenreißerei kann komisch und durchaus vergnüglich sein. Aber wenn sie mehr bewirken, anderes transportieren, am Ende gar ein aufklärerisches Ferment sein will – und das richtet sich nach den herangezogenen Inhalten –, dann entwertet sie, ohne es recht zu wissen, zugleich ihren Einfluß und ihre kritische Kompetenz. Denn sie macht, was sie vermitteln will, konsumierbar, schleift noch dem Widerborstigen und Aufsässigen durch ihren freundlich-heiteren Umgangston die Ecken und Kanten ab. Themen büßen jede Brisanz ein und werden verbraucht, heiße Eisen in solcher Verpackung kurzerhand als Stützstreben zweckentfremdet und integriert. Wer kann eine Attacke schon noch ernst nehmen, wenn der Angreifer eigentlich allein auf den Lacherfolg spekuliert?

Am prekärsten sind gewiß Kagels Gratwanderungen, wenn es – wie so oft bei ihm – um die Auseinandersetzung mit der Vergangenheit oder, genauer: ihre ›Pflege‹ in der Gegenwart geht: Er stützt sich auf Bekanntes (Musiken, Texte, vertraute Bilder, Symbole, Begriffe), schafft also eine Verständigungsbasis, die, anders als selbstverantwortlich Neues, eingespielte Rapport-Verhältnisse ausnützt; er tut es aber nur, um durch gezielt obstruktiven Gebrauch den falschen

Kult, den man damit treibt, zu denunzieren; um, so gut es geht, die Kollegen von einst gegen die geschäftstüchtigen, traditionsstolzen, kulinarischen, jedenfalls unverständigen Verwerter von heute zu verteidigen. Dabei muß er freilich selber, damit sein Plädoyer wirkt, nämlich genügend aufschreckt und verstört, den schönen Schein der Oberfläche aufbrechen, den Kontext segmentieren, die harmonischen oder formalen Zusammenhänge zerschneiden, kurz: in schützender Absicht sich ganz ähnlicher Deformationen und Entstellungen schuldig machen, wie er sie bei den anderen anprangert. Dieses lustvoll inszenierte Spießumdrehen, bei dem die willentliche Beschädigung der offiziell vollzogenen unwillentlichen auf die Sprünge helfen soll, funktionierte bei dem Film Ludwig van (1969/70) noch in heiterer Drastik, weil da der wiedergekehrte Beethoven, vertreten durch das Kamera-Auge, sich die ganze Bescherung, die man ihm, zumal in seinem Geburtsort Bonn, zweihundert Jahre später angerichtet hat, mit spürbarer Verwunderung betrachtet. Der Fremde aus einer anderen Welt demaskiert ohne jedes Zutun den hektischen Jubiläumsrummel und überantwortet ihn der Lächerlichkeit. Dazu überhöht Kagel die groteske Unverhältnismäßigkeit zwischen Ehrung und Geehrtem ins Surreale, Parodistische, auch Kabarettistische, collagiert Beethoven-Musiken in wildem Verschnitt, düpierender Umbesetzung oder diagonaler Kombination verschiedener Werke und behält doch stets jene mobile Zwei- oder Mehrschichtigkeit aus optischen und akustischen Eindrücken, die satirisch pointiert das eigentlich Eingeklagte umrankt: die Fallhöhe von Beethovens künstlerischer Wahrheit zur Banalität ihres Konsums.

Etwas angestrengter, wenn auch kompositorisch anspruchsvoller, nehmen sich demgegenüber – schon im Titel – die Variationen ohne Fuge für großes Orchester über ›Variationen und Fuge‹ über ein Thema von Händel op. 24 von Johannes Brahms (1971/73) aus, Kagels Hommage-Werk für den Meister einer ›konsequent unorthodoxen Behandlung der Tonalität‹ in einer Zeit voranschreitender Chromatisierung. Und mitten in den instrumentierten, umgestellten, bearbeiteten Händel-Variationen darf dann Brahms (ad libitum) auch noch selbst mit Rauschebart und Gehrock als räsonierender Redivivus auftreten, bis ihn Händel (stumm) wieder in den Komponistenhimmel entführt. Von solcher unentschiedenen Verkoppelung einer durchaus triftigen Gegenwartsprojektion des Vergangenen mit geistreich-marginalen Szenen-Einschüben distanziert sich Kagel dann bei seiner dritten und ernsthaftesten Vorbild-Beschwörung: bei der Sankt-Bach-Passion für Soli, Chöre und Orchester (1981/85), einer grandiosen Vertauschung von religiöser Anbetung und Teilnahme in musikalische, von Jesu Leiden in die obrigkeitsabhängige Daseinspein Bachs – nach dem Motto: »Es mag sein, daß nicht alle Musiker an Gott glauben; an Bach jedoch alle.« Das kompensatorische Auswechseln der Funktionen wird mit sichtlicher Freude betrieben: Der Tenor (Evangelist) berichtet von Bachs Leben (hauptsächlich nach dem Nekrolog vom Sohn Philipp Emanuel und Agricola), es gibt Arien, Choräle, Doppel- und Knabenchor, erregte Szenen (turbae) und genau 33 Nummern wie in der Matthäus-Passion. Dokumente, Choral- und Kantatentexte werden mit kleinen Wortverschiebungen analog benutzt. Die Musik bleibt frei von Zitaten, es sei denn, sie übernimmt einen Bach'schen Choral-Satz komplett und fügt anderes verfremdend hinzu; jedoch sind Stil und Formenwelt als ausschöpfbares Potential ständig präsent. Dabei herrscht Kagels Eigen-Mischung aus Hintersinn und Akribie, Traditionserschließung und subversivem Gegen-den-Stachel-Löcken. Und von der entfalteten Aura zehrt er selbst schließlich auch – sogar näher an der Sonne des Meisterwerks als früher.

Deutlich hat seine Art, sich gleichsam in eine musikalische Situation, eine Darbietungsform, eine institutionalisierte Praxis kompositorisch einzunisten, um sie analysierend umzukehren, sie gegen ihr Herkommen neu zu gruppieren und sinnvoll zu machen, an Schärfe und Widersetzlichkeit verloren. Das läßt sich zum einen an dem Typ der Verwertungsstücke beobachten, die sich in Zwischenbereichen tummeln, an musiksozialen Abfällen delektieren, ohne recht zu wissen oder anzugeben, warum: wie die beiden Klavierstücke An Tasten (1977) am akkordischen Begleitwerk und MM 51 (1977) an filmüblichen Schablonen; wie Kantrimiusik (für Stimmen und Instrumente, 1973/75) an der Folkore oder Programm (11 Stücke in wechselnder kammermusikalischer Besetzung, 1971/72) an dem Musizieren in Laiengruppen mit Gesang, Akkordeon, Zither oder Zupfinstrumenten. Zum anderen läßt sich dies aber auch an den Opern oder musiktheatralischen Stücken direkt zurückverfolgen:

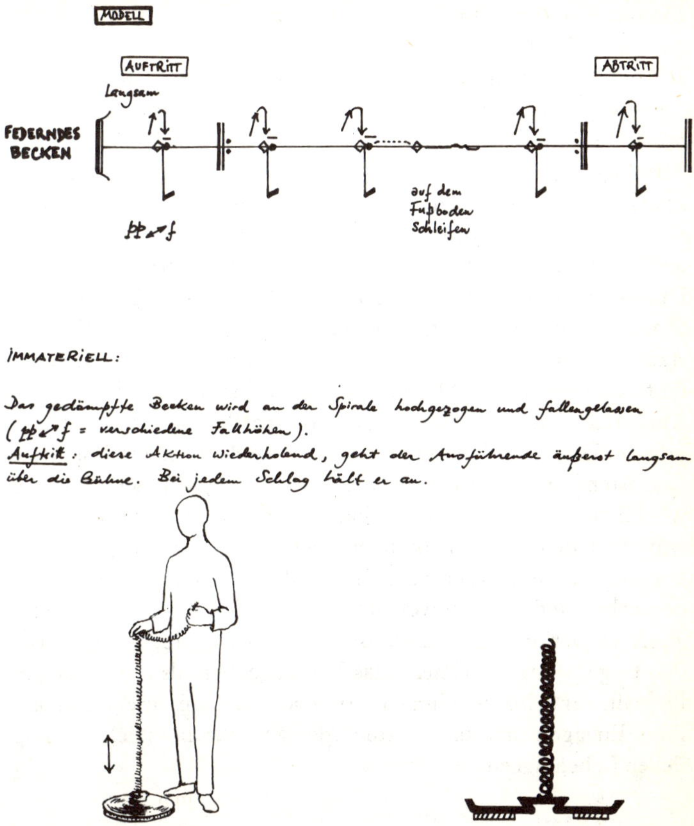

Mauricio Kagel: Repertoire, szenisches Konzertstück, aus Staatstheater; eine der 100 vorgeschlagenen Einzelaktionen mit einem chinesischen Becken, das an der Unterseite durch Schaumstoff gedämpft ist

ausgehend von der Lieder-Oper Aus Deutschland (1981), die romantische Liedtexte mit ihren Stimmungsstandards Natur, Liebe Tod vor 27 meist klischeehaften romantischen Bildern in Szene setzt – eine sich kräuselnde Folge aus gewitzten Nettigkeiten und makabrem Tiefsinn; beidseits chronologisch umringt von der ›akustischen Theologie‹ einer Schöpfungs- und einer Gegenschöpfungsgeschichte, deren göttlicher Teil – Die Erschöpfung der Welt (1980) – eigentlich bitterer, zynischer, sündhafter geraten ist als der spätere teuflische: La Trahison orale/Der mündliche Verrat (1981/83). Und schließlich gelangt man über das halbszenische Umkehrstück Mare nostrum (für 2 Sänger und 6 Instrumentalisten, 1973/75), das statt von der Entdeckung Amerikas von ›Entdeckung, Befriedung und Konversion des Mittelmeerraumes durch einen Stamm aus Amazonien‹ handelt, zu Kagels Opern-Erstling, Staatstheater (1967/71), wo das Umfunktionieren von Solisten in ein Ensemble, Choristen in Einzelakteure, Statisten in Tänzer, Musiker mit (ungewöhnlichen) Instrumenten in handelnde Personen, zusammengewürfelten Requisiten in Bühnenbilder usw. das gesamte Personal und Inventar eines Opernhauses aus überständigen Schematismen herausholt und nach sinnvollen kompositorischen Kriterien neu formiert. Da verhilft der aufklärerische Impuls von Musik über Musik, von Gegenwartsbewußtsein, das Vergangenheit als eigene Chance begreift, zur Selbstbefreiung der Individuen, damit ihrer Phantasie, ihres Engagements, und letztlich der gemeinsam erzielten klanglichen Lebendigkeit.

Weltsicht aus der Nische

Was nützen schon all die weitreichenden Planungen, hochgesteckten Ziele, das ehrgeizige Bemühen, ein Stück Utopie in die Realität herabzuholen? Der Lauf der Dinge läßt sich ohnehin kaum beeinflussen. Und die Daseinsprojektionen der Kunst, gar einer aus Tönen, sind dabei zuallerletzt gefragt. Die Menschen richten sich statt dessen ganz pragmatisch in der Welt ein, indem sie bestehende Ordnungen akzeptieren oder neue schaffen, ein jeder auf seine Weise und in seinem Bereich. Damit läßt sich auskommen, und sei es auch nur in der Illusion, daß alles im Rahmen der vorhandenen Planungen und Zweckmäßigkeiten tatsächlich seinen geregelten Gang geht. Wer sagt denn aber, daß in solchem Ordnungsstreben, dem eigentümlichen Hang, jedwedes Faktum in ein bereitgehaltenes Schema zu zwängen, der eigentliche Sinn und eine Hauptaufgabe des Lebens liege, weil sich angeblich nur mit dem vernünftig handeln lasse, was in seinen Voraussetzungen und Bedingungen einsichtig sei, sich also irgendwelchen bekannten Normen füge? Mit dieser Maxime als Aktionsprogramm und moralisch absichernder Rückendeckung wird unentwegt gestutzt und begradigt, das Überhängende beschnitten, das Abwegige ignoriert, das Besondere, Schwache oder Unerklärbare vernachlässigt. Immer wieder soll, was natürlich und seiner selbst gewiß gewachsen ist, in irgendein System passen: Vorkommnisse werden auf Einheitsmaß reduziert, Überraschungen eingeebnet, wilde Triebe beseitigt, Fluren bereinigt, Sümpfe trokkengelegt, Untergehölze ausgeforstet, Schädlinge bekämpft, wuchernde Vielfalt unter Kontrolle gebracht, Ecken entrümpelt, Fassaden von Dekor befreit, Arbeitsprozesse rationalisiert, Menschen auf Vordermann gebracht... Die Typisierungen nehmen kein Ende; der Drall, die Buntheit des Daseins auf triste Einförmigkeit und sterile Übersichtlichkeit zurechtzubiegen, breitet sich wie eine Seuche auf allen Gebieten aus. Und selbst die Musik ist nicht frei davon, nachdem sie sich aus dem Zwang alter Ordnungen emanzipiert hat, dem allgemeinen Trend zur Systematisierung in gemessenem Abstand und widerspiegelnder Indirektheit zu folgen.

Da setzt Stockhausen auf die Urformel, Boulez auf Kernzellen und ihre Transpositionen, Cage aufs I Ging, Steve Reich auf Patterns und Phasenverschiebung – die Reihe ließe sich beliebig fortsetzen; allenthalben werden Schemata entworfen, Ableitungen zu einem Netzwerk reziproker Beziehungen entfaltet, Strukturen aus wechselnden Teilen oder sich überlagernden Schichten konzipiert. Das Organisieren des Töne-Materials in hierarchischen Stufen beherrscht eben während wesentlicher Phasen die kompositorische Arbeit, und noch das scheinbar Anarchische wird insgeheim von irgendwelchen systematischen Bindungen durchzogen oder wenigstens an seinen Rändern durch einen Formraster vertäut und festgehalten. Selbstverständlich legt die Musik das Ordnen und Gruppieren nahe, gerade weil die Töne, Klänge und Geräusche, mit denen sie in Erscheinung tritt, schon von vornherein ein Stück domestizierter Natur sind; weil sie, noch ehe sich der Komponist ihrer bedient, einen ersten Schritt ästhetischer Umwertung und Entfremdung hinter sich haben. Aber dies ist ja keineswegs schon ein Präjudiz für alles, was folgt, heißt noch lange nicht, daß sich die einzelnen Etappen der kompositorischen Ausarbeitung jeweils einem verbindlichen Reglement zu unterwerfen hätten und darüber die gänzlich unkalkulierbaren Biotope der Phantasie verkümmern müßten. Was da in Schrunden, Ritzen oder Nischen der eigenen Innenwelt wächst, sich mit vegetativer Lust am Aufkeimen und Hochranken zu oft seltsamen, aber auch faszinierenden Gebilden entwickelt, schert sich wenig um Norm und Plan, hält auch gar nichts von irgendwelchen allgemeinen Zielvorgaben. Diese frei gewählte Ungebundenheit ist es eben, in deren selbstgewisser Sphäre die neuen, manchmal ganze Epochen bestimmenden Ideen sprießen und gedeihen. Sie ist die ungehegte, seitab liegende Pflanzstätte für umstürzlerische Reformen und innovative Gedanken. Nur gehen bei der Überführung aus der Winkelexistenz aufs breite Feld der öffentlich betriebenen Kultur schier unvermeidlich jene stärkenden Salze und natürlichen

Mineralien des einstigen Nährbodens verloren. Die Verpflanzung erfordert Schutzmaßnahmen und Absicherung, das schöne, unbezweifelte Selbstvertrauen schwindet, und schließlich werden Stützen aus anerkannten Allgemeinbeständen, wo deduktives Wissen und verbürgte Gesetze jeden Wachstumsprozeß beherrschen und regulieren, zur weiteren Stabilisierung von Fortkommen und Ertrag zugezogen oder eingebaut.

Solche schleichenden Umformungen vom individuell Besonderen zur kommunizierbaren Allgemeinheit von Regel und Gesetz haben in der Musikgeschichte des 20. Jahrhunderts seit dem Überwechseln Schönbergs von der freien Atonalität zur Zwölftonmethode ihre denkwürdigen Spuren hinterlassen. Empirie und Rationalität, künstlerisches Risiko und belegbarer Begründungszusammenhang stellen sich dabei als die beiden Pole dar, zwischen denen ein Komponist, solang er sich um die Apologie seines Tuns sorgt, zu taktieren hat. Und manchmal, wie beim Auf- und Ausbau der seriellen Musik während der fünfziger Jahre, greifen Theorie und Praxis sogar unmittelbar ineinander. Es fragt sich allerdings, ob ein Ton, für den der schlüssige Berechtigungsnachweis erbracht wurde, danach anders klingt als vorher. Konkreter auf die Vermittlungsfunktion bezogen: Ob ein Hörer sich in seinem Eindruck von einem Musikstück und seinen möglicherweise negativen Reaktionen darauf tatsächlich durch verbale Erklärungen, warum das alles trotz des abstoßenden Erscheinungsbilds doch folgerichtig und notwendig war, überstimmen und belehren läßt. Oder umgekehrt: Begibt der Komponist sich nicht auf einen Holzweg, wenn er – im Wunsch nach Verständigung mit dem Hörer, aber vielleicht auch ein bißchen aus Gründen der Selbstbestätigung – das, was ihn selbst im intuitiven Urzustand überzeugte, mit Argumenten aus dem Fundus seines theoretischen Wissens zu untermauern, am Ende auch dementsprechend zurechtzurücken sucht? Die Natur ist um eine stichhaltige Begründung ihrer Einfälle völlig unbesorgt. Und selbst wenn Hegels Ansicht, daß die Kunstschönheit als »aus dem Geiste geborene und wiedergeborene Schönheit« höher stehe als die Naturschönheit, über anderthalb Jahrhunderte später mehr Skepsis als Zustimmung zu wecken vermag, sollte doch zumindest das Phänomen des Einfalls da wie dort miteinander vergleichbar sein.

Morton Feldman

»Da wußte ich, daß ich ein Stück schreiben wollte, in dem ich aufhören würde, Fragen zu stellen. Jedenfalls aufhören würde, mich darum zu sorgen, ob Sie hier sitzenbleiben oder hinausgehen, ob jemand es spielen will oder nicht, was dieser oder jener davon denkt... Ich wollte einfach keine Fragen von wem auch immer, mich selbst eingeschlossen. Und ich wollte mit keiner vorgefaßten Vorstellung von dem, was ich zu tun hätte, beginnen.« Mit diesen Sätzen aus der Einführung, die Morton Feldman (1926 New York – 1987 Buffalo/N.Y.) vor einer Aufführung seiner rund vier Stunden dauernden Komposition For Philip Guston (für Flöte, Schlagzeug, Klavier/Celesta, 1984/85) gab, hat es eine besondere, mehrfach aufschlußreiche Bewandtnis. Zunächst beziehen sie sich ganz direkt (mit einem hier weggelassenen »ebenfalls«) auf das Werk des Malers Philip Guston, mit dem Feldman befreundet war, und dessen Bilder wie Gespräche ihm entscheidende Anregungen vermittelt hatten. Und dies verweist gleichzeitig darauf, welchen eminenten Einfluß die bildende Kunst überhaupt auf das Denken und die Arbeit Feldmans hat, so daß er angesichts der beidseits unterschiedlichen Bedeutung von Raum und Zeit, Oberfläche und Struktur sogar sagen konnte, sein Komponieren sei eigentlich »zwischen den Kategorien... zwischen Malerei und Musik« angesiedelt. Jedoch stellt sich dann heraus, daß der wesentliche Anknüpfungspunkt für den gezogenen Vergleich, nämlich Guston habe in seinen Arbeiten »aufgehört, Fragen zu stellen«, was ihn zum Nachvollzug veranlaßte, auf eine Äußerung von Feldman selbst zurückgeht. Und diese Art, durch die Beurteilung eines anderen sich selbst das Stichwort für die Ausgangshaltung bei der Beschäftigung mit dem Eigenen zu geben, ist nicht nur ein kurioser Fall von künstlerischer Rückprojektion, sondern kennzeichnet zugleich Feldmans kompositorische Stellung und letztlich auch sein Verfahren: mit sich selbst allein zu sein, eine Musik der Vereinsamung im Austausch nur mit dem Klang zu schreiben.

»Für mich ist Klang das Wichtigste. Ich empfinde, daß ich ihm untergordnet bin. Ich spüre, daß ich meinen Klängen zuhöre und tue, was sie mir sagen; nicht aber, was ich ihnen zu sagen hätte. Denn diesen Klängen verdanke ich mein Leben, sie schenkten mir das Dasein.« Tatsächlich besteht Feldmans kompositorische Arbeit in einem solchen konzentrierten Hinhören auf die Klänge in ihrer vieldeutigen sinnlichen Existenz: Wie sich Konstellationen aufbauen und was sie als Weiterung verlangen, jedoch nicht innerhalb irgendeines herkömmlichen Beziehungsgefüges mit wechselnden Funktionen der einzelnen Elemente (Tonhöhe, Rhythmus, Dynamik, Klangfarbe...) untereinander, sondern jedes für sich, als isolierte, selbständige Wesenheit; ganz gleich, ob es sich da nun um einen einzelnen Ton, eine kurze Figur oder einen Zusammenklang handelt. Folglich sind die Pausen ebenso wichtig wie die Töne. Und das einzige, was kontinuierlich fortläuft, ist die Zeit; allerdings wird sie in der Art ihres Verstreichens, mit dem ganzen psychischen Begleitinstrumentarium aus Erwartung, gespannter Aufmerksamkeit, Ablenkung, Ausweichen, Verfließen, Nachlauschen, zunehmend subjektiviert und durch subtile Methoden der rhythmischen Differenzierung aus dem Gleichmaß herausgeholt. Die zweite Eigentümlichkeit von Feldmans Musik, die sich zusammen mit dieser Individualisierung von Zeit durch eine pausenunterbrochene Individualisierung der Klänge als durchgängige Konstante herausgestellt hat, ist ihre außerordentliche Leisheit. Und hinter diesem Abheben auf minimale dynamische Werte, meist unter Piano-Niveau, steckt wiederum die Achtung vor dem Klang selbst und eine daraus hervorgegangene Grunderfahrung: Da Musik der Aufführung bedarf, hätten die Komponisten, wie Feldman meint, unterm Zwang zu »rhetorischer, fast theatralischer« Darstellung sich auf dieselbe Gestik der instrumentalen Attacke und auf denselben mittleren Hörbereich eingestellt, »der sich seit Beethoven kaum verändert hat und in vieler Hinsicht primitiv ist – ähnlich wie Cézanne uns die Raumauffassung der Renaissance als primitiv hat erkennen lassen.« Was man beim Einsetzen höre, sei die Attacke, nicht der Klang selbst. Erst beim Ausklingen – »im Entschwinden einer Landschaft« – enthülle sich sein Charakter. Und um möglichst viel Ausklang zu erhalten, muß Feldman die Lautstärke logischerweise generell drosseln; außerdem die verzerrende Attacke des Einsatzes vermeiden, indem er die Klänge zart, unmerklich und »ursprungslos« beginnen läßt.

Für eine solche Unschärfe an den Rändern seiner Klänge wie für deren sich selbst bestimmende Ortlosigkeit insgesamt hatte sich

Feldman in jenen entscheidenden New Yorker Jahren um 1950, als er mit John Cage, Christian Wolff und Earle Brown eine Entsubjektivierung der Musik anvisierte (parallel zum ›abstrakten Expressionismus‹ der Maler), eine spezielle grafische Notationsweise ausgedacht: Rechteckraster mit Zeichen oder Zahlen umreißen durch ein Ungefähr der Angaben für Registerlage (hoch, mittel, tief), Dauer, Artikulations- oder Spielart und Anzahl der Töne (pro Anschlag auf Tasteninstrumenten) einen musikalischen Raum, der von den Ausführenden erst durch behutsame Konkretisierung der nur angedeuteten Klänge ausgemessen und erschlossen werden muß. Den gewünschten Schwebezustand derart auf dem Notenblatt zu visualisieren – wie in den Reihen Projection (1–5 für unterschiedliche Kammermusikbesetzungen, 1950/51) oder Intersection (1–4 für Orchester oder für Soloinstrumente, 1951/53) – schien danach nicht mehr so vordringlich und nötig. Auch in die herkömmliche Notation, die Feldman daneben ohnehin von Anfang an verwendet hatte, ließen sich ja durch Komplizierungen im Rhythmischen und Metrischen, in Dynamik und Klangfarbe genügend Irritationsmomente (für die psychische Konditionierung der Interpreten) einbringen. Und diesen Zug zum Offenen, Unwägbaren, auch Fragilen hat er über die Jahre hin so ausgebaut und verfeinert, daß in den letzten Stücken, die sich zudem in ihren Zeitdauern etwa zwischen dem String Quartet 1 (1979) mit mehr als einer Stunde und dem String Quartet 2 (1983) mit reichlich vier Stunden zu ganz ungewöhnlichen epischen Längen ausgedehnt haben, die Synchronität der Stimmen durch Überlagerung ungleicher oder verschobener rhythmischer Teilungen sowie mehrerer unterschiedlicher Taktarten ins Schwanken gerät, wenn nicht völlig aufgehoben wird.

Das Herauslösen der Musik aus jeglicher einengenden Kontrolle – von Komponiersystemen, Formgesetzen, Funktionalitäten, harmonischen oder metrischen Hierarchien – erreicht damit ein Maximum an Freiheit und Mobilität, ohne doch in X-Beliebigkeit zu verfallen oder die Idee eines virtuellen Zusammenstimmens der sich ereignenden klanglichen Geschehnisse aufzugeben. »Ich komponiere nicht, ich sammle; ich mache keine Komposition, sondern eine ›Assemblage‹.« Freilich, dieses Heruntersteigen vom Kunst-Kothurn setzt zugleich den sicheren Blick fürs Entdecken, Auswählen und Finden voraus. Und will man dann – so wäre zu entscheiden – das Gefundene mit Bestimmtheit ergreifen oder doch lieber die Töne und Klänge an der langen Leine laufen lassen, damit sie sich aus ihrer eigenen Kraft bewegen und entfalten können? Genau im Bereich dieses Widerspruchs zwischen notwendiger Fixierung und erlaubter Freizügigkeit entwirft Feldman seine Konstellationen. Und die lange Reihe seiner Stücke für Solo (oder Gruppe) und Orchester – The Viola in My Life 4 (für Viola und Orchester, 1971), Chorus and Orchestra 1 und 2 (jeweils mit Sopran-Solo, 1971/73 und 1972/73), Cello and Orchestra (1972/73), String Quartet and Orchestra (1973/75), Piano and Orchestra (1975), Oboe and Orchestra (1976), Flute and Orchestra (1977/78), Violin and Orchestra (1979, UA 1984) – beschreibt eigentlich den unausgesetzten Versuch, durch Ausgrenzen und Einbeziehen, durch ein Operieren mit farblichen Projektionsflächen und mehreren Raumebenen eine Art selbsttragender Konstruktion zu errichten, die elastisch genug ist, den exakt gesetzten Anfangsimpuls aufzunehmen und von sich aus weiterzuführen.

Um diesen Hauptstrang der Arbeiten in den siebziger Jahren gruppiert sich scheinbar Anekdotisches (Madame Press Died Last Week at Ninety, 1970, oder I Met Heine on the Rue Fürstenberg, 1971) und immer mehr Persönliches (For Franz Kline, 1962; Christian Wolff in Cambridge, 1963; De Kooning, 1963; The Rothko Chapel, 1971/72;

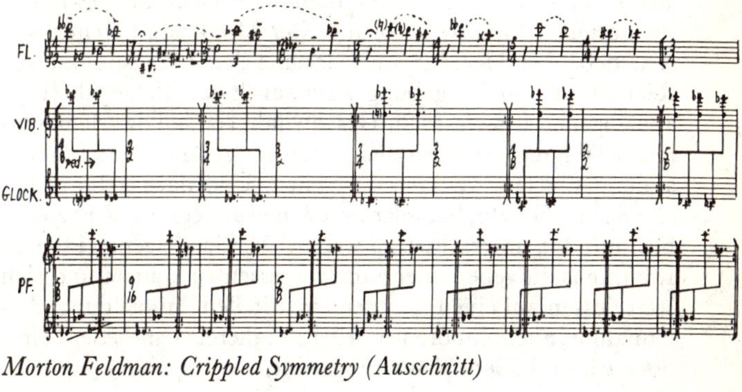

Morton Feldman: Crippled Symmetry (Ausschnitt)

For Frank O'Hara, 1973; For John Cage, 1982; For Philip Guston, 1984/85; For Bunita Marcus, 1985). Das Komponieren nimmt ja bei Feldman überhaupt immer stärker Tagebuchcharakter an; er webt und knüpft seine Klänge wie die türkischen Nomaden ihre Teppiche herstellen, die er wegen ihrer asymmetrischen Musterabweichungen so liebt. Und die mehrstündigen Stücke werden tatsächlich zu einer Art Tag um Tag fortgeführtes Textilgewebe, in das alles eingeht, viele isolierte Momente ihre Spur hinterlassen, abfragend wiederholt werden, verschwinden und plötzlich wieder auftauchen; meist leicht verändert, aber dennoch jetzt Teilstück in einem merkwürdig verschobenen Ornament (wie in Crippled Symmetry für Flöte, Schlagzeug und Klavier/Celesta, 1983/84; Dauer: zweieinhalb Stunden). »So geht man in einem langen Stück früher oder später durch die ganze Skala der Möglichkeiten – es ist genug Zeit für alles.«

Zeit haben ist passé in einer Welt der Umtriebigen und Geschäftigen, die sich auf das zügige Tempo ihrer Art von Alltagsbewältigung wunder was zugute halten. Sie packen die Dinge mit gewohnter Energie an – also: ohne weiter auf Besonderheiten zu achten. Und mit all ihren demonstrativ eilfertigen Tätigkeiten – offenkundig Beifall heischend und sie zur Nachahmung empfehlend – sind sie nur darauf aus, das Vor- oder Anliegende möglichst schnell und komplikationslos hinter sich zu bringen; es, wie man sagt, zu erledigen. Jedoch: Sich selbst für irgend etwas Zeit nehmen oder sie gar jemand anderem lassen, ihm schenken, gilt als überflüssig, als Verschwendung und Luxus. Solche Menschen haben dann zum Dank für bewiesene Rastlosigkeit Freizeit-Probleme. Der Motor läuft weiter, wie stets nebenher, eigendynamisch, ohne Berührungspunkte zur Realität und zur Umgebung. Es mangelt da, infolge jahrelang anerzogenen Interesses für Geschwindigkeit, an der elementaren Befähigung, sich wirklich auf etwas zu konzentrieren, auf anderes und auf andere einzugehen. Und dazu gehörte vor allem jenes Gefühl, bar aller Pressionen unbegrenzt Zeit zu haben, um den unterschwellig weitertickenden, eigenen inneren Rhythmus aufgeben oder ganz vergessen zu können und sich statt dessen auf einen fremden einzustellen. Hinneigung, Anteilnahme, auch Zuhören erfordern zuallererst eine jeder Chronometrie enthobene Erwartungsstille.

Wer mit seiner Musik alle Maße usueller Aufführungsdauern nichtachtend überschreitet, provoziert den Hörer zu einer Entscheidung in drei Stufen, deren Lohn (für positive Beantwortung) sich seltsam von der dargebotenen Komposition immer mehr auf Zusatzeffekte der psychischen Befindlichkeit verlagert: Schon der erste Entschluß, für ein mehrstündiges akustisches Geschehen bereit zu sein, stellt die Konzentrationswilligkeit vor eine härtere Probe als ein überschaubares Soundsoviel-Minuten-Stück; so verschaffen sich die Jawort-Geber zugleich ein heimliches Privileg, werden von einer gemeinsamen Bewußtseinshaltung angezogen, zusammengeschweißt, eingehüllt – fast wie eine Gemeinde. Widersteht man dann dem vorzeitigen Abspringen, läßt sich die strapaziöse Länge des Ablaufs nicht weiter verdrießen, auch wenn's unaufwendig und oft relativ einförmig zugeht, stellt sich wie bei allem, was die Norm durchbricht, der Nimbus des Außerordentlichen als hilfreicher Schub für die Selbstbestätigung im Durchhalten ein. Und schließlich schenkt die ständig tiefere Verwicklung in die Sache ein Erlebnis von Freiheit, Schwerelosigkeit, Gegenwartserfahrung, das – ähnlich wie die Euphorie über den nicht endenwollenden Tag in Gebieten der Mitternachtssonne – unabhängig von allen auslösenden Fakten einen neuen Raum des eigenen Daseinsgefühls zu erschließen scheint. Die Wahrnehmung wird wichtiger als das Wahrgenommene, die Phänomene verselbständigen sich, denn Zeit entfaltet einen Aspekt von Zeitlosigkeit.

Walter Zimmermann

»Das wilde Denken ist seinem Wesen nach zeitlos«, schreibt Claude Lévi-Strauss; »es will die Welt zugleich als synchronische und diachronische Totalität erfassen. Und die Erkenntnis, die es daraus gewinnt, ähnelt derjenigen, wie sie Spiegel bieten, die an einander gegenüberliegenden Wänden hängen... Unzählige Bilder entstehen gleichzeitig, und keines ist dem andern genau gleich... Das wilde Denken vertieft seine Erkenntnisse mit Hilfe von ›imagines mundi‹. Es baut Gedankengebäude, die ihm das Verständnis der Welt erleichtern...«. Auf diese Sätze bezieht sich Walter Zimmermann

(* 1949 Schwabach/Mittelfranken), um jene neue Denkweise zu charakterisieren, die sich von den Komplikationen der ständigen europäischen Sorge um geschichtliche Kontinuität befreien möchte und die er in seinem etwa fünfzigminütigen Klavierstück Beginner's Mind (für Pianisten mit Singstimme, 1975/77) erstmals in ein konkretes Kompositionsprogramm umgesetzt hat. Dabei ist so etwas wie ein Durchbruchswerk entstanden, zumindest eines, das die Phase des Suchens und Planens, der erprobenden Kontaktnahme und ausschwärmenden Welterkundung durch ein Trittfassen im Eigenen abschließt. Ohne jeden abschirmenden Anspruch, ohne hochstilisierte Komponisten-Prätention wird da ein Weg aus dem Komplizierten, das um die Mitte der siebziger Jahre ja noch weithin florierte, zum Einfachen und Direkten eingeschlagen: offen, risikobereit, phrasenlos, unter Einbezug des ganzen gestischen Repertoires von der Volks- bis zur Kunstmusik, einleuchtend und nachvollziehbar in seinen Formulierungsabsichten, manchmal tastend, nachhorchend, sich selbst in Frage stellend, aber auch wieder begeistert übers Gefundene, stolz, es festhalten und wiederholen zu können. In diesen wie improvisatorisch aufgereihten Klangzeichen entwickelt sich unterschwellig ein Identifikationsprozeß, der schließlich im Einschwingen auf eine Liedweise (zu Worten des Zen-Schriftstellers Shunryu Suzuki) mündet: »Wir müssen Anfänger sein, frei von allen Besitzen.«

Doch erstaunlicher als diese Neigung zum Zen-Buddhismus, angeregt durch Cage, ist eigentlich, daß Zimmermann den ganzen Ablauf in seiner sprechenden Unmittelbarkeit exakt geplant hat – nach einem Konzept, das drei »Bücher« (Verlasse das Alte; Reinige den Geist; Ändere das Bewußtsein) zu je zehn Kapiteln umfaßt und Katharsis-Strategien (ebenfalls nach Suzuki) zur tendenziellen kompositionstechnischen Aufbereitung des ursprünglich spontan improvisierten Ausgangsmaterials einsetzt. Hier macht sich ein Hang zum Systematisieren bemerkbar, wie er auch schon bei früheren Projekten – fast ausschließlich mehrteiligen, aufwendigen Vorhaben, die deshalb auch meist in der Realisierungsphase steckenblieben, – sehr typisch in Erscheinung getreten war. Zimmermanns ›wildes Denken‹ errichtete sich eben Gedankengebäude, ›imagines mundi‹, um den Gang der Welt besser verstehen zu lernen: ob es sich nun in

Akkord-Arbeit (für Klavier, Tonband und Orchester, 1971/72) darum handelte, Arbeitsprozesse innerhalb eines hierarchisch gegliederten Sozialsystems anhand der Verformungen am Material der ersten Liszt'schen Paganini-Etüde musikalisch nachzubilden und darzustellen; oder um das Orgon-Projekt, bei dem Lebensvorgänge und menschliche Beziehungen in eine sich wechselseitig steuernde musikalische Grammatik übersetzt werden sollten, von dem aber nur eine entwicklungspsychologische Vorstufe, Einer ist Keiner (81 Phasen der Entwicklung zur Identität, für Sopransaxophon, Klarinette, Posaune und Streichquartett, 1972), sowie das morphologische erste der umfänglich geplanten vier Kapitel, In Understanding Music the Sound Dies (für 21 Instrumentalisten, 1973/74), fertig wurden; auch von dem Großunternehmen Insel-Musik, ebenfalls vierteilig geplant, mit dem Zimmermann zeigen wollte, wie sich in Insel-Kulturen (naturbedingten wie der Oase Siwa in Ägypten oder dem Regenwald Kolumbiens; und sozialbedingten wie dem Negerghetto in Pittsburgh oder dem Indianer-Reservat in Montana) das Universale auf abgegrenztem Raum spiegelt und fast zeitenthoben immer wieder reproduziert, – auch davon existieren nur Berichte für den Rundfunk und der Seitenableger der Spanischen Reise des Oswald von Wolkenstein (für Sänger und 5 Instrumente, 1976), der als fiktives Exempel arabisch-europäischer Kulturvermischung im maurischen Spanien eine nordafrikanische Nuba (Nauba) dem autobiographischen Wolkenstein-Lied »Es fuegt sich« unterlegt.

All diese eigenwillig-phantasievollen Projekte, in denen sich unverkennbar Lektüre-Anregungen erst aus marxistischen und ökonomischen, dann psychologischen und linguistischen, schließlich musikethnologischen Schriften niederschlagen, extrapolieren in gewisser Weise den Selbstfindungsprozeß eines komponierenden Autodidakten (sieht man von Studien bei Werner Heider und Kursen bei Mauricio Kagel ab). Und dann geschieht es, 1976, mitten auf der stundenlangen Autofahrt durch Amerika zum Indianer Pat nach Montana, daß Zimmermann sich auf einmal seiner fränkischen Herkunft erinnert: »Hier, was für mich Niemandsland ist, tut sich meine ganze innere und äußere Geografie auf. Die Geografie der Verhaftungen und Vorlieben. Und das ist einfach wichtig zu erfahren, was man wirklich braucht und ob man etwas wirklich braucht, da wo man ist. Und da wo man herkommt. Ob man das braucht zu sagen, man kommt wo her. Ob Heimat eine Suggestion ist oder einfach der Ort, wo man am besten funktioniert.« Noch in die Ausführungsphase des Unternehmens Insel-Musik schiebt sich damit, weil man aus der Ferne sich selber genauer begreifen lernt, ein Moment der Rückbesinnung. Und als es mit der Kolumbien-Reise dann nicht klappen wollte, ersetzte Zimmermann den tropischen Regenwald kurz entschlossen durchs fränkische Hinterland. Mit dem Vorteil, daß einzig die Beschäftigung mit dieser Insel-Kultur – anfangs wohl nicht erwartet, dennoch bezeichnend – zu einer voll ausgearbeiteten Komposition in wiederum vier Großabschnitten oder mehrteiligen Zyklen mit einer Gesamtdauer von rund zwei Stunden gedieh: Lokale Musik (1977/81) mit den Zyklen 1: Ländler-Topographien für Orchester (Phran und Topan), 2: Leichte Tänze (10 fränkische Tänze sublimiert für Streichquartett; 25 Kärwa-Melodien substituiert für 2 Klarinetten; 20 Figurentänze transformiert für 6 Instrumente; 15 Zwiefache transzendiert für Gitarre), 3: Stille Tänze (Erd-Wasser-Lufttöne für Posaune, Klavier und Streichglasspiel; Riuti – Rodungen und Wüstungen für einen Schlagzeuger; Keuper für Streichquartett), 4: Wolkenorte für Harfe (mit Gesang; Text: Meister Eckhart).

Indem Walter Zimmermann nach kulturellen Inseln in fremden Erdteilen gesucht hatte, war er also unversehens auf die bäuerliche Gegend im Hinterland von Fürth verfallen, aus der er selbst stammt (und wo seine Großeltern noch Bauern waren). Die Methode, aus dem ortsgebundenen musikalischen Repertoire auf die verbindliche Wertstruktur dieser abgegrenzten menschlichen Gemeinschaft und ihr Verhalten zu Umwelt und Natur zu schließen, blieb dabei dieselbe. Und so sammelte er – mit der Region, ihren Lebensgewohnheiten, ihrem Dialekt seit der Kindheit vertraut – möglichst unkorrumpierte Aufzeichnungen von Tänzen, wie sie heute dort noch gang und gäbe sind: Walzer, Zwiefache, Schottische, Mazurken, Rheinländer, Galopps. Nicht um sie als biedermeierliche Heimatidylle anzubieten, sondern um dieses Melodienmaterial durch ausgeklügelte Matrix-Systeme mit sich selbst (Phran) oder Daten der Landschaftsstruktur (Topan) zu modulieren, durch Permutationsraster umzuformen (Leichte Tänze), durch direkte oder analogische

Hereinnahme von Natur und Tradition – Tonerde, Gestein, auch signifikante Ortsnamen – in Klang und Gestik zu verfremden (Stille Tänze). Überhaupt geht es in Lokale Musik, ähnlich wie schon beim Klavierstück Beginner's Mind, nur jetzt stringenter und in völliger Distanz durch das dazwischengeschaltete editorisch-kompositionelle Verfahren, um eine planvolle, in sich eigengesetzliche Bearbeitung des Ausgangsmaterials. Man hört die Tanzmelodien fragmentiert, verschüttet, entstellt, unterbrochen, überlagert, unkenntlich gemacht, manchmal auch gar nicht mehr, nur noch als Ahnung, wie in lichte Atmosphäre aufgelöst. Doch diese Chiffrierungstechnik, die der Komponist zwar erfunden oder mit Konsequenz abgeleitet hat, bei deren Anwendung er aber nur noch ausführendes Organ ist, bringt nach Zimmermanns Ansicht »das Material zurück ins Namenlose, Flexible, Spontane, Zufällige, Improvisierte, aus dem es kommt.« Und gerade das Offene, nachdrücklich Unabgeschlossene, Unverfestigte solcher Präsentation – bei der man »sich selbst heraushält aus dem Betrachteten, über das man etwas wissen will,« – erlaubt, über das Partielle und Besondere hinauszugelangen ins Allgemeine, im Lokalen die Spuren des Universellen zu entdecken.

Eigentlich heißt das: im Paradoxen leben; das Einzelne ergreifen, um es zum tauglichen Spiegel der Welt zu machen, sich im Winkel vergraben, um die ganze Weite und den Puls des Daseins zu erfahren; oder – wie Zimmermann dies an der Einrichtung seiner Regenbogen-Konzerte im Kölner Beginner Studio (seit 1977) exemplifiziert hat – den Status des Einzelgängers pflegen, um ein offenes Haus für alle und rege Austauschbereitschaft für alles, was unkonventionell und neu ist, zu haben. Für die Musik selbst bedeutet solches bewußte Ausharren im Paradoxen eine übergangslose Verschränkung von Esoterik und Wirklichkeitsnähe, verhaltener Stille und gelöster Bewegung, Traumleichtigkeit und grübelnder Sinnschwere. Und eben diese oft irritierenden Perspektivewechsel zeichnen die beiden Zyklen aus, die auf Lokale Musik folgten; so als habe Zimmermann durch die einläßliche Aufarbeitung von kultureller Enklaven-Bindung sich tatsächlich den Weg zu seinem individuell-welthaltigen Selbstverständnis freigelegt. Vom Nutzen des Lassens (nach Meister Eckhart; 1975/85) greift kompositorische Organisationsschemata aus der Lokalen Musik auf und erweitert oder modifiziert sie; genau wie der Text- und Sinnbezug zur Lebenshaltung des mittelalterlichen Mystikers, der dort im letzten Abschnitt (Wolkenorte) schon anklang, nun weitergeführt und für das Ganze (mit 7 Teilen und rund 100 Minuten Dauer) thematisiert wird. Allerdings ließen sich die Gedanken Meister Eckharts, auf die Cage hingewiesen und die Zimmermann bald als eine Art europäischer Zen-Parallele aufgefaßt hatte, nur schwer in Musik transferieren. Es sei denn, daß man sie »direkt in die Behandlung des Materials eingehen« läßt, »was heißt: die Ideenbehaftetheit der Worte in Klang aufzulösen und so einen Prozeß einzuleiten, der schließlich auch die Worte selbst auflöst. Ähnlich wie man im Zen zu dem Punkt kommen sollte, ... daß man nicht mehr bemerkt, wie man Zen lebt.«

So schlossen sich an die erste Annäherung in Gelassenheit (für Singstimme und 2 Gitarren) als Prolog nach einigem Zuwarten die

Walter Zimmermann: Gelassenheit, Prolog aus Vom Nutzen des Lassens für Singstimme und zwei Gitarren (Ausschnitt)

übrigen Teile: In der Welt sein (für Tenorsaxophon), Garten des Vergessens (für Klaviertrio), das Zwischenspiel Ephemer (ebenfalls Klaviertrio), Abgeschiedenheit (Klavier), Lösung (für Viola, Violoncello, Kontrabaß) und der Auflösungs-Epilog Selbstvergessen (für Stimme und obligate Klänge). – Nochmals Anknüpfung mit Filterung und Verlagerung im Technischen wie im prägenden Textbezug bringt der Zyklus Sternwanderung (1982/85), der das »frühromantische Urthema des Wanderns« (hier eingefangen in Texten von Jean Paul, Wackenroder und Novalis) analog auf ein Wandern durch wechselnde Tonfelder überträgt. Was entsteht, ist eine schwebende, nicht-zentrierte Tonalität, die also – wie bei Zimmermann oft und sehr bewußt – ein durchaus konventionelles Phänomen irritierend aus seiner Traditionsverankerung herausholt, es dann aber für die Steuerung im einzelnen einer anonymen Zufallsinstanz unterstellt: einem »magischen Quadrat, das nicht durch Entscheidungen des komponierenden Individuums beeinflußt wird«. Zudem gerät die Wanderung durch Überlagerung mehrerer unkoordinierter Wege, die gleichzeitig verfolgt werden, in ein ständiges Schwanken zwischen Tonalität und Atonalität. Das romantische Taumeln auf der Suche nach der blauen Blume erhält so sein gegenwartsnahes musikalisches Pendant.

Ausblick

Jeder Ansatz zu einer systematischen Ordnung suggeriert, daß die entworfene Gliederung nun auch als Handhabe fürs übersichtliche Gruppieren aller übrigen Phänomene taugen müsse. Und tatsächlich wäre es – zumal im Sinne didaktischer Verwertbarkeit – gewiß vorteilhaft, wenn ich jetzt aufgrund der Charakterisierungen und der typologischen Abgrenzungen in den zwölf Hauptkapiteln eine Fortsetzung des Verfahrens nach demselben, nur noch weiter differenzierten Schema anbieten könnte. Allerdings stehen dem zwei Eigentümlichkeiten des behandelten Gegenstands, der Musik zwischen 1965 und 1985, entgegen; und sie beeinflussen sich obendrein noch in wechselseitiger Komplizierung: Zum einen sind jene zwanzig Jahre ein zu kurzer und auch zu nahe liegender Zeitabschnitt, als daß irgend jemand sich ohne vorsätzliche Einseitigkeit oder nichtachtende Pauschalierung darauf einlassen könnte, nach Historikermanier eine griffige Einteilung nach Haupt- und Nebenströmungen vorzunehmen; selbst bei energischem Vorbehalt gegen die allgemein anempfohlene Urteilsweisheit erst ›aus geschichtlicher Distanz‹ – so als wären die Zeitgenossen für die Geschehnisse der Gegenwart eigentlich unzuständig – befinden sich die Dinge für eine festlegende Rubrizierung noch viel zu sehr im Fluß, sind Teilmomente in einem lebendigen Prozeß und nach der Zukunft hin offen. Zum anderen widersetzen sich Musik wie Komponisten in besonderer Weise – und ich meine, zu ihrem Vorteil – der gängigen naturwissenschaftlichen Methode einer systematischen Gruppierung in hierarchisch gestaffelte Ober- und Untereinheiten mit gemeinsamen Merkmalen. Oder, anders ausgedrückt: sie sind in jenen Eigenschaften, die ähnlich erscheinen, meist nicht wirklich vergleichbar und schon gar nicht durch solche partiellen Übereinstimmungen – weil der eigentlich bestimmende Kontext fehlt – miteinander verwandt oder auf eine Stufe zu stellen.

Es hilft also nichts, die sich darbietende Landschaft der gegenwärtigen Musik bleibt vielfältig zerklüftet, verwirrend reich an wechselnden Bildern, Positionen und Gestalten, letztlich unüberschaubar und durch keine noch so ausgeklügelte Methode der Betrachtung auf ein faßliches Maß an Formationsarten reduzierbar. Selbst wenn es gelingen könnte, die augenblicklich herrschende Situation wie in einer festgehaltenen Momentaufnahme zu beschreiben, so fehlte dem Ergebnis doch nicht nur jede historische Dimension, der für das Verständnis ganz wesentliche Einblick, wie es denn dazu gekommen ist, sondern gerade jene Lebendigkeit, die das Beobachten der Gegenwart vor der Beschäftigung mit einer vergangenen Epoche auszeichnet und seinen speziellen Reiz ausmacht. Dieses Erfassen von Entwicklungen, die noch in Bewegung sind, zwingt freilich zu einer ungewöhnlichen Erweiterung des Beobachtungsradius, damit die Vielzahl der Details mit prinzipiell gleichem Daseinsrecht nicht unbillig beschnitten wird. Die Landschaft, die sich der Betrachter so gerne als ruhig daliegend vorstellt, verwandelt sich als Spiegelung lebendiger Jetztzeit deshalb in ein höchst aufgeregtes, unstetes, wuselnd mobiles Feld von kreuz und quer durcheinanderlaufenden Einzelaktionen mit kaum noch herauszulösenden Richtungstendenzen. Und jedes Ich bahnt sich da aufgrund seiner Möglichkeiten und Intentionen seinen eigenen Weg – unkoordiniert, selbstgewiß, in seinen Entscheidungen frei und nicht vorhersehbar. Insofern konnten die zwölf Kapitel – ähnlich einem Versuch, Breschen durch das Dikkicht zu schlagen, – nur zwölf Teilansichten von verschiedenen Standorten aus geben, jeweils mit dem Bemühen, das vag Allgemeine der sich bietenden Perspektive durch Individuelles zu konkretisieren. Denn lediglich durchs Verfolgen des persönlichen Exempels vermag sich jener Eindruck von Beweglichkeit und fließendem Wechsel der Konstellationen einzustellen, der das Ganze prägt.

Selbstverständlich gibt es da zwischen einzelnen musikalischen Erscheinungsweisen und einzelnen Komponisten Berührungspunkte, hin- und herspielende Einflüsse, temporäre Übereinstimmungen oder Parallelen. Aber wie ich mich bisher gesträubt habe, aus solchen Partialkonnexen ein schlaues Geflecht von Verknüpfungen und Beziehungen herzustellen, weil ein derart eilfertiges Zuordnen nur dem ohnehin schon weit verbreiteten Schubladendenken entgegenkommt und sich obendrein an der Individualität der kreativen Leistung wie an der ungebundenen Offenheit der Gesamtsituation versündigt, so will ich auch weiterhin die bequemen, jedoch verfälschenden Etikettierungen meiden und nur soviel an Gemeinsamkeit in der Bezeichnung zulassen, wie zum Charakterisieren notwendig und für die Verständigung unerläßlich ist. Im übrigen gilt: Wer sich auf die Gegenwart einläßt, sich vorurteilsfrei mit ihr beschäftigen will, muß das Risiko auf sich nehmen, einer schier unübersehbaren Fülle von Eindrücken, Phänomenen, Sachverhalten konfrontiert zu werden, die sich noch dazu alle in dem schwierigen, Definitionen abwehrenden Stadium des Unabgeschlossenen, Unfertigen befinden. Dies soll keinesfalls bedeuten, daß man den kritischen Verstand und das eigene Urteilsvermögen dabei etwa nur mit Vorsicht, unter Vorbehalt oder überhaupt nicht gebrauchen sollte. Im Gegenteil: sie sind mehr als sonst herausgefordert und haben sich gerade in ihrer ganzen Unabhängigkeit und Selbständigkeit zu bewähren. Allein dadurch – durch waches, mitdenkendes Hören – ergibt sich ja die Chance, in dem weit gestreuten, völlig ungegliederten Angebot mit seinen kaleidoskopartigen Irritationen tatsächlich jene Musik zu entdecken, die in ihrer direkten, gegenwärtigen Sprache nicht nur ästhetische Bedürfnisse und Erwartungen befriedigt, sondern unmittelbar das eigene Dasein, das miterlebte Heute betrifft.

Freilich, daß dieses Finden eines geeigneten musikalischen Gesprächspartners, eines akzeptierten Gegenübers aus klingenden Chiffren, im versammelten Geschiebe und im Stimmenwirrwarr der achtziger Jahre spezielle Probleme mit sich bringt, ist unbestritten. Denn so viel Verschiedenheit und Gegensätzlichkeit auf engem Raum wie heute hat es – obgleich jede Gegenwart zu dieser Behauptung neigt – wohl noch nie gegeben. Der Grund für diese Besonderheit der Situation liegt darin, daß der Aufbruch nach vorwärts, zu neuen Zielen, wie er bislang immer wieder die evolutionären Energien einte und gegen das Verharren beim Alten abhob, derzeit mit Zügen eines Umbruchs nach rückwärts untermischt ist. Und zwar geht dieser Trend zu umwertender Vergangenheitsdurchforstung weit über die mancherlei rückbezüglichen Anknüpfungen hinaus, die das zunehmende Erwachen des historischen Bewußtseins seit etwa zweihundert Jahren als dessen komplementärer schöpferischer Reflex begleiteten. Auch mit dem oft beschriebenen Umkippen der Moderne und ihrer eindeutig gerichteten Avantgarde-Konzepte in die Postmoderne mit ihren Ausflüchten, Kompromissen, Halb-Ironien und Anspielungen ist das Ausmaß der musikalischen Stil- und Materialliberalität noch nicht hinreichend erklärt. Das zu beobachtende Repertoire an derzeitigen kompositorischen Darstellungsformen umfaßt ja neben allen möglichen Repliken und Bezüglichkeiten auf Geschichte ebenso Annäherungen an außereuropäische Kulturen vor allem Indiens, Ostasiens und Afrikas bis hin zur nachempfundenen Identifikation mit tradierter Geisteshaltung und Grundklangmystik. Dazu gibt es Übernahmen vom Jazz, Grenzüberschreitungen zur Pop-Musik, Vertrauen auf die selbsttätige Verwandlungskraft der Elektronik genauso wie das antizivilisatorische Gründeln in Obertonharmonien und allerhand modalen Skalen; das forsche Experimentieren an den Rändern der Lauterzeugung oder das energische Weitertreiben der unterentwickelten Rhythmik genauso wie die meditative Seelenübung bei Dauerklängen und wiederbelebten Urzeit-Tonsymbolen; abgesehen von diesen beidseitigen Extravaganzen gibt es aber auch noch die ganz normale kompositorische Anlieferung für Konzert und Oper, Klavier-, Lied-, Kammer- und Kirchenmusik. Jede Mixtur in jeder Schattierung und in jeder Kombination von Herkunft, Anspruch und Gebrauchswert scheint möglich – und sie ist irgendwo bestimmt auch real existent.

Wenn ich in den folgenden sechzehn Länderkapiteln nun die zuvor gegebenen detaillierteren Ansichten von wechselnden Beobachtungsstellen aus zu einer Art Gesamtpanorama des musikalischen Gegenwartsgeschehens zu erweitern versuche, so treiben mich nicht nur die prinzipielle Scheu vor jeder aufoktroyierten Rubrizierung und die praktische Unmöglichkeit irgendeiner sachlichen Gliederung angesichts der reichlich verworrenen Lage zur Einteilung nach geographischen Zonen. Denn was fürs erste recht äußerlich anmuten mag, erfährt seine Begründung doch durch die Gemeinsamkeit des Lebensraums, in dem die Komponisten aufgewachsen sind oder sich betätigen und bewegen; des gemeinsamen Lebensraums mit all jenen bestimmenden Faktoren einer Bindung durch dieselbe Sprache und Kultur, dieselben gesellschaftlichen und ökonomischen Gegebenheiten der Daseinsumwelt und dieselben Verhältnisse und lokalen Bedingungen, unter denen Musik aufgeführt wird. Derlei Umstände, ebenso unmerklich wie einflußreich, summieren sich zu einer höchst widerstandsfähigen Form von Zusammenhalt. Sogar das ausgeprägte Individualitätsgefühl von Komponisten und das wachsende Bewußtsein einer Grenzen überwindenden Weltzusammengehörigkeit vermögen dagegen nichts auszurichten. Manchmal war es allerdings schwierig, bei den gar nicht so seltenen Ortswechseln der Komponisten von Land zu Land zwischen der angestammten, noch weiterwirkenden Bindekraft der Herkunft und dem neu erworbenen Aktionsradius in anderer Umgebung zu entscheiden. Da mögen im Einzelfall auch andere Zuweisungen denkbar sein. Aber die Gruppierung nach Ländern ist ja ohnehin ein Hilfsmittel, um ein sachlich vertretbares, jedoch möglichst unverfängliches Rasterschema einzuführen, das die Übersicht erleichtern kann. Und diese wird jetzt, da ich mich auf Werk und Person des einzelnen Komponisten – oft ziemlich ungerecht – kaum näher einlassen kann, zweifellos erheblich erschwert. Doch können die zwölf Hauptkapitel dabei auch weiterhin als Verständigungsbasis mit grundlegendem Klärungs- und Orientierungseffekt dienen, so daß selbst Andeutungen einige Aussagekraft erlangen und der Kontext im einzelnen wie die Quer- und Rückbeziehungen im ganzen etwas von den vielfältigen Verflochtenheiten spiegeln, die sich trotz aller Diffusion auch im musikalischen Gegenwartsgeschehen abzeichnen und ihm unterm Diktat des Kontemporären seinen Zeitcharakter aufprägen.

Deutschland

Die einzigartige Chance, die sich nach dem Krieg gerade auf dem Territorium der Geschlagenen durch die Inexistenz noch funktionierender kultureller Einrichtungen ergeben hatte, ist zwar nach besten Kräften genutzt worden – speziell im Bereich der neuen Musik –, aber der positive Mangel an institutionellem Präjudiz längst in sein hemmendes Gegenteil umgeschlagen. Strukturen haben sich entwickelt und im Wechselspiel antagonistischer Kräfte auf dem Stand des mehr oder weniger Zufälligen verfestigt. Dies erbrachte in der Bundesrepublik ein relativ dichtes Netz von Festivals, Spezialveranstaltungen, Konzertreihen und sporadischen Einzelunternehmungen in der alleinigen, häufig auch kombinierten Trägerschaft von Rundfunk, Kommunen, Ländern, Verbänden oder privaten Organisationen, die alle in dem engen Geviert zwischen der moralischen Besänftigung des schlechten Gewissens gegenüber dem Zeitgenössischen, den äußeren Auflagen durch Beschränktheit der Finanzmittel, dem inneren Zwang zur Selbstbehauptung vor der eigenen Vergangenheit und der unausgesetzten Spekulation auf Publikumsgunst wie Prestigegewinn ihr schwieriges Auskommen suchen. Im Überblick betrachtet, vermitteln die zahlreichen Aktivitäten für die Musik der Gegenwart – in Donaueschingen, Darmstadt, Bremen, Berlin, Köln, Saarbrücken, Frankfurt, Kassel, Witten, Bonn, Nürnberg, Stuttgart, München, Karlsruhe und anderswo – den Eindruck von vielseitigem Engagement, quantitativer Angebotsdichte, um nicht zu sagen: Saturiertheit. Wie problematisch es allerdings ist, die Qualität und dazu das Interesse der Hörer zu halten, initiative Veränderungen gegen die Trägheit des Eingespielten durchzusetzen oder gar den umzäunenden Schutzwall hin zum allgemeinen Musikleben zu überwinden, davon läßt die herrschende Betriebsamkeit kaum etwas erkennen. Die unverhoffte Chance von einst hat Erwartungen geweckt, die der künstlerischen wie planerischen Mobilität, um sie weiterhin erfüllen zu können, eher im Wege stehen. Andererseits wirkt der Grad an Etabliertheit, den die Institutionen, ausgehend vom jeweiligen geschichtlichen Entwicklungsstand bei ihrer Gründung, erworben haben, mittlerweile oftmals wie eine fortdauernde Erblast. Und auch das Ausweichen auf jüngere Nebenschauplätze bringt mehr Verzettelung als wirkliche Rettung. Veranstalten und Komponieren laufen deshalb immer häufiger ohne den nötigen unmittelbaren Reaktionskontakt nebeneinander her.

Nur einem so hartnäckigen Außenseiter wie Hans-Joachim Hespos (* 1938 Emden) mag es angesichts dieser Situation gelingen, sich frei von Kompromiß und Anpassung an fremde Vorgaben seine ganz eigene, dennoch geachtete Position auszubauen. Die expressive Dynamik seiner Musik neigt zum Widerborstigen, Aufwieglerischen, um »der gegenwärtigen Ausgedroschenheit, dem Abgeschlafften, das uns alle einwickelt ins Ersticken« durch die Heftigkeit, mit der sie zum Hinhören und Entdecken »der Hoffnung aufs Neu-Mögliche« herausfordert, zu widerstehen. Sie setzt aufs Ungewöhnliche und Extreme in Instrumentenwahl, Klanggestik und Notationsweise (nebst den herrlich sprachschöpferischen Ausdrucks-Hinweisen: kreischig verbeult, in sich schleifig, versprillt, brüllende

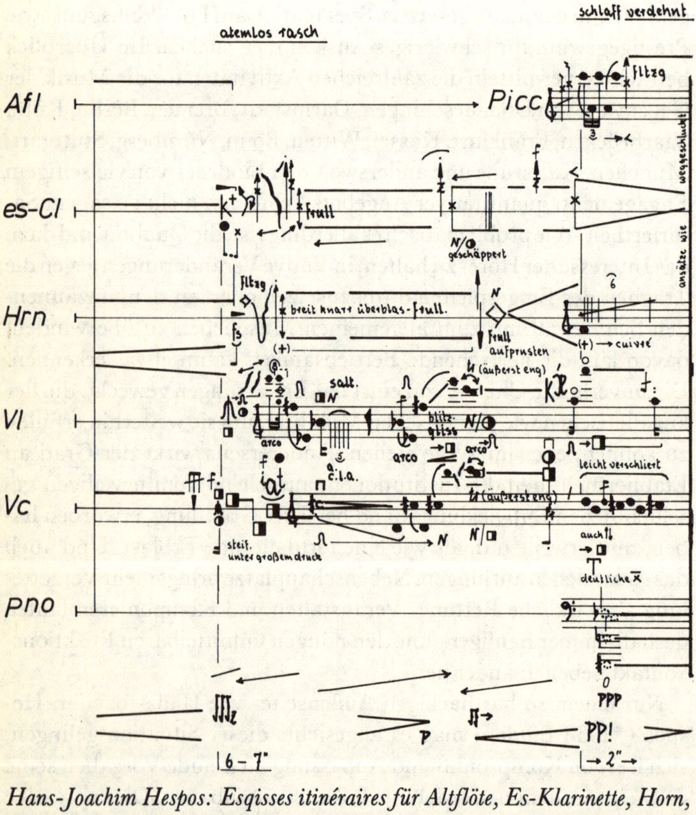

Hans-Joachim Hespos: Esqisses itinéraires für Altflöte, Es-Klarinette, Horn, Violine, Violoncello und Klavier (Anfang)

Stille / auswarten etc.). Sie treibt die Individualisierung des beteiligten Musikers über die bevorzugten Kammermusik-Kombinationen weiter bis in die relativ seltenen Orchesterstücke, die gleichfalls, um sinnvolles Agieren im Ensemble zu ermöglichen, aus Stimmenpartituren des Gesamten gespielt werden müssen. Und Hespos nimmt mit all solchen betriebssperrigen Sonderschwierigkeiten auch den unvermeidlichen Bumerangeffekt auf sich, der ihn noch mehr in die Einzelgänger-Rolle drängt und stilistisch darin festhält. Aufsässig und gelassen wappnet er sich durch die Aktivierung ›seiner‹ Provinz: In Delmenhorst, wo er seit 1968 wohnt, hat er kurz danach alljährliche Konzerte mit neuer Musik eingerichtet; dazu im nahen Hoyerswege ab 1982 mit der ›Kulturreibe‹ ein Diskussionsforum »wider den trüben Geschmack« in einer Zeit der »Rückgänge ins Ängstelnd-Harmlose« gegründet; und schließlich ist aus der Konkurrenzstellung zu Stadt und Radio Bremen schon längst eine sich stützende Partnerschaft geworden, so daß sich Hespos mit seiner lokalen Eigeninitiative mittlerweile einen recht stabilen Radius für seine Wirksamkeiten geschaffen hat. Dennoch bezeugt seine Musik das ungeschützte Risiko des Alleinseins und wagt weiterhin ihre existentiellen Balance-Akte zwischen Hoffen und Verzweifeln.

Derartige Enthaltsamkeit gegenüber Klüngeln und Konventionen findet sich heute selten in einem Land, dessen kulturelles Klima zwischen strahlendem Starruhm und verhangenen, sich selbst regenerierenden Grauzonen eine breite Angebotsskala ausgebildet hat. Sich einordnen, mittun und, ohne es recht zu merken, vereinnahmt werden, ist da viel eher die Regel. Und wer sich raushält, muß entweder mit der Last der eigenen Skepsis fertig werden wie Mathias Spahlinger (* 1944 Frankfurt), der durch kondensierte Klangaugenblicke eine andere Wirklichkeit bewußt machen will und nicht zu Unrecht sich dabei am Komponieren von Lachenmann, Nicolaus A. Huber oder Schnebel sein Maß der Widerständigkeit und seine Orientierung holt. Oder er muß sehen, wie sich die eigene Basis durch tätige Selbsthilfe im Verein mit anderen stützen und erweitern läßt. Demgemäß florieren an vielen Stellen und in mancherlei Form Konzertunternehmungen, die nicht von Veranstaltern, sondern von Komponisten geleitet werden. Sei es, um für das nötige Umfeld zu sorgen, in dem dann auch die eigene Arbeit besser vorbereitet und verstrebt präsentiert werden kann; sei es, um weniger altruistisch selber gleich in der Mehrzahl aufzutreten. Einer der kundigsten Organisatoren des musikalisch Neuen und häufig Exponierten, Hans Otte (* 1926 Plauen / Vogtland), hat nach der ersten Art während 25 Jahren seines ›Pro musica nova‹-Festivals bei Radio Bremen (das er 1984 mit der Leitung der Musikabteilung abgab) sich selbst eigentlich immer als seinen besten, interessiertesten Zuhörer verstanden. Er wollte wissen, was sich andernorts, zumal in den USA von Cage bis zur Minimal- und Performance-Praxis, tat; gab Impulse, wie den zur Wiederentdeckung der Orgel; und war neugierig, was sich aus Fluxus- und Happening-Bewegung entwikkelt oder wo eine sichtbare Theatralisierung von Musik ihre Chancen hätte. Sein eigenes Komponieren verhielt sich dazu abwartend, spiegelnd, nachsinnend. Und der Wunsch, Gestisches zu verdeutlichen, auch szenisch vorzuzeigen, verlor darüber allmählich seine gesellschafts- und sprachkritischen Antriebe, um in die Vorstellung von einem gemeinsamen Erlebnisraum mit dem Hörer einzumünden, wo Klänge, Klangphänomene »Tor der Wahrnehmung für die mannigfache Erfahrung von Welt sind«.

Fast könnte man Josef Anton Riedl (*1927 München) und seine ebenfalls seit einem Vierteljahrhundert installierte Reihe ›Neue Musik München‹ für ein süddeutsches Pendant halten. Ähnlich sind die Bemühungen um Horizonterweiterung, das zielsichere Gespür für Angebotslücken, der unbeirrbare Einsatz für alles Experimentelle, auch unter Einbezug der Schwesterkünste (Film, Theater, bildende Kunst, Literatur, Multimedia). Allerdings fehlt Riedl der Hintergrund einer Rundfunkposition, dafür hat er im Lauf seiner Arbeit ein eigenes Ensemble, die Musik / Film / Dia / Licht-Galerie gegründet, mit dem er in kleiner variabler Besetzung (meist Synthesizer, Stimme, Schlagzeug und Zusätzliches sowie technisches Gerät) und nach seiner audiovisuell gemischten Programmkonzeption Fremdes wie Eigenes an wechselnden Orten des In- und Auslands vorführen kann. Etwas von dieser collagierten Vielstimmigkeit hat auch seine Musik, die häufig aus relativ kargem Ansatz durch Improvisation, Überlagerung oder multimediale Mehrschichtigkeit ein bunt schillerndes Augenblicksdasein entfaltet – bis hin zu Raum-Environments und Straßenprojekten. Doch der umtriebige Inszenator hält sich selbst in lediglich einfädelnder, dann kontrollierender Distanz und kann so noch im verzweigten Ablauf seinen strukturellen Grundideen durch präzise Auswahl oder Nachbesserung zu gesteigerter Wirksamkeit verhelfen. Und wie kaum ein anderer denkt Riedl auch ans Elementare der Rezeption, bei Kindern, in der Schule, bei Außenstehenden, und hat dafür zumal im Kultur Forum Bonn (seit 1974) eine Reihe von Animationsprogrammen entwikkelt.

Zu den komponierenden Ein-Mann-Unternehmern wären noch drei Musiker in oder aus Franken zu zählen: Werner Heider (* 1930 Fürth) mit seinem ars-nova-Ensemble Nürnberg, ein dirigierender und klavierspielender Praktiker mit Neigungen zum Jazz, dessen Partituren sich deshalb durch konkrete Ansätze und reaktive Folgerichtigkeit sowie Energetik, Direktheit und farbfreudige Spontaneität auszeichnen; Klaus Hashagen (* 1924 Semarang/Java), ein erfahrener Studiotechniker und Festival-Organisator (Tage der Neuen Musik Hannover), der als Komponist den gestaltbildenden Möglichkeiten der Elektronik nachgeht und als Leiter der Rundfunkmusikabteilung Nürnberg (seit 1966) die Initiativen Heiders mit profilierten Zeitzeugnissen aus internationalem Umkreis zu anregenden Übersichten bündelt; und der nach München übergesiedelte Stephan Wunderlich (* 1952 Nürnberg), dem gegen drohende Behäbigkeit und Konsumverkrustungen der Stachel des Experimentellen, wenn es nur hinreichend ungewöhnlich ist und einerlei aus welcher Ecke es kommt, schon die alleinige Remedur zu verheißen scheint.

Typischer jedoch fürs tätige Erschließen von Aufführungsgelegenheiten waren eigentlich nicht Einzel-, sondern Gruppenaktivitäten. Vielerorts haben sie sich inzwischen unterm Zwang verstärkter Eigensorge verlaufen, in Berlin freilich wegen der besonderen Enklavensituation der Stadt zumindest noch als Rahmen erhalten. Denn Erhard Grosskopf (* 1934 Berlin) ist dort mit seiner sehr offen gehandhabten Konzertreihe ›Insel-Musik‹ zum ideenreichen Promotor geworden (seit 1978), pflegt aber – wie zu vielen temporären oder Berliner Dauergästen – auch weiterhin den Kontakt zu jener ›Gruppe Neue Musik Berlin‹ (gegründet 1965), der er entstammt. Kompositorisch hat er seine Looping-Technik (aus sich überlagernden Pattern-Schleifen), die ihm Anfang der siebziger Jahre auch als insistierendes Mittel im Verfolg politischer Positionen diente, durch Verschiebungen, Mutationen, Instrumentationswechsel mehr und mehr verfeinert und kompliziert. Noch klingen dabei öfters Liedweisen als geheimer Bezugspunkt durch, doch verschleierter, in die Ferne gerückt und dadurch, weil vom Gesamtduktus aufgesogen, zugleich sensibler, sprechender, näher. Gegenüber solcher Differenzierung streben die alten Gruppenmitglieder eher nach dreifach verschiedener Prägnanz: Wilhelm Dieter Siebert (* 1931 Berlin) durch kritisch-sarkastische Ironie, Karl Heinz Wahren (* 1933 Bonn) durch engagierte Bekenntnishaftigkeit und Gerald Humel (* 1931 Cleveland/Ohio), Amerikaner tschechischer Herkunft und Dirigent der Gruppe, durch farbintensive Expression.

Andere Zusammenschlüsse zur Selbstpropagierung waren das Kölner Feedback Studio – gedacht als eine kommunikative Rückkopplungs-Instanz zwischen kreativem Erkunden und öffentlicher Rezeption –, das drei Stockhausen-Abtrünnige, Johannes Fritsch (* 1941 Bensheim-Auerbach/Bergstraße), Rolf Gehlhaar (* 1943 Breslau) und David Johnson (* 1940 Batavia/New York) 1969 gemeinsam gründeten, dazu auch einen eigenen Verlag, eine Reihe referierender Papers und eine andere veranstalteter Hinterhausmusiken, um dadurch aus dem Schatten der Vaterfigur mit mancherlei selbständigen Projekten herauszutreten, nicht ahnend, daß auch dies zu unvermuteten Rückkopplungen führen könnte, ja partiell sogar müßte; ebenso schuf sich in Stuttgart Reinhard Febel (* 1952 Metzingen/Württemberg) mit Gleichgesinnten ein Forum, das den Kontakt mit dem Publikum erproben und stimulieren sollte – erst ›studio im planetarium‹ (ab 1977), dann erweitert und kooperativ zusammengefaßt in den ›Tagen für Neue Musik Stuttgart‹ (ab 1979). Allerdings scheint der Wunsch nach erfahrbarer Nähe bei diesem, alle Gegenwartsphänomene sehr bewußt reflektierenden, Komponisten plötzlich auch wieder in das Bedürfnis nach Distanz umzuschlagen, damit seine Phantasie im behutsamen Austasten der Relationen zwischen alt und neu, vertraut und ungewohnt sich freier entfalten kann. Zur Zeit lebt er jedenfalls in London, übrigens genau wie Gehlhaar vom Feedback Studio, und überläßt die heimischen Organisationssorgen Hans-Peter Jahn (* 1948 Stuttgart), dem ohnehin durch seine Musiktheaterstücke in der Mehrgleis-Dramaturgie Bewanderten.

Werden Komponisten zu wenig gefördert, zu spärlich oder auch zu schlampig aufgeführt, daß sie sich um die Präsentation ihrer Werke schließlich notgedrungen selber kümmern müssen? Gibt es nicht gerade in der Bundesrepublik immer noch ein reges, vielgestaltiges Musikleben, interessierte Hörer in Hülle und Fülle, die allabendlich in Konzertsäle und Opernhäuser strömen, ja häufig sogar stunden- und nächtelang um Karten anstehen? Daneben Hunderttausende – nach der Statistik: Millionen –, die in Chören singen, in Orchestern und Blaskapellen spielen oder sich anderweitig musikalisch betätigen? Da müßte es doch möglich sein, jenen bescheidenen Entwicklungsraum freizuhalten, die paar Prozent an kommunikativen Aktivitäten abzuzweigen, die der Gegenwartsmusik zum gedeihlichen Leben – und das heißt: zur Sicherung des lebendigen Fortbestands künstlerischer Vergangenheiten – so dringend nötig sind. Also liegt es wohl an den Veranstaltern, den Konzertdirektionen, den öffentlichen Kulturverwaltern, wenn das Verhältnis der präsentierten Musik von ehestens Monteverdi und Schütz bis allenfalls Bartók und Strawinsky zu jener der noch aktiven Zeitgenossen so blamabel schlecht ausfällt. Doch sie sind ja, vor allem in beamteter Verantwortlichkeit, gebrannte und gelehrige Kinder nazistischer Verbotszeiten und wollen nur das Beste, selbst für ihre komponierenden Mitmenschen, denen sie selbstverständlich gerne als einer förderungsberechtigten Randgruppe ihr Ohr leihen und alle verfügbaren Propagierungsmaßnahmen in Aussicht stellen.

Freilich, sie wollen auch den irgendwie nachweisbaren Erfolg. Landeshierarchen und Stadtoberhäupter, Finanzminister und Stadtkämmerer, Parteien und Parlamentsausschüsse, nicht zuletzt Presse und Fernsehen sollen beobachten können, was da mit beträchtlicher Effizienz angekurbelt und allen Widerständen zum Trotz ausgeführt wurde. Dies wiederum schließt Riskantes oder Innovatives aus, fördert vielmehr die Förderung einigermaßen gesicherter Prominenz. Anderweitige Vorausleistungen werden schlau einkalkuliert, nicht nur bei den Ländern und Kommunen, Stiftungen und gemeinnützigen

Vereinen, industriellen Kulturprogrammen oder privaten Mäzenen, sondern auch beim immer noch besonders beweglichen und aktiven (öffentlichen) Rundfunk. Wo sind denn auch die Beratergremien oder Jurys, die für Durchsetzungsqualitäten bei noch halb Namenlosen garantieren könnten? Folglich werden Aufträge, Subventionen, Alibi-Konzertanteile, Lehrämter oder Akademiesitze ohne viel Anstrengung an hinlänglich Avancierte vergeben; die großzügig vermehrten Kulturpreise unterm Kreis der immer Gleichen auf diejenigen verteilt, die den betreffenden noch nicht bekommen haben; und nebenbei, gleichsam als Entschuldigung für so viel Phantasielosigkeit, ein paar minderdotierte Stipendien an aufstrebende Jungkomponisten ausgehändigt. Daß aber gerade zwischen jenem Frühstadium, an dem sich noch gönnerhaft Entdeckerstolz vorführen läßt, und dem Zustand sich von selbst potenzierender Anerkennung eine schwierige, von Problemen beladene Lücke klafft, entgeht der kulturpflegerischen Aufmerksamkeit. Weit schlimmer jedoch ist die Nicht-Beachtung einer anderen Lücke: die erschreckende Absenz von begleitenden, stützenden, vermittelnden Maßnahmen zur Verständigung zwischen Musik und Hörern. Jeder Produktmanager weiß, daß die Einführung eines neuen Artikels besonders großer und gezielt mehrschichtiger Werbeanstrengungen bedarf. Nur in der Musik bietet man – meist ohne jede spezielle Vorbereitung – etwas an und ist nachher erstaunt, daß es nicht akzeptiert wird. Förderung von Komponisten ist erst die halbe Sache. Sie setzt gleichzeitig und sehr viel dringlicher, mit erhöhtem Einsatz und Engagement, die hinleitende, animierende Einübung des Publikums voraus. Sonst kann der Kreislauf, durch den Kunst ihr Dasein erhält, nicht funktionieren.

Die selbstgefällige Unbeweglichkeit des öffentlichen Musiklebens, noch mehr das schiefe, aber um so dauerhaftere Zweckbündnis zwischen Organisatoren, Interpreten und Konsumenten zu seiner störungsfreien Konservierung legen nahe, sich verstärkt um Seitenwege und dezentralisierte Nebenpfade zu kümmern. Vielleicht führen auch solche Umgehungsstraßen zum Ziel und haben durchs Ungewohnte, spielerisch Unprinzipielle sogar noch einen zusätzlich mobilisierenden Effekt. Tatsächlich haben einige bundesdeutsche Komponisten – und sei's mehr aus Neigung, Zufall oder individueller Begabung als aus taktischer Absicht – derartige Ausweichmanöver erprobt. So übertrug Harald Weiss (* 1949 Salzgitter) seine verstreuten Erfahrungen als Band-Musiker, Schlagzeuger, Bühnenmusik-Komponist und auch Stimulationspädagoge bei Randgruppen (in Nervenheilanstalten und Gefängnis) auf seine Form des Ein-Mann-Percussions-Theaters mit einem ganzen Arsenal herkömmlicher wie unkonventioneller Schlag- und Geräuschinstrumente, Gestik, Stimmaktionen und gewitzten Zitatandeutungen. Von dort wieder – nach dem gleichen Prinzip – auf Großarrangements mit vielen Gruppen und Spielorten unter freiem Himmel (Stadtmusik), in und um einen Bahnhof (Endstation) oder verteilt auf die Räume eines Saalbaus (Im Wandel der Zeiten, für die Alte Oper Frankfurt). Derartige Montagekunst, wenn auch enger dimensioniert, meist für Instrumental-Duo und Tonband, ist ebenso das Aktionsfeld für Heiner Goebbels (* 1952 Landau/Pfalz), allerdings härter in den Brüchen, aggressiver und aufklärungswilliger im ganzen Konzept. Denn was dieser Rockmusik-Praktiker (in der Regel zusammen mit dem Klarinettisten und Saxophonisten Alfred Harth) vorhat, zielt jenseits aller anregenden Vielfarbigkeit auf musikalisch umgesetzte Zeitkritik, auf ironisch heitere bis bös demonstrative Nachdenkhilfe für Zuhörer jeglicher Herkunft, quer durch alle U- und E-Bereiche. Und da wird Populäres und gewieft Hinterhältiges, Barock und Schnulze, rockige Improvisation und Experiment so gescheit gemixt, daß der musikantische Impuls noch das thematisch Unbequeme transportiert und zur nachfassenden Auseinandersetzung anhält.

Mißbehagen an der Rolle, »sich selbstverloren durch kompositionstechnische Ergötzlichkeiten« zu träumen, trieb auch Rolf Riehm (* 1937 Saarbrücken) zur Frage, wie er denn Eislers Forderung nach einer nützlichen Funktion von Musik besser entsprechen könne. Er suchte nach konkreten Anlässen, um sich der Gegenwart zu konfrontieren, Bewußtheit zu fördern und von solcher Position aus Vergangenheit (auch die traditionsbelastete musikalische) zu reflektieren. 1974 Hochschullehrer in Frankfurt geworden, spielte er dort – genau wie Heiner Goebbels – im ›Sogenannten linksradikalen Blasorchester‹ mit, das sich aktiv an Demonstrationen und politischen Protesthandlungen beteiligte. Kompositorisch bevorzugte Riehm nun eine Art filmischer Schnittechnik als Mittel, Erwartungen zu stören, Klischees aufzubrechen, Antagonismen zu verdeutlichen. – Überhaupt scheint für diese Altersgruppe, die in die Nachkriegszeit hineinwuchs, doch dem Serialismus der fünfziger Jahre schon distanziert und eher skeptisch gegenüberstand, der ausweichende Bogenschlag ums Einfach-so-Weiterkomponieren typisch gewesen zu sein, genau wie das Formzersplittern beim späteren Trittfassen. Michael von Biel (* 1937 Hamburg) ging nach radikalexpressiven Anfängen den Umweg über Zeichnen und ein Studium bei Beuys, ehe er über Pop-Improvisation und Kölner Subkultur wieder den Anschluß an eine Sphäre fragmentierter Klangmeditation fand. Volker Heyn (* 1938 Karlsruhe) entschloß sich zu elf Jahren Vagabundendasein in Australien, ehe er übers Gitarrespielen zu seinem Stil eines aufgestaut wildwüchsigen Komponierens gelangte. Und Franz Hummel (* 1939 Schwabmünchen) verlegte sich erst einmal auf eine Pianistenkarriere, ehe er sich über Instrumental- und Orchesterstücke an sein eigentliches Feld, die Bühnenkomposition, heranwagte: bald mehr Tanztheater, bald aus Handlungsschematik entlassene Oper, »ein Trümmerfeld zerschollener Lyrik, gebrochener Gedanken und verwundeter Logik«.

Selbst Friedhelm Döhl (* 1936 Göttingen) und Hans Zender (* 1936 Wiesbaden) haben unter ähnlichem Vorbehalt ihrem Komponieren, wenn auch nicht völlig ablenkend, sondern parallel, eine zweite Tätigkeit hinzugefügt. Der eine erst die Musikwissenschaft, dann die Basler Hochschuldirektion (bis 1982); der andere in anhaltender Zweigleisigkeit das Dirigieren (mit Mittelpunkten in Bonn, Kiel, Saarbrücken, Hamburg). Für beide waren die seriellen Verfahren Denkansatz und disziplinierende Reibungsfläche, allerdings um zu abweichenden persönlichen Konsequenzen zu gelangen. Döhl zu lyrischer Lineatur, Klang-Szenen, Mikro-Dramen, die wechselnde Impulse oder Begegnungsspuren aufgreifen und nach komprimierender, aussparender Verdichtung drängen. Zender zu einem experimentellen Hantieren mit Mehrschichtigkeiten (einschließlich literarischer, historischer oder fremdkultureller Beziehungsebenen) und mit offenen Formplänen, die dennoch durch seinen wachen Sinn für kammermusikalische Durchzeichnung und Farbvarianz unter Kontrolle gehalten werden. In solchem Ausscheren aus der ehemals verpflichtenden Einheitlichkeit des Berufsstandes Komponist (dem musikpraktische Funktionen dann untergeordnet sein mochten) spiegelt sich freilich auch ein allgemeines Phänomen: das Abrücken von verbindlicher Lehrmeinung, Schulwissen und geschlossenen Systemen. Dem dadurch erzielten Gewinn an Freizügigkeit entspricht auf der anderen Seite ein häufig als existentiell empfundener Verfall von strukturellen Ordnungen und schlüssigem Sprachstil. Die Komponisten suchen sich deshalb ein Gegenüber. Für die Nächstjüngeren, die vom Sog der 68er-Revolte ergriffen wurden, war dies die Politik: sehr deutlich bei Niels Frédéric Hoffmann (* 1943 Hamburg), übersetzter, vermittelter bei Ernst Helmuth Flammer (* 1949 Heilbronn).

Analog der Entwicklung und den gerade vorherrschenden Strömungen rückten andere Gegenüber ins Blickfeld der Komponisten und gaben perspektivische Orientierung. So stellte sich für York Höller (* 1944 Leverkusen) durch Neigung und Zufälle die Beschäftigung mit elektronischen Klängen und den technischen Geräten zu ihrer Erzeugung oder Verwandlung als eine Konstante heraus (Studium bei Herbert Eimert, Arbeit im Elektronischen Rundfunk-Studio Köln, Stipendiat in Paris, Kompositionsauftrag für die IRCAM-Eröffnung, 1981 erste Computer-Produktion dort). Die notwendige Zwiesprache mit der Apparatur, das Erfinden von Übergängen zum Instrumentalen oder Vokalen bestimmten demgemäß die Konzeption, die zurechtrückende Empirik und praktische Ausführung seiner Klangprozesse. Für Peter Ruzicka (* 1948 Düsseldorf) besaß wiederum das Mahler-Erlebnis – im einsetzenden Boom der sechziger Jahre – prägende Kraft und löste zusammen mit Adornos Denken und Paul Celans Lyrik sprachbildende Wirkungen aus; zumal eine Gestik des Abbruchs, der Verweigerung, des bewußt provozierten Nachhorchens in den verstörenden Momenten der Stille. Die hierbei notwendige Unabhängigkeit verschaffte sich der promovierte Jurist übrigens als Berliner Orchester- und (ab 1986) Hamburger Opernintendant. Schließlich figurierten – um die Spannweite der Möglichkeiten anzudeuten – für Robert HP Platz (* 1951 Baden-Baden) die moderne Polyzentrik des Lebens und Denkens auf verschiedenen synchronen Ebenen ebenso als kompositorisches Modell wie für Volker David Kirchner (* 1942 Mainz) die alte synästhetische Globalsicht der Oper. Und dabei scheint die historische Spirale wieder an einem Punkt angelangt zu sein, an dem, freilich karger, dramatisch expliziter und pathosfrei, Giselher Klebe (* 1925 Mannheim) einst angesetzt hatte und von wo aus er stationenreich und folgerichtig sein Œuvre, dem das Schaffen für die Musikbühne Mitte ist, aufgebaut und Zug um Zug gefestigt hatte.

Vielgesichtig und verästelt zeigt das bundesdeutsche Musikleben in der Gegenwartsabteilung offenbar genau das Bild, das ihm in einem föderalistischen Staatswesen gebührt. In Köln am kompaktesten, in Hamburg eher auf Diaspora-Haltung eingestellt, in Frankfurt wegen des Ungleichgewichts zwischen mobilem Aufführungsangebot und eigenen Kreativitätsressourcen ziemlich zukunftsoffen, in Stuttgart auf stetigem Kurs mit partiellen Ausschlägen, in Berlin als kuriose Mischung aus Weltstadt-Anspruch und Provinz-Familiarität und in München fast all dies nochmals in reduziertem Format: sektiererisch streitbar bis seelenruhig tolerant. Da gibt es nichts, was das eingespielte Gefüge erschüttern könnte, aber ebenso nichts, was in ihm oder notfalls neben ihm undenkbar wäre. Die Palette der schwer vereinbaren Besonderheiten reicht von Killmayer bis zu Riedl, immerhin zwei Münchnern desselben Jahrgangs (1927); oder vom tüftelnden Klaus K. Hübler (* 1956 München), der seine kompositorischen Widerstände beziehungsreich aufbaut, um sich selbst dagegen mit ›dialektischer Phantasie‹ behaupten zu können, bis zum sound-schwelgerischen Walter Haupt (* 1935 München), der seine Musik als multimediales Wirkungselement in den opulenten Umkreis von Bühnenhandlung oder Tanz, Lichterspiel oder Raumprojektion stellt und sich auch als Open-air-Inszenator von schallmächtigen ›Klangwolken‹ betätigt. Und würde nicht im Hintergrund des bunten Geschiebes konträrer Ansätze, Meinungen, Ambitionen oder stilistischer Vorstellungen Günter Bialas (* 1907 Bielschowitz/Oberschlesien) gerade dadurch, daß er selbst mit offenem Ohr, unbeirrt und in höchst eindringlicher Straffung seiner Sprach- und Ausdrucksmittel weiterkomponiert, als stets präsente Bezugs- und Integrationsfigur Gemeinsamkeit vorleben, Verbindungen schaffen, die weit über den Kreis seiner Schüler und Freunde hinausreichen, sogar unter diesen wären wohl die Zentrifugalkräfte des bayerischen

Eigenbrötlertums nur schwer einzudämmen. Denn jeder hat sich individuell entwickelt: ob Heinz Winbeck (* 1946 Piflas bei Landshut) zu psychisch angespannter Introspektion oder Wilfried Hiller (* 1941 Weißenhorn/Schwaben) zu pointiert umgesetzter Bodenständigkeit, ob Paul Engel (* 1949 Reutte/Tirol) zu schweifender Phantastik oder Peter Kiesewetter (* 1945 Marktheidenfeld/Unterfranken) zu durchgebildetem, auch hintersinnigem Kammermusikton oder schließlich Peter Michael Hamel (* 1947 München) zu jener ganzheitlichen Klangerfahrung, die Welt und Selbst als eins begreift.

Jenseits solcher Mehrsträhnigkeit in regionalen Dimensionen, wie sie einem süddeutschen Laisser-faire entsprechen mag, liegt allerdings, aufs Ganze gesehen, eine immer noch recht vorbehaltlose, undoktrinäre Verträglichkeit und Aufnahmebereitschaft der deutschen Kultur gegenüber Zuwanderung von außen. Hierin hat sich etwas von jener einzigartigen Chance der Nachkriegssituation erhalten, als desolate Zerstörung zugleich unbelastete Offenheit für Austausch und Neugier auf wiederanknüpfende internationale Kontakte bedeutete. Wenigstens muß es den ausländischen Gästen – und sei dies bloß der verebbende Nachhall einer Fama – so vorkommen; sonst würden sie nicht, seit Ligeti und Kagel in den fünfziger Jahren, immer wieder zielstrebig anreisen oder Zuflucht suchen und oft auch auf Zeit oder Dauer bleiben. Isang Yun, Milko Kelemen, Vinko Globokar, Ladislav Kupkovič, Witold Szalonek hatten oder haben Lehrstellen an deutschen Hochschulen inne. Und jüngst kam über Berlin und Stuttgart, ab 1983 in Hamburg der Ire Frank Corcoran (* 1944 Tipperary/Irland) hinzu, der wie die anderen ein Stück unverwechselbarer nationaler Identität mitbrachte und sie nun in neu beleuchtete Perspektive rückt. Dagegen sind der Chilene Juan Allende-Blin (* 1928 Santiago de Chile) und der Spanier José Luis de Delás (* 1928 Barcelona) schon lange, seit Ende der fünfziger Jahre, in Deutschland ansässig; dennoch kommen sie in ihrer Musik, die an sich beidseits eher dem Lyrischen und dem reflektiert Literarischen, auch mit assoziativen Realklang- oder Zitat-Einschüben, zuneigt, von prägenden Grunderlebnissen ihrer Frühzeit nicht los – so als verkehrten sich gerade die Negativeindrücke von Diktatur, Zwang, Unfreiheit zu den bleibendsten Erinnerungen in der selbstgewählten Distanz des Exils.

Oder sollte tatsächlich Abstand nur durch einen totalen Wandel zu erlangen sein? Gar das Eintauchen in mönchische Selbstbescheidenheit, wie sie der 1980 emigrierte Arvo Pärt (* 1935 Paide/Estland) nicht allein musikalisch vorlebt. »Ich habe entdeckt, daß es genügt, wenn ein einziger Ton schön gespielt wird... Ich arbeite mit wenig Material, ich baue aus primitivstem Stoff, aus einem Dreiklang, einer bestimmten Tonalität.« Und weil dieses kontemplative Umkreisen von Wenigem wie ein Glöckchenläuten klingt, hat Pärt seine noch in der Sowjetunion begonnene Medial-Askese ›Tintinnabuli-Stil‹ getauft und ist genau damit für viele westliche Hörer zu einer Art Kultfigur geworden. Wer allerdings dem religiös verbrämten Trost, in »schweren Zeiten« nur »nach dem Einen zu suchen«, mißtraut, der könnte sich etwa durch das intensive Erforschen geschlagener und anderer Klänge, wie es Mesias Maiguashca (* 1938 Quito/Ecuador), Bundesrepublik-Immigrant seit 1966, mit Spürsinn betreibt, davon überzeugen lassen, welche komplexen, absolut nicht einfachen Welten sich da auftun. Oder er könnte von Klarenz Barlow (* 1945 Kalkutta/Indien) mit Staunen lernen, wie sich aus einer fast simplen Grundkonstellation von Bedingungen durch Konsequenz und ein paar Asymmetrien die abenteuerlichsten Stimmüberlagerungen ergeben. Auch zwei amerikanische Gäste könnten Anschauungsmaterial für die Scheinexistenz des Einfachen beisteuern: Gloria Coates (* 1938 Wausaw/Wisconsin) vor allem durch ihr Streicherstück nur auf leeren Saiten (mit Skordatur); und John McGuire (* 1942 Artesia/Kalifornien) durch seine problemkritischen Übertragungsversuche von simplen Bewegungsbildern auf musikalische Strukturverläufe. – Vielleicht hat aber das Unterspielen von aufgetakeltem Pomp in sozialistischen Ländern doch einen ganz anderen, von außen schwer nachvollziehbaren Stellenwert. Solche Bedenken könnten sich angesichts des Umweltwechsels der beiden ehemaligen DDR-Komponisten Tilo Medek (* 1940 Jena) und Rainer Kunad (* 1936 Chemnitz) einstellen, wenn auch mit unterschiedlicher Dringlichkeit. Aus der Verpflanzung westwärts ergäbe sich dann nämlich für die beibehaltene Linie des Komponierens mit historischen Versatzstücken, das dort als suboffizielles Verständigungsmittel diente, eine Lockerung von außen, der sie beide nur allzu gern und im Sinn von Verbreiterung folgten, statt den Wegfall des östlich vorgeprägten Bezugsrahmens nun gerade durch doppelte Stringenz, Sachbetonung und Knappheit des eigenen Arbeitsstils aufzufangen und auszugleichen.

Die Ausgangsbedingungen für die beiden Teile Deutschlands waren in den ersten Nachkriegsjahren nahezu gleich, zumal im abgeschirmteren Bereich der Kultur mit seinem langsamen und oft schleppenden Veränderungstempo. Heute, vierzig Jahre später, ist die kulturelle wie auch speziell die musikalische Situation in der Bundesrepublik und in der Deutschen Demokratischen Republik in nahezu allem ungleich. Und selbst dort, wo sich scheinbar Gemeinsamkeiten zeigen, sind sie wegen der Unterschiede in ihren Voraussetzungen und ihrem Bedeutungsgehalt eher irreführend als für einen Ansatz zur Beurteilung tauglich. Man hat sich vielmehr zu fragen, welche Momente bei der beidseitig unabhängigen, in ihrem Eigenrhythmus auseinanderlaufenden Entwicklung bis zur Unvergleichlichkeit den Ausschlag gegeben haben. Der Hinweis auf die unterschiedlichen politischen Systeme, der an solcher Stelle meist breit ausgeführt wird, ist müßig; und auch das einläßliche Zitieren von irgendwelchen offiziellen Verlautbarungen oder programmatischen Äußerungen diverser DDR-Funktionäre, so als könnten Partei-, Ministerial- oder Verbandsbeschlüsse tatsächlich eine Begründung für die jeweils einzelne Entscheidung eines einzelnen Komponisten liefern, vermittelt bestenfalls atmosphärische Eindrücke, hilft aber bei der Frage nach den Umständen und Motiven eines innermusikalischen historischen Prozesses nicht weiter. Ohnehin sind bei der Betrachtung seines in Ost und West abweichenden Verlaufs innerhalb des einst selben Landes mit derselben Sprache, derselben Bildungstradition und denselben Prämissen in künstlerischer Ausdrucksfähigkeit und Begabungsstruktur allein Vermutungen möglich, weil jeder durch seine einseitig vorbelastete Blickrichtung – sogar wenn er nicht Deutscher wäre – befangen ist. Jedoch können zwei unverdächtig objektive Feststellungen und daraus abgeleitete Folgerungen einigen Aufschluß über die mittlerweile ziemlich disparate Nachbarschaftssituation im sogar musikalisch geteilten Deutschland geben.

Die erste Feststellung betrifft die Ungleichzeitigkeit der äußeren

Ereignisse und der dadurch ausgelösten Tendenzen oder sich herauskristallisierenden Wertungsmaßstäbe. Zum Beispiel war die Politisierung des öffentlichen Lebens in der DDR eine Grundvoraussetzung ihrer staatlichen und gesellschaftlichen Existenz seit Beginn (1948/49); in der BRD setzte sie dagegen erst als Nachholaktion ein, aufgrund des geschärften kritischen Bewußtseins für die Überständigkeit ererbter wie gewachsener hierarchischer und ökonomischer Strukturen, die sich unter einem fragwürdigen Begriff von bürgerlicher Freiheit – und entgegen dessen wahren Intentionen – etabliert hatten (1968). Im Zusammenhang damit erwachte unter den engagierten westdeutschen Musikern auf einmal ein starkes Interesse für die kompositorischen Lösungen und das kunsttheoretische Denken Hanns Eislers; während in der DDR die Eisler-Rezeption, wenn auch mit Verzögerungen und Komplikationen (die erst nach seinem Tod 1962 ernstlich abnahmen), schon viel früher und in direktem, auch persönlichen Austausch mit dem dorthin Zurückgekehrten (seit 1950) stattgefunden hatten. Umgekehrt war in der BRD wiederum die Bedeutung Arnold Schönbergs und der Zwölftonmethode bis hin zu der von Webern ausgehenden seriellen Organisation des gesamten parametrisierten Satzes bald erkannt und zur Grundmaxime erhoben worden (1948–52), während man sich in der DDR erst allmählich und über den vermittelnden Ansatz bei Alban Berg zu größerer Duldsamkeit gegenüber der Wiener Schule und den dodekaphonen Praktiken – mit diversen Umdeutungen und Abwandlungen – durchringen konnte (etwa ab 1955/56, nicht ohne Einfluß der kunstpolitischen Direktiven des XX., Stalinismus-kritischen Parteitags der KPdSU). Die Evidenz solcher Ungleichzeitigkeiten im Fortgang der Entwicklung ließe sich selbstverständlich noch durch eine Reihe weiterer, weniger prominenter Fälle untermauern. Freilich bliebe auch danach im unklaren, warum und unter welchen Umständen sich die musikalischen und musik-sozialen Dinge in dem einen, nun geteilten Land tatsächlich in allem so verschieden haben zutragen und abspielen können.

Hier liefert die zweite Feststellung eine Handhabe: Die DDR achtete seit ihrer Gründung – sei es, weil diese durch eine isolierende Absetzbewegung im Kontrollrat der vier Besatzungsmächte zustande kam, sei es, weil es ihr um Selbstlegitimation zu tun sein mußte oder weil es einfach den fundamentalen sozialistischen Überzeugungen von nationaler Eigenständigkeit entsprach, – in hohem Maß auf ihre staatliche Autonomie. Alle gesellschaftlichen, wirtschaftlichen und kulturellen Bereiche hatten sich einer gemeinsamen Doktrin von Nationalstaatlichkeit unterzuordnen. Nur innerhalb der eigenen Grenzen, aus den eigenen Wachstumskräften war die Ausbildung eines Gemeinwesens im gewünschten Zuschnitt vorstellbar und zugelassen. Dieser Autarkiestolz im Erfassen eines Ist-Status, von dem allein aus Aufbau, Fortschritt und die projektierte historische Entwicklung zu planen und zu verwirklichen sind, griff auch unmittelbar auf die Neuorganisation des Kulturlebens und des künstlerischen Schaffens über. Der Musik bescherte er einerseits eine doppelte Anknüpfungstendenz – allgemein an das große deutsche Kulturerbe, spezieller an das antibürgerliche Komponieren der zwanziger und dreißiger Jahre –, doch andererseits im bewußten Abdämpfen und zuweilen schmerzlichen Zurechtstutzen modernistisch vorpreschender Expansivkräfte eine vorsichtig sondierende Stetigkeit und durchtrainierte Metiersicherheit beim Ausbauen und Erweitern des eigenen Erfahrungsspektrums. Als Orientierungspunkte galten deshalb anfangs innerhalb einer postulierten Generallinie von Verständlichkeit, Formbeherrschung, klarem Ausdruck, konkretem Inhalt und optimistischer Perspektive die klassizistischen Stilprägungen von Paul Hindemith und seinen Anhängern, dazu in erlaubter, wenn nicht opportuner innersozialistischer Grenzüberschreitung das Schaffen Schostakowitschs. Erst später dehnte sich die Bezugnahme auch auf Prokofjew und Bartók aus.

Ganz im Gegensatz zu dieser nationalen Selbstbesinnung oder kontaktscheuen Selbstbefangenheit standen in der BRD die Türen zum internationalen Musikgeschehen schon so bald als überhaupt möglich weit offen. Da wurden nicht die Spuren und Verkrustungen der jüngsten Vergangenheit abgetragen und aufgearbeitet, um wieder Zugang zu einer intakten Tradition zu erhalten, sondern man suchte im schnellen Überspringen des Zurückliegenden wie des Versäumten Anschluß an eine zukunftweisende Progressivität des musikalischen Denkens und der kompositorischen Konzepte. Ja, austausch- und kooperationsfreudig, bemühte man sich sogar um eine tätige Mitverantwortung und länderübergreifendes Einverständnis beim Erkunden und Erproben neuer, absolut unkonventioneller Kompositionsverfahren und Klangstrukturen. Einerlei, ob in dieser Aufbruchseuphorie nicht zugleich ein Verdrängungssymptom steckt, – nach damals gültiger DDR-Auffassung bedeutete sie den mutwilligen Bruch mit dem klassischen Erbe, war antinational, antihumanistisch und verrannte sich in eine formalistische Esoterik ohne jede Wirkung und jenseits der Aufnahmefähigkeit eines normalen Hörers. Die Zeit derart krasser Unvereinbarkeit der Standpunkte ist mittlerweile gewiß vorbei. Und sicherlich läßt sich jetzt, hinterher, auch nachweisen, wieviel Überspitzungen auf beiden Seiten – Moden, Konstruktionseifer, rationalistische Verkrampfung da, das dogmatische Festhalten an der Parole von einer Kunst für alle dort – zu dieser Diskrepanz im ästhetischen Wollen wie im praktischen Tun beigetragen haben. Dennoch: die allmähliche Lockerung und wachsende kompositionstechnische Freizügigkeit in der DDR hat sich ohne jähe Kurvenausschläge und revidierende Kurswechsel im ganzen geradliniger und folgerichtiger vollzogen. Sie ruht deshalb auch auf stabilerem Grund.

Zudem hat das Abheben auf Nationalstaatlichkeit und dementsprechend auf eine Kultur allein aus den Produktivquellen des Vorhandenen, d. h. in mühevoll, Schritt um Schritt formiertem Eigenbau, einen gesamtgesellschaftlichen, DDR-spezifischen Konsens geschaffen. Keiner, wie er sich auch dazu stellen oder darin verhalten mag, kann sich ja der staatlichen Omnipräsenz, die ihn bis ins Alltägliche umgibt, entziehen. Und daraus ergibt sich für alle – gewollt oder ungewollt – ein Verständigungsraster, ein Code, der die gemeinsame Befindlichkeit in einer realen Situation zur stillschweigend vorausgesetzten und jedem vertrauten Basis hat. Und er ermöglicht, diese Befindlichkeit nun in ihren differenzierteren Emotionswerten, ihren Hoffnungen, Erwartungen, Problemen, Enttäuschungen, umstandslos zu erfassen, zu charakterisieren und für jeden verständlich darzustellen. Es bedarf dazu nicht erst detaillierter Beschreibung, sondern läßt sich ohne viel Semantik, also auch musikalisch bewerkstelligen. Und gerade von dieser Sprachmöglichkeit haben die Komponisten zwar jeweils verschiedenen, aber doch einen seltsam übereinstimmenden Gebrauch gemacht. Sie entdeckten nämlich ihr Aktionsfeld in jenem kaum besetzten und deshalb vielfach ausdeutbaren Bereich der hin- und herlaufenden Relationen zwischen offiziellem Programm und subjektiver Erfahrung, zwischen Staatsräson und Privatheit, zwischen verfügendem Macht- und Verwaltungsapparat und simplen Existenzsorgen; oder auch spezieller: zwischen dem gegebenen Werkauftrag und der daraus entwickelten Werkgestalt, also den Planungsvorgaben der Kulturpolitik und der Eigengesetzlichkeit des von ihnen benutzten Materials. Auf diese Weise erhält Komponieren eine doppelte Funktion: Einerseits ist es eingespannt in einen bekannten, allgemeinen Bezugsrahmen, andererseits reflektiert es im selben Moment über sich selbst, über sein kritisches Verhältnis zur Tradition, seine technischen Verfahrensweisen, seine Chancen der Kommunikation und derlei mehr. Aber was immer es dazu oder darüber aussagt, ist keineswegs deckungsgleich, befindet sich vielmehr in einer mobilen Konstellation mit ständigen Veränderungen der Perspektive und der wechselseitigen Beleuchtung. Und zur Dechiffrierung dient eben jener gemeinsame Code, der je nachdem, ob und wie man ihn anwendet, Schauseiten transparent machen, Texten noch Anmerkungen und Kommentare beifügen kann.

Gegen den Anschein von Kompliziertheit, so als ob ein spezielles Vorwissen nötig und der Transport nach außen zwangsläufig beschränkt wäre, hilft im übrigen der Sinn der DDR-Komponisten fürs Konkrete. Dialektisch geschult und seit langem an harte ästhetische Auseinandersetzungen gewöhnt, versteigen sie sich bei ihrer Arbeit nicht in vage Spekulationen, in einen Wirrwarr kryptischer Anspie-

Reiner Bredemeyer: Serenade 6 für Flöte, Oboe, Klavier, Streichquartett und Schlagwerk (Ausschnitt)

lungen, sondern formulieren selbst das Mehrdeutige ohne Umschweife so eindeutig, wie es Musik nur zuläßt. Wenn beispielsweise Reiner Bredemeyer (* 1929 Velez/Kolumbien, als Sohn eines deutschen Bauingenieurs) im Beethovenjahr 1970 seine Bagatellen für B. (1970/71; für Klavier und Orchester) mit den beiden Anfangsakkorden der Eroica beginnen läßt, jedoch eine Bagatelle dagegensetzt und denselben Vorgang nochmals – mit einer anderen Bagatelle – wiederholt, dann muß doch klar sein, daß hier der üblichen Heldenverehrung für Geistesgrößen, vielleicht überhaupt duckmäuserischer Autoritätsgläubigkeit, heimgeleuchtet wird. Daß mit dem aufschließenden Interesse fürs angeblich Kleine, mit dem vergnügt nachfassenden Eindringen in komponierte »innere Logik« durch ein paar »Verrückungen, Mini-Zäsuren, scheinbar willkürliche, falsche Antworten«, das schließlich bis zur überraschenden »Simultankoppelung« der beiden Bagatellen-Themen (op. 119,3 und 126,2) reicht, eben Ernsthafteres und Signifikanteres für die Lebendigkeit von Traditionen in »unserer Zeit« getan werden kann. Solche widerborstige Aufgewecktheit hat es Bredemeyer in der DDR, in die er aus tiefer Skepsis gegen das restaurative Nachkriegs-München 1954 übersiedelte, nicht gerade leicht gemacht, öffentliche Resonanz zu finden. Man wußte seine gewitzte musikalische Prägnanz als Leiter der Schauspielmusik am Ostberliner Deutschen Theater (ab 1961), als Komponist hunderter Bühnen-, Film- und Hörspielmusiken zu schätzen, verstand auch die mediengerechte Zweck-Kunst seiner Klanginstallationen für Ausstellungen; aber dieselbe zweiseitige Kontaktsuche über den rein musikalischen Gegenstand hatte bis hin zu den siebziger Jahren zu warten, ehe ihre beherzte Lust am Aufdecken und Hellhörigmachen akzeptiert wurde. Bredemeyer komponierte indessen unbeirrt weiter, seine seismographische Reaktionsfähigkeit bewahrte bis zu den jüngsten Arbeiten stupende Frische: in dem blinkenden Anti-Optimismus-Mosaik seiner ersten Oper Candide (nach Voltaire, 1981/82, UA 1986) oder der Neukomposition von Wilhelm Müllers Winterreise-Texten (1984/85) in politischer Nähe zu Heines ›Deutschland – Ein Wintermärchen‹.

Umwerten und Neuwerten ist quer zur Generationszugehörigkeit, die in der DDR, wenn's um musikalische Aktivierung und die kompositorische Fermentfunktion geht, kaum eine Rolle spielt, ebenso der Ansatz für Friedrich Schenker (* 1942 Zeulenroda/Thüringen). Nur daß sich bei ihm der kritische Impuls aus dem praktischen Umgang mit angewandter Kunst ins Instrumentale verlagert. Er ist seit 1964 Soloposaunist im Rundfunksinfonieorchester Leipzig, und diese Tätigkeit hat ihm fraglos wichtige Erfahrungen für eine konzeptionell abweichende Profilierung seiner eigenen Musik eingetragen. Ein guter Teil seiner Kompositionen, zumal in Kammerbesetzung oder in Konzertform, geht von einem neuen Typ des Virtuosen aus: der Interpret als Mitschöpfer, begreifend, engagiert, selbstverantwortlich, experimentierend und klangversessen (wie Schenker selbst). Deshalb gründete er auch zusammen mit dem Oboisten Burkhard Glaetzner 1970 die Gruppe ›Neue Musik Hanns Eisler‹, Leipzig, und träumte davon, sogar das Orchester »wie eine überdimensionale Kammermusikvereinigung« einsetzen zu können. Freilich, oberhalb des Spielerischen, innovatorischer Techniken (auch unter Einsatz denaturierter Tonband-Stimmen) und der Vorliebe für Klangphänomene auf tiefen Instrumenten (Posaune, Tuba, Cello, Kontrabaß), was alles ihn schon zum Publikumsprovokateur stempelte, drängte Schenkers stürmisch-widerborstige Ehrlichkeit, selbst um den Preis des Affronts, nach Stellungnahme und Bekenntnis: etwa mit dem sinfonischen In memoriam Martin Luther King (1969/70), das, verdeutlicht durch Blues-, Spiritual- und Ein feste Burg-Zitate, gegen Rassendiskriminierung demonstriert, oder mit dem Epitaph für Neruda (1973/74, für 18 Solostreicher) als antidiktatorischem Chile-Appell oder – entgegen dem Auftrag für eine ›heitere Festmusik‹ – mit Fanal Spanien 1936, einer Ballade für großes Orchester (1981), die ebenso kraftvoll wie visionär an die Solidarität der internationalen republikanischen Brigaden gemahnt.

Weniger mit den Unzulänglichkeiten im Hader – wie Bredemeyer und Schenker –, eher im Vertrauen auf bessere Entwicklungsmöglichkeiten schreibt Georg Katzer (* 1935 Habelschwerdt/Schlesien) eine sozusagen argumentative Musik. Sie verhält sich dem Faktischen gegenüber offen, kennt ihre Bedingungen und kalkuliert ihre Ziele. Gerade diese Bereitschaft, ohne Vorbehalt auf Situationen einzugehen, weckt Sympathien, und Katzer weiß dann doch unprätentiös und phrasenlos daraus seine ganz und gar eigenen Folgerungen zu ziehen. Mit dem Baukasten für Orchester (1971/72) wollte er in einer Art Lehrstück des Komponierens darlegen und einsehbar machen, wie sich Elemente und Strukturen additiv zum Ablauf zusammenfügen. Und die beiden Konzerte für Orchester (1973/75; 1984/85) transponieren den gezeigten Formwerdungsprozeß anschließend doch aufs Niveau einer dramaturgisch einleuchtenden, aber für sich selbst sprechenden Schlüssigkeit. Gleichwohl bleibt die Suche nach Dialog ein fortwirkendes, stets virulentes Motiv. Katzer war ihm kundig-intelligent und keineswegs anbiedernd bis zu seinen ›Musiken nicht nur für Kinder‹ gefolgt: etwa dem Radiostück Die Igeltreppe (für Sprecher und Kammerensemble, 1971; Text: Sarah Kirsch) oder der Oper Das Land Bum-Bum (1974, UA 1978; Text: Rainer Kirsch), wo die Menschen nicht essen, sondern sich akustisch durch die Ohren ernähren, der König aber Tanzmusik, die ihn als Popanz auf Stelzen dekuvrieren müßte, verboten hat. Daneben stehen – ebenso heiter-hintersinnig – Szenen für Kammerensemble (1975) mit redenden, agierenden Instrumentalisten und für 12 Vokalisten (De Musica, 1977), die umgekehrt Schlagzeug und ein Klavier bearbeiten; und beide Male geht's um ein Ad-absurdum-Führen alter Vorwürfe gegen »neueste Komponisten« (Goethe). Die dabei in Gang gesetzte »Aufsprengung des Nur-Musikalischen« und die erwünschte »Heterogenität von musikalischer und sprachlicher Information« haben ihr Pendant in der abstrahierteren Hör-Anschaulichkeit einer Empfindsamen Musik (für Streicher und Schlagzeug, 1976) und einer Dramatischen Musik (für Orchester, 1977) wie in der handfesten Bühnenrealität des Balletts Schwarze Vögel (1974/75), wobei Katzer den Stoff (aus der Zeit der deutschen Bauernkriege) »in eine ›Hüllkurve‹ von Spannungsverläufen, Strukturen, Klangfarben, Expressionen« übersetzte und so einen »plausiblen Bauplan« für eine theatralisch welthaltige, trotzdem rein sinfonische Musik erhielt.

Ganz dem Theater und seiner prallen synästhetischen Effektivität haben sich, sogar ohne solche scheue Rückversicherung beim Sinfonischen, vor allem zwei Komponisten der DDR verschrieben: der in Berlin der Komischen Oper verbundene Siegfried Matthus (* 1934 Mallenuppen/Ostpreußen) und der in Dresden als Dramaturg der Dresdner Staatsoper tätige Udo Zimmermann (* 1943 Dresden). Beide hatten sich ihren Weg zur Musikbühne erst über wechselnde

Gattungsstationen zu bahnen. Zimmermann umwegloser und er fand mit seinem Opern-Erstling, Die weiße Rose (1967/68), auch gleich sein Thema: Mahnung und Eingedenken an das tragische Ende einer großen, idealen Hoffnung. Doch seit dem Geschwister-Scholl-Sujet, das er bei einer Neubearbeitung (1985/86) bezeichnenderweise fast realitätsfern ganz nach innen verlagerte, und seit den musikalisch zitierten Konflikten um die Verantwortung eines Naturwissenschaftlers (Die zweite Entscheidung, 1969/70) sowie die Durchsetzungskraft der vereinigten Kleinen gegen den skrupellosen Kapitalisten (Levins Mühle, nach Johannes Bobrowski, 1971/73) haben sich Zimmermanns Opern mit dem rasch wachsenden Erfolg zusehends aus ihrem Wirklichkeitsbezug gelöst. Übrig bleiben nun Parabelsentenz und Märchenhaftes: wenn Der Schuhu und die fliegende Prinzessin (1974/76, Text: Peter Hacks) am Ende eines Streifzugs durch Welten und Zeiten in ein paradiesisches Utopia aufbrechen; oder Sehnsüchte und Träume: wenn Die wundersame Schustersfrau (nach Federico García Lorca, 1978/82) ihrer überproduktiven Phantasie zu folgen sucht; sowie beide Male die große weltschmerzliche Einsicht in die Vergeblichkeit allen menschlichen Trachtens nach dem Besseren. Im Auskosten solchen Trauertons – nicht unähnlich Penderecki und nur schwach eskortiert durch ironische Seitenblicke auf eine unverständige Daseins-Umwelt – pendelt sich Udo Zimmermanns Musik auf ihr Ausdruckszentrum des »Monologischen und stark Meditativen« ein.

Ausgreifender, vielschichtiger und durch eine ganze Skala wohlfundierter Einzelaspekte in Spannung gehalten stellt sich demgegenüber das Komponieren von Siegfried Matthus dar. Seine Wurzeln sind verzweigt und gelegentlich durch Einflüsse von außen irregulär verwinkelt. Aber das stärkt bei anhaltender Entfaltungsenergie nur die eigene Standfestigkeit und verhilft zu gesteigerter Konzentration und Unabhängigkeit im Wachstum. Als Matthus seine erste Oper schrieb, Lazarillo von Tormes (1960/64), bedeutete diese gesellschaftskritische Stationen-Chronik mit musikalischer Nummernfolge nach dem spanischen Schelmenroman des 16. Jahrhunderts gewissermaßen eine Spiegelung und ein lockeres Durchmustern auch seiner verschiedenen eignen Ansätze. Und sukzessive, immer umrahmt von allerlei anderen Instrumental- oder Vokalstücken, ergab sich daraus nun eine musikdramatische Grundlinie von Treue zu sich selbst, dem bewahrten Vertrauen auf eine innere Stimme entgegen eskapistischem Ausscheren oder irgendwelcher Fremd-Irritation: zunächst in Der letzte Schuß (nach Boris Lawrenjow, 1965/67) als eine Art Romeo-Julia-Geschichte vor dem Hintergrund der russischen Revolution zwischen Weißgardisten und Rotarmisten, doch mit Selbstzerstörung der falsch versöhnenden Liebe; dann, ins Burleske gewendet, bei der ›heiteren Kriminaloper‹ Noch ein Löffel Gift, Liebling? (1970/72), wo ein Gattenmörder-Paar sich logischerweise auch gegenseitig umbringen muß, oder der etwas überstrapazierten Antikenparodie Omphale (1972/76; Text beide Male: Peter Hacks), wo Herakles – des Heldentums müde – den probierten Rollentausch der Geschlechter mit der schönen Lydier-Königin endlich doch wieder ins kommune Lot bringt. Letztlich aber, nach solchem zweifach aufgezäumten Firlefanz ums ernste Grundmotiv, gelingt seine zweifache Restitution: in Judith (nach Hebbel, 1980/85) mit dem Selbstopfer der aus Liebe für einen Moment abtrünnig gewordenen Feindesschlächterin; und vor allem in Die Weise von Liebe und Tod des Cornets Christoph Rilke (1982/85), fürwahr einer ›Opernvision‹, die Dies-irae-umrahmt hinter der patriotischen Kriegsfolie das labile Psychodram eines Jünglings hervorholt und ihm mit sparsamer Instrumentation und charakteristischen Farben die Anschaulichkeit poetischer Prägnanz verleiht.

Noch fehlt allerdings in der Skizzierung dessen, was für die Musik der DDR Relevanz besitzt, jener Bereich eines allein für sich selbst zuständigen, quasi autarken Komponierens, das ohne die aussagekräftigere Mithilfe von Texten, Stoffen, dramatischen Vorlagen auskommt und seinen eigenen Möglichkeiten zum Entfalten eines tonsprachlichen Disputs genügend Beredtheit, ja definitorische Bestimmtheit zutraut. Auf diesen Primärbereich einer medienspezifischen, innermusikalischen Autonomie konzentriert sich zumal die Arbeit von Friedrich Goldmann (* 1941 Siegmar-Schönau bei Chemnitz, jetzt Karl-Marx-Stadt). Doch herrscht da nicht etwa puristische Korsettierung oder eine selbstverordnete Beschränkung auf abstraktes Strukturdenken, sondern gestische Phantasie; dazu eine Fähigkeit, aus einfachen musikalischen Gegebenheiten, die jeder ohne Vorwissen verstehen kann, durch einkreisendes Beobachten ihrer besonderen Eigenschaften, an dem jeder mithörend teilnehmen kann, diskursive Prozesse zu entwickeln, bei denen Satz und Gegensatz, Einzelheit und Gruppenphänomen, gestaute und fließende Zeit, Zeichnung und Farbe mit der Anschaulichkeit von Personen oder bestimmten Verhaltensweisen vorgestellt, behandelt und gegeneinandergeführt werden. Auf einmal befindet man sich dann mitten in einem höchst komplexen Vorgang, ist einbezogen in ein vielfältig sinnvolles Geschehen, das ganz Musik ist und doch unverkennbar seine realen, seine gesellschaftlichen Implikationen hat. Was da Sinfonie heißt (I–III: 1972, 1976, 1986) oder vorher zurückhaltender Essay (ebenfalls I–III. 1963, 1968, 1971), was unter dem Gattungs-Passepartout Konzert auftritt (für Posaune 1973, Violine 1977, Oboe 1978, Klavier 1979; fortgeführt in zwei Ensemblekonzerten 1982 und 1985) oder sich Kammermusiknormen wie Sonate, Trio, Quartett fügt, ist in Wahrheit jeweils ein antikonventionelles Gegenbild, offen, kritsch, voll Eigenwüchsigkeit und ungescheuter Exponiertheit der Mittel, aber in sich präzis durchgebildet, klar proportioniert und konsequent.

Der Weg Goldmanns zu dieser nun frei verfügbaren Niveausicherheit, dem Ergebnis einer Schritt um Schritt ins Kompositorische transformierten Subjektivität, führte über viele Widerstände, äußere der Selbstbehauptung in einem gegenläufigen System, innere der unbefriedigenden Antworten auf zutageliegende Probleme, auch solche, die er sich durch seinen hohen Anspruch erst selbst geschaf-

Friedrich Goldmann: Zusammenstellung, Musik für Bläser (Ausschnitt mit Horn, Piccolo, Klarinette, Kontrafagott)

fen hatte. Jedoch stand die sich zuspitzende Folgerichtigkeit im abgehobenen Bereich künstlerischer Entscheidungen stets in enger Korrespondenz mit der tragenden Lebens- und Sinnessphäre aus früher Begabung und tätiger Neugier auf Klang. Schon in der Dresdner Kreuzschule wurde Goldmann – anders als etwa Udo Zimmermann durchs stärkende Pathos altehrwürdiger Religiosität – durch die musikalische Alltagspraxis von Singen, Einübung in Polyphonie und horizonterweiternden Konzertreisen gefesselt und angeregt (auch wenn ihn das Internatsdasein beengte). Und in Berlin blieb die Komposition angewandter Musik (für Theater, Hörspiel, Film) sowie das Dirigieren eine kontaktfördernde Basis für unmittelbare Klangerfahrung (und für die nötige ökonomische Unabhängigkeit). Analog setzt sich das nun fort bei seinem Schüler Nicolaus Richter de Vroe (* 1955 Halle), der Geiger ist, in der Berliner Staatskapelle, und jene für die DDR ungewöhnliche Tendenz zu abstrahierender Verselbständigung von Musik, die sich kulturprogrammatisch nicht mehr rubrizieren läßt, noch weitertreibt: In seinen fragilen, höchst differenzierten Kammermusiken, die zwischen Geräuschhaftigkeit und Stille pendeln, sind Strukturschichten enthalten, die – in ideeller Abhängigkeit von Cage – durch Zufallsoperationen bestimmt werden. Und bei deren automatisierter Kalkulation arbeitet er mit dem ebenfalls durch Goldmann geförderten, computerkundigen Jakob Ullmann (* 1958 Freiberg/Sachsen) zusammen, der das non-intentionale Komponieren aufgrund komplizierter kybernetischer Programme bereits auf die Gesamtheit seiner Stücke ausdehnt.

Musik als sich selbst organisierende Enklave in einem derart hochverwalteten Staat – dies scheint das antithetisch verdoppelte Extrem an Spiegelung und gleichzeitig an Distanz, das sich überhaupt denken läßt. Freilich läuft das Musikleben der DDR, auch in den eher regelwidrigen Zonen kreativer Exploration, abseits solcher dialektischen Überspitzung meist in jenen gemäßigteren Bahnen von Kennenlernen, Umsetzen, Aneignen, wie sie den kompositorischen Kreislauf auf der Suche nach neuen Lösungen seit jeher kennzeichnen. Prototypisch dafür mag das Schaffen von Paul-Heinz Dittrich (* 1930 Gornsdorf/Erzgebirge) sein, weil sich darin die Offenheit für Anregungen mit der Intensität ihrer Verarbeitung paart –

Philip Glass

Steve Reich

La Monte Young, Marian Zazeela

Klaus Huber, Hans Zender

Wilhelm Killmayer

Witold Lutosławski

Mauricio Kagel

Walter Zimmermann, Morton Feldman

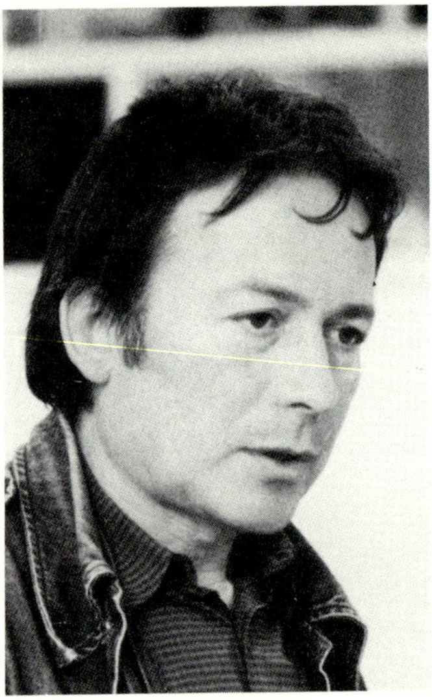

Erhard Grosskopf

Friedrich Goldmann

Friedrich Schenker

Armando Gentilucci

Giacomo Manzoni

Luc Ferrari

Tristan Murail

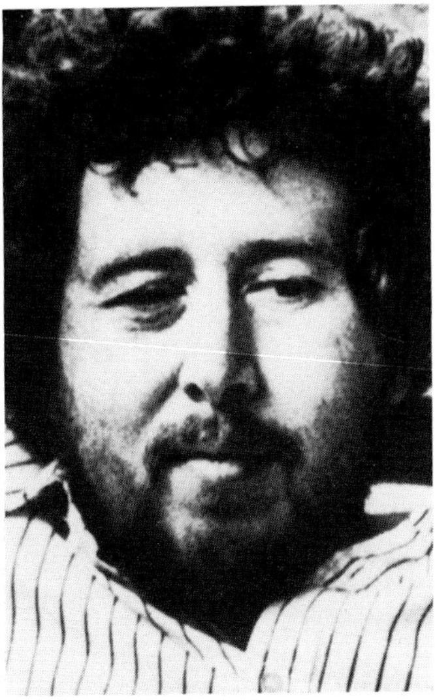

Harrison Birtwistle

Brian Ferneyhough

Peter Schat

Per Nørgård

György Kurtág

Marek Kopelent

Elena Firsowa, Sofia Gubaidulina

Younghi Pagh-Paan

George Crumb

Claude Vivier

und zwar ungeachtet aller dadurch entstehenden Umweltkonflikte. Geprägt wurde Dittrich in dieser Klarsicht fürs Eigene (wie übrigens auch Bredemeyer, Goldmann, Katzer, Matthus) von dem überaus metierkundigen Rudolf Wagner-Régeny. »Ich begriff Zusammenhänge, die für mich bis dahin nicht bestanden hatten.« Und vor allem lernte er, daß ein Komponist neben seinem Handwerk auch literarisch gebildet sein müsse; »von dort kommen die meisten Impulse«. Dies traf einen Nerv von Dittrichs Empfänglichkeit, und beherzt griff er nacheinander zu Eluard, Yeats, Brecht, Beckett, Bibel, Joyce, Goethe, Celan, Neruda, Baudelaire, Arno Schmidt. Ebenso war er aber auch begierig auf die direkteren Materialkontakte durch allerlei neue Techniken wie Dodekaphonie, Vokalphonetik, Spracheinbezug, Instrumentalkoloristik, Tonbandverwendung, grafische Notation, Polymetrik, Raumverteilung, Theatralisierung, Aleatorik, Live-Elektronik und ähnliches. Aus all dem destillierte er – jeweils mit wechselnden Mitteln – eine wohlgegliederte musikalische Dramaturgie, die im Grunde auf relativ vertrauten Formgesetzen fußt. Dabei legte er auf den Prozeß der Anverwandlung und der gestaltenden Verarbeitung größten Wert, »weil nach meinem Dafürhalten die einzige Reflexion zur Wirklichkeit sich über das Material einstellt«. Der Komponist wäre demnach – auch dies ein aufschlußreicher DDR-Aspekt – eine Monade, in deren Wabenexistenz moderne Materialien von außen (auch grenzüberwindend von weiter außen) eindringen; er greift sie auf, ordnet sie nach vorhandenen Prinzipien in seine Strukturfelder, und nun fungieren sie in umgekehrter Richtung als »einzige« Brücke zur Realität, zu allem, was ihn an sozialer, staatlicher, mitmenschlicher Wirklichkeit umgibt. Musik als Sprache einer Einsamkeit mitten unter vielen.

Italien

»Der Komponist neuen Typs kann nicht von heute auf morgen entstehen; außerdem kann nicht a priori festgelegt werden, wie er am besten und effektivsten seine Arbeit einsetzt. Vor allem durch die Verbindung und Zusammenarbeit mit den politisch fortschrittlichen Teilen der Gesellschaft kann er zu einer immer genaueren

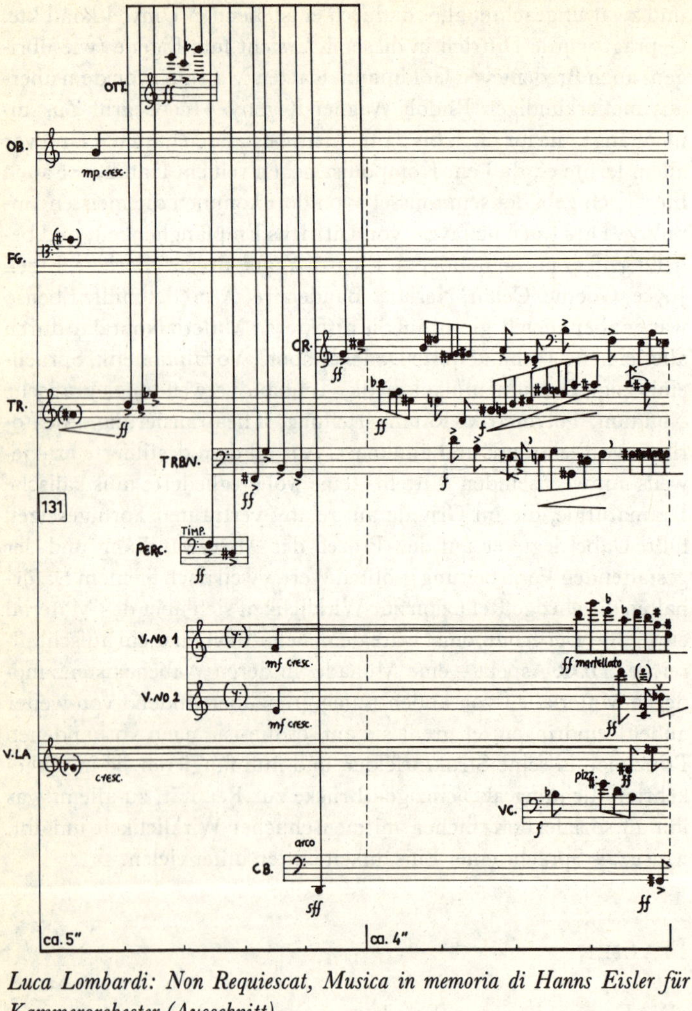

Luca Lombardi: Non Requiescat, Musica in memoria di Hanns Eisler für Kammerorchester (Ausschnitt)

Funktionsbestimmung seiner Musik kommen.« Diesen Sätzen einer planenden Zukunftserwartung, vom Wandel zum Besseren überzeugt, diskussionsoffen, stramm marxistisch, ist der leise Unterton von Skepsis noch kaum anzumerken. Als Luca Lombardi (* 1945 Rom) sie Mitte der siebziger Jahre formulierte, trieb das angesprochene Thema ›Musik und Politik‹ ja auch noch im Aufwind der 68er-Bewegung und wurde zumal in Italien von der keineswegs illusorischen Hoffnung grundiert, unter allen westeuropäischen Ländern könne sich gerade hier eine linke Regierung (unter wesentlicher Beteiligung der PCI) am ehesten etablieren. Lombardi selbst hatte nach Studien in Wien und Köln (dort, alle Rivalitäten ignorierend, bei B. A. Zimmermann, Stockhausen, Kagel, Pousseur, Schnebel, Globokar, Eimert und auch noch mit einem Abstecher nach Utrecht zu Koenig) eine Promotionsarbeit über Hanns Eisler geschrieben und war Meisterklassen-Schüler von Paul Dessau (an der Ostberliner Akademie) geworden. Kein Wunder also, daß ihm der Gedanke an Nützlichkeit oder, wie er sagt, an Effektivität des Komponierens als gesellschaftlich begründetes Ziel erscheint. Aber während er ihm durch eine klare, ausgesparte, bewußt anti-komplexe Faktur seiner Musik näher zu kommen sucht, befallen ihn doch Zweifel, ob dieses Konzept einer fast didaktisch zugerüsteten Verständlichkeit, wenn reichere Erfahrung und intellektuelle Regsamkeit darin keinen Platz finden können, nicht an der gelebten Realität vorbeiführt und das Subjekt gleich einer fatalen Nebensache unterdrückt. Am thesenhaften Stil von 1976 nagt bereits das Dilemma und verfärbt ihn deshalb ins Forsche. Gleichzeitig jedoch öffnet sich Lombardi musikalisch einer weiter ausholenden, vielschichtigeren Differenzierung, die nun selbstgewisser von jeder vorgezeichneten Dogmatik abrückt (wie vorher in den komponierten Treuebeweisen an Ho Tschi Minh, Eisler, Dessau und Weill), die Fragen stellt, Verhärtungen aufbricht, Ironie zuläßt. Und hilfreiche Impulse gehen dabei offenbar von literarisch anspruchsvollen Texten aus (Neruda, Ungaretti, Majakowski), weil sie den keineswegs verlorenen politischen Ansatz in die beredte Sphäre von erlittenem Schicksal und persönlicher Einsicht transformieren.

Sich derart auf die aktivierende Verbindung mit Sprache, auf das kompositorische Ausschöpfen eines poetischen Potentials einzulassen trifft übrigens etwas für Italien Typisches. Allgemeine Tendenzen der siebziger Jahre – wie das Überwinden von Abstraktheit, der Rückgewinn von Ausdruck, Gestus und Bedeutungsgehalt, auch die kombinatorische Lust am Mehrdimensionalen – werden da durch spezielle Eigenheiten der italienischen Lebensart, Begabungsstruktur und Musikauffassung, die sich eben am deutlichsten in der Vokaltradition niederschlagen, unterstützt und überhöht. Dies braucht deshalb noch lange nicht in den Niederungen emsiger Opernkonventionalität zu enden. Nono und Berio liefern, wenn auch mit unterschiedlichem Ansatz, hierfür beste Gegenbeispiele. Und die Wahl der Sujets, der Dramaturgie oder schlicht der Texte wirkt ja schon durch Niveau und Thematik wie ein vorsondierendes Filter. Solchen evokativen Steuerungseigenschaften hat sich auf seltsame Weise Armando Gentilucci (* 1939 Lecce/Apulien) anvertraut, als er gegen Ende der siebziger Jahre – etwa gleichzeitig mit der Entdogmatisierung bei Lombardi – eine neue Phase seines Komponierens einleitete, »tief beeinflußt von der Poetik Rainer Maria Rilkes«, in deren musikalischen Ergebnissen »ich mich mehr oder minder vollständig wiedererkenne«. Sie setzt sich ab gegen vorausgegangene Stücke politischer Parteinahme mit demonstrativer Einblendung von Kampfliedern, Marsch- oder Schlagerzitaten, rhythmischen Protestrufen in filmischer Schnittechnik, ohne Angst vor Stilbrüchen montiert und voller expressiver Energie. Die Lyrisierung im Zeichen Rilkes, bei der selbst eine Orchesterkomposition (Voci dal Silenzio, 1981/82) Verse aus den Duineser Elegien als Motto erhält, entwickelt statt dessen stetig sich ausbreitende, gespannte Klangprozesse nach Art eines »genetischen Vorgangs« aus »einigen horizontal-vertikalen Keimen«. Gentilucci sieht darin komponierte »Bilder des Lebens«, wie es sein könnte, jedoch nicht so sehr in deutschtümelnd dichtungsfrommer Verklärung, eher aus dem bedrückenden, trotzdem noch hoffenden Wissen, daß es nicht so ist.

Landesgrenzen akkumulieren Vorurteile, im Positiven wie im Negativen. Aus bunter Daseinsfülle werden stumme Postkartensymbole, gestanzte Formeln, vorfabrizierte Allerweltsweisheiten zurechtstilisiert. Und die gegenseitigen nationalen Allergien oder Abneigungen – vom Hörensagen kräftig geschürt –

feiern ebenso wie die seit alters her gepflegten Idolisierungen oder in die Fremde verlegten Kompensationskulte fröhliche Urständ. Das ganze labyrinthische Durcheinander von über- oder abwertenden Meinungsschablonen, dem meist noch einige historische Altschulden einen diffusen Hintergrund aus psychischen Verdrängungen hinzufügen, hat in einem so sensiblen Bereich wie der Kultur selbstverständlich sein fachorientiertes Pendant an nicht weniger verzeichnenden Standards und Stereotypen.

In der Musik korrespondieren da französischer Esprit oder russisch-slawischer Seelenton, italienische Kantabilität oder deutsche Tiefe, englische Nüchternheit oder spanische Glut mit jeweils ganz bestimmten Gattungen, Klangfarben und Ausdruckshaltungen. Von außen umschwärmt oder, falls nötig, zur Steigerung des Eigendünkels auch ins Lächerliche gezogen und verachtet, wachsen solche Landesspezifika im Innern ganz schnell zu einer kaum noch tilgbaren Hypothekenlast heran. Entspricht einer dem Erbe und den daran geknüpften Erwartungen – entscheidend ist dafür lediglich die Form, das bloße Schema –, wird er zum Traditionalisten oder blassen Epigonen, wenn nicht, stempelt man ihn als Experimentator und spintisierenden Einzelgänger ab. Er hat außerdem die schädigenden Folgen eines darauf nicht eingespielten Musikmarkts zu tragen, dem es an geeigneten Ensembles, Aufführungsorten und Resonanzwegen fehlt. Aber wie dem auch sei, der so oder so schlechte Ruf setzt sich verstärkt im Ausland fort. Dort fällt ja die nationale Vorsortierung nochmals in nahezu identische, nur gröber zugehauene Kerben. Und diesem Teufelskreis zweifach prädisponierter Einäugigkeiten ist nur zu entkommen, wenn man den Austausch, die Kontakte, den grenzüberschreitenden Transfer entkrampft, bereits dort, wo sie nicht unter den Auspizien internationalen Prestiges quasi von selbst funktionieren, von dem lähmenden Ballast präfixierten Halbwissens befreit; vor allem aber das verständige andere Auge so weit als möglich öffnet und in ständiger Wahrnehmungsbereitschaft hält.

Selbst daß er die wichtigsten Schriften von Schönberg und Adorno ins Italienische übersetzt hat und von seiner Promotion über die Musik im Werk Thomas Manns (1955) bis zu seiner Schönberg-

Biographie (1975) ein intelligenter Vermittler zwischen den Kulturen blieb, hat den Kompositionen von Giacomo Manzoni (* 1932 Mailand) nördlich der Alpen keine größere Bekanntheit, allenfalls zuhaus naheliegende Mißdeutungen eingetragen. Dabei waren Dodekaphonie und Serialismus für Manzoni, wie für viele, Durchgangsstationen, lieferten Erfahrungsgrundlagen für ein strukturelles Denken, dem es aber eigentlich um eine Neukonstitution von Klang als Materie und Farben als deren Luminiszenzform zu tun war; sowohl im Instrumentalen unter Ausnutzung weiterentwickelter Spieltechniken als auch besonders im Vokalen mit einer (an Nono geschulten) Durchbildung sich ablösender Sprach- und Stimmenpolyphonie. Freilich dient dies alles keinem musikalischen Selbstzweck, sondern soll mit den verfügbaren Mitteln den »Sinn der heute auf der ganzen Welt sich vollziehenden historischen und sozialen Veränderungen« besser erfahrbar und einsichtig machen. Auch hier zeichnet sich indessen wiederum eine allmähliche Zurücknahme des vordergründigen Engagements ab. Wurde die plakative Drastik der Oper Atomtod (1964/65), bei der die reichen Bonzen zu klischeehafter Unterhaltungsmusik im Bunker überleben dürfen, während das Volk draußen zu ernsteren, expressiveren Klängen verreckt, eigentlich nur durch die musikalische Art, wie selbst die Übriggebliebenen mit einem mehr und mehr durchlöcherten Choral in der Nach-Katastrophen-Ödnis verenden, noch aufgefangen und zur warnenden Parabel erhoben, – so setzt sich dieses musikalisch motivierte Abrücken von der Tagesaktualität in den folgenden Stücken für Chor und Orchester deutlich fort: Ombre (1966/67), dem Gedächtnis Che Guevaras gewidmet, meint weniger den Mann als dessen ›dunkle‹ Nachwirkung, und Parole da Beckett (1971) sowie Hölderlin (frammento; 1972) fächern Texte als Wortträger dichterischer Weltdeutung materialbezogen auf. Schließlich gehts im Bühnenwerk Per Massimiliano Robespierre (1974/75) mit dem eingebauten Intermezzo critico nicht mehr um Person oder Schicksal des französischen Revolutionärs, sondern – allgemeiner, zugleich abstrakter – um Ideen, Pläne, Gesellschaftsentwürfe und die Überprüfung von deren Wahrheitsgehalt. Dies mündet in Masse: Omaggio a Edgard Varèse (1977) – für einen Komponisten konsequent – bei der nachforschenden Vergegenwärtigung eines nun musikalischen Revolutionärs, die ein Weiterdenken seiner Vorstöße in ein unbetretenes Klangreich versucht.

Welcher Schwindel einen beim Ausblick in solche ungeahnten Dimensionen der Musik erfassen kann, weil die anvisierten klanglichen Phänomene und der Erneuerungsgrad der Verfahren zu ihrer schlüssigen Organisation auseinanderklaffen, davon zeugt das selbstauferlegte Schweigen als Komponist, an dem Franco Evangelisti (1926 Rom – 1980 Rom) seit 1963 in unvergleichlicher Stringenz seiner Arbeitsmoral und seines Problembewußtseins festhielt. Und als er es kurz vor seinem Tod unterbrach, waren die Campi integrati n. 2 (1978/79; für 9 Instrumente) eben keine »Komposition, sondern ein Feld von Möglichkeiten«, das trotz eines »Höchstmaßes an aleatorischer Synthese« die Fragestellungen, offen und nur im Ansatz gelöst, an die Interpreten weitergab. – Eine Parallele drängt sich auf: Auch Bruno Maderna (1920 Venedig – 1973 Darmstadt) kam erst in seinen letzten Lebensjahren, als schon die Anzeichen einer schweren Krankheit seine Rastlosigkeit im dirigentischen Einsatz für andere dämpften, zum freieren, intensiveren Ausformulieren von Aspekten seiner überreichen kompositorischen Vorstellungswelt. Und das wissende Genügen, daß bereits der konkrete Teilausschnitt etwas vom imaginierten Ganzen reflektiert, verlieh seiner Musik, zumal den Orchesterwerken (Quadrivium, Aura, Biogramma, Giardino religioso oder dem 3. Oboenkonzert, 1969–1973), eine bis dahin kaum gekannte Ruhe selbstvertrauender Einsicht und klangfarblicher Strahlkraft.

Abgesehen von diesen verschiedenen, tendenziell aber seltsam übereinstimmenden Bewegungen aus grundlegenden strukturellen Schwierigkeiten zu einer gleichsam poetisch-unorthodoxen Individualisierung der musikalischen Sprache – wie sie parallel auch bei Nono vorgezeichnet sind –, herrschen in Italien vielfach eher restaurative oder konservierende Züge vor. Da gibt es etwa bei Franco Donatoni (* 1927 Verona) eine Fortführung jener neoklassizistischen Linie von Alfredo Casella (oder Ildebrando Pizzetti, bei dem er noch selbst studierte) über Goffredo Petrassi bis in die Gegenwart: Widersprüche werden mit satztechnischer Behendigkeit ins Spielerische transponiert, mobile Teile in ständiger Rotation gehalten und den diversen Material-Metamorphosen allerlei rätselhaft bedeutungsträchtigere Masken umgehängt. Oder es gibt ein ästhetisches Liebäugeln mit dem, was Lombardi ›neogalanten Stil‹ nannte. Besonders ausgeprägt bei Sylvano Bussotti (* 1931 Florenz), der sich seit seinen kühneren Anfangsjahren mit den fruchtbaren Wechselschritten zwischen seinen beiden Talenten, dem malerisch-grafischen wie dem musikalischen, in einer Art dauernder Selbst-Renaissance befindet: Manieristisch bis ins mondän verklausulierte Detail, komponiert er sozusagen an einem autobiographischen Work in progress, behandelt zurückliegende Strecken wie bizarr bröckelnde, leicht angemoderte Häuserfassaden, deren Tristesse man nur schön rahmen muß, um sie zu neuem sinnlichen Reiz zu erwecken. Programmatische oder choreographische Instrumentalwerke, Opern, Ballette oder halbszenische Mischformen (in der Regel mit Eigenreprisen) kreisen nicht so sehr um ihre wirkungsvoll phantastischen Stoffe, sondern bieten sensible bis eruptive Innenansichten ihrer Hauptfiguren, in deren gebrochener Spiegelung sich der rollengewandte Bussotti wiedererkennt. Kostümierung, Bühnenausstattung und Inszenierung sind ihm deshalb zum zweiten Aktionsfeld seiner Vielseitigkeit geworden – bei eigenen Stücken wie bei Opern von Rossini, Verdi und ganz besonders Puccini (was weniger mit der künstlerischen Leitung des ›Festival Pucciniano‹ in Torre del Lago zusammenhängt, als diese begründet).

Gelegentlich sein eigener Regisseur und künstlerischer Direktor der Oper in seiner Heimatstadt (seit 1976) ist ebenfalls Girolamo Arrigo (* 1930 Palermo); nur daß sein Theater-Engagement aus einer Lust an der sichtbar gemachten Polyphonie der Geschehnisse kommt, die seine Musik im Vorgriff entworfen hat. So geht es ihm bei seinem musikalischen Bühnenepos Addio Garibaldi (1971/72), bei dem die rund 20 Instrumentalisten unmittelbar in den szenischen Ablauf einbezogen sind, statt um Geschichtskult und Identifikation gerade um die heiter-distanzierte Bloßstellung des Freiheitshelden und den Abbau des falschen Mythos samt seiner faschistischen National-Patina. – Solche prismatische Aufschlüsselung mit entsprechender Dekuvrierungsfreude verlagert sich bei Aldo Clementi (* 1925 Catania), dem wohl bekannteren Sizilianer, vom Historischen ins Psychologische. Sein bisher einziges Bühnenstück, Es (Rondeau in einem Akt, 1980/81), unterteilt die drei weiblichen Rollen einer Sekretärin, einer Künstlerin, einer Hausfrau, die sich alle drei gleich einsam in vergeblicher Sehnsucht nach einem Mann verzehren, nochmals dreifach auf insgesamt neun Gesangspartien. Und mit diesem psychoanalytisch-musikalischen Instrumentarium für ungefilterten Vokalausdruck kann er die ganze Gefühlsskala zwischen Traum und Hysterie in ständiger entnervender (und auch parodistisch übertreibender) Wiederholung durchspielen. Der Schichten-Kontrapunkt aus gegeneinander verschobenen Modellen, der dabei entsteht, ist auch im übrigen ein Charakteristikum von Clementis variativen Strukturbildern: ein gleitendes Kontinuum von polyphonen Verwebungsmustern, oft leise, gelegentlich aus einer zitierten Grundzeile abgeleitet, das durch interne Farb- und Rhythmuswechsel dem Endzeit-Pessimismus (den Clementi betont) durchaus leuchtkräftige Zeichen von Vitalität, Spannung und Sinnenreiz aufzusetzen vermag.

Unter Verzicht auf derart gegensteuernde Tiefenstaffelung und überhaupt mit wenig dialektischer Verzahnung hält sich Niccolò Castiglioni (* 1932 Mailand) ganz an das lustvoll aufgezäumte Kunterbunt des Vordergrunds. Mal naiv unbekümmert, mal gewitzt ironisch, mal wie in Märchenbildern befangen, pflegt er seinen abenteuerfrohen musikalischen Pluralismus quer durch Stile, Methoden und Zeiten. Bildungssprenkel (mit kundiger Vorliebe fürs italienische 15. Jahrhundert) sowie Aktualitätsakzente (eher von der satirischen Anspielungsart) finden darin gleicherweise ihren Platz und erhalten ohnehin durch Castiglionis Hang zur Hellstimmigkeit, der alles aus seiner Realverankerung zu lösen scheint, etwas Marionettenhaftes, Wirklichkeitsfernes: ein collagiertes Panoptikum aus Figurinen. – Ähnliche Transmutationen, so als hätte man den klangfundierenden Haupttext weggeblendet oder an die Ränder, ins halb Irreale und Utopische, verdrängt, lassen sich auch an der Musik des jüngeren Sizilianers Salvatore Sciarrino (* 1947 Palermo) beobachten. Doch wird die Wahrnehmung, anders als bei Castiglioni, von dem, was an der Oberfläche hörbar ist, durch die absichtlich herbeigeführten Grenzsituationen des Brüchigen, übersteigert Virtuosen oder nur andeutend Schemenhaften ständig in die Regionen dahinter gelenkt, wo das Schweigen beginnt: ein musikalischer Okkultismus, der mit den Nachklängen von alten Formen und ehemaligen

Haltungen, mit verwehten Spuren von Tradition, eher deren Ferne bedeutungsvoll paraphrasiert als sich – in zugleich notwendiger Umkehrung – der Gegenwart zu stellen.

Fintenreicher, oft auch geschmäcklerischer Vergangenheitsbewältigung hatte sich schon Giuseppe Sinopoli (* 1946 Venedig) verschrieben, bevor er sich verstärkt und schließlich ganz dem Dirigieren zuwandte. Allerdings galten seine geistesgeschichtlichen wie musikalischen Beschwörungen dem 19. Jahrhundert, gerade wo es im Abstand zu jeder Klassik in komplexe Verwirrungen gerät und sich selbst dadurch am ähnlichsten wird. Der Zug zum Historismus, spielerisch, parasitär oder aufgeklärt reflektierend, muß in der italienischen Musik der siebziger Jahre übrigens so vorherrschend und allgemein gewesen sein, daß er sogar bis an die Südtiroler Peripherie ausstrahlte. Dort empfand jedenfalls Hubert Stuppner (* 1944 bei Bozen) »die Sehnsucht nach Ursprünglichkeit, nach spontaner Sinnlichkeit, nach jenen fernen Paradiesen der Schönheit«, zu denen der direkte Zugang verstellt ist. Und in abwägender Balance holte er einen Abglanz davon durchs Gitter des verwehrenden Strukturdenkens und verhalf ihm entfremdet, durchlöchert, fragmentiert zu einer zweiten Möglichkeit von Existenz. Freilich birgt dies die Gefahr, daß die bewußte Distanz zur kunstvollen Rekonstruktion allmählich verfällt und diese zum Pseudo-Original wird, also bei spannungslosem Neoklassizismus endet. Derlei Umgang mit Erborgtem, mit Stilmarken, auch mit Klischees erhält bei dem wendigen, instinktsicheren Lorenzo Ferrero (* 1951 Turin) eine dramaturgische Funktion, wenn er in seiner Oper Marilyn (1979/80) mit der Symbolfigur der Monroe eine ganze Zeitsituation um sie her (die amerikanischen fünfziger Jahre) auf die Bühne holt. Nur sind Hollywood, Puccini, Jazz und anderes zitierte musikalische Staffage, verhelfen eben deshalb einem neuen Typ von Zeitoper zu Schlagkraft und Erfolg; aber sie bleiben, gerade je mehr sich der Vorbehalt gegenüber der originalen Herkunft durch Multiplizierung verwischt, Zuträger zu nichts anderem als einer gebrauchsmusikalischen Spielart des sich machtvoll ausbreitenden Pluralismus. – Vielleicht können die beiden Manzoni-Schüler Gilberto Cappelli (* 1952 Predappia Alta) und Marco Tutino (* 1954 Mailand), trotz unterschiedlicher Ambitionen, oder auch der recht überlegt ansetzende Aldo Brizzi (* 1960

Alessandria) durch verbindlichere Korrektive dazu helfen, in Zukunft weitergehende Ausflüchte in die Schutzzone der Gefälligkeit zu vermeiden und statt dessen das Komponieren wieder näher an die Probleme und die Realitäten des Daseins heranzubringen.

Frankreich

Etwas vergröbernd ließe sich das gegenwärtige französische Musikgeschehen auf eine Formel bringen: Der oft beklagte, tatkräftig bekämpfte, aber wohl unausrottbare Zentralismus, der Paris auch kulturpolitisch unproportional begünstigt, hat sein musikalisches Pendant in der Person von Pierre Boulez, dem Komponisten, Dirigenten, Organisator, Essayisten, Berater, Institutsleiter, Polemiker und allseits respektierten Ideen-Promotor. Mag da manch einer auch noch so sehr gegen seine »überholten, engherzig dogmatischen und lähmenden ästhetischen Ansichten« wettern – wer sich kraft internationaler Reputation und bereitwillig konzediertem staatlichen Kredit in den Mittelpunkt zu rücken weiß, der ist aus der Vorzugsstellung nicht mehr so schnell zu vertreiben. Im übrigen hat das französische Musikleben auch schon vor Boulez an Verhärtungen gelitten; und es war schwierig, ja überhaupt nur dank des schnell wachsenden Renommees im Ausland möglich, die enorme Begabung dieses Musikers gegen eine krass reaktionäre Haltung in seiner Heimat auf den Stand solcher Anerkennung zu bringen. Dies bedeutete freilich, daß diejenigen, die seine Omnipotenz jetzt attackieren oder sich gegen ihren Konkurrenzdruck zu behaupten suchen, einst durch die Aufsässigkeit und die nichtachtende Konzeptionsstrenge in den Kompositionen von Boulez besonders fasziniert waren. Gerade darin spürten sie jenen vorwärtsweisenden Elan künstlerischer Insubordination, mit dem sich gerne paktieren und von dessen schlüssiger Methodik sich lernen ließ.

So wurde für Jean-Claude Eloy (* 1938 bei Rouen) und für Gilbert Amy (* 1936 Paris) die Begegnung mit Boulez in den späten fünfziger Jahren und danach das Studium bei ihm an der Basler Akademie zu einem auslösenden, bestimmenden Erlebnis für ihren eigenen Start und Werdegang. Der eine, Eloy, hatte sich zuvor schon aus Neigung, und weil das in Frankreich seit Debussy nichts Ungewöhnliches ist, mit außereuropäischer Musik beschäftigt, zumal derjenigen Indiens und Ägyptens. Und eben dies traf bei Boulez auf ähnliche Klang- und Formvorstellungen, die sich aus der indischen Musik herleiten. Also fühlte Eloy Nähe und Ermutigung für seine hellhörig sensiblen Präzisierungsversuche auf dem Feld einer koloristisch getönten postseriellen Ästhetik und durfte sich auch der dirigentischen Protektion durch seinen Lehrherrn erfreuen. Allerdings verkehrte sich diese Übereinstimmung im zeitlichen Umkreis der 68er-Bewegung, als Eloy durch eine Gastdozentur in Berkeley und kalifornische Buddhismus-Sympathien wieder verstärkt mit seinem eigenen außereuropäischen Ansatz konfrontiert wurde, in zunehmende Distanz und tiefe Abscheu vor jedem Struktur-Akademismus. Statt dessen verdichtete sich die Vorliebe für in sich ruhende Klangzirkulationen und flukturierende Farbenveränderung, für die sowohl das physikalische Bild von abgelenkten Strahlenbündeln als auch die Überzeugung vom ontologischen Allzusammenhang indisch-tantristischer Kulte das Bezugsmodell liefern können. – Der andere, Gilbert Amy, hat etwa gleich lang gebraucht, um sich aus dem Schatten von Boulez zu lösen, nur tat er's ohne Gegenwehr und keinesfalls abrupt. Vielmehr vollzog sich dies eher behutsam über eine Folge von Stücken – zahlreicher als bei Eloy –, die das Aufnehmen von Anregungen (übrigens in der Raumverteilung mehrerer Orchestergruppen auch solcher Stockhausens) allmählich aus der Parallelität ins Eigene umdeuten. Dessen Umriß ist zwar schon früh an der Art der Auswahl zu erkennen, und eine gut fundierte Satztechnik gibt auch genügend Sicherheit zum Adaptieren; aber das Individuelle in der Disposition von kantabler Linie und klanglichem Volumen, Einzelzug und polyphoner Überlagerung, gleitender Nuance und Kontrast schält sich eher passiv wie ein Begleitphänomen heraus. Ein Ferment in diesem Prozeß war gewiß auch Amys Dirigierpraxis – »ein geradezu aufregendes Mittel, mit den Partituren meiner Zeitgenossen in Kontakt zu treten«; freilich selbst dabei belastete anfangs, als Amy 1967 die Leitung des ›Domaine musical‹ übernahm (bis zu dessen Ende 1973), wieder das Vorbild Boulez. Immerhin war dies zugleich Chance und letzter Anstoß zu künstlerischer Selbstfindung und Entschiedenheit.

Im übrigen hatte Amy, anders als Eloy, einen doppelten Einfluß zu absorbieren. Denn er war zuvor bereits Schüler von Olivier Messiaen gewesen, der nicht nur wie ein Übervater der französischen Musik ganze Generationen von Komponisten (einschließlich Boulez) das pädagogische Nadelöhr seiner sagenumwobenen Analyseklasse hat passieren lassen, sondern sich selbst als unerschütterliche Instanz musikalischer wie religiöser Rechtgläubigkeit auch noch als 75jähriger mit seiner Oper Saint François d'Assise (1975/83) auf eindringlich imposante Weise zu behaupten wußte. Messiaens herausfordernde künstlerische Maßstäblichkeit hatte schon die Einzelgängernatur von Jean Barraqué (1928 Puteaux/Seine – 1973 Paris), nachdem er seine Klaviersonate (1950/52) bereits entgegen allen seriellen Komprimierungstendenzen zu einer dreiviertelstündigen musikalischen Landschaft auszubreiten gewußt hatte, in die noch ausgreifendere, schier gigantomanische Konzeption einer autonomen, höchst poetischen Gegenwelt getrieben: zu fragmentarischen Einzelansichten aus dem vielfach verzahnten Zusammenhang des großen Rückschau-Monologs eines Dichters in dem Zyklus La Mort de Virgile (nach dem Roman von Hermann Broch, ab 1957), der kompositionstechnisch auf einer sich fortzeugenden Sequenz von Reihen beruht, also eine Analogie von Inhalt und Verfahren anstrebt. – Und ähnlich war Jean-Pierre Guézec (1934 Dijon – 1971 Paris) vor Messiaens insistierendem Anspruch auf die subtile Konstruktivität sich selbst rechtfertigender, knapper Formgebilde ausgewichen, die schon im Titel ihre abstrakte Idee – frei von allem Außermusikalischen und nah der gegenstandslosen Malerei – offenlegen: Formen – Farben; verknüpfte Texturen; Assemblage; Architekturen koloriert; nebeneinandergestellte Farben; Suite für Mondrian. Und die Musik hält sich an diese sachbetonte Antipathetik, indem sie dem Material selbst zu Stimme und eigener Expressivität verhilft.

Selbstverständlich hat Messiaens analytische wie ästhetische Unbeugsamkeit nicht nur derart extreme Gegenreaktionen hervorgerufen, sondern vielen auch zu bewußterer Eigenaktivität auf den vorbereiteten Wegen einer dreipoligen Synthese aus Klang, Struktur und Programmatik verholfen. Zudem waren der erziehungsautoritäre ›Übervater‹ sowie der ›Zentralist‹ Boulez, deren direkte Genealogielinie ja auch diverse Zacken aufweist, nicht die beiden einzigen

Einfluß-Erzeuger in der neueren französischen Musik. Zumindest ein weiterer, dritter Ausstrahlungspunkt erhielt seit Kriegsende wachsende Geltung: das Forschungszentrum für Musique concrète beim Französischen Rundfunk in Paris, das Pierre Schaeffer (* 1910 Nancy) eingerichtet hat. Denn nach Schaeffers Konzept, das er mit viel deduktiver Beredsamkeit theoretisch zu untermauern suchte, bedeutete die fast zufällige Entdeckung und die technische Weiterverarbeitung des ›konkreten‹ Klang- und Geräuschmaterials (objets sonores), das außerhalb der üblichen, präformierten Welt der Töne existiert, eine völlige Umstülpung der herkömmlichen Kompositionsverfahren: statt abstrakter Planung, die erst über die Niederschrift zum aufgeführten klingenden Resultat führt, unmittelbarer Einsatz bei der Empirik am akustischen Phänomen. Und durch dessen Klassifizierung nach Kriterien der musikalischen Wahrnehmung (Komplexität, Registerlage, Verlauf) erhält der Komponist ein Reservoir an Elementen (objets musicaux), das er in ständigem Erfahrungskontakt mithilfe der Studiotechnik verändern, formen, strukturieren kann. Schaeffers früher Ansatz (ab 1948), der das, was heute jedem privaten Tonband-Experimentierer mit ein paar Geräten möglich ist, in einer kulturell ambitionierten Sphäre zwischen Technik und Literatur (aus der er kommt) institutionalisieren wollte, hat wegen seiner strikten Einseitigkeit ebenso viele Tore geöffnet wie fähige Musiker seines ›Groupe de Recherches Musicales‹ verprellt und zum Weitermachen in eigener Regie veranlaßt. Dennoch ist die mobilisierende Kraft dieses Unternehmens, selbst ohne Schaeffer und mit gemilderten Konflikten, ein höchst wirksamer Faktor geblieben.

Die Absetzbewegungen begannen bereits mit dem engsten Mitarbeiter, Schaeffers Ko-Autor bei den Initialstücken wie Symphonie pour un homme seul (1950) oder Orphée (1953); mit Pierre Henry (* 1927 Paris), der sich von der Notwendigkeit einer Synthese zwischen realen, geräuschhaften und rein synthetischen, elektronischen Klängen überzeugt hatte und sich wegen solcher Ketzerei 1958 sein eignes Studio (Apsome) gründete. Doch hat er als (fast) einziger sich dafür ausschließlich der elektro-akustisch gespeicherten und manipulierten Tonbandmusik verschrieben, ohne jede Live-Mitwirkung von Instrumenten oder Vokalstimmen, wie sie sonst allenthalben üblich geworden ist. Henry holt sich gewissermaßen die Welt in den abgegrenzten Bereich seiner Maschinen und entfaltet dabei an wechselnden Inhalten von moderner Malerei bis zum Messetext, von der Johannes-Apokalypse bis zu Artaud seine imaginative technische Phantasie, oft auch in Zusammenarbeit mit Ballett (Béjart), Film, Theater oder Light-Show. – Fortgesetzt wurde das Ausscheren in die Selbständigkeit durch Luc Ferrari (* 1929 Paris), der sich 1963, nach nur fünf Jahren Gruppenerfahrung, aus genau umgekehrten Gründen verabschiedete: weil ihm die beengende Systematik verhaßt war, die Beschränkung auf pure Tonbandbastelei steril vorkam und er überhaupt jenseits irgendeiner Autonomie-Doktrin nach Austausch mit dem Publikum, Konfrontation mit der Daseins-Realität, Multiplizierung der Darstellungsmittel (Film, Dias, Bewegung, Tanz) strebte, um kritisch, animierend, Energien freisetzend in die Verhältnisse eingreifen zu können. Ferrari will die Anschaulichkeit einer ›anekdotischen Musik‹, überläßt es aber häufig dem Hörer, sich seine eigenen Geschichten auszudenken. Er provoziert nur Beteiligung, ob durch vielsträhnig vexierbildhafte Massenaufgebote aus Natur- und Kunstklang, Sprache und Projektionen oder durch das bloße Einfangen von einem Stück akustischen Alltags (Presque rien, 1971), das – so absichtsvoll gerahmt – in die ruhige Wirklichkeit eines Tagesanbruchs am Meer zu lauschen lehrt.

Bei den übrigen Gruppenmitgliedern hat sich die Lockerung der Arbeitsprinzipien, wie sie Schaeffer anfangs für die Musique concrète formuliert hatte, quasi intern vollzogen: Ivo Malec (* 1925 Zagreb), den die neuartigen Perspektiven eines Komponierens mit real hörbaren komplexen Klangeinheiten Ende der fünfziger Jahre nach Paris gebracht hatten, übertrug die gewonnenen Erfahrungen analog auch auf zusätzliche Schichten aus Instrumental-, Vokal- oder Sprachklang, nicht um sie »Zwiesprache halten zu lassen, im Gegenteil: sie sollen aufeinanderstoßen, sich gegenseitig bedingen, ineinander verzahnen«; François-Bernard Mâche (* 1935 Clermont-Ferrand) hat den Radius der einbezogenen Klangkategorien noch weiter ausgedehnt bis zu extremen Kombinationen von Instrumenten und unmanipuliertem Naturgeräusch, dazu auch von außereuropäischen Musikformen, weil ihm nicht die Herkunft der Klänge und ihr Assoziationshintergrund wichtig sind, sondern allein die gegenseitigen

Beziehungen, das komponierte Relationsgefüge; solches strukturalistische Denken (Mâche hat auch klassische Literatur und griechische Archäologie studiert) verlagert sich bei Guy Reibel (* 1936 Straßburg) wieder ganz auf die evokative Direktwirkung der akustischen Phänomene; wie etwa Musiker mit Instrument oder Stimme auf Tonbandklänge reagieren, um in einer »anti-diskursiven Musik« spontane Ausdruckshaltungen zu wecken und »das Feuer zu entfachen, wo immer es geht«. Und schließlich werden von François Bayle (* 1932 Tamatave/Madagaskar), der 1968 die Studioleitung übernahm, wie in einem zweiten Anlauf unter gewandelten Voraussetzungen die bisher »von Vorsichtsmaßregeln, Doktrinen, Modellen und anderen üblen Gesellen verstopften Atemwege freigemacht«, die sinnlichen Wirkungen einer allseits emanzipierten Klangmaterie, einerlei welchen Ursprungs, als leitende Spur auf dem Weg zu einem »inneren Umsturz der Fähigkeiten des Fühlens und Verstehens« von »neuen Beziehungsfeldern, neuen Arten von Musik, einer ›Trans-Musik‹« benützt; eben dafür setzen Bayle und jüngere Mitarbeiter nun auch ganz selbstverständlich modernere Apparate und Verfahren ein – wie Spannungssteuerung, Synthesizer, Computertechnik, Live-Elektronik oder kombinierte Regelpulte für die multiphone Lautsprechervorführung im Konzertsaal. Nur der größere Anteil an Realklängen (statt synthetischen), auch als Basis für die Bearbeitung, verweist noch latent zurück auf die Anfänge der Musique concrète.

Immerhin wäre ohne deren Pioniertaten ja kaum denkbar, daß sich das Interesse an der elektro-akustischen Musik samt Studiogründungen und Vorführaktivitäten gerade in Frankreich so erstaunlich dezentralistisch ausgebreitet hätte. Ab Beginn der siebziger Jahre folgten ziemlich dicht aufeinander Initiativen in Bourges, in Marseille, in Bordeaux und in Metz. Dort, in Metz, zugleich gekoppelt mit dem Start eines alljährlichen Festivals ganz eigener Art (Rencontres Internationales de Musique Contemporaine), das einerseits die abgebrochene Tradition der beiden fruchtbar rivalisierenden Musikfest-Städte am Atlantik, Royan und La Rochelle, fortführt, andererseits seiner nun genuinen Internationalität, durch die Grenzlage, noch mit Geschick Animation für junge oder abseits stehende Hörer hinzufügt. Hier hat der Promotor, Claude Lefebvre

(* 1931 Ardres bei Calais) aus eigner Komponisten-Erfahrung eingesehen, daß es nicht genügt, den Tönen durch die kluge Balance zwischen Wagnis und Kontrolle zu lebendiger Sprachkraft zu verhelfen; daß man ihnen auch darüber hinaus die Wege, sich tatsächlich mitzuteilen, bahnen muß. – Andere Komponisten verfolgen mit anderen Mitteln ähnliche Ziele. So Paul Méfano (* 1937 Basra/Irak) in der nicht mehr fern abgeschiedenen, sondern ganz nahen Provinz der südöstlichen Pariser Umgebung, in Champigny, mit seinem ›Collectif Musical 2e 2m‹. Der verschlüsselte Name des Ensembles (für: études expression des modes musicaux) enthält bereits ein Programm: das Erkunden neuer Ausdrucksmöglichkeiten, konzentriert auf Musik, was abgeleitete Probleme (Raumwirkung, Darstellungsweise, Publikumsinformation) und Partnerschaften mit Schwesterkünsten durchaus einschließt. Doch Méfano selbst geht es – mit ungleichem Erfolg – vor allem um Intensivierung (Vierteltöne) wie Expansion (Grenzregister) des Klang- und Farbenspektrums, zuliebe der Verdeutlichung seiner primär musikalischen Vorstellungsbilder. – Und so hat sich unweit, im östlichen Vorort Vincennes (an der Université Paris VIII), Giuseppe G. Englert (* 1927 Fiesole/Italien), ein Schweizer, der seit 1949 in Paris lebt, durch eine Studiengruppe für Kunst und Informatik die Chance eröffnet, seinen Ideen von der Wechselbeziehung zwischen abstrakter Prozeßlogik und musikalischem Sinn auf neue Weise nachzugehen: mit einem Mini-Computer und Digital-Synthesizern, die sich auch im Konzertsaal verwenden lassen und den Hörer somit ins reaktive Spiel von Automatik und freier Entscheidung einbeziehen.

Allerdings scheint sich die jüngere französische Komponistengeneration weniger für das Klarlegen verfolgbarer Strukturen zu interessieren als für das Formen und ständige interne Modulieren von dichtmaschigen Klangblöcken. Und falls Computer oder elektronische Geräte eine Rolle spielen, dann weit eher als Vorbild für langgedehnte, minuziöse Veränderungen in Farbe und Konstellation, die dabei vollständig oder doch zu wesentlichen Teilen ins Instrumentale übertragen werden. Es treffen somit drei unterschiedliche Entwicklungszüge zusammen, die vorher keine unmittelbare Verbindung miteinander hatten: das sinnlich-auditive Erfassen eines Klangobjekts (Schaeffer), die neue Erfahrung des Eindringens in

Gérard Grisey: Partiels für 18 Musiker (Ausschnitt)

sein innerstes Gewebe durch Spektralanalyse wie einer dementsprechenden mikroteiligen Synthese durch kompliziertes technisches Gerät (Boulez/IRCAM) und der Hang zu programmatischen Vorstellungsinhalten, zu Anschaulichkeit und musikalischer Anekdotik (Luc Ferrari). In diesem letzten Punkt, der ja auch in Messiaens klingender Theologie eine sehr spezifische und in französischer Melodramatik eine weit zurückreichende allgemeinere Vorläuferschaft hat, gibt es freilich bei den beiden Komponisten, die diesen Typus des dreifachen Zusammenstimmens besonders ausgebildet haben, eine abweichende Nuancierung: Gérard Grisey (* 1946 Belfort) hält sich eher an sachliche Denomination der in Gang gesetzten Klangverschiebungen, während Tristan Murail (* 1947 Le Havre) ihnen gerne noch einen außermusikalischen Bezugspunkt als Metapher hinzufügt. Doch ist es letztlich unerheblich, ob man von Perioden und Mutationen oder von Sand, Äther und dem versunkenen mythischen Kontinent Gondwana spricht. Die langsamen Transformationen fein abgestufter Sonoritätsfelder oder sich überlagernder Klangbänder bleiben dieselben. – Nur Horatiu Radulescu (* 1942 Bukarest), der sich 1970 Paris zum Domizil wählte, versteht es, seine nicht unähnlichen, wenn auch statischeren, quaderhaften Klangmixturen mit einem Überbau an poetisierender Theorie oder technischer Mystifikation zu versehen. Angesichts dessen wird dann begreiflich, daß einer der Jüngsten unter den französischen Komponisten, Pascal Dusapin (* 1955 Nancy), der trotz des prinzipiellen Festhaltens an irisierend strukturierter Klang-Monochromie in Varèse und Xenakis seine Vorbilder sieht, seiner Musik wünscht, sie solle »eine Art Schock auslösen, ein kraftvolles Echo« und nicht zu ästhetenhafter »Passivität« verleiten; sie solle »notwendig sein und eine vitale Funktion haben genau wie das Atmen«.

England

Gewiß ist die alte Rede von dem Insel-Bewußtsein, das die Engländer stets ein bißchen mehr von den Kontinental-Europäern unterscheidet als diese untereinander, mittlerweile immer weniger zutreffend. Wie im allgemeinen Annäherung, Austauschbereitschaft und dementsprechend die wechselseitigen Einflüsse ständig zugenommen haben, so haben auch die englischen Komponisten ihre halb zudiktierte, halb selbst geschaffene Sonderrolle längst aufgegeben. Die meisten von ihnen waren während einer zweiten Phase ihrer Studienzeit bereits irgendwo in Europa oder in den USA. Und gerade die Manchester Group (mit Goehr, Maxwell Davies und Birtwistle), von der in den fünfziger und sechziger Jahren die entscheidenden Erneuerungsimpulse ausgingen, zeichnete sich speziell durch ihre wache Aufmerksamkeit für die aktuellen Entwicklungen auf dem Festland und die jüngsten Konsequenzen der Schönberg-Webern-Schule aus. Aber dennoch bleibt unter den mancherlei Erstaunlichkeiten des britischen Wesens mit seinem ungeschlichteten Nebeneinander von Offenheit und Distanz, freundlicher Unbeschwertheit und Reserve, Sinn fürs Praktische und versponnenem Eigenbrötlertum oder Vernunft und weltferner Träumerei eine, die sich auf die psychische Einstellung beim Komponieren bezieht: Obwohl nämlich in dem äußerst regsamen, unternehmungsreichen englischen Musikleben mit seinem hohen Leistungsniveau die Interessen fürs Museale und fürs Moderne gar nicht so weit wie anderswo auseinanderklaffen und die Komponisten also mit einer gewissen Anteilnahme oder sogar Wohlgelittenheit rechnen dürfen, bemühen sie sich doch fast durchweg um eine stützende und gleichsam beweiskräftige moralische Absicherung. Und dies, wie sich anhand paralleler Befunde feststellen läßt, in zweierlei Hinsicht. Zum einen kümmern sich die englischen Komponisten in einem sonst ungewohnten Maß um den Kontakt zu ihrem Publikum, achten auf Verständigungsbrücken, bauen, sofern es geht, wirkungsfördernde Mittel ein oder denken an Aufführungsmöglichkeiten auch für Laien und schreiben vor allem – diese Tendenz erweiternd – Stücke für Schüler und Kinder mit gedrosseltem Anspruch und propädeutischen Absichten. Zum anderen suchen sie Rückendeckung bei der Tradition, und dies heißt – unter den besonderen nationalen Gegebenheiten – bei der Musik des 14. bis 17. Jahrhunderts; beinahe so, als mißtraue man nach den rund zweihundert Jahren schöpferischen Winterschlafs (unter völliger Aussparung von Klassik und Romantik) immer noch der Tragfähigkeit der neu gewonnenen Basis, auf der man sich selbst bewegt, und bemühe sich, sie – anknüpfend, Bezug nehmend – besser zu untermauern.

Sehr typisch für solches wohl instinktive, unabweisbare Verlangen nach zweiseitiger Rückbindung ist das Komponieren von Peter Maxwell Davies (* 1934 Manchester). Als er nach dem Studium für drei Jahre in den Schuldienst ging, faßte er dies nicht etwa als leidige Pflichtübung auf, sondern als Gelegenheit zur Selbstprüfung, was sich denn an avancierten musikalischen Sprachformen vermitteln und wieviel davon auch mit Gymnasiasten realisieren lasse. Aus solchem Testen des Eigenen am Maßstab unverbildeter Musikalität ergaben sich für Davies zwei grundlegende Arbeitsprinzipien, die er auch weiterhin beibehielt: die Verankerung seiner Denk- und Strukturbilder in Begriffen der Renaissance-Musik, die vorher schon serielle Post-Webern-Verfahren und englische Traditionen aus der Tudor-Zeit auf einen kaum vermuteten gemeinsamen Nenner gebracht hatten – und die nun genauso in der Schule als frühe historische Projektionsebene für eine Vereinfachung ohne Simplifikation die schlüssigste Orientierungshilfe abgaben; sodann, als zweites, der lebendige Kontakt, der quasi kontrollierende Austausch mit der Aufführungspraxis, mit reaktionsfähigen Interpreten und schließlich mit dem Publikum. So gründete er (zusammen mit Birtwistle) 1967 die ›Pierrot Players‹, die er auch dirigierte, und überführte sie drei Jahre später (nun ohne den einstigen Studienfreund) in ›The Fires of London‹, ein flexibles Solistenensemble aus Sängern und Instrumentalisten für Konzertaufführungen (nicht nur eigener Werke) und vor allem für die Darbietung eines Typs halbszenischer Kammeropern, dem seither die besondere Liebe von Davies gilt. Denn hier hat er Spielraum für Ironie und Ekstasen, Skurrilität und Glaubensschlichtheit, Stilmasken und bunte Fabulierlust; doch alles bleibt gleichwohl übersichtlich und menschennah. Der Parabelsinn, der zwischen Komik und Nachtgesichten des mittlerweile runden Dutzends solcher Stücke hervorlugt, kann ohne jedes Moralisieren verstanden werden. Und sollen Anspruch samt formaler Gewichtigkeit wachsen, hält Davies sich statt an die Oper – bisher nur eine, Taverner (1962/70, UA 1972) – lieber an größere Orchesterwerke mit Vokalstimmen oder, wie seit 1976 dreifach, an die Symphonie – in einer anglifizierten Mahler-Sibelius-Nachfolge, zugleich nüchterner, konkreter und im Klanglichen doch emphatischer, bindungsloser.

Der eigentliche Anreger und Unruhestifter unter den drei Komponisten der Manchester Group, Alexander Goehr (* 1932 Berlin), hatte derartige Neigungen zur Emotionalisierung schon früh ins gemeinsame ästhetische Programm eingebracht; allerdings noch eher in jenen Formen gestischer Überhitzung, wie sie ihm als expressionistisches Erbe (durch seinen Vater, den Schönberg-Schüler Walter Goehr) vertraut waren. Dies führte im Kontext des strukturellen Klärungsprozesses, den die Dreiergruppe unter seriellen wie altenglischen Auspizien betrieb, bei Goehr zur dynamischen Oberflächenfiguration und Stimmenverschränkung seiner Satzbilder. Im Wechselspiel zwischen Ideenreichtum und Methodenstrenge luden sie sich mit kräuselnder Nervosität auf. Und da die Praxisbindung, die zu solcher Komplizierung der Ausdrucksimpulse ein Korrektiv hätte schaffen können, sich bei Goehr auf Programmdisposition für den Rundfunk und sein waches Engagement als Kompositionslehrer beschränkte, bedurfte es einer längeren Reihe interner Umschichtungen und Selbstredaktionen, bis sich – ganz deutlich erst im Verlauf der siebziger Jahre – aus einem weiten Umkreis der intelligenten Kombinatorik das Eigene folgerichtig und mit gewachsener Unbefangenheit herausschälte. Goehrs Musik entbindet jetzt aus sich selbst ihre Dialektik und ist auch freimütiger geworden, vertrautere tonale Inseln in das Gefüge ihrer variativen Aspektvielfalt einzubegreifen – ablesbar etwa an dem Unterschied zwischen den beiden Opern, von den Verklausulierungen in Arden muß sterben (1966/67; für Hamburg) zu der zentrierenden neuartigen ›Generalbaß-Technik‹ in Behold the Sun (Die Wiedertäufer; UA 1985 in Duisburg). Hier wie in der Orchester-, Vokal- oder Kammermusik hat sich der Zwang zu verstrebter Geschlossenheit ins vielfarbig Offene, Selbstverständliche, manchmal nur Angedeutete gelockert.

Geblieben ist nur die konzeptionelle Rangfolge, daß »der Ausdruck – ohne mir unwichtig zu sein – sich als ein Nebenprodukt der intellektuellen Bemühung einstellt: Man sollte bewußt an technische Dinge denken – der expressive Inhalt sorgt für sich selbst.« So ähnlich hatte auch schon Maxwell Davies gemeint, »die einzige Rettung für einen Komponisten im stilistischen Chaos unserer Tage liegt in der Unterwerfung unter rigoroseste technische Disziplinen;

Harrison Birtwistle: Nenia, The death of Orpheus für Sopran, 3 Baßklarinetten, Klavier und Crotales

kommt dann noch irgend etwas Persönliches an die Oberfläche, so kann er zumindest gewiß sein, daß es Eigenes ist.« Und sicher würde auch Harrison Birtwistle (*1934 Accrington/Lancashire), der schweigsame Einzelgänger aus dem kargen englischen Norden, einer derartigen Maxime vom Primat der Kompositionstechnik zustimmen; selbst wenn seine blockartig gefügten Formbilder einer höchst individuellen Vorstellung von Musik als einem ritualisierten Ablauf in der Zeit zu entspringen scheinen. Daß da – neben Strawinsky und Varèse – Modelle des 16. Jahrhunderts eine Rolle spielen, ist klar. Im übrigen hat Birtwistle auch drei Jahre an einer Schule gewirkt, hat genau wie Davies und Goehr Educational Music geschrieben. Und was die Praxis-Erfahrungen angeht, so ergaben sie sich bei ihm als ausgebildetem Klarinettisten ganz von selbst. Doch je mehr das Komponieren die Oberhand gewann, desto weiter hat er sich – ähnlich Davies, der seit 1970 sein Arbeitsdomizil auf den Orkney-Inseln hat – aus allem Getriebe in Gegenden zurückgezogen, wo man »die Wolle der Schafe wachsen hört«. Und wie in dem meist langsam dahingleitenden Orchesterwerk The Triumph of Time (1972; nach einer Totentanz-Allegorie von Pieter Breughel) die Betrachtung einer ruhig sich fortbewegenden Prozession und das eigene Miterleben von voranschreitender Zeit ineinanderfließen, so vertauschen sich bei Birtwistle immer wieder über die Spiegelverhältnisse formaler Symmetrien Objekt und Subjekt, Nachher und Vorher, Fluktuation und Statik. Sogar bei Bühnenwerken, sei es bei der slapstickhaft gemixten Moritat von Punch and Judy (1966/68), sei's bei der ingeniösen Mosaik-Aufteilung des alten Sängermythos in The Mask of Orpheus (1974/86), herrscht das Bauprinzip einer die Perspektive verwirrenden ›Simultaneität der Kontraste‹. Und alles kreist doch wie um einen ruhenden Magnetpol, steht in fernerer oder näherer Beziehung zu einer ungerührt festgehaltenen musikalischen Mitte.

Entgegen diesen relativ langsamen und sich unterschiedlich profilierenden Reifungsprozessen bei den drei Manchester-Komponisten standen Begabung und zielsichere Wendigkeit bei dem nur wenig jüngeren Richard Rodney Bennett (*1936 Broadstairs/Kent) von vornherein fest. Ihm verhalfen die Leichtigkeit der Erfindung und die Brillanz im Verfügen über ein Handwerk, dem er durch ein Studium bei Boulez auch noch avantgardistische Aspekte erschlossen hatte, zu Erfolg und einem musikalischen Kosmopolitismus, der von Opern mit neoveristischen Kolportage-Effekten oder im amüsant parlierenden Komödienton über Symphonik, Konzerte, Lied- und Kammermusik bis zu Jazz und Filmpartituren reicht. Konsequent hielt sich Bennett an seinen Vorsatz: »Ich möchte, daß meine Musik zugänglicher wird. Da liegt das eigentliche Problem.« – Und offenbar bestand es wirklich für englische Komponisten seiner Generation mit einiger, sonst nicht gewohnter Unausweichlichkeit. Nur geboten andere nicht über soviel Wandlungsfähigkeit, es gleichsam zu überspielen. Nicholas Maw (* 1935 Grantham / Lincolnshire) verfiel etwa trotz gewitzterer Ansätze in die Konventionalität. Und Bernard Rands (* 1935 Sheffield) konnte seiner Offenheit fürs Experiment, die ihm internationale Beachtung eintrug, nur den nötigen Rückhalt verschaffen, indem er sich an die bereits approbierten Modelle Berios hielt und Folgen mit sich erweiternder Besetzung (Wildtracks) oder von instrumentenspezifischen Solostücken (Memos) komponierte.

Aus ganz anderen, nämlich Gründen der direkten politischen Einflußnahme ließ sich Cornelius Cardew (1936 Winchcombe / Gloucestershire – 1981 London) in den letzten Jahren, ehe er im Schneetreiben einer Dezembernacht überfahren wurde, von seinen kühneren, aber niemals selbstzweckhaften Erkundungen auf dem Feld der grafischen Notation, der Gruppenimprovisation und extremer Klangmöglichkeiten abbringen. Er glaubte einfach, für die Propagierung seiner humanistischen Ideen, deren Verwirklichung durch kreative Selbsterfahrung er vordem schon anderen in geduldiger Hartnäkkigkeit beizubringen versucht hatte (The Great Learning nach Konfuzius; Schooltime Compositions), könne es vorteilhaft sein, sich statt des Ungewohnten auch der Masken des Vertrauten zu bedienen. Und für das, was er mit Überzeugung tat, von jeweils anderer Seite Ächtungen hinnehmen zu müssen, war er ohnehin gewohnt. – Wie Cardew, der einstige Stockhausen-Assistent und Cage-Adept, sich zeitweilig der Mitteilsamkeit romantischer Idiomatik überließ, so wandte sich David Bedford (* 1937 London), der einstige Nono-Schüler und Zögling des Mailänder Elektronik-Studios, der Pop-Musik zu, um der Avantgarde-Isolation zu entgehen und Inzüchtigkeit zu überwinden. Ob sich freilich, außer gewachsener Publikumsresonanz (die Bedford gelegentlich noch durch Mitspielbeteiligung anreizte), der Austausch zwischen eigener Klangvorstellung und der instrumentalen Phantasie von Rock- und Pop-Musikern als fruchtbar erweist, ist eine Frage so schwankend zwischen falscher Verbrüderung und disziplinierender Durchsetzungsstrenge wie die eingegangene Partnerschaft selbst, obendrein von vielerlei Mißverständnissen bis zur Unkenntlichkeit umstellt.

Die Nächstjüngeren konnten sich im Gefolge derart kontroverser Tendenzen auf der mittlerweile erstrittenen Plattform – zumindest für Diskussionen – ungefährdeter und freier bewegen. So nützten die beiden Goehr-Schüler Edward Cowie (* 1943 Birmingham) und Robin Holloway (* 1943 Leamington Spa bei Coventry) die entspannte Atmosphäre, um sich symphonisch dichtend in die geistige Welt des 19. Jahrhunderts zu versetzen und deren unerschöpflichen Reichtum an Poesie und Traumvisionen zu aktualisieren: Cowie, der auch malt, in großorchestralen, reflexionsoffenen Bildern; Holloway, angezogen von Schumanns romantischer Hellsichtigkeit, in eindringlichen Neuformulierungen jener Wechsel und Überblendungen von Tag und Nacht, Weg und Ziel, Gestalt und Symbol. – Und erst John Tavener (* 1944 London) hat sich im Zuge solcher ideellen Rückbesinnung, nun auch durch religiösen Mystizismus beeinflußt und gefärbt, zu weitflächig kontemplativen Klangbeschwörungen hinreißen lassen, deren sanfter Verführungssog (wie in dem Jonas-Oratorium The Wale) als ein Medium gläubiger Versenkung verstanden werden muß, als musikalisches Umkreisen geistlicher Inhalte. – Dem diametral entgegen steht der engmaschig gliedernde Konstruktionsfleiß von Brian Ferneyhough (* 1943 Coventry). Er gilt dem Versuch, durch Rationalität im Erfassen von Materialcharakteren und im Ableiten kompositioneller Verfahren komplexe Schichtenarchitekturen aufzubauen, deren ziselierte Mannigfaltigkeit, weil aus gemeinsamem Ursprung hervorgegangen, zum äußeren Ausdruck der inhärenten musikalischen Bewegungsenergien wird. Die oft gezackten, irregulären, sich überlagernden und auch widersprechenden Lineaturen von Ferneyhoughs Musik spiegeln also keinen Zustand, sondern sich verzweigende dynamische Prozesse, die er mit wacher Sensibilität verfolgt und denen er unter Einsatz seiner ganzen reflektorischen Intelligenz ihre Entscheidungsfreiheit zu erhalten trachtet.

Anstrengungsloser und weniger hermetisch werkbedacht als Ferneyhough, dessen Lebensweg vom Basler Studium bei Klaus Huber bis zur Lehrtätigkeit in Freiburg und jetzt Den Haag wohl nicht zufällig stark kontinental geprägt erscheint, kümmern sich die gleichaltrigen oder jüngeren Komponisten zuhause eher um unmittelbare Wirkungselemente in der Korrespondenz mit den Hörern. Ob sie nun, wie Roger Smalley (* 1943 Swinton bei Manchester) und Tim Souster (* 1943 Bletchley/Buckinghamshire), beide mit einschlägigen Stockhausen-Erfahrungen versehen, in den technisch-interpretativen Möglichkeiten ihres gemeinsamen Ensembles ›Intermodulation‹ eine Chance erkennen, durch Verbindung von Instrumentalspiel, Studio- und Live-Elektronik auch ein näheres, aktiv einbeziehendes Verhältnis zwischen Klangvorgang und Publikum herzustellen; oder ob sie, wie Michael Finnissy (* 1946 London), durch eine Musik, »die ehrlich, klar und wahrhaftig vom Menschen« spricht und sich vorbehaltlos der Folklore jeder Provenienz, den Kompositionsstilen aller Zeiten sowie den »Klängen der täglichen Umgebung« öffnet, einen Weg zu direkter, unverkrampfter Begegnung suchen. Oder auch wie Nigel Osborne (* 1948 Manchester) – aufgrund einer sehr ähnlichen Horizontweite des Blicks – an die elementare Kraft zur Verständigung und »die Existenz einer Musikalität« glauben, »die der ganzen Menschheit gemeinsam ist«. Übrigens hat Osborne im Sinne solcher anti-abstrakten Solidarisierung über Grenzen hinweg in Polen studiert und am Warschauer Experimentalstudio gearbeitet; und gleich ihm tat's ein Jahr später John Casken (* 1949 Barnsley/Yorkshire), um dadurch seinem Sinn für Farbvaleurs und formale Dramaturgie der Teile mehr Freiraum und plastische Anschaulichkeit der Entwicklung zu erschließen. Und letztlich geht es auch weiterhin um das Auffinden unmittelbarer Ausdrucks- und Wirkungselemente in der Korrespondenz mit den Hörern, selbst wenn Ansatz und Erscheinungsbild deutlich voneinander abweichen: bei dem frühbegabten Oliver Knussen (* 1952 Glasgow), der schon mit 15 seine 1. Symphonie in London dirigierte, eher zupackend, vegetativ wuchernd, extrovertiert; bei James Wood

(* 1953 Barton-on-Sea bei Bournemouth), der zugleich ein fabelhafter Schlagzeuger ist, voller Farben, Kontraste und einer fesselnden Innenspannung.

Skandinavien

Zwei Ereignisse bewirkten gegen Ende der sechziger Jahre eine Umgruppierung innerhalb der Musik Schwedens, die sich seit dem Festival der Internationalen Gesellschaft für Neue Musik (IGNM) 1956 in Stockholm rasch eigenen Stand und europäisches Ansehen erworben hatte. Der dadurch eingeleitete Umschichtungsprozeß blieb wegen der engen künstlerischen wie organisatorischen Verkettung der fünf nordischen Staaten auch nicht ohne Folgen für den gesamten skandinavischen Raum. Denn die erst nachträglich bemerkte Ausstrahlungskraft der beiden Ereignisse lag noch mehr als an ihrer äußeren Koinzidenz an ihrem inneren Zusammenhang: Die Einrichtung eines hochmodernen Studios für elektronische Musik in Stockholm (1967/68) – mit computergesteuertem Hybrid-System und audiovisuellen Kombinationsmöglichkeiten – bedeutete für die schwedischen Komponisten nicht allein, daß sie jetzt zusätzlich über eine Produktionsstätte für alle Arten von Tonbandmusik und für multimediale Projekte verfügten, sondern weitaus gewichtiger und essentieller, daß damit der erste Schritt in eine notwendige Zukunft der Klangkomposition getan sei, auf die schon die bisherige Entwicklung unverkennbar hingezielt hatte. Doch der große Promotor, dessen Weitblick und energischer Initiative das Studio wie überhaupt die meisten Strukturveränderungen zugunsten der neuen schwedischen Musik zu danken waren, Karl-Birger Blomdahl (1916 Växjö – 1968 Kungsängen bei Stockholm), konnte gerade noch die Realisierung seiner Zukunftsidee von Generatorklängen erleben. Sein Tod setzte eine Zäsur, als sei eine Phase, der er durch die Vehemenz und die herausfordernde Originalität seines künstlerischen Temperaments das Gepräge gegeben hatte, nun plötzlich zu Ende gegangen. Dabei waren synthetische oder montierte Tonbandklänge, wie er sie quasi vor der Zeit bereits in seiner Weltraum-Oper Aniara (1958/59) und nochmals selbständig in der ersten (Fernseh-)

Komposition aus dem entstehenden Studio, Altisonans (1966), eingesetzt hatte, für Blomdahl lediglich ein schmaler Teilausschnitt aus dem breiten Panorama seiner ständigen, musikalisch-technischen Erkundungsgänge. Er wollte sich dem Unbekannten aussetzen, Neues entdecken, Zusammenhänge herausfinden, nicht wahllos, sondern mit dem vitalen Dennoch-Optimismus eines reflektierenden Skeptikers.

Ohne Blomdahls mobilisierenden Impetus, der einst schon die diskutierende und analysierende ›Montagsgruppe‹ (ab 1944) – benannt nach den wöchentlichen Zusammenkünften bei ihm (mit Sven-Erik Bäck, Sven-Eric Johanson, Ingvar Lidholm u. a.) – zu ungeschützter Auseinandersetzung mit allen aktuellen Strömungen angetrieben hatte, befand sich die schwedische Musik auf einmal in einer Krise der inneren Konsolidierung. Das ausgebaute Studio legte da, fast wie eine Erbschaft, die Beschäftigung mit innerklanglichen Modulationsvorgängen nahe; und dem entsprachen auch die vorherrschenden Neigungen, der allgemeine post-serielle Trend sowie das wachsende Interesse an Ausschaltung von instrumentalen oder vokalen Zufälligkeiten, die das kontinuierliche Feinabstimmen der Farb-, Dynamik- und Mischungsgrade stören könnten. Die vorab kammermusikalisch transparenten Klangbilder von Sven-Erik Bäck (* 1919 Stockholm) erfuhren nun eine nuancierte Umsetzung ins Elektronische und erwarben sich die nötige Geschmeidigkeit für filmische und andere Begleitfunktionen; zum Teil benutzten sie auch aufgenommene Texte als phonetisches Ausgangsmaterial. Für Ingvar Lidholm (* 1921 Jönköping), der nach dem einleuchtenden schwedischen System des Kompositionslehrers auf Zeit 1965 die Akademie-Position von Blomdahl für zehn Jahre übernommen hatte, bedurfte es dagegen keiner Angleichung an elektronische Klangformungsprinzipien, weil seine klare Aufteilung des Geschehens in wechselnde Blockstrukturen voll interner Bewegung, die kontrastieren oder ineinander übergehen, bereits im Orchestralen wie im Chorischen einen Rasteraufbau sozusagen nach Schaltplan gezeigt hatte. Es handelte sich also um eine quasi vorweggenommene Identität des Verfahrens ohne irgendwelche noch weiterreichenden technischen Zugewinnchancen.

Ganz anders verhielt es sich bei dem Konzept einer ›non-figurativen Musik‹, wie sie Jan W. Morthenson (* 1940 Örnsköldsvik) – als Radikalisierung der Tendenz zu Stationärklängen etwa in Ligetis Atmosphères – in mehreren Orchesterstücken (der Werkreihen Coloratura und Antiphonia, 1961–65) kompositorisch inauguriert hatte und danach (1966) auch theoretisch begründete: »... heute ist es notwendig, mit der uralten und beinahe rituellen Figurationstradition zu brechen, die sich durch ihr immanentes Selbstmordgesetz zu einem so mechanischen wie unschönen Herumspringen auf Tastenreihen und Griffbrettern entwickelt hat.« Für Morthenson ergibt sich aus der Krise der Harmonik, die Schönberg eingeleitet hat, als einzig mögliche Konsequenz die Abschaffung aller melodischen Oberflächenreize und jeder erkennbaren Bewegung, »da musikalisch räumliche Bewegung ja immer harmonisch konstituiert ist«. Übrig bleiben vielstimmig komplexe Klanggewebe ohne jedes markantere rhythmische, dynamische oder melodische Profil. Sie gleiten in »koloristischer Kontinuität« mit ständigen Farben-, Dichte- und Tonraumveränderungen dahin, als a-psychologische Sonoritätsobjekte, und halten sich dadurch für elektronische Herstellung, Computerprogrammierung sowie jede multimediale Kombination mit Licht, Film, Farbenspiel oder Theater offen. – Einer der experimentierfreudigsten schwedischen Komponisten, Bengt Hambraeus (* 1928 Stockholm), dem wegen der sensiblen Klugheit seiner Folgerungen aus latenten Umbruchssituationen (wie in der Orgelmusik, dem Raumeinbezug, der Mehr-Stück-Synchronisierung oder dem Zitatwesen) manche Impulse für die Nach-Blomdahl-Ära zuzutrauen gewesen wären, hat sich merkwürdigerweise 1972 – vielleicht gerade aus Einsicht in die Lage – auf eine exterritoriale Lehrstelle nach Kanada zurückgezogen. – Und zuhause ließen von den Blomdahl-Schülern Arne Mellnäs (* 1933 Stockholm) im musikalischen Happening-Übermut auch schon mal die Luftballone steigen oder Lars Johan Werle (* 1926 Gävle) mit dem locker-unprätentiösen Geschick des ehemaligen Jazz-Pianisten eine bunte theatralische Mischung aus Szeneneffekt und Sentiment, Ironie und psychologischer Doppelbödigkeit zu ansprechenden Pasticcio-Opern zusammenfinden.

Als eigentliche Spezialität, die sich aus einer engen Beziehung der schwedischen Musiker zur modernen Literatur ihres wie anderer

Länder und den bereitgestellten Arbeitsmöglichkeiten des Stockholmer Elektronik-Studios summierte, müssen jedoch die recht ungewöhnlichen Aktivitäten auf dem Gebiet der ›Text-Klang-Komposition‹ angesehen werden. Zwischen Lautgedicht und Melodram, mittels elektronisch verändertem Wortklang, denaturierender Montage und plötzlich aufscheinendem Sinngehalt wird da Gesprochenes als ein vielfältig strukturierbares Material eingesetzt. Und während Sten Hanson (* 1936 Klövsjö) oder der engagierte Propagator dieser sound-poetry-Bewegung Bengt Emil Johnson (* 1936 Saxdalen), die beide ursprünglich schriftstellerisch tätig waren, die Ergebnisse noch näher an den auslösenden Textelementen halten, gelingt Lars-Gunnar Bodin (* 1935 Stockholm) eine Umsetzung ins Musikalische, die seinen nicht sprachgenerierten Tonband-Kompositionen – er konzentriert sich fast ausschließlich auf dieses technische Medium – in nichts nachsteht. Bei den beiden ebenso aufs Studio eingeschworenen Komponisten Ralph Lundsten (* 1936 Ersnäs), der sich gleich ein eigenes installiert hat, und Leo Nilsen (* 1939 Malmö) kommt Sprachliches oder Vokales, wenn überhaupt, nur als ein konkretes Material unter sehr vielen und sehr verschiedenen anderen vor. Wichtiger für beide, die eine Zeitlang zusammengear-

Sven-David Sandström: Konzert für Violine und Streichorchester (Anfang)

beitet haben, sind programmusikalische Vorstellungen: Zukunftsvisionen, Naturbilder, Landschaftsbeschreibungen sowie die inhaltliche Bindung an Film, Ballett, Fernsehen oder Kunstausstellungen.

In gewisser Weise lebt da ein Stück der längst vergangenen schwedischen Naturromantik wieder auf, freilich modifiziert und höchst zweckmäßig gleich auf technische Speichereinheiten übertragen, die jederzeit eine Reproduktion und die Verteilung selbst auf weite Distanzen erlauben. So mögen die besonderen Voraussetzungen des Landes (lange Verbindungswege bei dünner Besiedlung) auch die an sich verwunderliche Vorliebe fürs Tonband-Komponieren erklären: Radio, Fernsehen, Schallplatte, Film besitzen einen ganz anderen, sogar kulturbestimmenden Stellenwert. Dennoch haben diejenigen, die während der siebziger Jahre der musikalischen Physiognomie wieder charakteristischere Züge gaben, weniger an Distributionsmöglichkeiten als an eine Konzentration der schöpferischen Kräfte gedacht. Sehr bewußt und in beschränkender Ökonomie der Mittel entwarf Sven-David Sandström (* 1942 Borensberg / Östergötland) seine meist zweischichtigen Klangszenerien, in denen plakativer Vordergrund und zart aufscheinender Hintergrund, geballte Vielstimmigkeit und Einzellinie oder Richtungslosigkeit und Zentraltonbezug gegeneinander ausgespielt werden; die exponierten Kontraste treiben zur Aktion und verhelfen dieser Musik – jenseits der bisherigen Ästhetik des Stationären – zu spannungsvollem, dramatisch anschaulichem Verlauf. Solcher Sinn für die physische Realität des Erklingenden, auch für die spezielle Idiomatik einzelner Instrumente (statt elektronischer Anonymisierung), findet sich ebenso bei Daniel Börtz (* 1943 Hässleholm) oder dem seit 1968 in Stockholm ansässigen Ungarn Miklós Maros (* 1943 Pécs) sowie unter den Jüngeren bei Anders Eliasson (* 1947 Borlänge) oder Mikael Edlund (* 1950 Tranås). Sie alle halten wieder nahen Kontakt zur Aufführungspraxis – Maros sogar mit einem eigenen Ensemble –, gehen von zeichenhaft deutlichen Primärkonstellationen aus und folgen deren verborgenen Entwicklungstendenzen, wobei sich der Ausdrucksgestus genau in der Mitte zwischen technisch motivierter Abstraktheit und naturalistischen außermusikalischen Anregungen bewegt.

Im ganzen scheinen sich allerdings die kompositorischen Initiativkräfte von Schweden, das während der fünfziger und sechziger Jahre unbestritten eine Führungsrolle unter den skandinavischen Ländern innehatte, mittlerweile eher auf die beiden Nachbarn Dänemark und Finnland verlagert zu haben. Und außer ganz allgemeinen Veränderungen im gesellschaftlichen Gefüge, in den stimulativen Voraussetzungen des persönlichen wie des politischen Lebens und selbstverständlich auch in den Strukturen des öffentlichen Musikbetriebs hängt dies gewiß in erster Linie von der Stärke, Dichte und Eigenart der schöpferischen Potenzen ab. Nur ergeben sich da zwischen beiden Ländern ganz erhebliche Unterschiede: Während in Finnland eine größere Zahl recht divergenter kompositorischer Individualitäten, beileibe keine Gruppe, für eine neue Selbstbesinnung seitab des lähmenden Sibelius-Erbes gesorgt hat, konzentriert sich in Dänemark der Start in die Eigenständigkeit im wesentlichen auf einen einzigen, auf Per Nørgård (* 1932 Gentofte bei Kopenhagen). Er suchte für seine Musik zwischen Serialismus und Klangfarbenkomposition, zwischen Collage und Zitateverschnitt einen Weg, der trotz gelegentlicher Ausblicke nach links und rechts doch niemals aus der Region der eigenen geistigen Herkunft, aus einem nordischen Grundempfinden hinausführte. Da gibt es in den sich spiralig umkreisenden Tonreihen (Nørgård erfand permutierende ›Unendlichkeitsreihen‹), in den sich verschiebenden Rhythmen und dem irisierenden Changieren der Farben eine Art von mystischer Introspektion, die den erforschenden Blick ins Innere ohne jeden Bruch auf die weiten Horizonte von Natur- und Weltbetrachtung umlenkt. Subjektives Empfinden und kosmisches Ahnen fließen ineinander, gestützt auf das Wissen um eine gemeinsame Ordnung, aus der die Musik ihre kohärenten Strukturmuster bezieht und deren zentrierendes Grundmaß doch zugleich Projektionen nach den verschiedensten Seiten, in entlegenste Bereiche erlaubt. »Ich glaube, wir sind in eine Situation geraten, in der unser musikalisches Bewußtsein alles umfassen muß... Mit einem Bein stehe ich im abendländischen Rationalismus, mit dem anderen im östlichen Mystizismus. Und trotzdem fühle ich mich beiden gegenüber als Fremder. Ich befinde mich sozusagen an einem dritten Ort.«

Diese Gewißheit, bei sich zu sein, wird bei anderen dänischen Komponisten relativiert; sei es, daß sie eine noch so fundierte Position innerhalb ihres eigenen Lebensumkreises immer wieder am Größenverhältnis ihres Landes zur übrigen Welt messen, sei es, daß die Einflüsse von außen oder die Orientierung über Grenzen hinweg einfach zu nahe liegen und zu übergewichtig sind, um das Gefühl, man könne an jedem Erdenpunkt seine geistigen Zelte aufschlagen, tatsächlich unbehelligt wachsen zu lassen. Daraus folgt dann bei Bent Lorentzen (* 1935 Stenvad) eine Wendigkeit im Mischen von Mitteln, Wirkungselementen und einleuchtenden Ablaufplänen, deren Resultate ebenso griffig wie gewitzt sind. Sie rechnen aber mit ihrem Gegenüber, beharren nicht auf irgendeiner selbstgeschaffenen Unabhängigkeit, sondern suchen den Austausch. – Oder Ib Nørholm (* 1931 bei Kopenhagen) schichtet heteronome Linien und Metren, jedoch nicht um kunstvoll verzwickte kontrapunktische Architekturen zu errichten, die für sich selbst einstehen, sondern eher um sich verzweigende Disparatheit (eventuell mit szenischer Unterstützung) als moderne Daseinsform vorzuführen. – Oder Pelle Gudmundsen-Holmgreen (* 1932 Kopenhagen) entfacht polystilistische Spiegelfechtereien, die er jedoch durch Reduktion auf einfache Modelle und durch mehrmaliges Wiederholen schnell wieder schlichtet, als lasse sich jede Irritation eben mit ein paar geschickten Handgriffen beseitigen. – Da benutzt Karl Aage Rasmussen (* 1947 Kolding) Klischees und Konventionen schon mit mehr dialektischem Gespür, wie durch ihren Abbau vom Zitat zur Schablone auf solchem fahlen Hintergrund sich ganz andere, individuellere Phantasien und Bilder abzeichnen können. Und Hans Abrahamsen (* 1952 Lyngby bei Kopenhagen) nimmt Vertrautes oder Vergangenes vollends als Folie, die man ganz selbstverständlich verwenden kann, ohne sich jedoch im neuen, eigenen Zusammenhang noch weiter um ihre Herkunft zu kümmern.

Ergab sich in Dänemark eher ein konzentrisches Feld mit wechselnden Positionen rings um die zentrale Einflußsphäre von Per Nørgård, so entwickelte sich das musikalische Geschehen in Finnland breiter gestreut auf mehreren parallelen Bahnen und in eigentümlicher Wellenbewegung. Denn avantgardistisch-experimentelle sowie konservativ-reaktionäre Tendenzen wurden hier jeweils durch spezielle, landeseigene Motive ausgelöst und vorangetrieben. So hatte schon die Abwendung von einer fortschrittlichen Phase der Öffnung gegen Ende der dreißiger Jahre, als die finnische Unabhängigkeit in Gefahr stand, ausgesprochen nationalistische Züge. Umgekehrt beruhte das Abebben der modern-seriellen Strömungen in den späten sechziger Jahren weniger auf Rückzug als auf wachsender Selbstgewißheit, weil man nun glaubte, das methodisch abgesicherte Bollwerk gegen den immer noch übermäßig grassierenden Sibelius-Kult nicht mehr in gleicher Weise nötig zu haben. Erkenntnisse und Erfahrungen aus dem Umgang mit strengeren Kompositionsprinzipien wurden dem folgerichtigen Ausbilden eines Personalstils differenzierend eingeschmolzen: wie bei Joonas Kokkonen (* 1921 Iisalmi) das substantielle Verstreben des Satzes durch Ableitungen aus motivischen Zwölftonzellen in die eindringliche Gestik und die weit ausholenden Expressivitätsbögen seiner musikalischen Individualsprache; oder wie bei Paavo Heininen (* 1938 Helsinki) das architektonische Strukturieren durch serielle Raster in die fließende Farbigkeit seiner vielfach gestuften Klangverläufe. Berührungspunkte mit aktuellen Techniken verursachten in diesen Fällen einer fundierten Stetigkeit kein Aus- oder Abbiegen von der eigenen Linie, sondern trugen nur zu ihrer Bereicherung bei. Ähnlich hat sich Usko Meriläinen (* 1930 Tampere), der bezeichnenderweise abseits der Hauptstadt lebt und arbeitet, aufgrund seines kantigen expressionistischen Temperaments eine quasi selbstgefertigte Unabhängigkeit bewahren können.

Für andere erbrachte der Rückzug aus dem internationalen Stilwettbewerb während der siebziger Jahre merkliche Umgruppierungen im kompositorischen Wollen und Verhalten. Ganz allmählich ließ sich Einojuhani Rautavaara (* 1928 Helsinki), nachdem er seine ergiebige Produktivität an nordischem Expressionismus, Dodekaphonie und Serialismus erprobt hatte, immer mehr auf Neoromantisches ein, sogar mit einem Hang zu komplikationsloser, wenn auch nicht unreflektierter Eingängigkeit. Die Erfolge und die Popularität Rautavaaras werden inzwischen freilich durch Aulis Sallinen (* 1935 Salmi) überflügelt, dessen Geschick im Auslegen von Klangflächen wie im Auffächern einer tonal gestimmten Kantabilität aus initialen Grundmustern ihm vor allem durch seine Opern (Der Reitersmann 1975/77; Der rote Strich 1981/82) rasch zunehmende Anerkennung eingetragen hat. – Drei jüngere Komponisten haben diesen latenten und noch gebremsten Trend zur Volkstümlichkeit dann bedenkenloser weiterverfolgt: Kari Rydman (* 1936 Helsinki) mit poppigen Stil-Collagen, Henrik Otto Donner (* 1939 Tampere) mit deutlicher Neigung zu Happenings und Jazz, Erkki Salmenhaara (* 1941 Helsinki) mit üppigem Gebrauch von Tonal-Simplizität, die erst spät auch wieder Komplexeres zuließ. Und solches Auseinanderdriften in recht unterschiedliche Zonen der Publikumsresonanz spiegelt sich auch noch bei Henrik Nordgren (* 1944 Helsinki), der seine strukturellen Ambitionen mit Folklore-Schlichtheit – ebenso finnischen wie japanischen Ursprungs – verbindet; bei dem komponierenden Dirigenten Leif Segerstam (* 1944 Vaasa), der sich gerne in modernistischen halb-aleatorischen Arrangements in ›freier Pulsation‹ ergeht; bei dem aufgeweckten Jukka Tiensuu (* 1948 Helsinki), nebenbei rühriger Klavierspieler und Veranstaltungsorganisator, dem das Experimentieren mit neuen Klang- und Darstellungsmöglichkeiten zum anregenden Betätigungsfeld geworden ist; oder bei Kalevi Aho (* 1949 Forssa), einem klangsensiblen Emotionalisten, der in meist großformatigen Werken orchestrales Pathos in der Abstammungslinie von Berg oder Schostakowitsch zu entfachen weiß.

Immerhin sind Divergenzen und stilistisches Gefälle in der finnischen wie in der schwedischen und dänischen Musik konkurrierende Spielarten auf einer im ganzen relativ gefestigten Basis für das öffentliche Interesse am Neuen und Unkonventionellen. Demgegenüber haben es die Komponisten in Norwegen und Island schon wegen der anderen Voraussetzungen des dortigen Musiklebens schwerer. Der Bewegungsraum ist enger, der Anpassungszwang dementsprechend stärker. Selbst der profilierteste unter den norwegischen Komponisten, Arne Nordheim (* 1931 Larvik), mußte nicht nur zur Vervollkommnung seines Osloer Studiums nach Kopenhagen gehen, Arbeitsmöglichkeiten am Warschauer Experimentalstudio ausnützen und sich zu Hause als Musikkritiker verdingen, sondern erst mal Aufführungserfolge im Ausland haben, um die heimische Aufmerksamkeit wirklich ankurbeln zu können. Seine besondere Vorliebe für die räumliche Aufteilung der Klangvorgänge, überhaupt für Mehrschichtigkeit und polyphone Interaktionen, zum Teil unter Verwendung grafischer Notation oder aleatorischer Felder, die ein spontanes Reagieren herausfordern, ist übrigens auch Alfred Janson (* 1937 Oslo) nicht ganz fremd. Nur hat sie bei Janson eher mit seiner achtjährigen Jazz-Erfahrung als Pianist, Komponist und Arrangeur zu tun. Daher datiert auch sein Gespür für Rhythmik und Farbe. Olav Anton Thommessen (* 1946 Oslo) konnte dann dank äußerer Lebensumstände sein Studium gleich ganz ins Ausland, in die USA, verlegen. Und nach spezialisierten Fortbildungsaufenthalten in Warschau und Utrecht entwickelte auch er Sinn für eine Dramaturgie aus Klangkoloristik und Gegensatzspannungen.

Bei den isländischen Komponisten gehören schließlich Studien in der Fremde beinahe zu den Unerläßlichkeiten, und die Ortswahl enthält schon eine ästhetische Vorentscheidung. So wurde Thorkell Sigurbjörnsson (* 1938 Reykjavik) in Minnesota und Urbana wohl zu einer formalen Offenheit im Disponieren seines variablen Ausgangsmaterials angeregt, Atli Heimir Sveinsson (* 1938 Reykjavik) in Köln zum ausforschenden Umgang mit exponierten Kontrastsituationen; andererseits Haflidhi Hallgrimsson (* 1941 Akureyri) in Mailand und London – gleichzeitig als Cellist ausgebildet – zum Ausnützen instrumentaler Virtuosität; und Jonas Tómasson (* 1946 Isafjördur), gleichzeitig Flötist, in Amsterdam zu einer Mischung aus Eigenwilligkeit, Introspektion und dennoch mobiler Struktur. Heimgekehrt wird allerdings die Erwartungshaltung der isländischen Komponisten durch die Beschränktheit der Mittel (nur ein Orchester, Insellage, kein Nachbarschaftsaustausch, geringe Auftrags-Chancen) schnell gedämpft; und sie können eigentlich nur durch eine weiterhin gepflegte Beziehung zu ihrem ehemaligen Gastland, also als Teil-Emigranten, ihren Status verbessern und sich die Möglichkeit zur Arbeit erhalten.

Schweiz / Österreich

Das Gemeinsame an den Alpenländern, das den Charakter der Menschen und also wohl auch ihrer Musik bestimmt, verflüchtigt sich, was diesen letzten Punkt angeht, durch einen merkwürdigen Umstand: die gar nicht so selbstverständliche Konzentration von Herkunft oder Aktivitäten der Komponisten auf die beiden Hauptstädte, Bern und Wien. Gerade diese Ortsbindung reduziert aber die vermutete allgemeine Ähnlichkeit auf eine spezifische Divergenz, weil der Berner von seinem Naturell her – ganz anders als der Menschenschlag in Zürich, Basel, Genf oder Locarno – mit dem Wiener ziemlich unvergleichlich ist. Das Bedächtige, Seßhafte, abwartend Skeptische, auch Schwerfällige auf der einen Seite und die Wendigkeit, anpassungsfähige Toleranz, meist gepaart mit nörgelnder Kritisiersucht und humoriger Suada auf der anderen scheinen noch nicht einmal als Vorder- und Rückfront derselben Medaille aufeinander beziehbar. Und eine schwache Angleichung aufgrund derselben Berufsorientierung auf Musik wäre lediglich darin zu sehen, daß die Schweizer Komponisten, die in Stadt oder Kanton Bern geboren wurden, vielfach auch dort noch durch Sándor Veress das Handhaben ihrer Begabung erlernten, später fast alle nestflüchtig wurden und in andere, kulturell bewegtere Zonen ausschwärmten, während für die Österreicher die Bindung an Wien, so sehr sie darunter ächzen mochten, doch eine Art notwendiges Lebenselexier blieb. Hier fühlte man sich selbst im Zerwürfnis solidarisch mit Klima und Einwohnern der vom ehemaligen Glanz umflorten Metropole und brauchte auch ganz schlicht ihre immer noch unvergleichlich wohlsituierten institutionellen Möglichkeiten aus der einstigen monarchisch-zentralistischen Blütezeit. Dagegen sind dem eidgenössischen Demokratieverständnis derartige Kultur-Vorrechte für die Hauptstadt völlig fremd; künstlerische Lebendigkeit mag sich hier aus eigenen Kräften jeweils da entfalten, wo der Gemeinsinn sie trägt, protegiert und ihrer bedarf.

Gleichwohl haben auch die Berner ihre – vielleicht ebenso kritisch bewertete – Verwurzelung in der heimischen Wesensstruktur nie ganz aufgegeben, sie sogar in der Ferne stärker als zuhaus wie eine zugewachsene Grundbefindlichkeit aufgefaßt, deren sicherer Schutz selbst Spannungszustände und Ausdrucksdurchbrüche bis ins Extrem erlaubt. Dies gilt ganz gewiß für die sich exponierende Musik von Klaus Huber. Und bei Heinz Holliger (* 1939 Langenthal/Bern) wäre eben darauf die eigentümliche Inkongruenz zwischen der kontaktbereiten Weltoffenheit seiner Solistenkarriere als Oboist und dem vergrübelten Ernst, der sich einspinnenden Hermetik seines Komponierens zurückzuführen. Da greift mit dem Zug zu satztechnischer Verstrebung, Zahlensymbolik, gestauter Innenspannung eine enigmatische Chiffrierung in den dichterischen Anregungsquellen um sich: von der lyrischen Metaphorik der Nelly Sachs zu der ins Absurde weiterlaufenden Entsubjektivierung bei Beckett und dem magischen Bilder-Erstarren der späten Jahreszeiten-Gedichte von Hölderlin/Scardanelli. Aus der inständigen Leisheit des über zweistündigen Scardanelli-Zyklus (1975/85) sowie der expressiver aufflackernden Ekstatik früherer Instrumentalstücke ergibt sich ein Rückbezug zu Holligers Bläserexistenz höchstens über die umgesetzte Realerfahrung des Atmens; wie es strömen, Bögen bilden, rhythmisch pulsieren kann, aber auch sich erschöpfen, aushauchen, delirieren, stocken. In solchen sinnfälligen Reduktionen von Leben auf Atem, zumal als sie noch weniger den Scardanelli-Gesichten – »wie durch eine gläserne Wand vom Betrachter getrennt« – zu folgen suchten, näherte sich Holliger tatsächlich einer Musik, »deren klangliche Erscheinung nur von sekundärer Bedeutung war gegenüber dem Fühlbar-, ja Sichtbarmachen der extremen physischen und psychischen Bedingungen, unter denen (ihre) Klänge entstehen.« Häufig dienten ungewöhnliche Spieltechniken, Live-Elektronik, Tonband-Rückprojektionen bereits gespielter Teile oder szenisch-gestische Beigaben dabei als Verständigungshilfen einer klanglichen und damit rezeptiven Entgrenzung.

Über sich selbst hinausgelangen, sich ins Freie, weniger Geregelte öffnen – dies ist ähnlich, wenn auch zurückhaltender, ein latentes Ziel der vor allem kammermusikalischen Kompositionen von Hans Ulrich Lehmann (* 1937 Biel/Bern). Sie verankern ihre Risikobereitschaft gerne in elementaren, historisch frühen Formgerüsten, um deren unverbrauchte evolutionäre Kräfte (gerade vom Bewußtseinsstand heutiger Kenntnis aus) als Triebfeder einer ausscherenden Überwindung einzusetzen. Dessin und gewünschte Irritationen gehen dabei manche überraschenden Mixturen ein, von Lehmann genau, vorbehaltlos und mit eben jenem Verfügen über modernes Rüstzeug wie experimentelle Neugier beobachtet und in Balance gehalten, das ihm auch bei den konkreten Poeten Franz Mon, Helmut Heißenbüttel oder dem Schweizer (Berner) Kurt Marti, mit denen er zusammenarbeitete, so wichtig erschien. – Indes ihn sein Berufsweg von Basel nach Zürich (als Hochschuldirektor) weiterführte, hat Jürg Wyttenbach (* 1935 Bern) für seine vielseitigen Ambitionen als Pianist, Dirigent, Pädagoge, Anreger neuer Vermittlungsformen und Erfinder hintersinnig skurriler Stücke des instrumentalen Theaters in Basel ein entsprechend weites Betätigungsfeld gefunden. Seit 1969, nachdem er Serielles und Postserielles mit wacher Intelligenz erprobt hatte, sind für Wyttenbach musikalische Verhältnisse und existentielles Verhalten, besonders in Zuständen von Not, Exaltation, Sinnverfall oder Alpträumen, unlöslich aneinander gekoppelt. Sinnvolle Darstellung bedarf deshalb des Wechselspiels von klanglichen und szenischen Elementen oder, präziser zusammengefaßt, einer aufschreckenden clownesken Doppelbödigkeit. – Ähnliche demonstrative Absichten zeigen ebenso die theatralischen oder ins rein Instrumentale abstrahierten Entwürfe von Hans Wüthrich-Mathez (* 1937 Aeschi bei Bern); allerdings nicht auf den isolierten Einzelnen bezogen, sondern auf Abhängigkeiten und Interaktionen in der Gruppe. – Diese selbst zum Inhalt einer neuen, sensibilisierten Klang- und Hörerfahrung zu machen, hat sich das am Ort gebildete ›Ensemble Neue Horizonte Bern‹ vorgenommen, von Urs Peter Schneider (* 1939 Bern) als Instrument seiner meditativen Zeitsubjektivierung durch sanft tönende Klangbänder 1968 gegründet und mit Roland Moser (* 1943 Bern) als einem seiner originellsten, zu allerhand Widerborstigkeit aufgelegten Komponisten-Interpreten.

Unter den Nicht-Bernern, denen also auch jenes seltsam schwärmerische Verlangen nach dem Blick über die Ränder hinaus, ins Metamusikalische, fehlt, herrscht statt dessen weitgehend Unvereinbarkeit und eine gewisse Diaspora-Vereinzelung. Da hat sich etwa Thomas Kessler (* 1937 Zürich), der mit nonkonformistischer Präsenz auf die 68er-Unruhen wie die Beat-Welle oder die Umweltbedrohung reagierte, immer mehr auf die Live-Modulation durch einen Synthesizer, der vom Interpreten selbst bedient wird, eingestellt. Denn aus seiner Studio-Arbeit in Berlin, Nancy und Basel war für ihn klar hervorgegangen, daß Technik, Realgeräusch und Elektronik »nicht eine neue, ästhetische Klangwelt« darstellen oder heraufbeschwören, sondern ihre Verwendung heute ganz unmittelbar »Auseinandersetzung mit der Wirklichkeit« bedeutet. – Diese sucht ebenfalls Gérard Zinsstag (* 1941 Zürich), bemüht sich, mit Skordatur-Umstellung des gewohnten Streicherklangs oder mit der Hörerwartung opponierenden Geräusch-Gegensätzen einen wohlbedachten Weg zwischen Verwerfen und Aufnehmen von Traditionen zu finden, und verfällt doch einem Denken und Hantieren mit ausgestellten Dualitäten. – Die Basler belassen es dagegen – ohne solchen überfordernden Anspruch – wie Jacques Wildberger (* 1922 Basel) bei den Konkretionen des musikalischen Prozesses selber und beim aufmerksamen Verfolgen ihrer immanenten Logik; oder wie Rudolf Kelterborn (* 1931 Basel) gleich bei einem solid verständnisvollen, wenn auch nicht völlig unkritischen Arrangement mit den musikalischen Gegebenheiten. Oder sie entziehen sich der drohenden Umklammerung wie Christoph Delz (* 1950 Basel), der nicht erst nach einem Kontakt zur Wirklichkeit suchen muß, weil er sie direkt als Naturlaut, als klangliches Plein-air-Geschehen, als tönenden Lebensvorgang in seine Kompositionen einbezieht. Das erinnert methodisch an impressionistische Malerei, gleicht ihr auch in den atmosphärischen Vibrationen und ist doch zugleich – durch die Distanzlosigkeit des Klangzugriffs – viel näher, unabgelenkter und dichter am Gegenstand, verhilft ihm wie in einer Großaufnahme zu bannender Überrealität. – Demgegenüber verharren die Stücke von Ulrich Gasser (* 1950 Frauenfeld), wenn sie sich Steine zum Modell nehmen oder von einem Tal erzählen, eher im Bereich des Abbildens für das eigene Foto-Album.

Gefälle und sich verzweigende Streuung in der Musik der Schweiz haben gewissermaßen ihren kulturgeographischen Grund: Die eigentliche Mitte kraft jener ungewöhnlichen Dichte der Komponistengeburten im Bernerland bleibt wegen gesteigerter Emigrationsneigung nahezu verwaist; sie spielt als aktiver Pol des Musiklebens jedenfalls keine entsprechende Rolle. Ganz anders in Wien; dort hält sich das organische Wachstum am Ort, bildet ein natürliches, sich regenerierendes Zentrum für ganz Österreich. Und in diesem Zentrum gibt es nochmals, mindestens seitdem er 1958 das von ihm geleitete Ensemble ›die reihe‹ gründete, einen Impulsgeber: den Geiger, Dirigenten und Komponisten Friedrich Cerha (* 1926 Wien). Er sorgte für eine kräftige Durchlüftung der reichlich verstaubten Wiener Musikszene, verschaffte dem internationalen Gegenwartsgeschehen Einlaß und stärkte die Entfaltungsmöglichkeiten der eigenen, lokalen Ressourcen, hob die Tradition der Wiener Schönberg-Schule in den Stand allgemeiner Bewußtheit und wurde darüber selber zu einer Art maßstabsetzender Instanz. Dabei ist er ge-

Friedrich Cerha: Baal, II. Teil 3. Bild (Spitalsschenke; Partitur – Ausschnitt mit Baal, vom Orchester nur Bläser, ohne Streicher)

naugenommen von reflexiver Wesenart. Nicht von ungefähr heißt sein siebenteiliger, fast anderthalbstündiger Orchesterzyklus Spiegel (1960/72); er fängt nicht nur Facetten miterlebter Zeitgeschichte ein, auch die Spuren damit verknüpfter Gedanken und Überlegungen, sondern projiziert sie zugleich in das differenzierte Geflecht kontinuierlicher Klangtexturen, die durch ihren Verzicht auf Kontrast allem Aktuellen seine charakteristische Gespanntheit nehmen und es gleichsam in betrachtende Reminiszenz umwandeln. Cerha wurde sich klar, daß konturiertere Aussagekraft, beteiligteres Eingreifen in die Probleme zwischen Individuum und Gesellschaft nur über die Restitution von spezifischen melodischen, harmonischen oder rhythmischen Kennmarken möglich sei und daß ihn dies »unweigerlich zu einer intensiveren Berührung mit der Tradition führen mußte.« Gefiltert, umfunktioniert, sinnvertauscht ließ er sie in seine beiden nächsten Bühnenwerke eingehen (auch für die Spiegel existiert nämlich ein Bühnenkonzept) – als Anklang, Zitat, Formumriß aus österreichischen Quellen von Mahler, Schönberg, besonders dem durch die ›Lulu‹-Komplettierung nahen Berg – und kam in Netzwerk (1962/68 und 1980/81) sowie dem plastisch musikalisierten Brecht'schen Eigensinns-Monster Baal (1974/81) zu beredter Sprachvielfalt und längst fälligem Erfolg mit Breitenwirkung.

Die Leitung des ›reihe‹-Ensembles hat Cerha inzwischen an den einstigen Mitgründer Kurt Schwertsik (* 1935 Wien) abgegeben und damit gleichsam jene ganz andersartige, bei ihm selbst nur sporadisch aufscheinende Komplementärseite des musikalischen Wienertums inthronisiert: die keineswegs lauthalsige, eher zärtliche Clownerie, die Lust am sich überschlagenden Widersinn, das intelligente Schelmenspiel mit Masken, Haltungen, Zitat und Sentiment. Schwertsik war vielleicht als Orchester-Hornist (ab 1968 bei den Wiener Symphonikern) einfach zuviel mit den aufgeputzten Schablonen des Kulturbetriebs konfrontiert worden, um nicht verschmitzt aufklärerisch dahinterleuchten zu wollen. Und dabei entdeckte er – von avantgardistischer Rechthaberei und Intoleranz ebenso angeekelt –, »daß hinter jedem Stil letzten Endes die gleiche Bemühung steckt«, man ihn also nur von Mißbrauch und Banalität befreien muß. Und er praktizierte, auf den wahren Kern zielend, stilistische Weitherzigkeit unter Einschluß von Tonalität und C-dur, als dies noch (Anfang der sechziger Jahre) ein böses Sakrileg und fern aller Mode war. Da gesellschaftskritische Satire, parodistischer Märchenzauber, die ganze lächelnd übernommene Erbschaft von Satie, Dada oder Cage aber immer auch ins Literarische und Szenische drängt, schufen Schwertsik und der gleichgesinnte Otto M. Zykan (* 1935 Wien), nebenbei Pianist, sich schon früh (1965) das eigene Wiener Forum der ›Salonkonzerte‹. Ihre muntere Aufwertung von Lokaltraditionen zwischen Walzer und Dialekt-Chanson fand rührige Mitarbeit und Fortsetzung in der ebenso doppelgesichtigen, Ulk und Anspruch verquirlenden Musik von HK (Heinz Karl) Gruber (* 1943 Wien), der zugleich Kontrabassist (ORF-Symphonieorchester) ist und außerdem der ideale Sänger-Darsteller in seinem makabren Pandämonium Frankenstein!! (1976/78) nach Texten von H. C. Artmann. Überhaupt zeichnet sich da ein musikalisches Pendant zu jener literarischen ›Wiener Gruppe‹ ab, aus der ja nur Gerhard Rühm (* 1930 Wien) die experimentellen sprachlichen Ansätze auch selbst, wie ins Grafisch-Bildnerische, so mit einfallsreicher Konsequenz ins Phonetisch-Kompositorische weiterverfolgt hat.

Daß solche andeutenden Theatralisierungen mit manchen Zügen der Performance-Praxis einem typisch wienerischen Bedürfnis entsprechen, läßt sich auf ganz andere Weise am Wirken von Dieter Kaufmann (* 1941 Wien) erkennen, das sich auf die vielfältig heterogenen, oft konkreten Klangmittel der Elektro-Akustik konzentriert. Text, Schauspiel, Dias, Film oder einfach Instrumente treten in bunt auffächernden Interaktionen zu den Lautsprecherstimmen hinzu, weil es Kaufmann stets in einem bewußt gesellschaftspolitischen Sinn darum geht, durch musikalische wie soziale Lockerungsübungen über Gruppeninteressen hinweg wieder jene Solidarität im Künstlerischen herzustellen, die »Kommerz, Tourismus, Standesdünkel und Vorurteile verhindern«. Daraus destillierte sein Schüler Wilhelm Zobl (* 1950 Wien), nicht minder engagiert, sogar mit verkappten Lehrstück-Absichten, jedoch zu genüßlich in allfällige Katastrophen-Schauder verstrickt, seine erste Oper: Weltuntergang (1983/84); während ein anderer Kaufmann-Schüler, Bruno Liberda (* 1953 Mödling bei Wien), aus den Anregungen mit mehr Gespür für deren kompositorisch-musikalischen Inhalt den Mut zu ungescheuter, eigendynamischer Offenheit bezog. Freilich spielte dabei auch das Studium bei Roman Haubenstock-Ramati (* 1919 Krakau) eine fördernde Rolle, der als kluger Unruhestifter, seitdem er 1957 (nach mehrjähriger Tätigkeit in Tel Aviv) zum Wiener wurde, nicht nachgelassen hat, auf behutsam nachdrückliche Weise Mobilität anzustiften und zu verbreiten. Seiner kritischen Provokation verdankt noch der frühbegabte Thomas Pernes (* 1956 Wien), der auch bei Cerha studiert hatte, die Einsicht, daß »Beeinflussung und Zugeständnis zu vermeiden« das Risiko mitenthält, »schließlich für sich allein« zu bleiben und »mangels Abstand zur eigenen Person« selbst zu einer »Null-Dimension« zu werden, die dann »als einzige Konsequenz die Stille nach sich zieht«; und dies zwingt zu einem »Balanceakt zwischen nicht mehr und für mich gerade noch musikalisch Ausdrückbarem«, also zu einem Komponieren, das sich dauernd selbst infragestellt. – Mag sein, daß es sich da um eine speziell wienerische Bedrückung handelt. Außerhalb nämlich vertraut Klaus Ager (* 1946 Salzburg) ohne weiteres auf die innovatorischen Kräfte der Elektronik und baut sich wie ihr ein zukunftsorientiertes Festival, ›Aspekte Salzburg‹. Der aus Oberösterreich stammende Günter Kahowez (* 1940 Vöcklabruck) sichert sich wiederum möglichst gewissenhaft durch selbsttragende formale Gerüste ab. Und der Niederösterreicher Ingomar Grünauer (* 1938 Melk) hat seinen szenischen Witz neben dessen verläßlichen musikalischen Pendants gleich ins Hessisch-Badische verlagert, damit sie dort unangefochtener gedeihen können.

Holland / Belgien

Entschlossen zu ästhetischem Göttersturz wie politischem Affront traten fünf holländische Komponisten 1969 im Amsterdamer Carré-Theater mit einer Gemeinschaftsarbeit auf: dem Musiktheaterstück Reconstructie (Text: Hugo Claus, Harry Mulisch), von ihnen selbst als Moralität bezeichnet, weil hier entgegen dem vernebelnden Che Guevara-Kult, wie er damals en vogue war, die grausige Wirklichkeit des Kampfes der Lateinamerikaner gegen den US-Imperialismus wieder ins Bewußtsein gebracht, ›rekonstruiert‹ werden sollte. Anspielungsreich wurden in dieser Opern-Revue nicht nur Don

Giovanni zum Prototyp usurpatorischer Besitzgier, Donna Anna zum Eroberungsopfer Bolivia, der Komtur zum Azteken-Gott Quetzalcoatl wie zur rächenden Riesenstatue des Che Guevara, schließlich Leporello (wegen des gerade gefeierten 500-Jahr-Jubiläums) zum zögernd unentschiedenen Erasmus von Rotterdam umgewertet – auch Tarzan, Martin Bormann und »eiskalte« amerikanische Firmenchefs treten auf–; sondern ebenso diente Mozarts Musik nebst vielen anderen historischen wie aktuellen Stilzitaten als Materiallieferant und kompositorisches Schnittmuster für einen wildwüchsig vielschichtigen Mischmasch aus den unterschiedlichsten musikalischen Genres und Manieren. Und bei dieser absichtlichen Konfusion der diversen Ingredienzien, noch mehr der jeweiligen kollaborativen Einzelanteile machten ›Die Fünf‹ – wie sie sich analog den russischen Fünf oder den französischen ›Six‹ gerne nannten – »die paradoxe Erfahrung, daß diese Arbeitsmethode nicht etwa zum faulen Kompromiß auf der Grundlage kompositionstechnischer Gemeinsamkeiten führt, vielmehr eine völlig neue musikalische Situation entstehen läßt, die den individuellen Fähigkeiten eines jeden zur Mittelpunktfunktion verhilft.« Eben dieser Zusammenschluß von Einzelenergien war aber wohl nötig, um nach mancherlei partiellen Krisen nun vereint im aufsehenerregenden Eklat (dessen Echo bis ins Parlament reichte) einen Durchbruch für die junge holländische Musik und gegen das Establishment der Konservativen, selbst gegen die ›repressive Toleranz‹ einer orthodoxen Avantgarde, erzielen zu können. Dabei nützte den Fünf, die sich als ›Nußknacker‹ fühlten, gewiß auch das Renommee ihres Lehrers Kees van Baaren (1906–1970), bei dem sie alle in Den Haag studiert hatten.

Nach der Kollektiv-Aktion teilten sich freilich wieder ihre Wege: Jan van Vlijmen (* 1935 Rotterdam), ohnehin ein eher nachdenklicher, gebildeter und umsichtiger Musiker mit wenig Hang zum Exzessiven, widmete sich als Direktor des Königlichen Konservatoriums von Den Haag und Nachfolger van Baarens vor allem dem Durchsetzen neuer Perspektiven der Pädagogik, einer Öffnung von Lehrplänen und Lehrmethoden, die häufig noch an ihren Hypotheken aus dem 19. Jahrhundert laborierten; Reinbert de Leeuw (* 1938 Amsterdam), kompositorisch der Spätphase jenes Jahrhunderts als Anlaß zu grüblerischem Nachhorchen verhaftet, konzentrierte sich zunehmend aufs Klavierspielen und das Dirigieren (seines eigenen Kammerensembles) mit tätigem Einsatz für vernünftige, thematisch möglichst einheitliche Programme; Misha Mengelberg (* 1935 Kiew; ab '38 in Holland) setzte im Zuge seiner Free-Jazz-Erfahrungen als Pianist auf Improvisation, freies Agieren in der Gruppe, Identität von »musikalischem Impuls und Aufführungspraxis«, weil nicht die Idee, nicht der Weg ihrer Formalisation, sondern das hörbare, lebendige Resultat entscheidet und »das Delegieren musikalischer Pläne an Exekutanten« immer auch etwas vom Zwang zur »Unterordnung« an sich hat.

Peter Schat (* 1935 Utrecht), der fraglos Profilierteste unter den Fünf, zügelte mehr und mehr seine auf den gesellschaftspolitischen Rundumschlag erpichte Widersetzlichkeit und heraus kamen spekulative Ordnungsvorstellungen, die auf einer hinreichend umgekrempelten Basis auch wieder Angleichung und Friedensschluß mit der Tradition erlaubten: so mauserten sich – als spiegelten allein seine Opern schon diesen kompositorischen Weg – aus dem verwirrend multidimensionalen Totaltheater von Labyrinth (1966) erst die Selbstbefreiungsaktionen des Entfesselungskünstlers Houdini (1977), die trotz des zirzensischen Ambiente einer Apotheose vom kettenentledigten ›Tanz zum Licht‹ zusteuern; dann, selbst solcher politischen Parabolik entrückt, die Dämonenvertreibung durch einen schlagkräftigen Affen nach einer altchinesischen ›Cartoon‹-Fabel in Aap verslaat de Knekelgeest (1980); gleichzeitig mündete der engagierte Boykott gegen das Amsterdamer Concertgebouw-Orchester als Hort veralteter Hierarchien in dessen Mitwirkung bereits bei Houdini und in die Auftragskomposition von Schats 1. Symphonie (1978) zu dessen 90-Jahr-Jubiläum; und schließlich kristallisierte sich aus Reihendenken und einem Intervallketten-Prinzip das vereinheitlichende Tonuhren-Modell (de Toonklok), das 12 Dreiton-Konstellationen innerhalb der Oktave auf jeweils vier Transpositionsstufen so anordnet, daß sich für jede Konstellation (nach Halbtonschritten: 1 + 1, 1 + 2, 1 + 3, 1 + 4, 1 + 5, 2 + 2, 2 + 3, 2 + 4, 2 + 5, 3 + 3, 3 + 4, 4 + 4) ein 12-Stunden-Zyklus ergibt und diese Dreiklänge als ›Tonalitäten‹, wie sie Schat nennt, alle denkbaren triadischen Intervallbeziehungen in Reduktionsform umfassen. Doch »die Tonuhr ist ein Instrument zur Messung der Zeit«, also soll sie den Formprozeß gliedern und seine variativen Entwicklungen zur Mannigfaltigkeit auf die Identität einer Motivzelle zurückführen. Und tatsächlich praktiziert Schats Musik immer unüberhörbarer und restriktiver, freilich auf prinzipiell panchromatischem Terrain, diese Neuauflage einer romantischen Idee.

Der Fünfte und Jüngste aus dem einstigen Rekonstruktions-Bunde, Louis Andriessen (* 1939 Utrecht), hat sich in die entgegengesetzte Richtung, hin zum Minimalismus, gewandt, wenn auch in Konsequenz derselben politischen Überzeugungen. Aber als Sproß einer verzweigten holländischen Komponistenfamilie war ihm die selbstbehauptende Antikonventionalität, wie er meinte, seit früh Bedürfnis: »Etwas anderes tun, als die Leute tun.« Und folglich reduzierte er über den Einstiegsweg des Seriellen, der Grafik und der Zitat-Collage den verwendeten Materialbestand immer einschneidender und mit oft radikaldemokratischem Ostentativkonzept (gegen Neofaschismus oder modernen Machiavellismus, für Gewerkschafts-Solidarität) bis zu wechselnden Repetitionsmustern in hoketusartiger Ablösung. Aus Aufbegehren wurde dabei Ausdauer-Beharrlichkeit (›De Volharding‹ heißt sein Ensemble), und der Scharfsinn verkroch sich in eine Skelett-Musik, die sich nur noch an den Zeitphänomenen von Konstanz und Veränderung abmüht (Die Zeit, 1981; Die Geschwindigkeit, 1983).

Solcher Askese, die wie alles Karge auch ihre suggestiven Momente hat, braucht man zum Nachweis der Spannweite niederländischer Gegenwartsmusik nun nicht gerade die hemdsärmelige Rechtschaffenheit von Otto Ketting (* 1935 Amsterdam) entgegenzustellen, dem kaum zufällig die Eröffnungs-Ehre des neuen Amsterdamer Opernhauses (mit Ithaka, 1986) widerfuhr. Auch das ansprechend versatile Geschick von Theo Loevendie (* 1930 Amsterdam), der erst 1968 vom Jazz zum Komponieren überwechselte, oder die ins Elektronische übertragene Anschaulichkeits-Ästhetik von Ton Bruynèl (* 1934 Utrecht), der sich bereits 1958 sein eigenes Studio einrichtete, sind nicht die rechten Gegenpositionen. Aber in dem unbekümmerten Phantasiereichtum von Tristan Keuris (* 1946 Amersfoort) steckt doch trotz aller einverständlichen Anknüpfungen an Vergangenheitsspielarten eine Frische des Zugriffs, die, von den Komplikationen der 68er-Unruhen und deren Folgen unberührt, Souveränität der technischen Handhabung und einfachen, jedoch nicht naiven Spaß am Musikmachen miteinander verbindet. Und Keuris dürfte dabei wie so viele andere die wesentlichsten Impulse zur Selbstfindung durch seinen Lehrer Ton de Leeuw (* 1926 Rotterdam) erhalten haben, dessen kompositorische Horizontweite mit jener typisch holländischen Beimischung von Ostasiatischem (indonesische Musik, Buddhismus) nicht nur Vorbehaltlosigkeit garantiert, sondern sich die wache Neugier fürs Entdecken bewahrt hat.

Weltoffenheit als Erbe und politische wie kulturelle Regsamkeit als gelebte Gegenwart – das machte die Niederlande auch attraktiv für Zuwanderer, die sich aus ihren angestammten Verhältnissen zurückziehen und den in Holland sich bietenden neuen Aufgaben konfrontieren wollten. Vom Hader mit Franco-Spanien getrieben, fand auf solche Weise Enrique Raxach (* 1932 Barcelona) in Bilthoven und bei der rührigen Gaudeamus-Stiftung das rechte Klima, um hier (ab 1962) seinen zunächst abstrakten Bauplänen nicht nur gesteigerte strukturelle Variabilität, sondern gleichzeitig mehr Farbintensität, Formspannung und das Ganze grundierende Atmosphäre erschließen zu können. Kurz danach, 1964, übernahm Gottfried Michael Koenig (* 1926 Magdeburg), der zehn Jahre lang die Geschicke der jungen elektronischen Musik im Studio des Westdeutschen Rundfunks in Köln wesentlich mitbestimmt hatte, die Leitung des Instituts für Sonologie an der Universität Utrecht und verhalf dem experimentellen Umgang des Komponisten mit dem Computer und dessen Funktionsmöglichkeiten zu Folgerichtigkeit und Sinn, indem er auf Einfallskraft wie künstlerischem Niveau der technischen Verrichtungen bestand: »Ein Computer tut nichts, wozu er nicht instruiert wird. Verlange ich von ihm eine kreative Leistung, so muß ich vorher genausoviel kreative Leistung in ihn hineingesteckt haben.« Mit ähnlicher Ausschließlichkeit wie Koenig hat sich auch Roland Kayn (* 1933 Reutlingen), seitdem er musikalischer Mitarbeiter des Amsterdamer Goethe-Instituts wurde (1970), der kompositorischen Nutzung von elektronischem Studiogerät verschrieben – nur läßt er einerseits schon Vorgeformtes (Instrumentales, Vokales) in seine Mixturen einfließen, andererseits erfindet er für ihre Darbietung am liebsten Simultankonzerte in mehreren Räumen, verzweigte Klanglandschaften, in denen sich der Hörer bewegen kann. Weniger an akustische als an verbale Mobilisierung dachte hingegen Konrad Boehmer (* 1941 Berlin), als er sich 1966 mit dezidierter Meinung und als angriffslustiger Disputant in die Amsterdamer Provo-Szene einmischte, fünf Jahre lang für die linksliberale Zeitschrift ›Vrij Nederland‹ schrieb und das Komponieren allenfalls als Sekundärerscheinung sah. Doch mit seiner ersten Oper, Dr. Faustus (1983 mit dem Liebermann-Preis ausgezeichnet, 1985 an der Pariser Oper uraufgeführt), die den vielumworbenen Stoff gemäß der Fassung des ›Reconstructie‹-Mitautors Hugo Claus zur zynischen Darstellung eines Scheiterns an der Widerstandsfähigkeit einer deformierten Welt ummodelt, gab sich Boehmer fast überraschend wieder als Musiker von gelenkiger Intelligenz und nervösem Temperament zu erkennen.

Der Letzte vor ihm, der sich dem Stoff zugewandt hatte, war der Belgier Henri Pousseur (* 1929 Malmédy); und er hatte sich, um den Anspruch quasi durch literarische wie formale Originalität unterlaufen zu können, der Mitarbeit von Michel Butor versichert. Allein, das Ergebnis nach überlanger, durch mangelnde Gegenliebe seitens der Theater verzögerter Inkubationszeit, Votre Faust (1961/69), war ein rechter Homunculus, dem das Liebäugeln mit der antikausalen, austauschbaren Offenheit einer ›Fantaisie variable du genre opéra‹ eine geistreiche Selbstentkräftung eingetragen hatte. Pousseurs Musik mischte spät-serielle Konstruktivität und eine vom Text inspirierte Zitierfreude, blieb aber in der Dramaturgie der Einzelszenen (vielleicht um sie nach Publikumswunsch leichter gegeneinander auswechseln zu können) merkwürdig einförmig. Dieses kompositorische Verfahren vielsträhniger Verknüpfungen behielt er nun dennoch bei, lediglich die Facettierung änderte sich aktualitätsbezogen von Aleatorik und Zitatwesen zu Neotonalem, politischer Direktheit, Spiel mit verschiedenen Medien, Elektronik etc. Und diese Vielschichtigkeit setzte sich auch ins Praktische fort, wo Pousseur mit seinen beiden Schülern und Mitarbeitern am ›Centre de Recherches Musicales de Wallonie‹ Pierre Bartholomée (* 1937 Brüssel), der sich zunehmend als Dirigent betätigt, und Philippe Boesmans (* 1936 Tongeren), außerdem Pianist und Elektroniker am Lütticher Studio, um Verständigung und Brückenschläge zwischen Dilettanten und Professionellen, Symphonik und Jazz, Altem und Neuem, Schauspiel und Oper, Konzert und Environment kümmert.

Ganz im Sinne solcher Vermittlung, die gleichsam eine Verlängerung der kompositorischen Intentionen darstellt, aber auch umgekehrt auf diese zurückwirkt, schreibt André Laporte (* 1931 Oplinter/Brabant), der seit 1963 leitende Positionen bei der Radiotélévision Belge innehat, eine zugängliche, auf den jeweiligen Zweck orientierte, gleichwohl keineswegs unaufgeklärte Musik, die sich aus Kenntnis der Möglichkeiten ihre eigenen Lösungen zurechtzulegen weiß. Und Karel Goeyvaerts (* 1923 Antwerpen), einst ein früher Pionier des Seriellen, hat nach zehn Jahren Umdenk-Enthaltsamkeit und nun zum Rundfunkproduzenten (beim ›Institut für Psychoakustik und elektronische Musik‹ in Gent) geworden, seine Aufmerksamkeit auf das Erlebnis einfacher, minimalistisch kreisender Ton- und Zeitproportionen gelenkt. Eine stille, zumindest unaufgeregte Behutsamkeit, abhold allen Fortschritts-Utopien, wirbt um den Hörer und sein emotionelles Einverständnis, versucht, aufgewandte Intelligenz, statt sie in Komplikationen auszustellen, eher für das Austarieren einer klanglichen Balance ohne Problematik zu nutzen.

Spanien / Portugal

Nur wenige Schlupflöcher hatte die kontrollierende Allmacht des erstarrten Franco-Regimes den jungen spanischen Komponisten gelassen, um ihren künstlerischen Elan hindurchschleusen und ihre unangepaßte Art von neuer Musik bis zu den Hörern bringen zu können. Und wenn es einmal gelang, kam's zum Skandal, weil nach über zwanzig Jahren abkapselnder diktatorischer Herrschaft und im Umfeld ihrer folkloristisch-neoklassizistischen Kunstdoktrinen selbstverständlich auch Gutwillige nicht darauf vorbereitet waren. Die gegensteuernden Aktivitäten einer Madrider Gruppe (Tiempo y Música, 1959–61) wurden vorzeitig gestoppt, eine informative Vortrags- und Vorführungsreihe wegen ihrer angeblichen ›Exklusivität‹ bis zum Verschwinden gedrosselt. Dennoch waren die Komponisten zum »offenen Bruch mit jener sogenannten spanischen Musiktradition« entschlossen, die nach ihrer Meinung »nur eine aus Abwehrstellung geborene Tyrannei von Mittelmäßigkeit und Ignoranz« darstellte (Luis de Pablo). Und sie wollten sich auch nicht – ange-

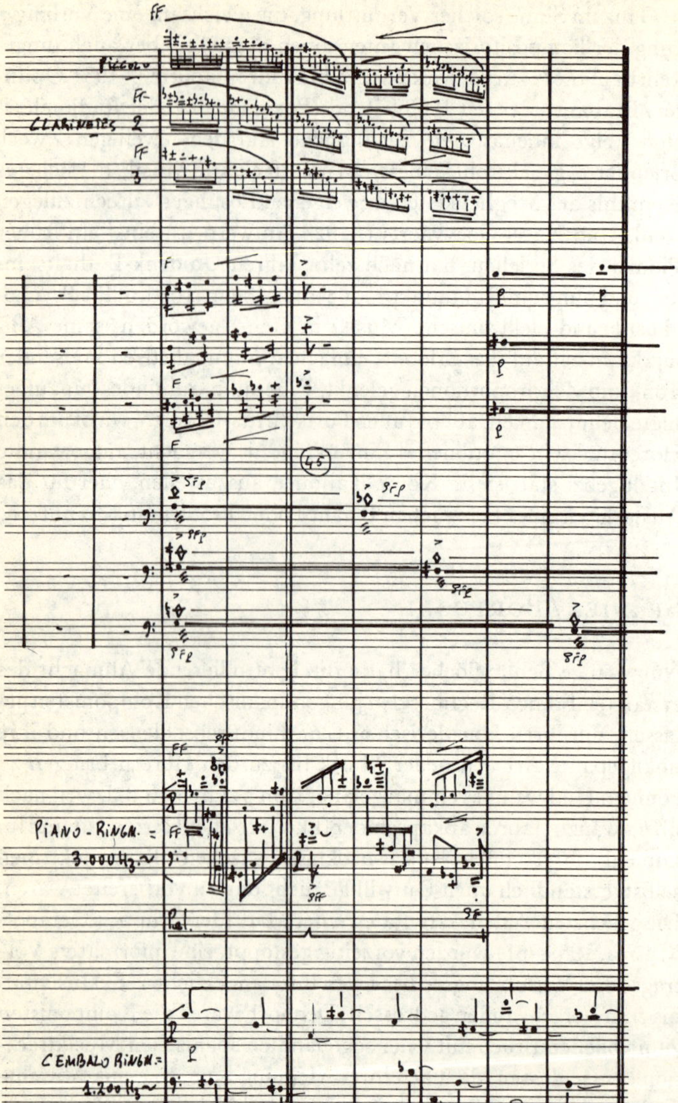

Christóbal Halffter: Variaciones sobre la Resonancia de un Grito für 13 Instrumentalisten, Tonband und Live-Elektronik (Ausschnitt aus der 3. Variation, Klavier und Cembalo ringmoduliert)

sichts erster und bald zunehmender Auslandserfolge – die staatliche Umarmungsgeste gefallen lassen, als repräsentierten sie völlig authentisch die offizielle Kulturpolitik: »Wir jedoch waren auf unsere Unabhängigkeit bedacht. Wir waren Spanier, wir wollten es auch bleiben, aber wir wünschten ebensosehr, uns jeden obrigkeitlichen Druck vom Leibe zu halten.« (Cristóbal Halffter) So lebten sie weiter in dem heiklen, mal brisanten, mal kuriosen Zwischenstadium, nicht eigentlich verboten, aber auch nicht genehmigt zu sein. Das Glück schickte ihnen – weil's ja dicht neben den politischen um finanzielle Engpässe geht – zwei noble Mäzene, die ab 1965 in Madrid zu einem neuen Ensemble (Alea) mit fünf bis sechs jährlichen Konzerten, sogar zur Gründung des ersten spanischen Studios für elektronische Musik verhalfen. Und noch ehe mit Francos Tod (1975) die endgültige Liberalisierung einsetzte, hatte sich durch Zähigkeit, Unverdrossenheit und Mut auf der spanischen Kahlschlagebene, dem Ergebnis aus Bürgerkrieg, Diktatur und nationalem Isolationismus, eine unerwartet mobile und dem Austausch offene Musikkultur eingerichtet.

Für Cristóbal Halffter (* 1930 Madrid), Neffe zweier angesehener Komponisten, von denen der eine (Rodolfo) während des Bürgerkriegs nach Mexiko ausgewandert war, behielt dieses nationale Schicksal in Haltung und Reflex seiner Musik Gültigkeit. Er vermag sich einfach nicht von all den einschneidenden existentiellen Erfahrungen zu lösen, daß Freiheit für ihn eine lange, uneinholbare Zeit hindurch nur eine Vorstellung war (Requiem por la libertad imaginada, 1971); daß drei spanische Dichter, Machado, Hernández und Lorca, in Exil, Kerker und eignem Blut haben enden müssen (Elegias a la muerte de tres poetas españoles, 1974/75); oder daß menschliche Schreie aus Angst, Ungerechtigkeit oder Schmerz zu viele sind, um sich nicht wie eine Schicht aus Klagelaut um die Erde zu legen (Variationen über den Widerhall eines Schreis, 1976/77). Doch »Musik ist eine abstrakte Sprache, und ich bin immer bei dieser Abstraktion geblieben«. Nur einmal war der Inhalt auch unmittelbar Ausdruck, als Halffter zum zehnten Jahrestag der Menschenrechtsdeklaration für die UNO sein aufrüttelndes Yes, speak out, Yes (1968/69) komponierte. Sonst modelliert er in gespannten, bewegten, farbig changierenden Klängen seine Sicht, sein abgehobenes Bild und überläßt dem Zuhörer, es wiederum für sich allein zu deuten.

Für Luis de Pablo (* 1930 Bilbao), den auch organisatorisch Agileren, bedeutete hingegen jeder Terraingewinn im Praktischen sogleich ein Stück erweiterter Bewegungsfreiheit in den kompositorischen Verfahren. Wie Halffter, sein Studienkollege, in der gleichsam subversiven Beschäftigung mit Wiener Schule, Serialismus und Messiaens Modaltechnik musikalisch flügge geworden, setzte de Pablo seit der ›Alea‹-Gründung 1965 erst auf Aleatorik und gelenkte Improvisation, dazu auf elektronische, bald schon Computer-Manipulationen, knüpfte Anfang der siebziger Jahre Bande zur Tradition wie zur theatralisch-szenischen Visualisierung und suchte an deren Ende ebenso den Kontakt zu nicht-europäischen Kulturen wie zu den perfektionierten Produktionsmöglichkeiten in den Pariser IRCAM-Studios. Dieses entschiedene Gegenwartsbewußtsein, immer auf dem Sprung nach neuen Abenteuern der Erkenntnis und andersartigen Begegnungen mit dem Material der Musik, den Menschen, der Welt, wird in seinen expansiven Tendenzen noch begleitet von de Pablos ausgedehnten Vortrags-, Erkundungs- und Verständigungsreisen als polyglotter Emissär einer neu erwachten spanischen Musikkultur. Dahinter steht jedoch als stets präsenter, einigender Bezugspunkt das sinnliche Primärerlebnis des lebendigen, aus aller Methodenenge befreiten Klanges, dessen Aspektereichtum de Pablo mit ausforschender Konsequenz bis in die letzten Verzweigungen spektraler Vielfalt und blinkender Mehrdeutigkeit folgt, dessen Einbindung in komponierte Abläufe er aber – wie die Titel seiner Werkreihen Móvil, Módulos oder Imaginario zeigen – immer wieder flexible Strahlkraft, Mobilität und gelenkige Phantastik erhalten möchte.

Freilich: Spanien hat zwei Metropolen. Und während in Madrid etwa Tomás Marco (* 1942 Madrid), seit 1969 Musikabteilungsleiter im Spanischen Rundfunk, Klangflächen blockartig gegeneinandersetzt, um durch ihr bewußt rudimentäres Wesen Erinnerungsreste und Einbildungskraft beim Hörer zu wecken, oder Jesús Villa Rojo (* 1940 Brihuega/Neukastilien), auch Klarinettist und Leiter des LIM-Ensembles (Laboratorio de Interpretación Musical, seit 1979), am liebsten Baupläne entwirft, die erst beim Spiel durch die Musiker definitiv ausgeformt werden, verfährt man in Barcelona wohl generell weniger absichtsvoll und ohne angestrengten Hintersinn, dafür mit vitaler Lust an dramatischen Wirkungen, Anschaulichkeit und dem Risiko des Experiments. Schon früh gab es dort eine Gruppe, die sich dem Offenen (Música Abierta) in Form und Darstellung verschrieben hatte. Xavier Benguerel (* 1931 Barcelona), der im Gefühl solcher altverbürgten regionalen Eigenständigkeit sogar eine ganze Oper in Katalanisch geschrieben hat (Spleen, 1984), neigt dem diskursiven Austrag von Gegensätzen zu, dem beweglichen, konzertanten Spiel (Joc, 1969) zwischen unterschiedlichen Farben, Gangarten, instrumentalen Individualitäten (Konzerte für Gitarre, 1971; für Schlagzeug, 1977); und überhaupt statt vorsätzlicher Kalkulation »einer mannigfaltigen und emotionellen Welt«. Josep M. Mestres Quadreny (* 1929 Barcelona) hat mit Malern (Miró, Tàpies), Bildhauern und Schriftstellern an synästhetischen Kombinationskonzepten gearbeitet, halbgrafische oder mit Zahlenschlüsseln versehene Notationsweisen zur variablen Auslegung entwickelt und elektronische, statistische sowie theatralische Mittel quasi als Außensteuerung seiner Musik eingesetzt. Schließlich vertieft sich das Komponieren von Josep Soler (* 1935 Barcelona) strenger, gefaßter, zugleich mit einem Hauch visionärer Mystik völlig in die gesuchte Partnerschaft mit seinen Stoffen, um in Ballett, Oratorium und vor allem Oper den fortdauernden Traditionen aus der Antike, Altägypten und dem frühen Christentum (The Solar Cycle) nachzugehen.

Zwischen heller, euphorischer Gegenwartszugewandtheit und dem Abtauchen in dunklere Zonen der eigenen Geschichte wie eines gesamt-mediterranen Wissens von der Verstrickung des Menschen in das Elementarwesen der Tragödie – ob attische oder christliche oder auch die einer kämpferischen Rechtgläubigkeit in Zeiten von Inquisition und Diktatur – haben die Bewohner der iberischen Halbinsel allerdings immer mehr lernen und begreifen müssen, daß ihre Länder zu europäischen Randstaaten geworden sind. Nicht einmal ein schwacher Widerschein jener alten Machtstellung im 16. und 17. Jahrhundert, als Spanien und Portugal sich unangefochten die Weltherrschaft teilten und beider Kultur (samt Musik) eine goldene Ära erlebte, hat sich in die zweite Hälfte des zwanzigsten hinüberretten lassen. Dies ist auch der Grund, weshalb ein Komponist in Lissabon wie Jorge Peixinho (* 1940 Montijo) noch stärker als in

Madrid oder Barcelona einem Gesetz der dezentralen Abschirmung unterliegt, obwohl er bei Petrassi, Nono, Boulez und Stockhausen studiert, andererseits in Südamerika beachtliche Erfolge gehabt hat und in Portugal seit 1970 ein eigenes Ensemble leitet; ungeachtet vor allem der Tatsache, daß er musikalische Spontaneität und planende Folgerichtigkeit einleuchtend auf einen Nenner zu bringen weiß. Dies ist des weiteren der Grund, weshalb Emmanuel Nunes (* 1941 Lissabon) sich für die Ausarbeitung seiner skrupulös aus rhythmischen und klanglichen Relationen abgeleiteten Kompositionskonzepte zu jenen komplexen Tongebilden, die er sich vorstellt, erst (ab 1967) Paris und Köln als ihm gemäße Wirkungsstätten gesucht hat und jetzt (ab 1986) mit seltsamer Logik zum Nachfolger des ihm geistverwandten Brian Ferneyhough an der Freiburger Hochschule bestimmt wurde. Endlich läßt sich analog begründen, weshalb der Spanier Manuel Hidalgo (* 1956 Antquera / Andalusien) nach seinem Studium bei Helmut Lachenmann in Stuttgart geblieben ist, um seinen ganz andersartigen Versuchen, Klang und Struktur als Grundphänomene und Erkenntnisobjekte zu begreifen, mit der nötigen Unabhängigkeit für Radikalerfahrungen nachgehen zu können.

Balkanländer

Mehrere Jahrhunderte türkischer Herrschaft haben den Ländern des europäischen Südostens im Kulturellen ein schwieriges und zwiespältiges Erbe hinterlassen. Zum einen wurden schon die meisten jener Kräfte, die nach Restitution der lang entbehrten Unabhängigkeit im Verlauf des 19. Jahrhunderts nun aktiv an der Formierung einer eigenen Kultur – ähnlich den damaligen Nationalbestrebungen in anderen Staaten – hätten arbeiten können, durch die endlosen Krisen, Gebietsstreitereien, internen Machtkämpfe auf dem Weg in die Selbständigkeit gebunden und abgezogen. Und dies setzte sich mit bald da, bald dort aufflackernden Unruheherden oder Umsturzbewegungen, unterstützt durch eine ständig labile Bündnispolitik der Großmächte, eigentlich bis in die Zeit der beiden Weltkriege fort. Zum anderen war das einzige, was unter dem bestimmenden Einfluß des Osmanenreichs noch einen gewissen Zusammenhalt geboten hatte, das bewußte Rekurrieren auf die beiden uneinnehmbaren Traditionsbereiche des orthodoxen Glaubens und der Folklore. Konnten allerdings reale und geistige Existenz der Ostkirche durchaus als ein Bollwerk gegen die türkisch-moslemische Infiltration gesehen werden, so war die autochthone Volkskunst doch nicht in gleicher Weise gegen akkulturative Vermischungen gefeit. Gerade sie aber erwies sich, als es in dem Selbstfindungsprozeß nach dem Türkenabzug um spezifische Ansatzpunkte ging, fürs erste als ergiebiger und ausbaufähiger.

Musikalisch mochte die Trennlinie zwischen säkularisierter Kirchen-Modalität und folkloristischer Melismatik mit schiefen Kombinationsrhythmen und Heterophonie ohnehin nicht so scharf zu ziehen sein. Freilich erhöhte eben dieses Verwischen der funktionalen wie der lokalen Herkunft, zusammen mit der Neutralisierung durch das latente türkische Amalgam, die nun einsetzenden Abgrenzungsprobleme zwischen rivalisierenden Staatsgebilden, Königreichen, Volksstämmen und nationalen Gruppen. Jeder Volksmusiktyp schien historisch mehrfach vorbesetzt und bot, wollte man das Eigene hervorkehren, bei der herrschenden Fremden-Animosität Anlaß zu subtiler Zänkerei. War's da nicht überhaupt besser, sich gleich in die gesamteuropäische Entwicklung einzuordnen? Die Sonderrolle übers Folkloristische zu betonen, erhielt nach 1945 ohnehin in den drei sozialistischen Ländern (Jugoslawien, Rumänien, Bulgarien) einen zusätzlichen und in jedem Fall prekären ideologischen Akzent.

In Griechenland hingegen waren die Komponisten nicht nur von solchen, wenigstens solcherart motivierten Pressionen frei, sondern sie konnten bei ihren Anknüpfungsversuchen auch ganz andere kulturgeschichtliche Quellgründe aufdecken und reaktivieren. Fraglos ging es Jani Christou (1926 Heliopolis bei Kairo – 1970 Athen, durch Autounfall) um eine Neubelebung, das umfassende Wiederinkraftsetzen (Anaparastasis) des griechischen Dramas mit allen Momenten des entfesselten Rituals aus Musik, Tanz, vokaler Ekstase, Aktion, sogar unter Mitbeteiligung des Publikums bis zu rauschhafter Hysterie gesteigert. An Freilufttheater und ein multimediales Mysterium (so ähnlich wie Skrjabin) hatte Christou gedacht und dafür aus Seriellem abgeleitete musikalische Patterns mit solchen von Lebenssituationen wie Schlaf, Traum, Essen, Liebe, Verzweiflung gleichgesetzt;

außerdem eine ›synthetische Notation‹ nach Stenogrammart erfunden, die zugleich präzis und offen die Musiker zur Darstellung bis ins Extramusikalische (Metapraxis) locken sollte.

Gegenüber diesem Aufgreifen einer Legitimationslinie aus der griechischen Antike, wie es sich auch bei Yorgo Sicilianos (* 1922 Athen) in den starken Werkanteilen von Oper, Ballett und vor allem Bühnenmusiken zeigt, haben andere sich an die besondere, von zentraleuropäischen Normen abweichende Tradition der byzantinischen Musik gehalten: Michael Adamis (* 1929 Piräus), der sich nebenher wissenschaftlich mit byzantinischer Musikkunde und der Erschließung früher Mehrstimmigkeitsformen beschäftigte, leitet aus den Erfahrungen mit dieser ganzheitlichen Musikwelt eine neue, im wesentlichen einstimmige Dimension kompositorischen Strukturdenkens ab, die ›Neo-Monophonie‹. Sie bezieht aus der feinabgestuften Melismatik, der Mikrotonalität, den polyrhythmischen und formalen Ablauffreiheiten sowie dem Wissen, daß mit jedem der acht Modi (echoi) auch der Charakter des betreffenden Tonraums (ethos) wechselt, ihre sprechende, höchst differenzierte Linear-Komplexität. Vom selben Ansatzpunkt aus ging Dimitri Terzakis (* 1938 Athen) noch um einen Schritt weiter, indem er parallel zu den byzantinischen eigene Tetrachorde als Basis und Intervallrahmen für das jeweils horizontal entfaltete ›Mikromelos‹ erfand, sie durch kleine Ablenkungen der Töne untereinander (elxis) oder Sonderteilungen (chroai) bereicherte und gelegentlich mehrere der solcherart sensibilisierten Melodiezüge übereinanderschichtete. Inzwischen hat Terzakis seinen Anregungsbereich von der byzantinischen auch auf arabische und andere Musik aus dem östlichen Mittelmeerraum ausgedehnt.

Im übrigen macht sich bei den griechischen Komponisten – im wörtlichen Sinn – eine Landflucht bemerkbar, offenbar durch die letztlich doch beschränkten Möglichkeiten in der Heimat ausgelöst. Wie Terzakis lebt Iannis Vlachopoulos (* 1939 Piräus), musikalisch eher durch konkret Bildhaftes inspiriert, wechselweise in Athen und Köln. Der ideenreich unruhvolle Nikos Mamangakis (* 1929 Rethymnon/Kreta), bei dem sich Konstruktion und Vitalität, Logik und Wirkung (bis ins Unterhaltsamere von Film- und Theatermusik) keineswegs gegenseitig ausschließen, hat nach acht Jahren

München und zwischen vielen Auslandsaufenthalten doch Athen zum Stammquartier erklärt. Dagegen verblieb Arghyris Kounadis (* 1924 Dilinata / Insel Kefallenia), bei dem Serialismus und Aleatorik zu etwas angestrengtem Komödien-Schnickschnack weiterführten, gleich an seinem Studienort Freiburg auch als Dozent. Ebenso siedelte sich Anestis Logothetis (* 1921 Burgas / Bulgarien) in Wien, wo er studiert hatte, für Dauer an und hielt auch mit innerer Konsequenz und zunehmender Variabilität an seiner grafischen oder, wie er lieber sagt: polymorphen Notationsweise fest. In weit entfernte Weltgegenden zog es zwei der vielseitigsten griechischen Komponisten, Dirigenten und Pädagogen, ohne daß sie doch ihre Aktivitäten zuhause ganz aufgegeben hätten: Iannis Ioanidis (* 1930 Athen) nach Venezuela, Theodore Antoniou (* 1935 Athen) in wechselnde Städte der USA; und während der eine sich wenigstens musikalisch Ökonomie auferlegte, galt dem anderen selbst darin die Vielfarbigkeit der Mittel als sich ständig erneuernder Impuls. Und schließlich entwickelte Paris eine besondere Attraktivität: für Xenakis, der zum Franzosen wurde, wie für den engagierten Freiheitsstreiter Mikis Theodorakis (* 1924 auf Chios), der dort sein Exil verbrachte, oder für die beiden an sozialer Direktwirkung interessierten Theatraliker Georges Couroupos (* 1942 Athen) und den rasch zu Erfolg gelangten Georges Aperghis (* 1945 Athen).

In Paris arbeiten und wirken auch der Jugoslawe Ivo Malec, im Umkreis der Musique concrète, der Rumäne Costin Miereanu (* 1943 Bukarest), der gerne Klänge beim Erzählen ihrer Geschichte oder beim Ausfüllen eines Raumes sich selbst überläßt, und der Bulgare André Boucourechliev (* 1925 Sofia), der sie lieber in komplexen Feldern zu abstrakten Formbildern ordnet. Die westeuropäische Metropole scheint sich demnach als gastfreier und dann integrativer Ausweichort für Komponisten aus dem Südosten besonders zu eignen. Ebenso ist der Jugoslawe Vinko Globokar, wenn auch seit Geburt mit Frankreich verbunden, dort (mit Unterbrechungen) heimisch geworden. Dies beweist jedoch andererseits, daß die faktischen wie atmosphärischen Hemmnisse in den balkanischen Ländern trotz aller Bemühungen, ihnen durch jeweils nationale Fördermaßnahmen und Festivals aus Geschichtshypotheken und Provinzialität zu einer eigenen Musikkultur zu verhelfen, immer noch abschreckender wirken als die Unsicherheiten und psychischen Belastungen eines Emigrantenschicksals. Selbst Milko Kelemen (* 1924 Podrawska Slatina/Kroatien), der doch mit der Einrichtung der Musik-Biennale Zagreb (ab 1961) den Jugoslawen eine einzigartige Horizontweite nach Osten wie nach Westen und dazu etwas von Mittelpunktbewußtsein erschlossen hatte, verlagerte seinen Aktivitätsschwerpunkt im fünften Biennale-Jahr (1969) nach Westdeutschland, erst nach Düsseldorf und ab 1973 nach Stuttgart (als Kompositionslehrer). Sicherlich, die liberal-kommunistische Volksrepublik erlaubte solche Zweigleisigkeit; und außerdem war in Jugoslawien mit seinem etwa 3:2-Verhältnis zwischen Orthodoxen und Katholiken sowie den Teilzugehörigkeiten zu Österreich und Italien die Westbindung seit jeher stärker als in den anderen Balkanländern. Dennoch bleibt da eine Skepsis gegenüber der selbstgeschaffenen Plattform.

Gleichzeitig lebte Kelemen seinen Landsleuten einen Weg mögcher Entwicklung vor: heraus aus der nationalen Scheuklappensituation, aus der Selbstzufriedenheit, den kleinkarierten Alternativen zwischen biederem Klassizismus und Folklore. Doch die neugierige Erkundung der externen musikalischen Weltszenerie trug auch die Erkenntnis der eigenen Verspätung ein, samt dem gefährlichen Wunsch nach ausgleichender Geschwindkompensation. »Ich fühlte mich fast immer wie ein großer Schrank, der Hunderte von Schubladen in sich trägt. Jede der Schubladen mußte einmal geöffnet werden, da deren Inhalte die köstlichsten Überraschungen in Aussicht stellten.« Und mochten vor den radikalsten modischen Überspitzungen bei Kelemen selber ein natürlicher Gefühlsvorbehalt, der rasch wachsende Überblick sowie ein verarbeitendes Synthesebedürfnis (in Richtung auf seine Art von ›Transavantgardismus‹) bewahren, so waren Angebot und Einfluß innerhalb der jugoslawischen Landesgrenzen oft verfänglicher. Der verunsicherte Kelemen-Schüler Ruben Radica (* 1931 Split) hatte darunter des öfteren zu leiden; während der kluge, in sich gefestigte Branimir Sakač (* 1918 Zagreb) daraus Anregungen zu mancherlei eigenwilligen Neuerungen zog. Und der Versuchung, methodisch Emanzipiertes einfach in alte Formmuster zu packen, entgingen Stanko Horvat (* 1930 Zagreb) durch bewußtes Ausnutzen eines dialogischen Kontrastprinzips, Dubravko Detoni (* 1937 Križevci / Kroatien) durch das findige Entwikkeln offener Verlaufsprozesse sowie Igor Kuljerić (* 1938 Šibenik) durch eine Aufteilung in wechselnde Spielergruppen. Neben den Kroaten als den unmittelbarsten Biennale-Beteiligten ergriff die allgemeine Aufbruchstimmung, die sich sowieso im jugoslawischen Nordwesten am deutlichsten durchsetzte, vor allem noch die Slowenen: Ivo Petrič (* 1931 Lubljana) machte sich als komponierender Dirigent seines ›Slavko Osterc-Ensembles‹ zu ihrem kundigen und agilen Anwalt; Milan Stibilj (* 1929 Lubljana) erlangte durch die Weite seines Erfahrungsbereichs und die musikalische Überzeugungskraft seiner daraus gefolgerten Rückschlüsse die größte internationale Bekanntheit; Darijan Božič (* 1933 Slavonski Brod) kombinierte mit gelegentlich schwankendem Ergebnis die Unbefangenheit des ehemaligen Jazz-Musikers und die Lust an eigenen Konstruktionsprogrammen; hingegen sicherte der bedächtig und konzentriert arbeitende Lojze Lebič (* 1934 Prevalje / Slowenien) seiner Musik durch Flexibilität und Umsicht, ohne bodenständige Traditionen auszuschließen, ein hohes Maß an innerer Stimmigkeit.

Liegt es nun, wenn man das buntfarbige jugoslawische Al-fresco mit der durchgezeichneten, eher geschlossenen Bildwirkung der rumänischen Musik vergleicht, an den lateinisch-romanischen Strukturelementen der Sprache (und damit des Denkens) oder an der auswegloseren sozialistischen Umklammerung des Landes, das gleichwohl gegen die mehrseitig andrängende Slawisierung seine eigene Identität zu behaupten sucht; oder, spezieller, an der wegen dieser doppelten Ausnahmestellung fast existentiellen Bedeutung, die somit nationale Kulturtraditionen erhalten, und die statt einer nur kursorischen eine intensive und gründliche Beschäftigung mit ihnen geradezu gebietet? Jedenfalls hat Komponieren in Rumänien einen ganz anderen und ernsteren Ableitungshintergrund: in der Modalität aus dem orthodoxen Kirchengesang und der Volksmusik, den ungewöhnlichen, nicht-westeuropäischen Rhythmusarten und dem freien Gefüge heterophoner Stimmüberlagerungen.

Und wie Brâncusi in seiner berühmten ›endlosen Säule‹ eigentlich nur das alte bäuerliche Rautenmuster monumentalisiert hat, so geht Tiberiu Olah (* 1928 Arpăşel / Siebenbürgen) in seinem danach benannten Orchesterstück – aufs andere Material übertragen – von einem Hirtenruf aus. Diese Verwurzelung seiner Musik im Archetypischen gibt ihr bei aller ausgreifenden, völlig eigendynamischen Entfaltung zu Farbvielfalt und Raumvolumen gleichsam rückbezüglich Spannung und Plastik. Auf einer ähnlichen Basis, sogar durch theoretische Erforschung zur Bewußtheit syntaktischer Grundmodelle erhoben, baut Ştefan Niculescu (* 1927 Moreni) seine klar gegliederten, doch wie organisch wachsenden Strukturen auf, die über heteromorphe Schichtungen und mobile Irregularitäten allmählich zu einer harmonisierenden, neo-diatonischen Klangbalance gelangt sind. Gleich ihm war Anatol Vieru (* 1926 Jassy) von einer Kombination zwischen ›Modalismus‹ und Reihendenken ausgegangen, kam dann allerdings zur dispersiven Flächenbildung aus dem Bestand eines kompakten, auch mikrotonalen Mutterakkords durch die einwirkenden Energien von Lautstärke und Bewegungsimpuls, so daß sich je nach dem Kräfteverhältnis abstrakte Formen und Figuren in der Zeit entwickeln.

Diese typologische Ähnlichkeit charakterisiert den sich verbreiternden Anteil an wirklich neuer, antikonservativer Musik in Rumänien fast ausnahmslos. Lediglich die Spielarten, was einer aus den gemeinsam anerkannten Voraussetzungen folgert, ändern sich: bei Aurel Stroe (* 1932 Bukarest) weist der Ausschlag mehr – und nicht immer schlüssig – ins Vielsträhnig-Experimentelle; bei Cornel Ţăranu (* 1934 Cluj) in eine impressionistische Klangdelikatesse; bei Myriam Marbe (* 1931 Bukarest) einleuchtend und gradlinig in den Bereich tonsprachlicher Anschaulichkeit; und bei den Jüngeren wie Octavian Nemescu (* 1940 Paşcani/Jassy) oder Serban Nichifor (* 1954 Bukarest) in eine ökonomisch gehandhabte Ausdruckspoesie.

Jedoch nirgendwo zeigt sich eine derart schwer zu überblickende, kreuz und quer laufende Uneinheitlichkeit wie im südlichen Nachbarland Bulgarien. Da scheinen altstiliges Oratorienpathos, flinke musikantische Unterhaltsamkeit und folkloregestützter Patriotismus unverbunden nebeneinanderzustehen, ja manchmal mischen sie sich auch beim selben Komponisten. Da gibt es etwa rechtschaffene Museal-Symphonik wie bei dem Dirigenten der Sofioter Staatsphilharmonie, Konstantin Iliev (* 1924 Sofia), maßvolle Zwölftönigkeit mit verstärktem Eigenprofil bei Georgi Ivanov (* 1924 Sofia) und schon mündig gewordene Konturenschärfe mit Aktualitätssinn, rhythmisch-metrischen Spezifika sowie virtuos zupackender Frische bei Lazar Nikolov (* 1922 Burgas). Die Skala führt weiter zu der nicht nur kompositorisch, sondern auch politisch aufgeklärten Gegenwartsbewußtheit von Simeon Pironkov (* 1927 Lom) oder dem scheuklappenlosen Gebrauch der Klangfarben zwischen Dudelsack und Jazz bei Ivan Spassow (* 1934 Sofia); und sie reicht bis zur weltläufigen Experimentierlust von Vasil Kazandžiev (* 1934 Ruse) oder Nikolai Stoikov (* 1930 Plovdiv). Wenn man aber nun meint, das hänge eben mit den Generationsunterschieden zusammen, dann verwirren die soz-realistische Breitspurigkeit bei Georgi Mintchev (* 1939 Sofia) oder das einäugige Abheben auf Folklore bei Stefan Dragostinov (* 1948 Sofia) wieder gehörig jenes nach Alter gestaffelte Bild.

Israel

Zwänge, Wünsche, Hoffnungen und mancherlei verwickelte Fatalitäten haben die Vorgeschichte und den Aufbau des Staates Israel begleitet. Die selbstverordnete Euphorie, auf mehrtausendjährigem Kulturgrund endlich eine ›nationale Heimstätte‹ für alle Juden zu finden, und die dauernde Belastung, für deren Real-Existenz dennoch gegen den entschlossenen Widerstand der arabischen Nachbarn wie gegen die ungewöhnlichen Widrigkeiten der Landesnatur gleich zweifach hart kämpfen zu müssen, begünstigten in dem gespannten Auf und Ab der offensichtlichen Unvereinbarkeit ein Klima forcierten Gründungswillens. Nun lassen sich auf dem Verordnungsweg zwar eine eigene Sprache (das neuhebräische Ivrit) oder eine eigene Währung (erst Israeli Lira, seit 1980 Schekel) schaffen, aber bei der Musik hat man's mit der Identitätssuche schon sehr viel schwerer. Die erste Einwanderergeneration, die während der dreißiger Jahre dem Nazi-Regime entflohen war, hatte versucht, die mitgebrachten Kenntnisse und Stiltypen ihrer Herkunft mit der vorgefundenen vorderorientalischen oder ostmediterranen Folklore – in der sich Arabisches und Altjüdisches übrigens entgegen jeder aktuellen Separierungstendenz ununterscheidbar durchmischt hat – und den traditionellen Formen des Synagogalgesangs zu verbinden.

Doch obwohl einer der einflußreichsten Komponisten, Paul Ben-Haim (1897–1984), ursprünglich Münchner mit dem Namen Frankenburger, sich schon früh mit dem systematischen Sammeln und Erforschen der palästinensischen Volksmusik befaßt hatte, ergaben sich ungeachtet aller pionierhaften Emphase eher locker angleichende Summierungsverfahren: stimmungsvolles Zitieren nach neo-impressionistischer oder auch romantisch-expressiver Machart; Aufgreifen eines Folklore-Themas mit anschließenden Variationen; schließlich, nah verwandt, Auswahl einer oder mehrerer melodisch-harmonischer Zellen zwecks Verarbeitung und Erweiterung. Außerdem wurden biblische Stoffe, Ereignisse aus der jüdischen Geschichte und religiös inspirierte Werke in der Vokalmusik wie in bloßen Titelanspielungen weithin bevorzugt.

Diese allgemeine thematische Zentrierung blieb auch für Josef Tal (* 1910 Pinne bei Posen), ausgebildet im Berlin der Hindemith-Zeit, verbindlich, aber sie wurde doch umgewertet in zweierlei Hinsicht: inhaltlich erzählte Tal nicht mehr mit dem Vorsatz rückerinnernder Selbstbehauptung in der neuen Umgebung Geschichten aus der Vergangenheit, sondern projizierte ihren Parabel-Gehalt in die Jetztzeit, als Aufforderung zu einer gelebten Auseinandersetzung mit fortdauernden Problemen; und kompositionstechnisch versachlichte er die Verwendung orts- oder traditionsgebundenen Materials, indem er es in die Struktur einbezog und ihr durch den Gebrauch typischer Melodiefloskeln als Motivbestand oder Reihe einen weiterwirkenden Kern gab. Sogar der verstärkte Umgang mit elektronischen Klängen, für den er 1961 in Jerusalem das erste israelische Studio gründete, orientiert sich an diesen Methoden. Tals Schüler Jacob Gilboa (* 1920 Košice / Slowakei), dem die Begegnung mit Stockhausen und Pousseur in den sechziger Jahren zur Ausbildung seiner beweglichen, epigrammatischen Mosaikformen verhalf, hat die innermusikalische Verklammerung von orientalischer Folklore und westlicher Komponierpraxis dadurch vorangebracht, daß er noch spezieller volksmusikalische Modelle wie Mikrointervallik, Wechsel zwischen Klein- und Großsekundschritten, improvisatorische Entwicklungsoffenheit, psalmodierenden Sprechgesang als ein gestisches Repertoire herauslöste und nach den Regeln einer modernen Syntax behandelte; abermals unter Einschluß, wenn auch nur gelegentlicher Tonband-Mitwirkung. Inzwischen war übrigens auch unter den israelischen Komponisten, bei Gilboa und anderen, die charakteristische Maqām-Technik der arabischen Musik, das Ausgehen von einem Grundton mit sich erweiternden Intervallen und in typischen (orientalischen) Melodiewendungen, heimisch geworden.

Da setzte eine Kehrtwendung ein: Das Bestreben, zu einer immer engeren, im Konkreten verankerten Synthese mit nahöstlichen Idiomen zu gelangen, verlor sein programmatisches Ausschließlichkeitsrecht. War man dadurch nicht blind für anderes geworden, hatte den freien Austausch mit den aktuellen Strömungen der Weltmusik künstlich beschnitten und stand in Gefahr, sich selbst zu provinzialisieren? Bei Tzvi Avni (* 1927 Saarbrücken), 1933 nach Israel gekommen – die beiden ausschlaggebenden Daten von Geburt und Immigrationszeitpunkt rücken nun immer näher zusammen –, stellten sich beispielsweise diese Fragen ganz direkt und unausweichlich, als er 1962–64 in den USA studierte, sich danach auch noch speziellere Kenntnisse mit der elektronischen Klangtechnik in New York erwarb. Ihm war das Israelische als nationalistisches Denk- und Handlungsprinzip bereits derart vertraut, daß der Blick über den Zaun in ferne Weiten, etwa nach Japan, für ihn unvergleichlich stärkere Attraktivität erhielt und seinen lyrischen Neigungen, seinen Wünschen nach weniger Abstraktheit und mehr Anschaulichkeit oder einem leicht gewobenen Abwechslungsreichtum besser entsprach. In seltsamer Koinzidenz – das Geschilderte vollzog sich ja überhaupt oft in verzahnter Gleichzeitigkeit – ebbte der bestimmende Einfluß der ersten Generation ab: 1974 starben die Komponisten Erich-Walter Sternberg (* 1891), der 1936 das heutige Israel Philharmonic Orchestra gegründet hatte, Karel Salomon (* 1897), der als Musikdirektor beim Palestine Broadcasting Service (das 1948 Kol Israel wurde) entscheidend für die Information übers musikalische Weltgeschehen tätig gewesen war, und Abraham Daus (* 1902), der in den agrarischen Kollektiven der Kibuzzim für die Musik- und Chorerziehung auf dem Lande gesorgt hatte.

Und während man sich zuvor – unter Anleitung all dieser unverdrossenen Fundamentebauer und Wegebahner – hauptsächlich um die Zusammenfassung und das schöpferische Nutzbarmachen der verschiedenen jüdischen Traditionen aus dem Jemen (wegen geographischer Isolation besonders alt) und Irak, aus Kurdistan, Persien, Indien, Abessinien, Marokko und aus Europa sowieso gekümmert hatte, richtete sich das Augenmerk jetzt umgekehrt auf den begleitenden Zustrom außerjüdischer, nationaler Eigenheiten und Ausdrucksformen aus der Musik der Herkunftsländer. Darin schien mehr Anregung und Erneuerungskraft zu liegen. Ob nun Jizhak Sadai (* 1935 Sofia) aus Bulgarien kam (1949) und durch sein expressiv-monodisches Empfinden für serielle und östliche Tonreihen (bis zur Konsequenz der Einrichtung eines elektronischen Studios in Tel Aviv) nochmals der Assimilationsidee an Orientalisches neuen Auftrieb gab. Oder Leon Schidlowsky (* 1931 Santiago de Chile) eine Art südamerikanischer Gegenwartsbeteiligung mitbrachte, mit der er (ab 1969) die ›Kristallnacht‹, den Jom-Kippur-Krieg oder das Olympia-Massaker von München zu Komponieranlässen erhob. Oder ob Mark Kopytman (* 1929 Kamentez-Podolsky/UdSSR) seinen Sinn für die sprechenden Nuancen von Mikro-Intonation und sich aufspaltender Heterophonie einsetzte (ab 1972 in Israel) oder Josef Dorfman (* 1940 Odessa) seine Vorliebe auch für konkrete Klangerzeuger und die Denaturierung der üblichen (ab 1973). Schließlich erfuhr der Umgang mit Techniken und Klangmitteln eine Befreiung von aller tendenziellen Vorsätzlichkeit, als die in Israel geborenen Komponisten wie Noam Sheriff (* 1935 Tel Aviv), Arie Shapira (* 1943 Kibbuz Afikim) oder Ron Lewy (* 1944 Jerusalem) antraten, um von der mittlerweile ganz selbstverständlich gewordenen Basis aus sich mit Wendigkeit, stilistischer Weitherzigkeit (bis in Rock- und Jazz-Bereiche) oder exportfähigen Nationaltönungen (aus jüdischem Text und modaler Färbung) in das internationale Musikgeschehen einzumischen.

Ungarn / Tschechoslowakei

Zwei unschätzbare Vorteile der ungarischen Musik, die ihr im Vergleich zu den Verhältnissen in allen übrigen östlichen Ländern jenes europäischen Vielstaatenbereichs zwischen Ostsee und Balkan die größere Standfestigkeit und eine klarere Ausgangsbasis sicherten, gehen von Werk und Wirken eines einzigen Komponisten aus: Béla

Bartók hatte zum einen für sein Land einen hohen, unbezweifelbaren Qualitätsmaßstab gesetzt und ihm eine internationale musikalische Geltung verschafft, wie sie derart eindeutig weder in Rumänien mit Enescu noch in Polen mit Szymanowski, weder in der Tschechoslowakei mit Alois Hába noch in Griechenland mit Skalkottas eine Parallele haben; zum anderen hatte Bartók das Thema Volksmusik, längst ehe es ideologisch falsch vereinnahmt werden konnte, in Zusammenarbeit mit Zoltán Kodály so gründlich, dabei künstlerisch zielbewußt aufgegriffen, behandelt und zu konkreten musiksprachlichen Ergebnissen geführt, daß alle Problematik oder peinliche Nötigung für Spätere sich dadurch im wesentlichen schon erledigt hatten. Ungarn, erst durch das Zerbrechen des Habsburgerreichs 1918 am spätesten zur Restitution seiner seit dem 16. Jahrhundert entbehrten Selbständigkeit gelangt, befand sich damit musikalisch in einer historischen wie stilistischen Vorrangstellung.

Und als sich im September 1945 zwei junge Musiker bei der Aufnahmeprüfung in der Budapester Musikhochschule trafen, entdeckten sie sofort und ganz selbstverständlich Übereinstimmungen: Beide waren sie »trotz der schlimmen Erfahrungen während der Nazi-Zeit... von jugendlichem Optimismus erfüllt, voller Hoffnung auf eine moderne ungarische Kultur«; beide waren sie »Bartók-Anhänger und sahen in Bartóks Musik die Grundlage für eine weitere Entwicklung eines neuen, chromatisch-modalen musikalischen Idioms, das international sein sollte, und dennoch in der ungarischen Tradition verwurzelt.« Freilich, die Dämpfer kamen zuhauf und sich steigernd; erst statt der erwarteten Rückkehr die Nachricht vom Tode Bartóks aus New York, dann die Verwandlung der scheindemokratischen Regierung in spät-stalinistische Härte, bis die Zerschlagung des ungarischen Aufstands (Herbst 1956) alle ›Tauwetter‹-Aussichten zunichte machte und der eine, der von diesem gemeinsamen Studienbeginn berichtete, György Ligeti, in den Westen floh und sich dort mit seinen ›ungarischen‹ Vorkenntnissen in das zentraleuropäische Avantgarde-Geschehen einschaltete; während der andere, György Kurtág (* 1926 Lugos / Banat, jetzt Rumänien), sich über einen Studienaufenthalt in Paris (1957 / 58; Messiaen, Milhaud, Marianne Stein) genügend Abstand sicherte, um zuhaus seinen scheuen Einzelgängerweg mit fabelhafter Unbeirrbarkeit und auf einem neu gebildeten Niveau fortzusetzen. Seit seinem Streichquartett (1958/59, UA 1961), das Kurtág zur Markierung des Neuansatzes als Opus 1 bezeichnete, hat dieser gewissenhafte Miniaturen-Maler, sieht man von zwei noch nicht abgeschlossenen Orchesterwerken ab, bis zu seinem Opus 24, Kafka-Fragmenten für Sopran und Violine (1985/87), nur für schmale Besetzungen, nicht über Kammerensemble-Stärke und am häufigsten für Soli oder Duokombinationen, Musik geschrieben. Doch sie vereint mit ihrer Knappheit, Ereignisdichte und ihrer von Webern hergeleiteten Dispositionsstrenge eine innere Freiheit zu spielerischem Assoziationen-Reichtum wie zu dramatischem Affekt, zu verhaltener Stille wie zu blühender Vielfarbigkeit, die auf verblüffende Art jene alte Komponierweisheit von

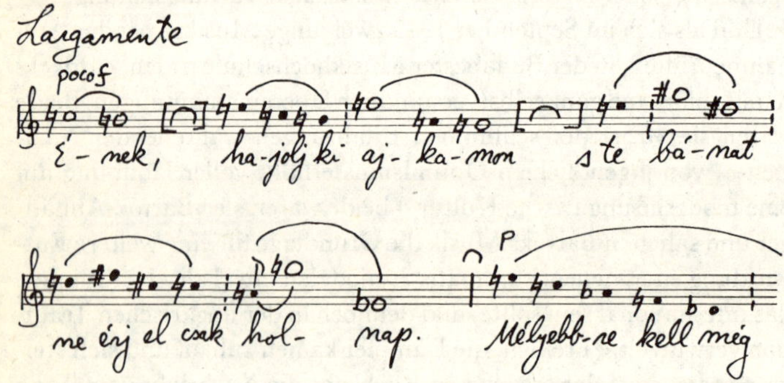

György Kurtág: Attila József–Fragmente für Sopran solo op. 20, letztes Fragment (Nr. 20) »Ének hajolj ki ajkamon ...« (Lied, löse dich von meinen Lippen,/und du, Leid, erreiche mich erst morgen./Tiefer muß ich mich noch beugen,/um, nichts mehr wissend, zu singen.)

der Vergrößerung des Ausdrucksradius durch absichtliche Reduktion der Mittel von neuem zu erkennen lehrt.

Neben dieser Linie einsammelnder Konzentration, die deutlich von Bartók und Webern ausgeht, aber durchaus auch den pointierten Witz Strawinskys sowie die Regionaltraditionen von Zymbal und Improvisation umfaßt, läßt sich allerdings eine andere Linie ausschwärmender Erfahrungsoffenheit verfolgen, die mehr im Ungarischen und beim dort heimisch Gebliebenen ansetzt, bei dem, was Kodály als Komponist und Volksmusikforscher verkörperte, und gleichwohl – ähnlich seinem Vorbild – nach gegenwartsbezogenen Verbindungen, nach weltweiten Kontakten strebt. Durch solche gespannte Bereitschaft zwischen Auskennen im Eigenen und Neugier auf Fremdes war Rudolf Maros (1917 Stachy, jetzt ČSSR – 1982 Budapest), der bei Kodály und Alois Hába studiert hatte, zum ersten ungarischen Komponisten geworden, der nach den Abkapselungs-Tiefpunkten in den fünfziger Jahren den Gleichklang und die ernstzunehmende Partnerschaft mit den internationalen Entwicklungen herstellte. Und er vollzog diesen entscheidenden Sprung aus provinzieller Enge ohne jede Hektik oder Modernitätssucht völlig gelassen und wie selbstverständlich, weil sich bei ihm Zeitfühligkeit und aufnehmende Intelligenz, Wissen und ausfilternder Qualitätsinstinkt, Sinn für die ganz neue Syntax der Klänge und Farben sowie eine ursprüngliche, bildhafte Vorstellungsgabe die Waage hielten. So bahnte Maros mit seinen Kompositionen, etwa ab den drei sich orchestral erweiternden Eufonien (1963–1968), einen Weg eigentlich weniger für sich selbst – er sträubte sich gegen Geschwätzigkeit und Selbstwiederholung, blieb sachzugewandt und konzis – als für andere, denen er Rückhalt und Anregungen gab: für András Szöllösy (* 1921 Szászváros/Siebenbürgen), ebenfalls Kodály-Schüler, dazu musikwissenschaftlich tätiger Biograph und Bibliograph, der seinen Streicher-Concerti und Orchesterstücken allmählich den Bereich asymmetrischer Formarchitekturen aus reihengesteuerten Klangschichtungen und Klangblöcken erschloß; oder für Zsolt Durkó (* 1934 Szeged), der höchst originell und mit beträchtlicher Blickweite für technische wie gedankliche Inspirationsmomente seine Musik aus gelenkigen Abfolgen monothematischer Zellen und Strukturen aufbaut, dabei aber zwischen Kontrast und Konsequenz, Variation und Rückgriff immer noch genügend Raum für weiterweisendes Farbenspiel und die letztlich verbindende, alles zusammenschließende Atmosphäre läßt; oder auch noch für Róbert Wittinger (* 1945 Knittelfeld / Steiermark), einen Schüler Durkós, der 1965 in die BRD überwechselte und seinen feingliedrigen grafischen Verwebungsmustern immer mehr klangliche Breite und programmatische Ausdrucksschwere gab und der bekannte, er habe »die entscheidenden Impulse fachlicher, menschlicher und moralischer Art für ein Komponistendasein« eben von Rudolf Maros erhalten.

Die dreifach verschiedenen Grade der Bindung oder Loslösung von Ungarn, wobei für Durkó die zusätzliche Studienzeit in Rom, bei Goffredo Petrassi (der auch schon Szöllösys Mentor gewesen war), seinen Start in die Internationalität gewiß begünstigte, hängen aber nicht nur vom Alter oder der stilistischen Verwurzelung ab, sondern ebenso von der Art der kompositorischen Projekte. Während Wittingers frühe abstrakte Entwürfe gleichsam Ubiquität auswiesen, sah sich Durkó, den bereits 1965 bei Una rapsodia ungherese (für 2 Klarinetten und Orchester mit Zymbal) Vorstellungen von der Wiederbelebung mittelalterlicher ungarischer Spielleute- und Organum-Praxis geleitet hatten, als er ans Komponieren einer Oper ging (Moses, 1975/77), nach mancher Exkursion zur Rückkehr in den eigenen Sprachraum veranlaßt. Diesem Diktat der Operntexte hatten sich auch die vor allem auf Bühnenwerke spezialisierten Komponisten Emil Petrovics (* 1930 Nagybecskerek, jetzt Jugoslawien) und Sándor Szokolay (* 1931 Kunágota / Bezirk Békés) zu beugen; und sie gaben darüber hinaus zuliebe der dramatischen Wirkung und des griffigen Szeneneffekts sogar einiges an musikalischer Gradlinigkeit und Einheitlichkeit auf. Anders erwarb sich István Lang (* 1933 Budapest), der mit Balletten, Opern und als Direktor des Staatlichen Puppentheaters begonnen hatte, gerade aus dem Kontakt mit Bühne und Bewegung eine stärkere, kontrolliertere Ausbildung seiner musikalischen Impulsivität: Die Gestik des Improvisatorischen bis zur Aleatorik und die planende Konstruktion mit Reihen- und Zahlenmaß rieben sich aneinander und führten zu Methoden der Angleichung, ohne eins wegen des anderen zu vernachlässigen. Die Pulsationen eines unterschwellig stets beteiligten musikantischen Temperaments lassen sich ebenso bei Attila

Bozay (* 1939 Balatonfüzfö) herausspüren, selbst wenn formale Gesichtspunkte und eine strengere methodische Verarbeitung zu dominieren scheinen. Phantasie, Experimentierfreude und instrumentale Virtuosität sind als Lockerungskräfte höchstens vorübergehend suspendiert, an sich aber stets präsent.

Ob sich dies auch noch für die minimalistischen Klangumkreisungen im Budapester ›Studio Neuer Musik‹ (Új Zenei Stúdió, gegründet 1970) sagen läßt, erscheint allerdings fraglich. Denn da wird die Reduktion aller Ausdruckswerte und jedes erkennbaren Richtungssinns auf virtuell anfangs- und endlose Zuständlichkeiten hin betrieben: Zeit als Kontinuum, durch in sich homogene musikalisch-akustische Dauervorgänge hörbar oder erlebbar gemacht, einzig durch Beleuchtungswechsel, Changieren der Farben und Lautstärken, durch ziellose Tongänge, veränderte Rhythmusfolgen oder ähnliches innerhalb des einmal abgesteckten Rahmens in Bewegung gehalten. Zoltán Jeney (* 1943 Szolnok) ist der Spiritus rector der Gruppe und besitzt wenigstens genügend Phantasie, um die vorsätzliche Rigorosität, die sich von Cage herleitet, Riley und Reich als Paten hat und sehr konzentriert gehandhabt, auch ästhetisch erforscht wird, in immer neue Konzepte und Permutationsprogramme umzusetzen. László Sáry (* 1940 Györ) neigt mehr der Poesie in den minimalen Wandlungen der Klänge zu, kann sich spontaner den sinnlichen Reizen ihrer internen Zirkulation überlassen. Und László Vidovszky (* 1944 Békéscsaba) mobilisiert gerne zur Darstellung floskelhafter Einförmigkeit szenischen Witz, satirische Vergnüglichkeit mit theatralischen, sketchhaften Zusatzeffekten. Das auch mit Aufführungen anderer, meist minimalistischer Musik aus den USA recht aktive Studio (unterstützt vom Kommunistischen Jugendverband KISZ) ist noch für eine Reihe weiterer Komponisten und Interpreten Diskussionszentrum, Treffpunkt und Arbeitsort, und manchmal vereinigt man sich auch zu Kollektivkompositionen, bei denen dann etwa der Pianist Zoltán Kocsis oder früher, ehe er die Leitung des Ensembles ›InterContemporain‹ in Paris übernahm (ab 1979) und sich überhaupt als Dirigent vermehrt hervortat, Péter Eötvös (* 1944 Székelyudvarhely) mittun. Eötvös hatte sich freilich schon in seiner Kölner Zeit (als Mitglied im Stockhausen-Ensemble und im Realisationsteam des Elektronischen Studios beim WDR, 1967–79) kompositorisch sehr eigenwillig zwischen Klangsinn, Theaterlust und Zahlenkonstruktivität bewegt und kultiviert nun weiterhin solche Separatsynthesen.

Zweierlei Problementschärfung in Ungarn – die absichernden Folklore-Vorleistungen durch Bartók und Kodály sowie der maßvolle und schließlich unerwartet weitreichende Liberalisierungskurs der Regierung – hat der Musik eine Bewegungsfreiheit eingebracht, die einerseits ihre internationale Verflechtung bis zum Grad der Selbstverständlichkeit begünstigte, andererseits, wie sich am Budapester Studio zeigt, das spezifisch Ungarische, das national Charakteristische sich mehr und mehr verflüchtigen ließ. Zwischen beiden Fakten steht das eigentlich wichtige Resultat, daß wohl keiner jetzt noch außer Landes gehen muß, weil und solange man sich eben das Fremde nahezu ungehindert hereinholen kann. Was dies für die Lebenssituation der Komponisten bedeutet, wird mit aller Schärfe klar, wenn man als Kontrast die Praxis und die Zustände in der benachbarten Tschechoslowakei dagegenhält. Seit dem gewaltsamen Abwürgen jenes kurzen politischen Frühlings (März bis August 1968) herrschen dort fast ungerührt Frost und dirigistische Engstirnigkeit dessen, was damals zynisch als ›Normalisierung‹ bezeichnet wurde. Und die Milderungen sind eher Folgen der Gewöhnung. Musikalisch wirkt sich die Konstanz der schlechten Verhältnisse – wegen der Empfindlichkeit der Materie und der Abhängigkeit von Aufführungen – besonders nachteilig aus. Zwischen hinhaltendem Kleinkrieg und schleichender Anpassung verwischen sich die Grenzen.

Vorteilhaft für die Bewahrung des Eigenen gegen Zugriffe von außen war sicher, wenn die Fähigkeit zum Einigeln, zu einer Art kontemplativem Selbstgespräch mit Musik wie bei Marek Kopelent (* 1932 Prag) sich schon vorher als ein kompositorisches Grundverhalten herausgebildet hatte. 1967 drückte Kopelent in der Einführung zu seinem IV. Streichquartett etwas davon aus: »Es ist ein introvertiertes Stück, das weniger für ein Publikum als für ein zuhörendes Individuum geschrieben ist, dem hierdurch ermöglicht werden soll, den täglichen Konflikten, Spannungen, anpreisenden Reklamen und einer Betäubung der menschlichen Seele zu entfliehen.« Das hat nichts mit Selbstgenügsamkeit zu tun, eher mit Innenkonzentration, die auch das Formbild mit seinen Verstrebungen, die Sprache mit ihren klar modellierten Konturen beherrscht. Doch Kopelents Reaktionen auf die Widersinnigkeiten der Zeit können sich auch zu geballter Heftigkeit steigern (Irrende Stimme, 1970); wie bei genügendem Abstand oder selbstauferlegter Reflexionsdistanz ein spielerisch zurechtrückender Humor durchbricht (Plauderstündchen für Saxophon und Orchester, 1975, oder Liebliche Musik für Zymbal und Kammerensemble, 1977/79). Von denjenigen, die mit Kopelent das Ensemble ›Musica Viva Pragensis‹ (1963–72) zu einem Sprachrohr der jungen tschechischen Musik hatten machen wollen, ist freilich der eine, der es dirigierte und auf Tourneen durch Europa führte, Zbyněk Vostřák (1920 Prag – 1985 Prag), nachdem er noch kompositorisch (Taschenkosmos, 1982/85) statt des ewigen »Abrakkerns mit Blick auf die Erde« den »befreiend aufatmenden Blick zum Sternenhimmel« empfohlen hatte, gestorben; der andere, seit jeher an allem Unkonventionellen, besonders aus Nordamerika, interessiert, Petr Kotík (* 1942 Prag), ist 1969 in die USA emigriert und leitet an der Universität Buffalo nun ein eigenes Ensemble für experimentelle, live-elektronische und Multimedia-Musik (S. E. M.), mit dem er auch eigene, jetzt Minimal-Stücke aufführt, etwa einen über vierstündigen Dauerbandwurm nach Gertrude Steins ›Many Many Women‹-Erzählung.

In Prag arbeiten noch relativ selbstbestimmt und unabhängig der energiegeladene Klangrealist Vaclav Kučera (* 1929 Prag), der kompakte Formen und Direktheit des Ausdrucks liebt, sowie der distanzierter planende Jan Klusák (* 1934 Prag), bei dem kontrapunktische Schichtungen für die Dynamik des Fortgangs einstehen. Demgegenüber hat sich in der slowakischen Hauptstadt Bratislava mit ihrem unbekümmerteren Lebensklima, nachdem der originelle Konzert-Inszenator Ladislav Kupkovič (* 1936 Bratislava), der mehrere Räume gleichzeitig von halb improvisierenden Gruppen bespielen ließ, in die Bundesrepublik übergewechselt ist (1969 nach Berlin, Köln und seit 1973 Hannover), das Feld gelichtet und an lockerer Spontaneität verloren. Kupkovič selbst schwenkte nach einer Steigerung seiner Wandelkonzert-Ideen bis zur ›Klang-Invasion‹ in eine ganze Stadt (1971 Bonn) zu harmonisierter Flächenfüllung in neotonaler Bravheit um. Und seine slowakischen Kollegen von einst, etwa Ilja Zeljenka (* 1932 Bratislava), der wegen des offenkundigen Nutzens für die Filmmusik das erste elektronische Studio in der ČSSR (1961) gegründet hatte, oder der von den elektronischen Klangmöglichkeiten ebenso angezogene Ivan Parík (* 1938 Bratislava), blieben nun ohne sein mobilisierendes Temperament und ohne sein vermittelndes, werbendes Ensemble (Hudba dneska / Musik von heute) auf härterem Boden zurück.

Polen

Die Gunst der Stunde hatte sich vervielfacht, als mit dem polnischen ›Tauwetter‹-Herbst 1956 das Ende der alles lähmenden Stalinismus-Ära unerwartet termingerecht mit dem ersten internationalen Festival für zeitgenössische Musik ›Warschauer Herbst‹ (Warszawska Jesień) zusammenfiel und dabei auch noch eine Gruppe jüngerer polnischer Komponisten hervortrat, die man bald schon wegen ihrer Eigenständigkeit als ›polnische Schule‹ bezeichnete. In dem Begriff mischen sich zu gleichen Teilen das Erstaunen über Zahl und durchgebildetes Sprachniveau dieser Komponisten, von denen bis dahin außerhalb des Landes kaum einer etwas wußte, die irritierte Unkenntnis, woher und wieso mit derart geprägtem Profil sie überhaupt kommen mochten, und die schlichte Feststellung, daß sich ihre Musik in einigen wesentlichen Punkten von allem bei der europäischen Avantgarde Gewohnten unterschied. Zunächst, 1956, waren es sechs, und ihre Ausflüge ins Neuland stilistischer Unabhängigkeit, auf denen sie sich danach in raschem Voranschreiten Selbstsicherheit erwarben, hielten sich den Umständen entsprechend noch in Grenzen: bei Witold Lutosławski, dem bald Tonangebenden; der gleichaltrigen Grażyna Bacewicz (1913 Łódź – 1969 Warschau) mit ihrem organischen Equilibre von Klangsinn und Formbewußtsein; bei dem Praktiker und Realisten Andrzej Dobrowolski (* 1921 Lemberg) mit seiner Vorliebe für gedrängte Knappheit; dem musikalischen Szenographen Kazimierz Serocki (1922 Thorn – 1981 Warschau) mit seiner Fähigkeit, Töne, Farben und rhythmische Verläufe in den Raum zu projizieren; dem Expressiv-Lyriker Tadeusz Baird (1928 Grodzisk Mazowiecki – 1981 Warschau) mit seinem eindringlichen Bemühen, »etwas zu erfassen und zu materialisieren, was in seinem Wesen die Verneinung des Materiellen ist«, nämlich »Gedanken und Gefühle festzuhalten und so dem Essentiellen des Lebens Dauer zu verleihen«; sowie schließlich beim jüngsten, dem gerade 24jährigen Wojciech Kilar (* 1932 Lemberg), der nach Abschluß seines Studiums noch – gemäß einem alten, weit verbreiteten Usus der Polen – in Paris bei Nadia Boulanger zusätzliche Unterweisung suchte, um seinem gelenkigen Komponiertemperament Eleganz und Weltläufigkeit zu geben.

Aber war diese Riege an sich schon beachtlich und verriet, wenn man sie nicht nur überrascht aus der Ferne betrachtete, genügend Differenzierung und Streuungsbreite, so meldeten sich bereits bei den nächsten Warschauer Festivals abermals weitere sechs Komponisten zu Wort und ließen wenigstens ansatzweise eine durchaus eigene Physiognomie erkennen. Noch am ähnlichsten mochten sich die beiden Altersgenossen Henryk Mikołaj Górecki (* 1933 Czernica) und Krzysztof Penderecki sein, weil sie beide die polnische Spezialität des kompositorischen Umgangs mit aufgerauhten Klangflächen unter Einschluß vor allem denaturierter, geräuschhafter Streicherfarben pflegten; Górecki härter, strenger, dissonanzenreicher, oft mit bohrender Intensität, Penderecki anfangs experimentierfreudiger, offener, bis er über großformatige, dunkel grundierte Oratorien zu seinen regressiven Spätromantik-Annäherungen kam. Parallel beschränkte Górecki in den siebziger Jahren den Materialbestand auf wenige, oft wiederholte Motivzellen, die er nun mit pastoser symphonischer Gebärde ins Hymnische steigerte oder in einem psalmodierenden Lamentoso festhielt. Solche Pendelausschläge in der späteren Entwicklung zeigten sich bei den anderen ›Warschauer Herbst‹-Debütanten von damals nicht. Włodzimierz Kotoński (* 1925 Warschau) bewahrte sich stets sein waches, die speziellen Bedingungen erkundendes Interesse an den Klangmitteln – den instrumentalen, elektronischen, konkreten, perkussiven oder zuletzt denen vom Synthesizer – und baute daraus folgernd Strukturen und Abläufe auf. Witold Szalonek (* 1927 Czechowice) blieb der sensible Konstrukteur, der hohes satztechnisches Wissen und ein Gespür für die Nuancen der Farbe, auch ungewöhnliche oder verfremdete, zu schlanken Formbildern vereint. Demgegenüber dachte sich Bogusław Schäffer (* 1929 Lemberg), zugleich ein ungemein lebendiger Kritiker und Theoretiker, immer wieder neue, aber eher abstrakte

Konzepte aus, um sie mit versammelter Unkonventionalität ins Klingende zu transferieren. Und Augustyn Bloch (* 1929 Grudziądz) war es von Anfang an darum zu tun, dem exponierten Material und seinen Weiterungen eine gewisse übergeordnete Verbindlichkeit, den Zusammenhalt eines Bildes, einer Idee, eines Programms zu erschließen.

Um die Mitte der sechziger Jahre zeichneten sich auf einmal einige neue Strömungen innerhalb der polnischen Avantgarde ab, die sich inzwischen auf solch verbreitertem Terrain einen ziemlich soliden Stand erworben hatte und, wenn auch keine Einheitlichkeit, so doch wenigstens Übereinstimmung in einigen charakteristischen Zügen aufwies. Nun regte sich die nächste Generation, für die das mühsam Etablierte schon zur Selbstverständlichkeit geworden war. Und bei ihr hatte der liberalisierte Kontakt mit westlichem Importgut, zumal aus den USA, Reaktionen ausgelöst. So spezialisierte sich etwa Tomasz Sikorski (* 1939 Warschau) auf permutierte Wiederholungsmuster, auf das Ausdehnen und variative Abtasten bestimmter Grundfiguren im Verlauf der dadurch ins Zuständliche umgepolten Zeit. Ähnliche Vorstellungen gewannen auch für Zbigniew Rudziński (* 1935 Czechowice) und Zygmunt Krauze (* 1938 Warschau) Attraktivität: »Wiederholungen sind wie die Erinnerungen an vergangene Dinge... Unser Leben setzt sich aus einer Reihe von Erfahrungsmomenten zusammen, an die wir uns, weil wir ein Gedächtnis haben, erinnern können... Ohne Gedächtnis hätte das Leben keinen Sinn. Es gäbe keine Geschichte.« (Rudziński) Aber ungleich Sikorski, dessen Komponieren sich in solchen, wie auch immer begründeten Repetitivketten festhakte, allenfalls ins impressionistisch Stimmungshafte verlagert, suchte Rudziński den Radius allmählich auch auf Erinnerungen an Fremdes, wie in den Zitatcollagen seiner reizvoll-phantastischen Maskenspiel-Oper (Manekiny, nach Bruno Schulz), auszudehnen. Und Krauze, nebenbei Pianist und Initiator seines wundersam besetzten Quartetts mit Klarinette, Violoncello und Posaune (Musikalische Werkstatt, ab 1967), verlegte sich aus ähnlichen Motiven auf ein wendiges Aufzäumen dekorativer Vergangenheitsstiltypen. – Von einer entgegengesetzten Position aus kam selbst Krzysztof Meyer (* 1943 Krakau) zu einer Angleichung an historische Modelle, indem ihm vertraute Gat-

Zbigniew Rudziński: Musik bei Nacht für kleines Orchester (Anfang)

tungs- und Besetzungsnormen (Sonate, Streichquartett, Symphonie) zum absichernden Rahmen wurden, dem er das jeweils andere von Ausdruck, Spannung, Anlaß nun freier einzufügen vermochte. Der Anlaß kann dann sogar etwas Aktuelles sein, wie die musikalische Reflexion über das verhängte Kriegsrecht und das Ende der Freiheitshoffnungen (Herbst 1981) in der trauernden, dennoch entschlossen widerständigen 6. Symphonie (der Polnischen).

Überhaupt gehört es ja zu den Seltsamkeiten dieses Landes, daß und wie jüngere Komponisten das politisch verordnete Geschehen durch ihre Musik kommentieren und kritisieren können und die entstandenen Stücke gleichwohl in allen öffentlichen Ehren aufgeführt werden. Sicherlich, es gibt in Polen unter den Jüngsten auch solche, die quasi den Tonfall der Engagiertheit von Penderecki und die zurückhaltende Distanz von Lutosławski auf einen Nenner bringen wollen, indem sie – wie etwa Aleksander Lasoń (* 1951 Siemianowice Śląskie) – ungerichtete, gegenstandslos verpuffende Wirkungsmache betreiben. Jedoch der Wille zu stärkerer Daseinsbeteiligung und mehr Anschaulichkeit, der sich selbst darin äußert und ja im übrigen allenthalben auf der Welt seit einiger Zeit zu beobachten ist, findet gerade in Polen manche Möglichkeit, sich im Spannungsfeld der Wirklichkeit musikalisch einleuchtend und um Verständnis werbend (aber nicht laut) zu artikulieren. Ob nun Rafał Augustyn (* 1951 Wrocław) ein Streichquartett schreibt, »in das einiges von der dramatischen Atmosphäre (des Winters 1981) eingedrungen sein mag«, oder Paweł Szymański (* 1954 Warschau) resignierend bekennt, er habe sich zuerst bei seinem Stück überlegt, ob er nicht »durch Musik seine Haltung zur Realität ausdrücken solle – aber, ob man das gern hat oder nicht, Musik ist ein reines Formenspiel und als solches bleibt sie indifferent«; oder ob Paweł Buczyński (* 1953 Laski bei Warschau) eine Oratio komponiert, die unmißdeutbar immer wieder die Worte umkreist: »ad te clamamus«. Auf jeden Fall wird Musik hier in schöner Identität zum Spiegel der miterlebten Zeit wie zu einem redenden Selbstzeugnis. Und dies gibt ihr Aufrichtigkeit, auch wenn die Gunst der Stunde ihres Aufbruchs inzwischen verbraucht wurde und einem gemäßigteren Alltag gewichen ist.

Sowjetunion

Seit Stalins Tod (1953) haben die wechselnden Generalsekretäre von Chruschtschow bis Gorbatschow nicht nur die Weltpolitik durch ihren jeweiligen Kurs und ihre Direktiven im Schwankungsbereich zwischen Tauwetter und Restriktion, Kalter-Kriegs-Mentalität und verständigungsbereiter Öffnung wie keine andere Staatsmacht vor immer neue Situationen gestellt, sondern gleichzeitig, jedoch nicht immer gleichgerichtet in den Tendenzen, haben sie auch das Lebensklima im Inneren des Landes tief beeinflußt. Geblieben ist nur – trotz dieser temporären Wellenbewegungen des gesamten politischen Lenkungssystems – in der distanzierteren Sphäre der Kultur, zumal der begriffsfernen Musik, eine weitgehende Verunsicherung, was wohl von den jeweiligen Veränderungen und in welcher Form bis dorthin durchschlagen könnte. Denn da sind die wichtigen Berufsverbände mit ihrer unmittelbaren ästhetischen, editorischen, publizistischen und wirtschaftlichen Verfügungsgewalt dazwischengeschaltet; im Komponistenverband führt aber immer noch jener Tichon Chrennikow das Regiment, der mit den verheerenden ›antiformalistischen‹ Säuberungsmaßnahmen von 1948 unter Stalin und Schdanow zum Ersten Vorstandssekretär avancierte und sich seither als gefährliches Chamäleon der Optimismus-Taktik zu behaupten wußte. Kein Komponist kann also jemals im voraus wissen, wieviel von seinen Vorstellungen er unter den gerade gewandelten Allgemeinverhältnissen wird durchsetzen können; in welchem Fall er mit provokativer Hartnäckigkeit, in welchem eher mit kaschierender Pseudo-Verbindlichkeit zum Ziele kommt, wo er Pressionen und Benachteiligung zu erwarten hat, wo Stillhalten, vorsichtiges Einverständnis oder gar Förderung. Die Biographie Schostakowitschs liefert für all dies eindrucksvolle Beispiele. Und selbst wenn die Gegenwart in der Sowjetunion inzwischen anders aussieht, ein Teil der Ungewißheit bleibt virulent. Vor allem erschweren solche – oft verborgenen – psychischen Zwänge oder praktischen Umstände, deren Wirksamkeit sich aus der Ferne ja niemals richtig abschätzen läßt, die Beurteilung des tatsächlich Komponierten. Mehr noch als in anderen sozialistischen Ländern gilt deshalb ein Relativierungs-Vorbehalt.

Hinzu kommen allerdings noch sechs weitere Punkte, die ganz unterschiedlich in Art und Gewicht das Bild von der sowjetischen Musik für einen Außenstehenden wie mit Schleiern umgeben: 1. das immer noch erhebliche Informations-Manko mit seinem starken Negativgefälle von Nachrichten aus der geduldeten Grauzone bis zu solchen über separatistische Randerscheinungen; 2. der fehlende Einblick in die nicht-offizielle Kommunikation bei Studentenkonzerten, Clubveranstaltungen, Gruppeninitiativen; 3. die völlig unzureichenden Vorstellungen von den kompositorischen Aktivitäten auf dem Gebiet der angewandten Musik bei Bühne, Film oder Rundfunk, die für viele oftmals die einzig reale Überlebensbasis schufen; 4. das Übergewicht der Nachrichten aus Moskau und Leningrad, während aus dem übrigen Rußland sowie aus den baltischen Republiken oder den kaukasischen (Armenien, Georgien, Aserbeidschan), aus Weißrußland und der Ukraine oder Kasachstan und Usbekistan, wo es zum Teil ein sehr reges und eigenständiges Musikleben gibt, so gut wie nichts zu hören ist; 5. das Verdrängen und Verschweigen jener Aufbruchsepoche zwischen 1905 und den Zwanziger Jahren, als Rußland sich eben nicht nur mit der futuristischen Dichtung (Chlebnikow, Majakowskij) und dem malerischen Konstruktivismus (Malewitsch, Tatlin), mit kühnen Theaterleistungen (Meyerhold, Tairow) und zukunftsweisenden Filmen (Eisenstein, Pudowkin) von der bisherigen West-Abhängigkeit freimachte und selbst tonangebend für die europäische Avantgarde wurde, sondern auch musikalisch von Skrjabin über die frühen Zwölftöner Arthur Lourié und Nikolaj Rosslawets oder die Baukastenstrenge von Alexander Mossolow bis hin zu Prokofjew und dem jungen Schostakowitsch eine steile Aufwärtsbewegung in die Moderne erlebte, deren latente Infiltrationskraft trotz Tabu präsent geblieben ist; und 6. gilt etwas ähnliches von den sehr viel älteren, jedoch einäugig zurechtreglementierten Traditionen aus orthodoxer (byzantinischer) Nicht-Diatonik (mit Vierteltönen und Mikrointervallen) und skalenschöpferischer Folklore-Modalität – beide als geheimes musikalisches Erbe unlöslich ineinander verwoben und nicht mit dem gängigen Begriff von ›Volksmusik‹ auf einen Nenner zu bringen.

Nach einer langen, politisch verhängten Dürreperiode zwischen den zwanziger und fünfziger Jahren setzte mit den sechzigern eine restitutive Selbstbesinnung in der Musik der Sowjetunion ein, gekennzeichnet vor allem durch die Abwendung von den großbesetzten Affirmativ-Gattungen wie Symphonie und Oratorium, Oper und Ballett mit ihrem ganzen hohl tönenden Schaukastengepränge und ihrer abgekarteten soz-realistischen Programmatik. Statt dessen kam die Kammermusik als abgeschirmter Freiraum resistenter musikalischer Verdichtung und sprachlicher Offenheit zu neuer Blüte. Schostakowitsch, sozusagen das lebende Gedächtnis jener aus dem Bewußtsein gestrichenen Vorvergangenheit, schrieb in den letzten anderthalb Jahrzehnten seines Lebens (1960–75) nicht weniger als neun Streichquartette (gegenüber 6 in den 22 vorausgegangenen Jahren). Und man kann nach diesem fraglos symptomatischen Vorgang sogar Unterscheidungskriterien für die stilistische Haltung der ein bis zwei Generationen jüngeren Komponisten entwickeln; zugleich läßt sich daraus ableiten, daß die Altersstaffelung entgegen jedem Anschein eben weder ein Präjudiz noch eine stichhaltige Entschuldigung für Formen-Rückständigkeit ist. Gewiß waren die Komponisten, die um 1950 ihr Studium abgeschlossen hatten, in eine Zeit nicht nur des kulturellen Dirigismus, sondern auch der totalen Abriegelung von der Musik des Auslands hineingewachsen. Aber was zwang sie denn, von allen ideologischen Entkrampfungen, dem Abrücken vom Monumentalstil und der allmählichen musikalischen Blickerweiterung unberührt, in den sechziger Jahren und später trotzdem an ihrem ästhetischen Credo von der Schönheit des Lebens und der Unversiegbarkeit der melodischen Kräfte, die aus dem Volke kommen, nahezu unverrückt festzuhalten? Ob nun Boris Tschaikowkij (* 1925 Moskau) in seiner 3. Symphonie ›Sewastopol‹ der Heldenkämpfe auf der Krim gedachte, Alexander Cholminow (* 1925 Moskau) immer neue erhebende Opernstoffe nach Art seiner ›Optimistischen Tragödie‹ fand, ob Andrej Eschpaj (* 1925 Kosmodemjansk/ASSR der Mari) seiner Symphonik wenigstens den lokalen Folkloreton der Mari (einer eigenen Volksgruppe rund 700 km östlich von Moskau) beimischte oder Otar Taktakischwili (* 1924 Tiflis) in seinen Bühnenwerken vielfach Georgisches spiegelte. Der Grundduktus ihrer Musik erfuhr keinerlei Irritation.

Da war Rodion Schtschedrin (* 1932 Moskau) schon wendiger und geschickter, ließ auch mal Halb-Avantgardistisches einfließen, um durch die kompositorische Tat seine Unvoreingenommenheit zu beweisen. Und die beiden Leningrader – in der zweiten Hauptstadt herrscht ja überhaupt ein ganz anderes geistiges Klima –, der introvertiertere Sergej Slonimskij (* 1932 Leningrad) und der ideenreiche Boris Tischtschenko (* 1939 Leningrad) verwenden gegenwartshörige, emanzipierte Klang- und Ausdrucksmittel nicht mehr als zusätzliche Spielarten zum vielfarbigeren Oberflächenaufputz, sondern mit durchgehender Strukturverankerung als integrale Elemente ihrer musikalischen Sprache. Slonimskij hat dabei unter den verkrusteten Standards der Nationalmusik das moderne Potential originärer Folklore aufgespürt und es im weiten stilistischen Rahmen zwischen dem Sarkasmus Strawinskys oder Prokofjews, neoromantischer Melodik (in Mahler-Nähe) und abgezirkelter Formenstrenge (Ricercare-Schlußsatz seiner 2. Symphonie) als Medium eines indikativen Tonfalls ausgenützt. Kammermusik, Vokalzyklen, ein Ballett und drei Opern (Wirineja, Der Meister und Margarita, Maria Stuart) bezeugen solches Umsetzen von Traditionen »ohne Epigonentum, mit neuen Methoden«. Tischtschenko, von Schostakowitsch, seinem Lehrmeister, als »unerhört begabt« bezeichnet, bricht Formen und Gattungen, auch wenn es sich um Symphonien, Instrumentalkonzerte oder sein Ballett Jaroslawna (1974) handelt, eher von innen auf: durch bewußt aussparende Geringstimmigkeit, intrikate Dissonanzspannung, gestaute Protesteruptivität, durch Operieren mit Klangflächen, Schlagzeugaufladungen oder Extrembesetzungen (wie im 2. Cellokonzert, 1967, dessen Orchester aus 48 Celli, 12 Kontrabässen und Schlagzeug besteht). Nirgendwo landet dies aber bei einem bloß äußerlich mit Modernismen aufgepäppelten Neoklassizismus wie bei dem Esten Jan Rääts (* 1932 Tartu) oder gar in regredierender ›mystischer‹ Poetik wie bei dem einst seriell-progressiven Ukrainer Walentij Silwestrow (* 1937 Kiew).

Zentralen Rang für die sowjetische Gegenwartsmusik – auch nach der internationalen Ausstrahlung – besitzt aber die Moskauer Trias mit Edison Denissow (* 1929 Tomsk), Sofia Gubaidulina (* 1931 Tschistopol/Wolga) und Alfred Schnittke. Dabei stehen den perspektivischen Brechungen von Schnittkes Polystilistik zwei in sich geschlossenere musikalische Ausdruckswelten gegenüber, für die nur derselbe Doppelaspekt von souveräner, undogmatischer Handhabung serieller und postserieller Erfahrungen wie der latente bis unverhohlene Traditionsbezug als gemeinsame Basis gelten können. Denissow hat darauf sukzessive, bei überschaubaren grafischen Strukturen in koloristischer Deutlichkeit weniger Instrumente (auch mit Vokal-Solo) ansetzend und sich allmählich aus dem Umkreis seines Vorbilds Boulez lösend, immer ausgreifendere Klangfarben-Organismen aufgebaut (Peinture 1970, Aquarelle 1975) bis hin zu halbstündigen Konzerten und Doppelkonzerten, Requiem, Oper und Ballett. Demgegenüber war für Gubaidulina ein dialogisch-antithetisches Prinzip, das Ausspielen dramatischer Kontraste der Ausgangspunkt, musikalische Prozesse zwischen Klang und rhythmischem Impuls in Bewegung zu bringen: etwa in der elektronischen Komposition Vivente – non vivente (1970), in Rumore e Silenzio (1974), Helles und Dunkles (1976), Garten der Freude und des

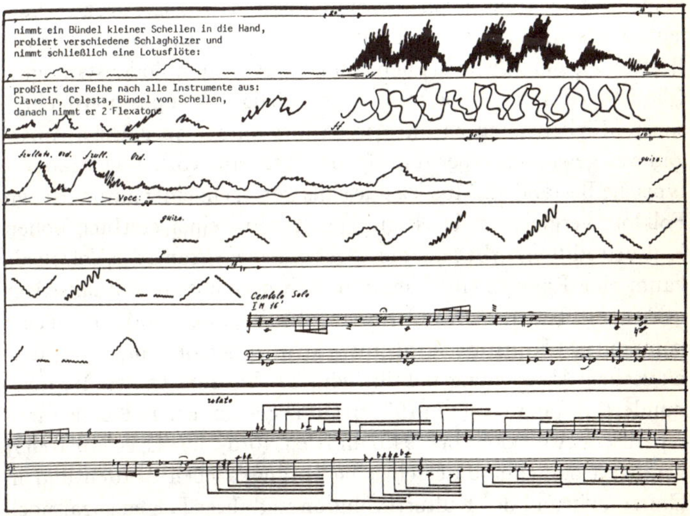

Sofia Gubaidulina: Rumore e Silenzio für Schlagzeug und Cembalo/Celesta (Anfang)

Leids (1980/81), aber auch in den Orient-Okzident-Begegnungen der Kantaten Nacht in Memphis (1968) und Rubaiyat (1969) oder dem Violinkonzert Offertorium (1981), das die Bach/Webern-Ricercata als Sprungbrett benutzt, oder in der Symphonie Stimmenverstummen (1985/86). Jedoch wurden Denissow und Gubaidulina auf dem 6. Allunions-Kongreß der Komponisten (1979) formalistischer ›Geheimbündelei‹ und des ›Westlertums‹ bezichtigt, zusammen mit jüngeren wie den bemerkenswert eigenwüchsigen Alexander Knaifel (* 1943 Taschkent), Dimitri Smirnow (* 1948 Minsk) oder Elena Firsowa (* 1950 Leningrad). Zwischen offiziellen Rügen und kreativer Dennoch-Behauptung schärfen sich eben die Profile der Arbeit und das Wissen um ihre Motivation besonders nachhaltig.

Ostasien

Man könnte meinen, die Probleme, in den Ländern Ostasiens eine moderne Kunstmusik von ausgeprägt nationaler Eigenart zu schaffen, unterschieden sich im Prinzip nicht wesentlich von ähnlichen Bestrebungen in Europa: auch hier gehe es darum, Bodenständiges, Idiomatisches ins Repertoire gegenwärtiger kompositionstechnischer Möglichkeiten zu integrieren und daraus spezifische Amalgame zu gewinnen. Aber zum einen läßt sich der vorhandene landestypische Bestand an Musik keinesfalls mit irgendeiner europäischen Folklore vergleichen; er ist gültiges Zeugnis einer ererbten hohen Kulturtradition, neben der die ungebundenere Praxis des Volkslieds kaum eine Rolle spielt, deshalb in sich hermetischer, ritualisierter und sehr viel älter. Zum anderen sind die Prozesse, parallel dazu eine komponierte Kunstmusik zu entwickeln, wegen der langen isolationistischen Abriegelungspolitik (vom 17. bis zum späten 19. Jahrhundert) in Japan erst um 1930 in Gang gekommen, in Korea durch japanische Annexion (bis 1945) und den Nord-Süd-Krieg (1950/53) verzögert oder nur unterschwellig vorangetrieben worden und in China aufgrund der Kulturrevolution und ihrer Folgen sogar noch im Anfangsstadium begriffen – also allemal sehr viel jünger. Zudem baut die soziale Gleichrangigkeit von neuer Kunst und alter Überlieferung, die bei der traditionellen Musik durch das Prestige ihrer Ausübung sowie zeremonielle oder religiöse Tabus unterstützt wird, kategoriale Schranken auf, die eine übergreifende Assimilation erschweren, wenn nicht ganz ausschließen.

Lösungen dieses Problems waren nur auf Umwegen anzubahnen. Der früheste und naheliegendste bestand für die japanischen Komponisten in der Nachahmung französischer und deutscher Vorbilder (von der Lehrzeit in Europa her) oder auch russischer Modelle (von Emigranten oder Interpreten mitgebracht). Die fällige Japanisierung begnügte sich mit impressionistischen Titeln oder Inhalten, wobei Nachahmen unter den Prämissen einer im Kollektiv verhafteten Gesellschaft ohne Individualansprüche übrigens nichts Ehrenrühriges hat, sondern einer altverbürgten Bewußtseinshaltung entspricht. Der nächste Schritt führte – schon direkter in die Struktur eingreifend – während der fünfziger Jahre zur Auseinandersetzung mit der Dodekaphonie (wegweisend bei Yoshirô Irino, 1921–80) und fast gleichzeitig zur Beschäftigung mit Musique concrète und zur Einrichtung eines Elektronik-Studios beim Rundfunk in Tokio (ab 1954), dessen Klänge beispielsweise dem Initiator, Toshirô Mayuzumi (* 1929 Yokohama), auch zur melodramatischen Aufbereitung von Deklamation im Stil des japanischen Theaters dienten. Aber erst im Zuge solcher Annäherungen kam es dann in den sechziger Jahren zu Austausch und Aneignung von Verfahren, Klangtypen und Instrumenten. Dabei entstanden produktive Spannungen, wie sie Tôru Takemitsu (* 1930 Tokio), einer der Profiliertesten in dieser Gruppe der fast Gleichaltrigen, beschreibt: »Ich würde mich gerne in zwei Richtungen auf einmal entwickeln: als Japaner, was die Tradition, und als Westler, was die Neuerung betrifft. Tief in mir würde ich gerne zwei musikalische Genres bewahren, jedes in seiner eigenen, ihm legitimen Form. Von diesen grundsätzlich unvereinbaren Elementen bei den vielerlei kompositorischen Vorgängen auszugehen, bedeutet in meinen Augen aber nur den ersten Schritt. Ich will diesen fruchtbaren Widerspruch nicht aufheben; im Gegenteil, ich möchte, daß die beiden Blöcke miteinander streiten. So vermeide ich meine Isolierung von der Tradition und kann doch mit jedem neuen Werk in die Zukunft vordringen. Ich möchte einen Klang zustande bringen, der so intensiv ist wie die Stille...«

Das ist sehr japanisch gedacht; denn dahinter steht der Traum oder das wissende Lebensgefühl vom ohnehin zubestimmten höheren Ausgleich: »Der musikalische Klang und der negative Klang der Stille erzeugen, ohne irgendeine unmittelbare Beziehung zu Ausdrucks-Absichten zu haben, einen heftigen Gegensatz und schaffen doch ein unantastbares Gleichgewicht.« Takemitsu charakterisiert damit jenes Gesetz einer abgehobenen, entsubjektivierten Balance, das die dualistischen Urkräfte von hell und dunkel, Sommer und Winter, weiblichem und männlichem Prinzip ebenso vereint und in der Schwebe hält wie die musikalischen Konträrbereiche von Statik und Bewegung, Klang und Lineament, formaler Entwicklung und ruhendem Bild oder von altem japanischem Erbe und neuer westlicher Methodik. Und typisch ist auch, daß diese kompositorische Haltung, die alle auftauchenden Zwiespälte fast unbeteiligt wie in einem historisch notwendigen Überblendungsakt sich selbst neutralisieren sieht, nicht etwa von einem einzelnen vertreten wird, sondern von einer ganzen Gruppe – bezeichnenderweise ›TranSonic‹ genannt –, die den allgemein geübten gesellschaftlichen Konsens ins Künstlerische überträgt. Gleichwohl gibt es Unterschiede: Joji Yuasa (* 1929 Koriyama) verbindet sachliche Planung mit einem Gefühl für die innere Dynamik von Farb- und Zeitwerten, für den rückbezüglichen Zusammenhang zwischen Einheit und Mannigfaltigkeit oder Mensch und Universum; Toshi Ichiyanagi (* 1933 Ashiya-Shi / Bezirk Hyogo) hat sich über Cage-Einflüsse und minimalistische Anleihen, Grafik, Aleatorik und Environment eine sensible Offenheit und intelligente Reaktionsfähigkeit erhalten, um unter Gleichgesinnten mit gemeinsamem Ziel doch das Eigene zu tun; bei Yoriaki Matsudaira (* 1931 Tokio; Sohn des Zwölfton-Kalligrafikers Yoritsuné M.) überwiegt widersetzliche Experimentierlust; bei Yuji Takahashi (* 1938 Tokio), der auch als Pianist hervorgetreten ist, findet sich daneben der ziemlich seltene Inhaltsbezug eines provokativen politischen Engagements.

Im übrigen sind solche Gruppen keine Dauerbündnisse und wechseln relativ schnell einander ab. Doch akzentuieren sie bestimmte Trends, etwa den quasi programmatischen Einbruch in die Instrumenten-Enklave der Gagaku-Musik. Und dies ist dann eine allgemeine Strömung: Auf einmal schreibt Makoto Moroi (* 1930

Tokio; ebenfalls Komponisten-Sohn, von Saburô M.) für Shakuhashi, die japanische Bambusflöte; Makoto Shinohara (* 1931 Osaka) für Koto (Zither) oder für europäische und außereuropäische Instrumente; und Maki Ishii (* 1936 Tokio), überhaupt Verfechter und Organisator einer bipolaren ›Musik der Begegnung‹, gründet sein Tokk-Ensemble (ab 1973) mit Shakuhashi, Biwa (Kurzhalslaute) und Shô (Mundorgel) plus Harfe, Schlagzeug und Klavier. An die Stelle des kunstvollen Reflexes, der Vorstellungen und Anregungen aus der japanischen Mythologie auf europäische Instrumente überträgt – Kazuo Fukushima (* 1930 Tokio) bemühte sich um solche geistigen Brücken –, tritt jetzt der unmittelbare Zugriff, die absichtsvolle Pragmatik der Verschmelzung als selbstgesetztes Ende einer immer quälenderen musikalischen Schizophrenie. Und jüngere Japaner wie Masaru Tanaka (* 1946), Masanori Fujita (* 1946) oder Isao Matsushita (* 1951) hatten es gut, weil sie bei ihren Auslandsstudien nicht mehr ziemlich hoffnungslos um Verständnis für ihre besondere Problematik werben mußten, sondern auf vorbereitetem Boden zu einem Komponisten, der damit aus jeder nur denkbaren Sicht vertraut ist, in die Lehre gehen konnten: zu Isang Yun (* 1917 Tongyong / Südkorea).

Immer wieder hat Yun – in drei Jahrzehnten zum Berliner geworden – noch mehr als durch seine Hinweise, daß in Ostasien statt der formzeugenden Verbindungen aus mehreren Tönen der monadische Einzelton im Vordergrund steht, durch die Sprachkraft und die verhaltene Eindringlichkeit seiner Musik klargemacht, daß die entscheidende Differenz nicht im fremd anmutenden Detail, sondern in der grundlegenden Einstellung, in dem ganz anderen Empfinden für Zeit und Klangraum liegt. Dieses Aufgehen und Übereinstimmen des Mikrokosmos und seiner Veränderungen (Melismen, Schwebungen, Glissandi, Dynamik) mit dem in sich ruhenden Makrokosmos entspricht einer letztlich religiösen Lebenshaltung (und nur sie läßt existentielle Katastrophen wie die Verschleppung durch den südkoreanischen Geheimdienst überstehen). Yun hat trotzdem in der Reihe seiner Symphonien (ab 1983/84) zu seiner speziellen Art einer musikalischen Autobiographik gefunden. Von dieser Geschlossenheit eines komponierten Weltbilds sind andere Koreaner wie Sukhi Kang (* 1934 Seoul) oder Junsang Bahk (* 1938 Norumigy) verständlicherweise noch entfernt. Nur bei Younghi Pagh-Paan (* 1945 Cheongju) kündigen sich auf völlig anderer Ebene, von den Pressionen der Frauenrolle herausgefordert, ähnliche Momente einer gleichsam transsubjektiven Emotionalisierung an.

Nordamerika

Die Rede vom ›Land der unbegrenzten Möglichkeiten‹ trifft nur dann wirklich zu, wenn man nicht gerade in dem Fehlen von unüberwindbaren Barrieren, Hindernissen und Widerständen die eigentliche Begrenzung sieht. Ein Staatsgebilde wie die USA, das nach seiner Flächenausdehnung mehr als Dreiviertel, rechnet man Kanada (ohne die inneren Gewässer) hinzu, sogar mehr als das Gesamtgebiet von Europa umfaßt, aber trotz der Millionenstädte nur von einem Drittel der Menschenzahl wie in Europa bevölkert wird, ist tatsächlich so immens groß, daß sich für jede Spielart zwischen dem Ultrakonventionellen und dem völlig Extravaganten, zwischen wissenschaftlicher Akribie und origiastischem Wildwuchs unter Selbst- oder Kunstbefreiungsthesen irgendwo ein Platz finden muß. Bedeutet dies schon unbeschränkte Offenheit für die unterschiedlichsten Entwicklungen, gleichzeitig jedoch fatales Agieren in einem luftleeren Raum – mit allen Durchsetzungszwängen oder deprimierenden Resonanzlosigkeiten, die sich daraus ergeben –, so ist noch weitaus gravierender der Mangel an gewachsener, strukturierender Tradition, für deren Ausbildung die 200 Jahre (Kanada: 120), abgesehen von dem übernommenen, oft verknöcherten gesellschaftlichen oder religiösen Reglement aus den Herkunftsländern, einfach zu kurz waren. Dadurch haftet den US-Amerikanern in Wesen, Denken und Handeln immer noch etwas von Kolonisatoren an, die sich in ihren neu geschaffenen, eigenen Lebensverhältnissen selbst bestätigen müssen – dies freilich (und deshalb mit Anzeichen von Irrationalität) ohne das präsente Gegengewicht einer Urbevölkerung. Der offenkundige Widerspruch zu Weltmachtstellung und ausgeübter hegemonialer Funktion spiegelt sich selbst, durch das übliche historische Hinterherhinken der Kultur noch verschärft, in der amerikanischen Musik: in der Jugendlichkeit ihrer Kreativkräfte (die überhaupt ersten nennenswerten Komponisten traten am Ende des 19. Jahrhunderts auf) und der unbestrittenen Dominanz ihrer Orchester, Solisten und Ensembles an Reichhaltigkeit und internationaler Geltung.

Aber vielleicht war es gerade der Vorteil dieser ›jugendlichen‹ Traditionsunbeschwertheit, der die amerikanischen Komponisten seit 1950 die Grundfragen, gleichsam die gesamte Ontologie der Musik nochmals anders sehen und neu denken ließ und durch die Einsichten, Methoden, Lösungen, die sie dabei fanden – von John Cage bis Steve Reich, von Terry Riley und La Monte Young bis zur Performance-Bewegung –, ihren Einfluß auf ungeahnte Weise potenzierte und verbreiterte. Was da jeweils kompositorisch initiiert wurde und allenthalben oft unvermutete, auch indirekte oder nicht eingestandene Folgen hatte, davon ist an mehreren Stellen dieses Buches bereits die Rede gewesen. Freilich blieb der Kontext, das Gefälle und die Streuung inneramerikanischer Parallelerscheinungen dabei notwendigerweise unberücksichtigt. Man darf ja, um die Radikalität von Cages Ansatz mit Zufallsoperationen und Unbestimmtheit des Verlaufs richtig einschätzen zu können, zweierlei nicht vergessen: Einerseits war die durchweg europäisch stimulierte Vätergeneration noch am Werk (Roy Harris, Aaron Copland, Walter Piston, Wallingford Riegger, Roger Sessions, William Schuman), die – von den Immigranten der dreißiger und vierziger Jahre gewissermaßen bestätigt (Strawinsky, Schönberg, Milhaud, Hindemith, Krenek) – zwischen 1930 und 1970 zusammen mehr als fünfzig Symphonien eben für die sich rasant entwickelnden amerikanischen Orchester geschrieben hat. Andererseits gehört Cage selbst zu einer Altersgruppe, die sich beispielsweise durch zwei so profilierte und selbstbestimmte Komponisten wie den feinfühlig-intelligenten Elliott Carter (* 1908) und den mathematisch trainierten Reihen-Erkunder Milton Babbitt (* 1916) einkreisen und auf eine stilistisch erwartbare Norm bringen läßt. Selbst Jüngere, die einst mit Cage verbunden waren, konnten allerdings seiner innovatorischen Durchhaltekraft bald nicht mehr folgen: Lou Harrison (* 1917 Portland/Oregon), Mitstreiter bei den frühen Schlagzeug-Stücken, schwenkte zu Orientalismen, Pantheismus, musikalischem und sprachlichem Esperanto ab; Earle Brown (* 1926 Lunenburg/Massachusetts) weichte dagegen das Nicht-Intentionale seiner Grafiken, die Offenheit seiner verfügbaren Baustein-Formen (Available Forms) immer mehr ins Gefällige und klanglich Üppige auf.

Nun ja, die Sogwirkung des amerikanischen Musikbetriebs mag groß sein. Nicht jeder kann sich da, zumal wenn er als Interpret eigentlich mittendrin steht, ähnlich dem Pianisten David Tudor (* 1926 Philadelphia) heraushalten und mit nichtachtender Konzentration, an Cage, Brown, Feldman, Wolff geschult, zum Mitverantwortlichen, zum Gemeinschaftsautor und schließlich auch selbständigen Komponisten werden. Der Regelfall sieht anders aus. Entweder resultiert wie bei Donald Erb (* 1927 Youngstown / Ohio), der als Jazz-Trompeter begonnen hatte, aus der praktischen Erfahrung ein Hang zu frischer Unkonventionalität; oder wie bei Gunther Schuller (* 1925 New York), der 16 Jahre lang Orchester-Hornist war, ein kenntnisreicher Sinn für bunt gemixte Vielfarbigkeit, vordem auch mit Jazz-Anleihen oder -Kombinationen (Third Stream), – doch beide Male auf eher gängige Formbilder bezogen. Und es bedeutet demgegenüber schon Aufsässigkeit, wenn der auch Klavier spielende und dirigierende Lukas Foss (* 1922 Berlin, mit 15 in die USA gekommen) sich mit gelenkter Improvisation gegen abgekartete Routine wendet, seine Bach-Obsession durch Bach-Verschnitt heilt und obendrein (als unfreiwilliger Selbsterklärer) meint, es sei »das Schöne an gefährlicher Musik, daß sie niemandem Schaden zufügt«.

Vielleicht zeichnet sich eine Grenze hin zum Experimentellen tatsächlich durch die Verwendung von elektronischen Mitteln ab. Bei Jacob Druckman (* 1928 Philadelphia), einige Zeit Mitarbeiter am Columbia-Princeton Electronic Music Center, dienen sie der Bereicherung seiner Darstellungsmöglichkeiten (Orchester, Theater, Film, Tanz etc.) und seines kompositorischen Bewegungsraums. Bei George Crumb (* 1929 Charleston / West Virginia) sind sie schon eher Medium einer emanzipierten Klangphantasie, die sich in Welten aus Traum und Vision vorwagt, dabei jedoch nur eine unter mehreren differenzierenden Modulationsmöglichkeiten. Roger Reynolds (* 1934 Detroit) und Gordon Mumma (* 1935 Framingham / Massachusetts), beide auch als Organisatoren von Festivals und Kommunikationszentren sehr aktiv, verwenden synthetische

Klänge und Live-Elektronik statt dessen zentraler als hilfreiche Mobilisatoren für die Hörerfahrung und gegen das Konzert-Ritual. Auf der nächsten Stufe, bei der Lösung von allem Herkömmlichen zugunsten konzeptioneller Projekte, ist der Einsatz von elektronischen und anderen technischen Geräten bereits ganz selbstverständlich, häufig sogar exklusiv. Denn es geht – allenthalben im Weiterdenken dessen, wozu Cage den Anstoß gab, – nicht mehr darum, Musik vorzuführen, sie wie ein distanziertes Ausstellungsobjekt zu präsentieren, sondern für die Hörer Situationen zur Selbsterfahrung mit Klängen zu schaffen. Alvin Lucier (* 1931 Nashua/New Haven) versucht deshalb, natürliche Kommunikationssysteme der Tiere (Delphine, Fledermäuse) nachzubauen, die Gegenstände oder Bewegungen im Raum durch Klänge abzubilden erlauben oder auch wie ein Phantom Menschen aus klingenden Details künstlich zusammensetzen. Für Philip Corner (* 1933 New York), nicht nur in Fluxus, Happenings und Theatralischem bewandert, sondern auch zur Klangmeditation neigend, ist Musik nicht zu derlei artifiziellen Synthesen da, sie soll vielmehr ganz unübersetzt und direkt ein Mittel zur Auseinandersetzung mit der Welt sein. Und Alvin Curran (* 1938 Providence/Rhode Island) sowie Richard Teitelbaum (* 1939 New York), die beide mit Frederic Rzewski in Italien und anderswo bei den Gruppenimprovisationen von ›Musica Elettronica Viva‹ mitgearbeitet haben, sind fasziniert von Umweltklängen oder von dem Geräusch-Tönen in wechselnden Landschaften und Räumen, was sich dann als Bordun unterlegen oder antiphonisch durch Live-Spiel kontrapunktieren läßt.

Offenheit und Mehrdimensionalität solcher klanglichen Arrangements, die auf ein Miterleben musikalisch imaginierter Weltweite oder Vorstellungsbilder abheben, jedoch unter Einsatz von Tonband, Synthesizer, Computer und vielerlei elektronischem Zubehör realisiert werden, erinnern daran, daß die Vereinigten Staaten mit ihren weiten, unbehausten, sich hinterm Horizont verlierenden Naturflächen auf dem Schnittpunkt zwischen Europa und Ostasien, auch Polargebiet und Äquatorialzone liegen und daß sie doch in den von Menschen besiedelten Zentren deutlich und unverkennbar ein hochtechnisiertes Land sind. Dem könnte entsprechen, daß Peter Lieberson (* 1946 New York), der sich fernesüchtig dem Studium des tibetanischen Buddhismus gewidmet hat und in seiner Region das Shambhala-Training, ein weltliches Meditationsprogramm, leitet, der Reihen-Askese entsagte und nun unverstellte Gefühlswerte beschwört; daß andererseits Tod Machover (* 1953 New York) – wirklich fern – im Pariser IRCAM-Studio gestaffelten Klangschichtungen in einer Art elektronisch-instrumentaler Concerto-grosso-Auffächerung nachgeht; oder Arnold Dreyblatt (* 1953 New York) in Berlin ein ›Ensemble of Exited Strings‹ für tiefengrundierte Oberton-Harmonien rings um seinen ›modifizierten‹ Kontrabaß aufbaut; während zuhaus John Adams (* 1947 Worcester / Massachusetts) das süße Gift einer zweiten, klangschwelgerischen Minimal-Music-Generation verbreitet; oder Glenn Branca (* 1948 Harrisburg / Pennsylvania) nach demselben Webmuster, nur in extremer Lautstärke, alle Effektregister zieht, um sich – als sein eigner Dirigent – knallige Erfolge einzuhandeln.

So geplagt vom Selbstbehauptungsdrang sind die Komponisten weiter nördlich, in Kanada, nicht. Dagegen wecken die besonderen Bedingungen des Landes mit seinen großen Distanzen und den Härten der Witterung offenbar das Bedürfnis, die Chancen der Musik zum Kontakt unter Menschen mit Nachdruck zu fördern. Wenigstens engagieren sich Barry Truax (* 1947 Chatham / Ontario), der aus synthetischem Klang und Raum poetische Sonic Landscapes entwickelte, und vor allem der zupackend spontane R. Murray Schafer (* 1933 Sarnia / Ontario) auch für die Intensivierung akustischer Kommunikation und pädagogischer Vermittlung. Andererseits haben sich der klar differenzierende Gilles Tremblay (* 1932 Arvida / Quebec) und Bruce Mather (* 1939 Toronto), beide noch zusätzlich in Frankreich ausgebildet, von daher geschärften Klangsinn für atmosphärisch Deskriptives, für die musikalische Anschaulichkeit mitgebracht. Und der hochbegabte Claude Vivier (1948 Montreal – 1983 Paris), ein Schüler Tremblays, fand genau dort ein gewaltsames Ende, ehe er ausmessen konnte, was alles in ihm nach Ausdruck drängte.

Lateinamerika

Ein Kontinent der Zukunft? – Vielleicht. Auch wenn für den Moment mehr politische Konvulsionen, soziale Mißstände und ökonomische Katastrophen zu sehen sind als kühne, morgenfrische Perspektiven oder wenigstens ein paar realistische Auswege aus den gehäuften täglichen Nöten. Doch die Literatur zumal, auch bildende Kunst und Architektur in Mittel- und Südamerika befinden sich – ungeachtet oder gerade wegen dieser Spannungen – seit einiger Zeit schon in einem erstaunlichen, ereignisreichen Aufbruch. Ob für die Musik ähnliches und in welchem Umfang gelten kann, genauer: ob die unvermeidliche Schwerfälligkeit ihrer Institutionalisierung mit Organisation, Aufführungsgelegenheiten und dann doch nur begrenztem Wirkungsradius lediglich die äußere Erscheinungsweise behindert oder umgekehrt die dagegengesetzte innere Dynamik, das aufgebotene Potential an künstlerischen Eruptivkräften noch zu schwach ist, läßt sich mit Bestimmtheit nicht sagen; vor allem nicht mit dem anmaßenden Globalanspruch für einen ganzen, so riesengroßen, durch Natur, Geschichte und ethnische Mischungen so vielfach gegliederten Kontinent. Allein eine ziemlich auffällige und fast gleichzeitige Akkumulation von verstreuten Symptomen läßt sich registrieren. Und mögen diese neuen musikalischen Aktivitäten nun in Buenos Aires, São Paulo, Bahia, Caracas, Habana, México, Bogotá, Lima, La Paz oder Montevideo zu beobachten sein, man muß sich nur klarmachen, daß zwischen den einzelnen Stationen einer solchen angedeuteten Rundreise wenigstens tausend Kilometer (das entspricht in Europa der Strecke Paris–Wien), oft sehr viel weitere Distanzen liegen; dann wird man auch einsehen, daß bereits die Verständigung über gemeinsame Probleme, noch mehr die wechselseitige Information über das, was sich tatsächlich andernorts in der Musik, also in klingenden Aufführungen zuträgt, absolut unzureichend bleiben muß: nach den Gelegenheiten zu sporadisch und deshalb in der Sache völlig vage. Bücher und Bilder haben es demgegenüber leichter, ohne Einbußen transportiert zu werden.

Auch die Vermutung, es könne doch ein geheimes geistiges Band bestehen, weil fast alle lateinamerikanischen Komponisten irgendwann einmal am Instituto Di Tella in Buenos Aires studiert haben, dessen Musik-Zentrum (Centro latinoamericano de altos estudios musicales) ab 1962 dem kundig-weltgewandten Alberto Ginastera (1916–83) unterstand, erweist sich als trügerisch – genau wie die vielen nachgewiesenen Studien an der Juilliard School, bei Messiaen oder Petrassi eben noch keine stilistische Gemeinsamkeit begründen. Signifikanter waren dagegen zwei Gruppierungen in Brasilien: Die eine Komponistengruppe, ›Música Nova‹, startete in Santos, verlagerte sich dann mehr nach São Paulo und verfaßte sogar ein Manifest (1963), in dem sie den dreifachen Einfluß durch Europa (wo alle vier Mitglieder dennoch Studien betrieben), durch die USA (das »Patronat unterm Wahrzeichen des Dollars«) und durch den ehedem hochgepriesenen Folklore-Nationalismus energisch abwehrte; statt dessen forderten Gilberto Mendes (* 1922 Santos), Willy Corrêa de Oliveira (* 1938 Recife), Damiano Cozzella (* 1930 São Paulo) und Rogério Duprat (* 1932 Rio de Janeiro) aufklärerisch und gegen jeden geheuchelten Bildungsdünkel die Aussöhnung zwischen Geschichte und gelebter Gegenwart (in die auch ›historische‹ Musik als gleichberechtigt projiziert wird) sowie zwischen Mensch, Natur und technischen Errungenschaften: durch »Forschen und Experimentieren, was uns die einzig adäquate Haltung in unserer heutigen Welt zu sein scheint«. Die andere Gruppe, der 1966 zusammengeschlossene ›Grupo de Compositores de Bahia‹, unterschied sich in ihrer Offenheit für Reihenverfahren, Collagen, Aleatorisches, theatralische Elemente und Kooperation mit Dichtern (konkrete Poesie) oder bildenden Künstlern gar nicht so wesentlich, gingen doch die programmatischen Ideen da wie dort auf den 1937 immigrierten Hans Joachim Koellreutter (* 1915 Freiburg) zurück. Er hatte auch den Begründer der Bahia-Gruppe, Ernst Widmer (* 1927 Aarau), 1956 aus der Schweiz nachgeholt, der nun zusammen mit Lindembergue Cardoso (* 1939 Livramento do Brumado/Bahia), Fernando Cerqueira (* 1941 Bahia), Jamary de Oliveira (* 1944 Saúde/Bahia) und anderen zum völlig integrierten Promotor einer beweglichen, klarfarbigen und konsequent gegliederten brasilianischen Musik wurde.

Diese gleichsam unvorbelastete Aufsaugfähigkeit für Fremde und Fremdes, die Serielles und Elektronik ebenso einbezieht wie landestypische Instrumente oder Rhythmen (allerdings ohne Folklore-Absichten), entspricht südamerikanischem Temperament und einer sich selbst ungescheut exponierenden Neugier. Ob diese sich nun lieber in Bildvorstellungen vertieft wie bei José Almeida Prado (* 1943 Santos) oder Zeichnung und Musik als sich ergänzende Zweiheit auffaßt wie bei dem doppelbegabten Agualdo Ribeiro (* 1943 Bahia); ob sie auf Wanderschaft durch Formprozesse hin zur Expression geschickt wird wie bei Marlos Nobre (* 1939 Buenos Aires) oder ihr die Ausdruckskraft eine so präsente Voraussetzung ist, daß sie, wie bei Jorge Antunes (* 1942 Rio de Janeiro), nur noch mit disponierender Überlegenheit nach dem besten Form- und Besetzungsraster suchen muß, damit das, was die Musik zu sagen hat, auch ganz verständlich wird.

Solche starke Fokussierung wie bei Antunes, die auch politisch intendiert ist, findet sich in Argentinien mit seinem eher europäischen Umgangston und Ambiente nicht mehr. Dafür herrschen Austauschbereitschaft und Vielseitigkeit. Antonio Tauriello (* 1931 Buenos Aires) ist nicht nur ein zeitoffener, metiergewandter Komponist, sondern auch ein rühriger Dirigent; Gerardo Gandini (* 1936 Buenos Aires) ebenso mit Aleatorik und modernen Setzweisen erfahren wie als findiger, technisch sicherer Pianist. Mit ähnlichem Rüstzeug machte Carlos Roqué Alsina (* 1941 Buenos Aires) – zeitweise als Improvisationspartner von Vinko Globokar – seinen Weg über Berlin, Buffalo, nochmals Berlin nach Paris; während Alcides

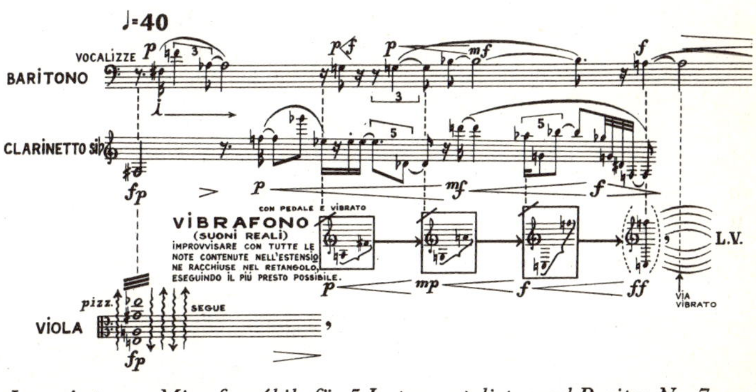

Jorge Antunes: Microformóbile für 5 Instrumentalisten und Bariton Nr. 7 (Anfang)

Lanza (* 1929 Rosario / Santa Fé), der mit dem ebenfalls kompositorisch durchaus profilierten Armando Krieger (* 1940 Buenos Aires) ein Klavier-Duo gebildet hatte, sich über New York nach Montreal abgesetzt hat. In einer solchen Fülle von Doppeltätigkeiten hält sich Hilda Dianda (* 1925 Córdoba) bemerkenswert stetig an ihre Klangfarben-Erkundungen; und Alicia Terzián (* 1936 Córdoba) an ihr Konzept, daß jede geschriebene Note auch ein Hörerforum braucht: sie organisiert Begegnung und Austausch (Encuentros internacionales de musica contemporánea, seit 1969).

In Kolumbien hat sich eine gebürtige Belgierin, Jacqueline Nova (* 1938 Gent), derselben Aufgabe angenommen. In México City ist Manuel Enriquez (* 1926 Ocotlán / Jalisco) nicht nur kraftvoller Anreger des Musiklebens, sondern auch Fortsetzer der von Chavez und Revueltas begründeten Tradition im nachspürenden Umgang mit Azteken- und Indio-Kultur. In Kuba bemühen sich Carlos Fariñas (* 1934 Cienfuegos) und Leo Brouwer (* 1939 Habana) erfolgreich darum, ihrer Musik auch eine gesellschaftliche Funktion zu geben. Und in Venezuela sind Alfredo del Monaco (* 1938 Caracas) und Emilio Mendoza (* 1953 Caracas) dabei, einer eher kulinarisch eingestellten Gesellschaft wieder das Hören beizubringen. Es gärt, es brodelt allenthalben – ein Kontinent mit Zukunft.

Komponisten-Verzeichnis

Verwendete Abkürzungen:

A	Alt	Kzt	Konzert
B	Baß	Mar	Marimbaphon
Bar	Bariton	Mst	Männerstimme(n)
Bcl	Baßklarinette	Ob	Oboe
Bl	Bläser	Orch	Orchester
BläserEns	Bläserensemble	Org	Orgel
Blasinstr	Blasinstrumente	Picc	Piccoloflöte
Blbl	Blechbläser	Pk	Pauke(n)
Blfl	Blockflöte	Pos	Posaune
Blquin	Bläserquintett	Quin	Quintett
Cl	Klarinette	S	Sopran
E-	Elektro-	Sax	Saxophon
Elektr	Elektronik	Schausp	Schauspieler
elektr	elektronisch	Schzg	Schlagzeug
Ens	Ensemble	Soli	Vokal-Soli
Fl	Flöte	Son	Sonate
Fst	Frauenstimme(n)	Spr	Sprecher
Git	Gitarre	Symph/Sinf	Symphonie/Sinfonie
Hr	Horn	St	Stimme(n)
Hrf	Harfe	Str	Streicher
Instr	Instrument(e)/Instrumentalist(en)	Strorch	Streichorchester
InstrEns	Instrumentalensemble	Strqu	Streichquartett
KamEns	Kammerensemble	Synth	Synthesizer
Kb	Kontrabaß	T	Tenor
Kl	Klavier	Tbd	Tonband/Tonbänder
Korch	Kammerorchester	Trp	Trompete

V	Violine(n)	Vib	Vibraphon
Va	Viola/-len	VocEns	Vokalensemble
Vc	Violoncello/-li		

72 Lorenzaccio (Melodramma)
74 Bergkristall (Ballett); Syro-Sadun-Settimino (Kam-Oper)
76 Nottetempo (Dramma lirico); Oggeto amato (Ballett)
80 Opus Cygne f. Fl, Orch; Le Racine (Oper)

CAGE, JOHN (* 1912) 39, 70, 77, 96, 100, 102–112, 123, 133, 226–227, 244, 248, 250, 252, 256, 266, 288, 313, 332, 359, 374, 377, 378, 379
66 Variations VI f. mehrere Klangsysteme
67 Music for Carillon No. 5 f. 4-Oktaveninstr; (Newport Mix) Musicircus f. variable Besetzung (audiovisuell)
69 HPSCHD f. 1–7 Cemb, 1–51 Tbdgeräte (zus. m. L. Hiller); 33 ⅓ f. 12 Plattenspieler; Cheap Imitation f. Kl (72: 3 Orch.versionen f. 24, 59, 95 Spieler)
70 Song Books f. St
71 62 Mesostics re Merce Cunningham f. 1 St
72 Bird Cage f. 12 Tbd
73 Etcetera, Materialien f. Orch
74 Score (40 Drawings by Thoreau) and 23 Parts f. Instr / St
75 Etudes Australes (4 Bücher, je 8 Etüden) f. Kl; Lecture on the Weather f. 12 St (Instr), Tbd, Film
76 Apartment House 1776 (Mixed-media-event); Renga (Partitur aus 361 Zeichnungen Thoreaus und 78 St) f. variable Besetzung; Quartets for Orchestra f. 24, 41, 93 Spieler oder Blasorch, 12 St
77 Freeman Etudes f. V
78 Chorals f. V; Variations VIII
79 Etudes Borealis f. Kl / Vc; Hymns and Variations f. 12 St
81 Litany for the Whale f. 2 St; 30 Pieces f. 5 Orch
82 Postcard from Heaven f. 1–20 Hrf
83 Thirty Pieces f. Strqu; Souvenir f. Org
84 A Collection of Rocks f. Orch; Eight Whiskus / Mirakus / Selkus f. 1 St; Perpetual Tango f. Kl
85 Sonnekus f. 1 St; Aslsp f. Kl; But What About the Noise of Crumbling Paper … f. Schzg

CAPPELLI, GILBERTO (* 1952) 298
81 Strqu; Andando nel sole che abbaglia f. Orch

CARDEW, CORNELIUS (1936–1981) 313
67 Treatise (graf. Partitur)
68 Schooltime Compositions (Text)
70 The Great Learning f. variable Besetzung
72 The East is Red f. V, Kl
74 Thälmann Variations / 76 Vietnam Sonata f. Kl

Diskographie

(in Auswahl)

Aufgenommen wurden nur Werke aus dem Zeitraum 1965–1985. Dabei können Platten-Nummern und Vertriebshinweise (→) wegen Streichungen, Programm-Übernahmen und Umkopplungen keinen aktuellen Stand wiedergeben. Auch ältere Produktionen sind einbezogen.

Label-Abkürzungen:

Ama	Amadeo (→Phi)
Ar	Ariola-Eurodisc
1750 Arch	1750 Arch Records, Berkeley (→gelbe musik, Berlin)
Aul	Aulos (→Schw; →FSM)
Bal	Balkanoton (Bulgarien)
Bmu	Bärenreiter Musicaphon (→DC)
Candide	(→FSM)
Cap	Caprice (→DC)
CDM	Le Chant du Monde (→Hek)
Cel	Celestial Harmonies (→TIS)
Chan	Chandos (→Hek)
CMT	Camerata Tokyo (→Hek)
Coll	Col legno (→DC)
Colo	Colosseum, Nürnberg
CoVo	Composers' Voice (→Breitkopf & Härtel)
CTS	Communauté de travail Suisse, Lausanne
DC	Disco-Center, Kassel
Dec	Decca (→Teldec)
DGG	Deutsche Grammophon Gesellschaft
ECE	Electrecord (Rumänien)
ECM	Edition Contemporary Music (→DGG)
emp	ensemble musikproduktion (→musica Schallplatten, Freiburg)

Erato	(→RCA)
Fin	Finlandia (→Hek)
FSM	Fono Schallplatten Münster
Gram	Gramavision (→Polygram)
Hek	Helikon, Heidelberg
HMD	Harmonia mundi, Freiburg
HMF	Harmonia mundi France (→Hek)
Hun	Hungaroton (→Hek)
Hyp	Hyperion (→TIS)
InsH	Insel Hombroich, Neuss 22
ITL	Italia (→jpc)
Jecklin	(→FSM)
jpc	jpc-Schallplatten, Osnabrück
Ku	Kuckuck (→TIS)
LoMu	Lovely Music (USA)
Mdg	Musikprod. Dabringhaus u. Grimm (→ EMI)
Mel	Melodia (UdSSR)
MFB	Edition Michael F. Bauer, Frankfurt
Muza	Polskie Nagrania (Polen)
Non	Nonesuch (→TIS; →WEA)
Nova	VEB Deutsche Schallplatten (→pläne)
ORF	Österreichischer Rundfunk
Pan	Panton (→DC)
Phi	Philips
pläne	pläne Verlag, Dortmund
PV	ProViva (→Deutsche Austrophon, Diepholz)
Ric	Ricercar (→Hek)
Schw	Schwann Verlag, Düsseldorf
Sgr	Série gramme (→HMF)
SSD	Swedish Society Discofil (→Conaisseur Musik, Karlsruhe)
STEIM	Studio voor Elekto-Instrumentale Muziek, Amsterdam
TAT	Theater am Turm-Edition, Frankfurt (→Coll)
Tel	Telefunken (→Teldec)
Tho	Thorofon, Wedemark
TIS	Teldec Import Service, Hamburg
TV	Turnabout/Vox (→FSM)
Uni	Unicorn (→TIS)
Van	Vanguard (USA)
WB	Warner Brothers (USA)

WEA	WEA Musik, Hamburg
Wer	Wergo, Mainz
WK	WK-Schallplatten, Aschheim

ADAMS: Grand Pianola Music EMI 270291 · Harmonielehre Non 979115 · Harmonium ECM 821465 · Shaker Loops Phi 412214

AGER: Sondern die Sterne sinds ua. Aul 53544

AHO: Strqu 3 Fin 348

ALLENDE-BLIN: Mein blaues Klavier Wer 60058

ANDERSON: Big Science WBK 57002 · Mister Heartbreak WEA 925077

ANDRIESSEN: Mausoleum; De Snelheid CoVo 8601 · De Tijd CoVo 8201

ANDRIESSEN / CLAUS / DE LEEUW / MENGELBERG / MULISCH / SCHAT / VLIJMEN: Reconstructie STEIM 1

AUSTIN: Hybrid Musics Irida 0022

BÄCK: Fageln (Oper) SSD 33195

BAIRD: Jutro (Oper) Muza 1057 · Symphonie 3 Bmu 1407

BARLOW: Çoğluotobüsişletmesi Wer 60098 · Relationships for Melody Instruments Wer 2010

BARRAQUÉ: Chant après chant ua. Valois 951

BARTHOLOMÉE: Tombeau de Marin Marais Wer 60039

BAYLE: Erosphère Sgr 9138

BENGUEREL: Concerto para percussion Tho 193

BENNETT: Aubade; Spells Dec ZRG 907

BERIO: A-Ronne EMI 2704521 · Coro DGG 2531270 · Laborintus 2 HMF 55764 · Recital I RCA SER 5665 · Sequenza VII; Chemins II/III ua. RCA 11530 · Sinfonia CBS 60259 · + Eindrücke Erato 30980

BIALAS: Introitus-Exodus HMD 1026 · Moments musicaux III Tho 310 · Der Weg nach Eisenstadt HMD 693

BIRTWISTLE: ... agm ... Erato 71543

BLOCH: Ayelet PV 108 · Carmen Biblicum; Anenaiki; Zeitschichten PV 106 · Oratorium; Supplicazioni PV 126

BOESMANS: V-Kzt; Conversions Ric 014(1)86

BOSE: Die Nacht aus Blei; Sappho-Gesänge Wer 60109 · Travesties in a Sad Landscape HMD 1026

BOUCOURECHLIEV: Archipel I EMI CVB 2190

BOULEZ: Cummings ist der Dichter Tel 648066 · Domaines HMF 55930 · Livre p. cordes CBS 76191 · Rituel; Eclat-Multiples CBS 74109

BOZAY: Improvisationen; Malom; Strqu 2 Hun 12058

BRANCA: The Ascension 99 Records 99–01 · Symphonie 3 Neutral N–4

Bredemeyer: Di As; Ob-Kzt; Schlagstück 5 ua. Nova 885186
Brouwer: Werke f. Git Ric 028
Brown: Strqu DGG 2561040
Bruynèl: Electro-instrumental Music CoVo 8003
Bussotti: Bergkristall; Lorenzaccio-Symph DGG 2531011 · Cinque frammenti all'Italia DGG 2561110 · The Rara Requiem DGG 2530754
Cage: Empty Words IV MFB 003/4 · Etudes Australes Book 1–4 Wer 60152–55 · Rozart Mix EMI 165-28954 · Song Books I–II mit Empty Words III ua. Wer 60074
Cardew: The Great Learning 2, 7 DGG 2561107
Carter: In Sleep, in Thunder; Triple Duo Wer 60124 · Symph of Three Orch; A Mirror CBS 76812
Casken: Firewhirl; Strqu; Ia Orana, Gaugin Wer 60096
Cerha: Baal Ama 415266 · Spiegel I–VII ORF 0120050/1
Clementi: Clessidra; L'orologio d'Arvecia ua. ITL 70102 · ES ITL 70090
Coates: Music on Open Strings; Strqu 1, 2, 4 PV 128
Cowie: Kzt. f. Orch; Cl-Kzt 2 Hyp 66120
Crumb: Ancient Voices of Children Non 32804 · Madrigals I–IV; Makrokosmos III BIS 261
Davies: Image, Reflection, Shadow ua. Uni 9033 · 6 Songs for a Mad King; Sinfonia conc. ua. Uni 9058 · Symphony 3 BBC (jpc) 560 · Vesalii Icones Uni 7016
Denissow: Peinture Mel C 18757 · Vc-Kzt Mel C 13893 · Son f. Fl; Fl/Git; Git Mdg 1249
Dittrich: Cantus I Nova 885194 · Kammermusik V Nova 885151
Döhl: Wenn aber... (Hölderlin-Fragmente) Tho 311
Druckman: Animus III; Valentine Non 71253
Durkó: Fire-Music; Iconography I/II ua. Hun 11607 · Moses ua. Hun 11982 · Strqu 2 Hun 11546
Dusapin: Trio; Quartett HMF 5139
Eloy: A l'approche du feu méditant HMF 515556 · Shanti Erato 71205
Englert: Vagans animula DGG 139442
Eötvös: Sequenzen des Windes; Grillenmusik Hun 12602
Eschpaj: Angora (Ballett) Mel C 11949
Febel: Strqu 1; Das Unendliche; Variationen Wer 60502
Feldman: Between Categories EMI 165–28956 · Three Voices MFB 002
Ferneyhough: Funérailles Erato 71556 · Strqu 2 RCA RS 9006 · Time and Motion Study II Bmu 1715

FERRARI: Interrupteur; Tautologos 3 EMI 063–11133 ·Presque rien 1; Société II DGG 2561041 · Presque rien 2; Promenade symphonique HMF 9104

FOSS: Night Music; Measure for Measure ua. Gram 7005 · Paradigm; Ni bruit, ni vitesse ua. TV 34514

FRITSCH: Modulation I HMD 1021

GLASS: A Gentleman's Honor CBS 73684 · Dance Pieces; Glass Pieces CBS 39539 · Einstein on the Beach CBS 38875 · Glass Works CBS 73640 · Koyaanisqatsi Ar 205626 · The Photographer CBS 73684 · Satyagraha CBS 39672

GLOBOKAR: Ausstrahlungen; Fluide; Atemstudie HMD 2529181–2 · Discours II DGG 104992 · Discours III/IV Aul 66517 · Drama; Correspondences HMD 2021803–1 · Etude pour Folklora II DGG 2561108 · Voie; Airs de voyage vers l'interieur Aul 53577 · /NEW PHONIC ART: Improvisationen Wer 60060; DGG 2740105

GOEHR: Das Gesetz der Quadrille; Strqu 3 Wer 60093 · Metamorphosis/Dance; Romanza Uni 9017

GOLDMANN: Ob-Kzt Nova 885226 · Sinfonie 1 Nova 885166 · Zusammenstellung Nova 885151

GÓRECKI: Klagelieder-Sinfonie; 3 Stücke Schw 11615

GRISEY: Modulations Erato 71544 · Partiels ua. Erato 71157

GROSSKOPF: Quintett über den Herbstanfang HMD 1025

GUBAIDULINA: V-Kzt Mel C 18757

HALFFTER: Lineas y Puntos; Symposion ua. Wer 60042

HAMBRAEUS: Rencontres Cap 1032

HAMEL: Aura Wer 1009 · Gestalt HMD 1023 · Colours of Time Ku 046 · Transition Ku 063/64

HAUBENSTOCK-RAMATI: Symphonie ›K‹ DGG 2561108 · Tableaux 3 ua. Ama 415314

HAUPT: Dioramen WK 30413 · Orch-Stücke WK 30412 · Requiem für ein Mädchen WK 30414

HEIDER: Bezirk; -einander ua. Colo 549 · Stundenbuch; Plakat; Commission; Sinf 1 Tho 239

HENZE: El Cimarrón DGG 2707050 · Floß der Medusa DGG 139428/29 · Der junge Lord DGG 139257/59 · Kl-Kzt 2 DGG 2530056 · Der langwierige Weg in die Wohnung der N. U. DGG 2530212 · Musen Siziliens; Moralitäten DGG 139374 · Royal Winter Music Mdg 1110; Wer 60126 · Sinf 6 DGG 2530261 · Strqu 1–5 Wer 60114/15 · Tristan DGG 2530834 · Voices Dec HEAD 19/20

HESPOS: biomba; Z/dor; tiff pläne 88504 · dschen; en-kin; point; profile;

go; conga ua. emp 81001/02 · zerango; nai; fahl-brüchrig; ruhil ua. InsH 986007

Hiller, W.: An diesem heutigen Tage Wer 4004

Höller: Arcus Erato 71556 · Resonance HMD 772 · Schwarze Halbinseln HMD 1029

Holliger: Siebengesang DGG 2561109 · Strqu; Die Jahreszeiten; Chaconne Wer 60084

Holloway: Sea-Surface Full of Clouds; Romanza Chan 1056

Huber, K.: inwendig voller figur Wer 60069

Huber, N. A.: 6 Bagatellen HMD 713 · dasselbe ist nicht dasselbe HMD 1024 · Parusie HMD 1018 · Versuch über Sprache DGG 2561110

Hummel: Blaubart TAT IV/2/84 · König Ubu Coll 65501/02 · V-Son 1; Skizzen f. ein V-Kzt; Strqu Coll 65500

Ishii: Sogu II EMI 063–02257

Jeney: To Apollo; For Glass and Metal ua. Hun 12366 · Impho; Orpheus' Garden; End Game ua. Hun 12059

Kagel: Acustica DGG 2707059 · Exotica DGG 2530251 · Fürst Igor, Strawinsky HMD 1030 · Hallelujah DGG 643544 · Ludwig van DGG 2530014 · Musik f. Renaissance-Instr DGG 104993 · Phantasie f. Org. DGG 104990 · Rrrrrrr ua. Aul 68523 · Der Schall DGG 2561039 · Staatstheater DGG 2707060 · Tactil; Unter Strom DGG 2530460

Kang: Man Pa; Thal; Mosaico; Klangspuren PV 117

Katzer: Divertissement à 3 Nova 885182 · Kzt. f. Orch Nova 885166

Kaufmann: Concertomobil; Für Clara ua. Ama 419557

Kayn: Cybernetics 3 DGG 2561044 · Infra Colo 1478 · Makro 1–3 Colo 1477 · Tektra Colo 1479

Kelemen: Der Belagerungszustand (Ausschnitte) EMI 195–29109 · Composé; Floréal; Changeant; Surprise Phi 6500314

Kelterborn: Musica spei; Oktett; 4 Stücke Bmu 1941 · Schlag an, Visions sonores; 3 Fragmente Jecklin 599

Kessler: Piano Control; Smog Bmu 1715

Ketting: Ithaka CoVo 1986/4

Keuris: Movements; Kl-Kzt CoVo 8304 · Sinf; Sax-Kzt ua. CoVo 7703 · Strqu 2 CoVo 8604

Kiesewetter: Gesänge der Frühe HMD 693

Killmayer: fin al punto; The woods so wilde ua. Wer 60068 · Nocturnes Wer 60081 Poèmes symph Wer 60092 · Sinfonie 1–3 (Fogli; Ricordanza; Menschen-Los) Wer 60116

Kirchner: Bildnisse I, Kltrio; Nachtstück ua. Wer 60103

KLEBE: Jacobowsky und der Oberst (Ausschnitt) EMI 195–29107

KNUSSEN: Symph 2, Trumpets Uni 9027 · Where the wild things are Uni 9044

KOENIG: Terminus II; Funktion Grün DGG 643545

KOKKONEN: Die letzten Versuchungen Fin 104 · Requiem Fin 353 · Symph 3 Dec 6432

KOPELENT: Intimissimo ORF 0120018

KUČERA: Salut; Mosaik; Orbis pictus ua. Pan 81120034

KURTÁG: Messages de Feu Demoiselle R. V. Troussova Erato 71543

LA BARBARA: Solar Wind; October Music ua. Non 780291

LACHENMANN: Accanto; Consolation I; Kontrakadenz Wer 60122 · Air HMD 1015 · Mouvement HMD 713 · Tanzsuite mit Deutschlandlied HMD 1028

LANG: Ein Traum über das Theater Hun 12700 · In Memoriam N. N.; Romeo und Julia ua. Hun 11784 · Kzt. f. Cl, Hrf; Strqu 3; Flashes Hun 12413

LEEUW, T.: Car nos vignes sont en fleur ua. CoVo 8502 · Strqu 2 CoVo 8302

LEHMANN: zu blasen; Son ›da chiesa‹; Tractus ua. CTS-P 4

LIDHOLM: Greetings; Kontakion Cap 1167

LIGETI: Kammerkzt; Ramifications; Aventures DGG 410651 · Le Grand Macabre (Szenen u. Zwischenspiele) Wer 60085 · Strqu 2; Continuum; Stücke f. Blquin; Org-Etüden; Kammerkzt; Vc-Kzt; Lontano; Requiem ua. Wer 60095 · Strqu 2 DGG 2561040 · Trio f. Hr. ua. Wer 60100

LOEVENDIE: Naima (Oper) CoVo S 1986/5

LOGOTHETIS: Anastasis; Wellenform; Styx Ama 419074

LOMBARDI: Einklang; Gespräch über Bäume ua. pläne 88417

LUCIER: I am Sitting in a Room LoMu 1013 · Music for Solo Performer LoMu 1014

LUTOSŁAWSKI: Livre pour orch Bmu 1407 · Sinf 2; Vc-Kzt; Prael. u. Fugen; Mi-parti ua. EMI 165–03231/36 · Sinf 3; Les espaces du sommeil CBS 42203 · Vc-Kzt; Kzt f. Ob, Hrf Phi 416817

MÂCHE: Anaphores Erato 75104 · Kassandra Sgr 9107

MADERNA: Aura; Biogramma; Quadrivium DGG 2531272

MALEC: Oral Erato 70431

MANZONI: Masse DGG 2532023 · Parole da Beckett; Ode ITL 70098

MARBE: Ritual for the Thirst of the Earth ECE 0416

MARCO: L'Invitation au voyage; Nuba; Kukulcan ua. RCA 16360

MAROS, M.: Sax-Qu Coll 65503

Maros, R.: Fragment; Contrasts; 4 Studies ua. Hun 12368 · Gemma; Monumentum; Notices; Per 11 ua. Hun 11775

Matthus: Responso Nova 885194

McGuire: Frieze; Pulse Music III MFB 001 · 48 Variationen f. 2 Kl Schw L 5008

Medek: Blquin 1–3 Mdg 1223 · Eine Stele; Gebrochene Flügel; Lerina ua. Schw 1026 · Reliquienschrein; Unkeler Fahr Schw 1017 · Tag- und Nachtstücke HMD 1027

Meyer: Kltrio PV 135 · 24 Preludes ua. PV 109 · Strqu 4/5 PV 101 · Strqu 6 PV 114 · Sinf 6 PV 127

Monk: Dolmen Music ECM 2301197 · Do You Be ECM 831782 · Our Lady of Late Wer 1058 · Selections Wer 1022 · Turtle Dreams ECM 811547

Müller-Siemens: Under Neonlight I; Kl-Kzt ua. Wer 60503 · Under Neonlight II Wer 60110; HMD 1027

Mumma: The Dresden Interleaf; Megaton ua. LoMu 1091

Murail: Mémoire/Erosion; Ethers ua. Sappho 003

Nancarrow: Studies for Player Piano 1–4 1750 Arch

Nichifor: Symph 1/2 ECE 02824

Niculescu: Aforisme de Heraclit ECE 0416 · Ison I a/II; Echos ECE 01692

Nono: Das atmende Klarsein ITL 70100 · Como una ola; Y entonces comprendio DGG 2530436 · Contrappunto dialettico alla mente DGG 2561044 · Fragmente-Stille, An Diotima DGG 415513 · Musica-Manifesto Phi 6521027 · Per Bastiana ua. Wer 60067 · Ricorda cosa ti hanno fatto in Auschwitz ua. Wer 60038 · sofferte onde serene; a floresta è jovem DGG 2531004

Nørgård: Constellations EMI 2903201 · I Ching BIS 256 · Iris; Voyage Cap 54 · Sub Rosa Phi DMA 036

Nørholm: Tavole per Orfeo Phi DMA 036

Oliveros: Accordion & Voice LoMu 1901

Osborne: Fl-Kzt; I am Goya; The Sickle ua. Uni 9031

Otte: Das Buch der Klänge Ku 069/70 · passages HMD 1015

Pablo: Iniciativas; Modulos III Wer 60037

Pagh-Paan: Madi HMD 772

Parík: Musik f. ein Ballett; Oben in den Bergen ua. Opus (jpc) 0706

Pärt: Arbos ECM 831959 · Fratres; Cantus; Tabula rasa ECM 817764

Penderecki: Canticum Salomonis; Als Jacob... ua. EMI 065–02484 · Dies irae Phi 839701 · Kosmogonia ua. Phi 6500683 · Lukas-Passion HMD 3101/2; Phi 802771/72 · Magnificat EMI 02483 · Sinf 1 EMI

102452 · Sinf 2 EMI 270041 · Te Deum ua. EMI 1436231 · Die Teufel von Loudun Phi 6700042 · Utrenja Phi 6500557/58 · V-Kzt CBS 76739 · Vc-Kzt; Cemb-Partita ua. EMI 02386/87

PERNES: Strqu 1 PV 116

PETROVICS: Verbrechen und Bestrafung Hun 12306

PIRONKOV: Nachtmusik; Requiem ua. Bal 1300–426

POUSSEUR: Les Ephémérides d'Icare 2 HMD 2021229–7 · Jeu de Miroirs de Votre Faust Wer 60039 · Votre Faust HMD 0121580–6

RÄÄTS: Symph 7 Ar 27393

RASMUSSEN: Nar jeg lykkelig Phi DMA 036

RAUTAVAARA: Strqu 4 BIS 066 · Cantus Arcticus Fin 328

REICH: The Desert Music Non 979101 · Drumming; Music for Mallet Instr ua. DGG 2740106 · Eight Lines; Vermont Counterpoint EMI 270291 · Music for a Large Ensemble; Octet ua. ECM 2301168 · Music for 18 Musicians ECM 2301129 · Octet; Piano Phase; Farago; Epitaph Hun 12799 · Tehillim ECM 2301215 · Variationen Phi 412214

REIMANN: Inane Wer 60056 · Invenzioni HMD 772 · John III,16 Schw 3546 · Kl-Kzt; Engführung Wer 60072 · Lear DGG 2709089 · Requiem EMI 1467403 ·Nachtstücke I/II; Six Poems by S. Plath Wer 60097 · Troades EMI 2705123

RIEDL: Glasspiele HMD 1023 · Klangfelder Loft, Mchn 1012 · Polygonom; Komposition 3/4; Paper Music ua. Wer 60066

RIEHM: Gewidmet; He tres doulz roussignol InsH K 586004 · Notturno für die trauerlos Sterbenden PV 118

RIHM: Jakob Lenz HMD 169522/3 · Kl-Stücke 4–7; Musik f. 3 Str; Tutuguri VI ua. emp 82001/4 · Nature morte; Ländler; Erscheinung Jeton; Stgt 2004405 · Sub-Kontur HMD 1022 · Wölfli-Lieder HMD 1030

RILEY: Cadenza on the Night Plain ua. Gram 18–7014 · The Descending Moonshine Dervishes Ku 047 · Harp of New Albion Cel 018/19 · Shri Camel CBS 73929

RUZICKA: Gestalt und Abbruch HMD 1027 · Metastrofe; Fragment; Stress; Bewegung ua. Wer 60071

RZEWSKI: Coming Together; Attica ua. Opus One 20 · 4 North American Ballads Non 79006 · The People united will never be defeated Van 71248 · 4 Pieces; Ballad 3; Which Side Are You On Van 25001

SALLINEN: Chamber Music II; Strqu 3 ua. BIS 64 · Symph 4; Vc-Kzt; Schatten Fin 346 · Der Reitersmann Fin 101 · Der rote Strich Fin 102

SANDSTRÖM: Through anThrough; Culmination ua. Cap 1244

SÁRY: Flowers of Heaven; Prelude Hun 12370

SCELSI: Canti del Capricorno 1–19 Wer 60127 · 4 Pezzi; Pranam II; Okanagon; Kya RCA FY 103

SCHAEFFER, P.: Parole et Musique Sgr 9106

SCHAT: Houdini CoVo S 1977 · Symph 1 CoVo 7901 · Symph 2 CoVo S 1986/1

SCHENKER: Trioballade Nova 885182

SCHNEBEL: Atemzüge; Choralvorspiele I/II Wer 60075 · Schubert-Phantasie; In motu proprio; Diapason Wer 60108

SCHNEIDER: Häresie; Zeremonienbuch Jecklin 591

SCHNITTKE: The Inspector Tale Mel C 18757 · 3 Madrigale ORF 0120618 · Strqu 2 Aul 68508 · V-Kzt 2; Klquin Phi 411107 · V-Kzt 3 Ar 201234

SCHWEINITZ: Variationen über ein Thema v. Mozart HMD 1027

SCHWERTSIK: 5 Naturstücke; Alphorn-Kzt. ua. Ama 419556

SILWESTROW: Strqu Opus (jpc) 1277

SLONIMSKIJ: Ikarus (Ballett) Mel C 8865

SOLER: Requiem f. Schzg, Orch Tho 193

SPAHLINGER: 4 Stücke HMD 1024

STOCKHAUSEN: Aus den 7 Tagen DGG 2720073;HMF 55795 · Am Himmel wandre ich DGG 2530876 · Donnerstag aus Licht DGG 2740272 · Goldstaub DGG 410935 · Harlekin DGG 2531006 · Hymnen DGG 139421/2 · Hymnen m. Orch Schw 1639 · Inori DGG 2707111 · Der Jahreslauf DGG 2531358 · Kurzwellen DGG 2707045 ; Mantra DGG 2530208 · Musik im Bauch; Tierkreis DGG 2530913 · Prozession Candide 31001; DGG 2530587 · Sirius DGG 2707122 · Spiral DGG 2561109 · Spiral; Japan; Pole; Wach EMI 165–02313/14 · Sternklang DGG 2707123 · Telemusik DGG 643546 · Stimmung DGG 2561043; HMD 1019; DGG 2543003; Hyp 66115 · Trans DGG 2530726 · Unsichtb. Chöre DGG 419432

STRANZ: Szene 2 HMD 1026

STUPPNER: Capriccio Viennese; Loreley ua. EMI SF 1021 K · Quasi una Sinfonia ORF 0120618

SZÖLLÖSY: Musica concertante; Sonorità ua. Hun 11805 · Trasfigurazioni; Musica per orch Hun 11733

TAKEMITSU: Cassiopeia EMI 063–02257 · Distance; Voice; Stanza II; Encalypts I/II DGG 2530407 · Klaviermusik Fontex (jpc) 1982512 · Quatrain; A Flock Descends DGG 2531210

TAKTAKISCHWILI: Dedication to Shushanik Mel C 18911

ŢĂRANU: Symph 2; Ghirlande; Ofrande II ECE 01806

THEODORAKIS: Symph 7 CDM 78787 · Axion esti pläne 88344/5

TISCHTSCHENKO: Jaroslawna (Ballett) Mel C 07823
TROJAHN: Architectura caelestis HMD 1027 · Chimères HMD 772
VIVIER: Chiraz; Pulau Dawata; Lonely Child World 3330
VLIJMEN: Trimurti CoVo 8302
WEISS: Arche Wer 1060 · Trommelgeflüster ECM 1249
WERLE: Die Reise (Ausschnitte) EMI 195–29108
WILDBERGER: Tod und Verklärung; Diario ua. Bmu 1714
WITTINGER: om per orch HMD 1015
WOLFF: Burdocks Wer 60063 · Edges EMI 065–02469 · Electric Spring 2 EMI 165–28955
WYTTENBACH: De Metalli; Claustrophonie ua. Bmu 1728
XENAKIS: Dikhtas; Ikhoor; Kottos; Mikka ua. RCA RS 9009 · Evryali; Herma Denon 1052 · Komboi Erato 75104 · Polytope; Medea; Kraneerg; Terretektorh ua. Erato 70526/30 · Psappha BIS 256 · Synaphaï ua. Dec 642286
YUASA: Triplicity RCA JRZ 2104
YUN: Cl-Kzt; Riul; Piri CMT 1084 · Muak; Pièce concertante; Son f. 2 V CMT 4014 · Réak; Tuyaux sonores Wer 60034
ZELJENKA: Ballett-Symph Opus (jpc) 0828 · Oswiecim; Das Wort Opus (jpc) 1276
ZIMMERMANN, B. A.: Die Befristeten; Tratto ua. Wer 60031 · Intercomunicazione DGG 643542 · Musique pour Ubu; Photoptosis; 4 Studien ua. HMD 1013 · Requiem für einen jungen Dichter (DGG) 2891182 · Die Soldaten Wer 60030 · Vc-Kzt. ua. Wer 60062
ZIMMERMANN, U.: Der Schuhu... Nova 885177 · Sinf; Ode an das Leben; Der Mensch Nova 885216
ZIMMERMANN, W.: Ländler-Topographie I HMD 1023 · Lokale Musik (ganz) TAT 8201/03

Bibliographische Hinweise

Allgemeines / Zeitschriften

Blumenröder, Ch. v.: Der Begriff »neue Musik« im 20. Jahrhundert; München–Salzburg 81
Bosseur, D. / J.-Y.: Revolutions Musicales. La Musique contemporaine depuis 1945; Paris 79
Brindle, R. S.: The New Music. The Aventgarde since 1945; London–New York–Toronto 75
Burbank, R.: Twentieth-century Music; London 84
Dänemark – Dansk Musik Tidsskrift; Kopenhagen
Danuser, H.: Die Musik des 20. Jahrhunderts; Laaber 84
Deutschland / BRD – Darmstädter Beiträge zur Neuen Musik (Berichte oder Referate von den ›Internationalen Ferienkursen für Neue Musik‹; Hg: E. Thomas; F. Hommel) IX–XIX; Mainz 65–84
– Feedback Papers (Hg: Feedback Studio Köln) Reprint 1–16; Köln 80; 17 ff.; Köln 80 ff.
– Fohrbeck, K. / Wiesand, A. J.: Musikstatistik Kulturpolitik; Köln 82
– Melos. Zeitschrift für Neue Musik (ab 1975 zusammengelegt mit NZ); Mainz / Vierteljahresschrift für zeitgenössische Musik (Hg: Killmayer, Mauser, Rihm); Mainz 84 ff.
– Musica. Zweimonatsschrift; Kassel
– MusikTexte (Hg: Dibelius, Gronemeyer, Oehlschlägel, Stiebler); Köln 83 ff.
– Neue Musik in der Bundesrepublik Deutschland (Zweijahresbände mit Dokumentation der Aufführungen; Hg: Sektion BRD der ›Internationalen Gesellschaft für Neue Musik‹); Darmstadt 67–71; Köln 74, 76; Bonn 79; Witten 80, 82
– Neue Musikzeitung; Regensburg–München
– Neuland. Ansätze zur Musik der Gegenwart (5 Jahrbücher; Hg: H. Henck); Bergisch Gladbach 80–85.
– NZ–Neue Zeitschrift für Musik; Mainz
– Veröffentlichungen des Instituts für Neue Musik und Musikerzie-

hung Darmstadt (Referate der jährlichen Kongresse); 5–9, Berlin 65–68; 10ff., Mainz 71ff.
– Zeitschrift für experimentelle Musik (Hg: St. Wunderlich); München 85 ff.
Deutschland/DDR – Musik und Gesellschaft; Berlin/DDR
– Schneider, F.: Momentaufnahme. Notate zu Musik und Musikern in der DDR; Leipzig 79
– Stürzbecher, U.: Komponisten in der DDR (Gespräche); Hildesheim 79
Dibelius, U. (Hg): Musik auf der Flucht vor sich selbst; München 69
– Musik; in: Die Bundesrepublik Deutschland (Hg. W. Benz); Frankfurt 83
Elektronik – Eimert, H. / Humpert, H. U.: Das Lexikon der elektronischen Musik; Regensburg 73
– Ernst, D.: The Evolution of Electronic Music; New York 77
– Kaegi, W.: Was ist elektronische Musik; Zürich 67
– Winckel, F.: Experimentelle Musik; Berlin 70
England – Contact. A Journal of Contemporary Music; York–London
– Tempo. A Quarterly Review of Modern Music; London
Frisius, R.: Notation und Komposition (Unterrichtsmaterialien); Stuttgart 80
Frankreich – La Monde de la Musique; Paris
– Musique en jeu; Paris (Erscheinen eingestellt)
Gieseler, W.: Komposition im 20. Jahrhundert; Celle 75
– / Lombardi, L. / Weyer, R.-D.: Instrumentation in der Musik des 20. Jahrhunderts; Celle 85
Griffiths, P.: Modern Music. The Avant-Garde since 1945; New York 81
Gruhn, W. (Hg): Reflexionen über Musik heute; Mainz 81
Haefeli, A.: Die Internationale Gesellschaft für Neue Musik (IGNM); Zürich 82
Häusler, J.: Musik im 20. Jahrhundert; Bremen 69
Holland – Interface. Journal of New Music Research; Lisse bei Amsterdam
– Key Notes. Musical Life in the Netherlands (Hg: Donemus, Amsterdam); Amsterdam (bis 74: sonorum speculum)
Israel – Gradenwitz, P.: Music and Musicians in Israel; Tel Aviv ³78
Italien – La Musica; Rom
– Musica/Realtà; Mailand
Kanada – Musicworks; Toronto
Karkoschka, E.: Das Schriftbild der Neuen Musik; Celle 66

– / ua.: Neue Musik / Analyse. Herrenberg 76
Klüppelholz, W.: Modelle zur Didaktik der Neuen Musik; Wiesbaden 81
Metzger, H.-K.: Musik wozu. Literatur zu Noten; Frankfurt 82
Norwegen – Ballade. Tidsskrift for ny musikk; Oslo
– Prisma Nytt; Kunstzentrum Høvikodden bei Oslo
Nyman, M.: Experimental Music. Cage and Beyond; London–New York 74
Österreich – Noema. Kunst + Kritik; Salzburg
– Österreichische Musikzeitschrift; Wien
– Studien zur Wertungsforschung (Hg: O. Kolleritsch); Graz–Wien
Pauli, Hj.: Für wen komponieren Sie eigentlich? (Gespräche) Frankfurt 71
Polen – Polish Music / Polnische Musik; Warschau
– Ruch muszyczny; Warschau
Salzman, E.: Twentieth-Century Music. An Introduction; Englewood Cliffs / NJ ²74
Schweden – Musik in Schweden (Hg: Rikskonserter Stockholm); Stockholm
– Nutida Musik; Stockholm
– Prieberg, F. K.: Musik und Musikpolitik in Schweden; Herrenberg 76
Schweiz – Contrechamps. Musique de XXe Siècle; Lausanne–Genf
– dissonanz; Gümligen / Bern
– Schweizerische Musikzeitung; Zürich (bis Dez 83)
Skandinavien – Nordic Sounds (Hg: Nomus – Nordic Musical Cooperation Committee); Kopenhagen
Sowjetunion – Gerlach, H. (Hg): Fünfzig sowjetische Komponisten. Dokumentation; Leipzig 86
– Music in the USSR (Hg: USSR Union of Composers / VAAP); Moskau
– Schwarz, B.: Musik und Musikleben in der Sowjetunion 1917 bis zur Gegenwart; Wilhelmshaven 82
Stürzbecher, U.: Werkstattgespräche mit Komponisten; Köln 71
Tschechoslowakei – Musiknachrichten aus Prag (Hg: Musikinformationszentrum); Prag
– Slowakische Musik (Hg: Musikinformationszentrum); Bratislava
Ungarn – Hungarian Music News (Hg: Budapest Office of Music Competitions); Budapest
– Kroó, G.: Ungarische Musik – gestern und heute; Budapest 80

USA – Delio, Th.: Circumscribing the Open Universe (Cage, Feldman, Wolff, Ashley, Lucier) Lanham / NY–London 84
– Ear Magazine; New York
– Gagne, C. / Caras, T.: Soundpieces. Interviews with American Composers; Metuchen / NJ–London 82
– Garland, P.: Americas. Essays on American Music and Culture 1973–80; Sante Fe / NM 82
– Mertens, W.: American Minimal Music. London–New York 83
– Perspectives of New Music; Seattle / Wash
– Rockwell, J.: All American Music. Composition in the late Twentieth; Century / NY 83
– Soundings (Hg: P. Garland); Sante Fe / NM
Vogt, H.: Neue Musik seit 1945; Stuttgart ³82
Volans, K.: Summer Gardeners. Conversations with Composers; Durban / ZA 84

Komponisten

Anderson: United States; New York 84
Berio: Entretiens avec Rossana Salmonte; Paris 83
– Dreßen, N.: Sprache und Musik bei Luciano Berio; Regensburg 82
– Stoianova, I.: Luciano Berio. Chemins en musique; Paris 85
Bialas – Suder, A. L. (Hg): Günter Bialas; Tutzing 84
Birtwistle – Hall, M.: Harrison Birtwistle; London 84
Boehmer: Zur Theorie der offenen Form in der neuen Musik; Darmstadt 67
– Zwischen Reihe und Pop; Wien–München 70
Boulez: Anhaltspunkte; Stuttgart–Zürich 75
– Musikdenken heute 2; Mainz 85
– Relevés d'apprenti; Paris 66
– Werkstatt-Texte; Frankfurt–Berlin 72
– / Deliège, C.: Par volonté et par hasard. Entretiens; Paris 75, dt: Stuttgart–Zürich 77
– Nattiez, J.-J. (Hg): Points de repère. Textes réunis; Paris 81
– Festschrift zum 60. Geburtstag (Hg: J. Häusler); Wien 85
– Griffiths, P.: Boulez; London 78
– Hirsbrunner, T.: Pierre Boulez und sein Werk; Laaber 85
– Jameux, D.: Pierre Boulez; Paris 84
– Peyser, J.: Boulez. Composer, Conductor, Enigma; London 76

Bussotti: I miei teatri; Palermo 82
Cage: A Year from Monday. New Lectures and Writings; Middletown / Conn 67
– M: Writings '67–'72; Middletown 73
– Empty Words. Writings '73–'78; Middletown 79
– X: Writings '79–'82; Middletown 83
– Composition in Retrospect; Köln 82 (WDR)
– Roaratorio (Hg: K. Schöning); Königstein 82
– Charles, D.: John Cage oder Die Musik ist los; Berlin 79
– – : Für die Vögel. Gespräche; Berlin 84
– Griffiths, P.: Cage; Oxford 80
– Kostelanetz, R. (Hg): John Cage; New York 70; dt: Köln 73
– Musik-Konzepte (Sonderband; Hg: Metzger / Riehn): John Cage; München 78
Cardew: Stockhausen Serves Imperialism, and other articles; London 74
Carter – Schiff, D.: The Music of Elliott Carter; London 83
Davies – Griffiths, P.: Peter Maxwell Davies; London 82
– Jeutner, R. (Hg): Peter Maxwell Davies; Bonn 83
Evangelisti – Musik-Konzepte (43/44; Hg: Metzger / Riehn): Franco Evangelisti; München 85
Feldman: Essays (hg v. W. Zimmermann); Kerpen 85
– Musik-Konzepte (48/49; Hg: Metzger / Riehn): Morton Feldman; München 86
Flammer: Politisch engagierte Musik (am Beispiel Nono und Henze); Baden-Baden 81
Ginastera – Spangemacher, F. (Hg): Alberto Ginastera; Bonn 84
Hamel: Durch Musik zum Selbst; München–Kassel 80
Henry – Chion, M.: Pierre Henry; Paris 80
Henze: Musik und Politik. Schriften und Gespräche 1955–1984; München 84 (Erweiterung von [1]76)
– Die englische Katze. Ein Arbeitstagebuch 1978–1982; Frankfurt 83
– (Hg): Neue Aspekte der musikalischen Ästhetik – I. Zwischen den Kulturen; II. Die Zeichen; III. Lehrgänge – Erziehung in Musik; Frankfurt 79; 81; 83
– Rexroth, D. (Hg): Der Komponist Hans Werner Henze; Mainz 86
Kagel: Tamtam. Dialoge und Monologe zur Musik; München 75
– Klüppelholz, W.: Mauricio Kagel 1970–1980; Köln 81
– Schnebel, D.: Mauricio Kagel. Musik–Theater–Film; Köln 70
Kelemen: Klanglabyrinthe. Reflexionen; München 81

– Erding, S.: Apocalyptica; Rohrdorf 79
Kelterborn – Weber, M. S.: Die Orchesterwerke Rudolf Kelterborns; Regensburg 80
Kurtág – Spangemacher, F. (Hg): György Kurtág; Bonn 86
Ligeti in Conversation; London 83
– / Lutosławski / Lidholm: Three Aspects of New Music; Stockholm 68
– Griffiths, P.: György Ligeti; London 83
– Nordwall, O.: György Ligeti. Eine Monographie; Mainz 71
– Restagno, E. (Hg): Ligeti; Turin 85
– Sabbe, H.: György Ligeti. Studien zur kompositorischen Phänomenologie (Musik-Konzepte 53); München 87
Lutosławski – Kaczyński, T.: Gespräche mit Witold Lutosławski; Leipzig 76
– Nordwall, O.: Witold Lutosławski och hans musik; Stockholm 68
– Studey, St.: Lutosławski and his music; Cambridge 81
Maderna – Baroni, M. / Dalmonte, R. (Hg): Bruno Maderna documenti; Mailand 85
– Mila, M.: Maderna Musicista europeo; Turin 76
Messiaen – Griffiths, P.: Olivier Messiaen and the music of time; London 86
– Halbreich, H.: Olivier Messiaen; Paris 80
– Musik-Konzepte (28; Hg: Metzger / Riehn): Olivier Messiaen; München 82
Morthenson: Nonfigurative Musik; Stockholm 66
Nono – Cacciari, M.: Verso Prometeo; Mailand 84
– Musik-Konzepte (20; Hg: Metzger / Riehn): Luigi Nono; München 81
– Spangemacher, F.: Luigi Nono: Die elektronische Musik; Regensburg 83
– Stenzl, J. (Hg): Luigi Nono. Texte, Studien zu seiner Musik; Zürich 75
Oliveros – Gunden, H. v.: The Music of Pauline Oliveros; Metuchen/NJ–London 83
– Montano, L.: Pauline's Proverbs; New York 79
Penderecki – Schwinger, W.: Penderecki; Stuttgart 79
Pousseur: La Musique expérimentale; Brüssel 70
Reich: Écrits et entretiens sur la musique; Paris 81
Reimann – Schultz, K. (Hg): ›Lear‹ – Weg einer Oper; München 84
Rihm – Rexroth, D. (Hg): Der Komponist Wolfgang Rihm; Mainz 85
Rühm: Text–Bild–Musik (Freibord 41/42); Wien 84

Scelsi – Musik-Konzepte (31; Hg: Metzger / Riehn): Giacinto Scelsi; München 83
Schaeffer, P.: La Musique concrète; Paris 67, dt: Stuttgart 74
Schafer, R. M. – Adams, St.: R. Murray Schafer; Toronto 83
Schäffer, B.: Introduction to composition; Krakau 76
Schnebel: Mo–No. Musik zum Lesen; Köln 69
– Denkbare Musik. Schriften 1952–1972 (hg. v. H. R. Zeller); Köln 72
– Musik-Konzepte (16; Hg: Metzger / Riehn): Dieter Schnebel; München 80
Schostakowitsch: Erfahrungen (hg. v. Ch. Hellmundt / K. Meyer); Leipzig 83
– Feuchtner, B.: Schostakowitsch; Frankfurt 86
– Goyowy, D.: Dimitri Schostakowitsch; Reinbek bei Hamburg 83
– Meyer, K.: Dimitri Schostakowitsch; Leipzig 80
– Norris, Ch.: Shostakovich. The Man and his Music; London 82
Stockhausen: Texte zur Musik, Bd 3, 1963–1970; Köln 71
– Texte zur Musik, Bd 4, 1970–1977; Köln 78
– Hübler, K. K.: »Und doch bin ich Mensch geworden« – Karlheinz Stockhausen; in: Unsere Wagner (hg. v. G. Förg); Frankfurt 84
– Musik-Konzepte (19; Hg: Metzger / Riehn): Karlheinz Stochhausen… wie die Zeit verging…; München 81
Theodorakis – Holst, G.: Theodorakis. Myth and Politics in Modern Greek Music; Amsterdam 80
Wunderlich: Strukturale Musikarbeit; München 82
Xenakis – Matossian, N.: Iannis Xenakis; Paris 81
– Musik-Konzepte (54/55; Hg: Metzger / Riehn): Iannis Xenakis; München 87
Young (Hg): An Anthology of Chance Operations; New York 70
– / Zazeela, M.: Selected Writings; München 69
Yun / Rinser, L.: Der verwundete Drache. Dialog über Leben und Werk; Frankfurt 77
Zimmermann, B. A.: Intervall und Zeit. Schriften (hg. v. Ch. Bitter); Mainz 74
– Konold, W.: Bernd Alois Zimmermann; Köln 86
Zimmermann, U. – Hennenberg, F.: Udo Zimmermann; Leipzig 83
Zimmermann, W.: Insel Musik (Geschriebenes 1970–1980; Gespräche mit 23 amerikanischen Musikern); Köln 81

Verzeichnis der Notenbeispiele

Autor und Verlag danken den genannten Verlagen für die freundliche Zustimmung zum Abdruck.

Verzeichnis der Abbildungen

Verzeichnis der kritischen Exkurse

Register

Personen (ohne die im Komponisten-Verzeichnis, S. 385–414, bereits genannten) – Länder / Orte – Sachbegriffe